DENG XIAOPING SHICHA JISHI

邓小平视察纪实

张爱茹 刘金田 著

江苏人民出版社

图书在版编目(CIP)数据

邓小平视察纪实 / 刘金田，张爱茹著. -- 南京 ：江苏人民出版社，2024.2

ISBN 978-7-214-28247-7

Ⅰ. ①邓… Ⅱ. ①刘… ②张… Ⅲ. ①邓小平(1904—1997)-生平事迹 Ⅳ. ①A762

中国国家版本馆 CIP 数据核字(2023)第 154043 号

书　　名　邓小平视察纪实
著　　者　刘金田　张爱茹
责任编辑　邓玉琢
责任监制　王　娟
出版发行　江苏人民出版社
地　　址　南京市湖南路 1 号 A 楼，邮编：210009
照　　排　江苏凤凰制版有限公司
印　　刷　江苏凤凰新华印务集团有限公司
开　　本　718 毫米×1 000 毫米　1/16
印　　张　32.25
字　　数　511 千字
版　　次　2024 年 2 月第 1 版
印　　次　2024 年 8 月第 2 次印刷
标准书号　ISBN 978-7-214-28247-7
定　　价　98.00 元

目　录

速发展生产力。邓小平说:“我是到处点火。”年底,党的十一届三中全会召开。

登临黄山,邓小平指点旅游业:“把黄山的牌子打出去。”听了安徽凤阳小岗生产队秘密包产到户的汇报,他久久不语。谈得最多的是组织路线问题:“现在要明确提出解决组织路线问题。”“如何选拔接班人,这是组织路线第一位的问题。”否则,“我们见不了马克思”。“我们将来要建立退休制度。”

看画展,《双猫图》引来无限遐想。游峨眉,“我们也是游客,人家也是游客,大路朝天,各走半边”。“办事情要有登山不止的精神。”听争论,作出结论:“轻率否定三峡不好。”在二汽,发现了一位年轻有为的干部。到河南,为“奔小康”扳着指头算账。

途经甘肃敦煌:“一定要想方设法保护好。”在新疆:“生产建设兵团把沙漠建设得这样美,不容易啊,我想多待一会儿。”临别话语:新疆稳定是大局,不允许搞分裂。新疆生产建设兵团要恢复。

十二大闭幕,“我们打开了一条一心一意搞建设的新路”。陪同金日成视察家乡。“要搞现代化,没有大的骨干项目办不到”。“不要徘徊,一徘徊,一年两年就过去了”。

听数字、访民居、问措施,“翻两番”信心十足,一路喜气洋洋。“看来,四个现代化希望很大。”在北戴河作出“严打”决策:坚决扭转坏人不怕法、好人怕坏人的异常治安形势。“严厉打击刑事犯罪活动是一件大快人心的事。”

邓小平视察经济特区:“你们讲的我装在脑壳里,不发表意见。”深思熟虑的结论石破天惊,横扫一切疑云:“深圳的发展和经验证明,我们建立经济特区的政策是正确的。”明确指出:实行开放的政策,指导思想不是收,而是放。

作为党的总书记首次视察山西和大西北

（1957 年）

在党的八届一中全会上，邓小平当选为中共中央总书记，成为以毛泽东为核心的第一代中央领导集体的重要成员。他远赴大西北，告诫党员干部：在中国来说，谁有资格犯大错误？就是中国共产党。犯了错误影响也最大。我们党应该特别警惕。纵论经济建设：要“学会建设，学会管理经济”。赴东北传达中央关于整风运动的指示精神。

1956 年 9 月 15 日，具有历史意义的中国共产党第八次全国代表大会在北京召开。这是中国共产党执政以后召开的第一次全国代表大会，是一次继往开来的重要会议。

在八届一中全会上，邓小平当选为中共中央总书记，成为以毛泽东为核心的第一代中央领导集体的重要成员。这是邓小平政治生涯的重要转折点。

邓小平。

邓小平，1904 年 8 月 22 日出生在四川省广安县协兴乡牌坊村。16 岁赴法国勤工俭学。1923 年参加旅欧中国少年共产党，1924 年转为中国共产党党员。曾在莫斯科中山大学学习过一年。1927 年回国。1928 年在上海担任中共中央秘书长。1929 年和 1930 年在广西发动百色、龙州起义，创建了红七军、红八军。1931 年进入中央革命根据地，先后担任中共瑞金县委书记、会昌中心县委书记、江西省委宣传部部长。在这里，他曾受到“左”倾错误所统治的中央的打击，有着他人生中的第一次“下”。他参加了二万五千里长征，参加了遵义会议。抗日战争爆发后，于 1938 年出任八路军一二九师政治委员，和比他大 12 岁的师长刘伯承一起率部开辟了晋冀鲁豫敌后抗日根据地。他曾代理过中共北方局书记，独立主持华北敌后抗日根据地党政军民的全面工作。在党的七大上被选为中共中央委员，后任晋冀鲁豫中央局书记和晋冀鲁豫军区政委。1947 年和刘伯承率部挺进中原，千里跃进大别山，后任中共中原局第一书记，中原野战军、第二野战军政委。在淮海战役和渡江战役中担任总前委书记。1949 年后任中共西南局第一书记、西南军区政委。1952 年调到中央工作，任政务院（后改为国务院）副总理兼政务院财政经济委员会副主任，后又兼任政务院交通办公室主任和财政部部长。1954 年任中共中央秘书长、组织部部长、国务院副总理、国防委员会副主席。1955 年 4 月，在中共七届五中全会上，被选为中央政治局委员。七届七中全会上，毛泽东推荐他担任中共中央总书记，并说邓小平比较会办事，比较周到，比较公道，是个厚道人。

1956 年 8 月 22 至 9 月 13 日，中共七届七中全会在北京举行，为即将召开的八大做准备。

八大制定的路线是正确并富有创造性的，这是以毛泽东为代表的中国共产党人在探索中国自己的社会主义道路的过程中取得的一个重大成果。八大之后，全国各族人民根据党的八大所提出的集中力量发展社会生产力的战略任务，在党的领导下开始了大规模的社会主义经济建设。作为党的总书记，邓小平坚决贯彻执行党的八大路线，为推动我国经济发展更加废寝忘食地工作着。

但是，如何建设社会主义，在当时还缺乏足够的理论和思想准备，只能在摸索中前进。

1956 年秋冬，国内出现了一些不安定的情况。由于国际上受东欧波匈事件的影响，而国内又有在急促而深刻的社会改造和经济建设中未能完全克服的冒进思想，致使经济和政治生活中出现了某些风潮。一些干部把群众闹事和尖锐批评一概视为阶级斗争，企图采取简单粗暴的办法进行压制。于是，中共中央在调整经济计划和经济关系的同时，着手开展以正确处理人民内部矛盾为主题的整风运动。

1957年2月，毛泽东在最高国务会议上作了题为《关于正确处理人民内部矛盾的问题》的重要讲话，系统地分析和阐明了正确处理各方面人民内部矛盾的方针和方法。会后，中共中央政治局常委、中共中央总书记邓小平和其他中央领导人，分别奔赴各地，宣传八大的精神和传达贯彻毛泽东的讲话精神。

邓小平去的是山西和西北。

一

1957年3月中旬，邓小平离开北京，开始了他的西北之行。这是他出任总书记后第一次外出视察。

山西是邓小平的第一站。

山西这块土地，对邓小平来说是最熟悉不过的了。

20多年前，也就是1936年2月红军东征时，身为红一军团政治部宣传部部长的邓小平，渡过黄河，来到了山西这块黄土地。抗日战争爆发后，邓小平担任八路军政治部副主任，他率先来到了山西抗日前线，以八路军政治部领导和第二战区民族革命战争战地动员委员会八路军代表的双重身份，先后在太原、五台和"汾孝"地区，为动员战区民众，创建晋东北和晋西南抗日根据地，进行了卓有成效的工作。1938年1月，邓小平出任八路军一二九师政治委员，和师长刘伯承一道，率部深入日本侵略者占领区的后方，以太行山为中心，依托山区，并向平原发展。他们在太行山站稳脚跟后，分兵发动群众，组织抗日武装，建立抗日民主政权，创建了晋冀豫抗日根据地。接着，又率部越过平汉路，东进冀南平原，开辟了冀南抗日根据地。还先后建立了太岳和由鲁西等根据地合并而成的冀鲁豫抗日根据地。在这里，刘伯承、邓小平指挥部队击退了国民党顽固派发动的反共高潮，率部参加了八路军发动的百团大战，给日伪军以很大打击。在这里，邓小平还兼任中共中央太行分局书记，后又代理中共中央北方局书记，并主持八路军总部的工作，担负起领导华北敌后抗日根据地党政军民的全面工作

1940年初，邓小平（左二）同八路军一二九师和晋察冀军区主要领导在河北合影。

的任务。在这里，邓小平从实际出发，先后发表了《党与抗日民主政权》《一二九师文化工作的方针任务及其努力方向》《五年来对敌斗争的概略总结》《太行区的经济建设》《在北方局党校整风动员会上的讲话》等文章和讲话，提出了对敌斗争的一系列具体的政策和策略。在这里，他第一次进入中国共产党中央委员会，成为第七届中央委员会的45名中央委员之一。抗日战争胜利后，刘伯承、邓小平又率部进行了上党、平汉战役，有力地遏制了国民党军队对解放区的进攻，大大加强了中国共产党在重庆谈判中的地位。1947年6月，中共中央和毛泽东决定由战略防御转入战略进攻，将战争引向国民党统治区域，刘伯承和邓小平率部挺进中原，揭开了中国人民解放战争战略进攻的序幕。

邓小平对山西这块土地的一山一水、一草一木都怀有很深的感情，他在这里度过了将近十年的时光。这十年，奠定了他后来走向辉煌的基础。

从1947年走出山西，又是一个十年。已经是中共中央总书记的邓小平再一次来到了山西，他此行的目的已经和过去大不一样了。

中共山西省委第一书记陶鲁笳全程陪同邓小平在山西的这次视察活动。

在太原，邓小平认真听取了山西省委的工作汇报，仔细研读了反映厂矿、学校和机关干部群众思想动态的材料。3月14日，邓小平在太原市部分厂矿企业厂长、党委书记座谈会上谈到工业体制问题时指出：党的八大确定了权力下放的方针。权力下放的结果，应当是增加而不是减少国家的财政收入，是节约而不是增加开支。权力下放的效果应当是更经济，管理得更好，开支更合理，钱用得更得当。在谈到群众监督问题时，邓小平说：党的八大确定了党委领导下的厂长负责制，现在再加上一个，党委领导下的群众监督制度，这是民主集中制在企业中的具体运用。党委对企业的领导，一是大政方针的讨论，一是领导群众监督。我们用这个新制度来克服官僚主义。邓小平还分别给太原市中等以上学校部分师生和厂矿企业、省市机关干部作了两场报告。报告的主旨是解决人民群众与领导者之间的矛盾：一方面是教育担任领导职务的共产党员、政府工作人员、经济和文化部门工作人员，认真听取群众的批评意见，努力克服脱离实际、脱离群众的主观主义、宗派主义、官僚主义作风；另一方面是教育群众提高觉悟，树立以集体利益和个人利益相结合为原则的社会主义精神。

在给太原的教师和学生所作的报告中，邓小平首先透彻地分析了国际形势。针对波匈事件导致部分群众对社会主义产生的悲观失望情绪，邓小平对比了社会主义和资本主义两大阵营的政治经济状况，阐述了社会主义的优越性，坚定了大家对社会主义的信念。

他说，我们要学习世界上一切好的东西，包括美国好的东西。但是，关键性的东西，我们从美国是学不到的。

在谈到国内供需矛盾紧张情况时，邓小平指出：问题的根源在于经验不足。一股热心，建设搞快了，产生了错误，但这是前进中的错误。成绩是主要的，缺点是次要的。错误在所难免，重要的是善于从错误中吸取教训。邓小平告诫报纸要把人的思想引导到健康的道路上来。

邓小平向师生们阐述了肃反、民主与集中、青年的前途和党的领导等重要问题。他强调，我们国家应该经常注意民主，加强民主生活，使人民有提意见的地方，有说话的地方。对于群众闹事，“我们要站在人民之中，当作人民内部的问题来处理”。“那些少数根本不讲道理的人，最后总是要被孤立的”。

关于政治思想工作，邓小平说，近一个时期，我们放松了政治思想工作，没有能够适应和解决社会发展中出现的新问题。政治思想工作是非常艰苦的，“任何时候都不能放松，任何时候都不能动摇”。

山西青年是具有光荣的革命传统的。邓小平寄语山西青年要树立远大理想，要有为实现这种理想而艰苦奋斗不怕困难的信心和勇气，要有集体主义精神和守纪律的高贵品质。

“没有那些具有远大理想、具有高贵品质的年轻的、甘于当‘傻瓜’的人，过去不可能搞成革命，现在不可能搞成建设。”

3月18日，邓小平在给太原厂矿企业和省市机关干部所作的报告中，从教育干部的角度，着重谈了四个方面的问题。

关于党的领导。邓小平说，搞建设，不要党的领导不行。不要党的领导就学不会建设，就会栽大跟头。党的威信建立在党的正确领导的基础之上。党的领导的好坏，关键在于我们能否依靠群众，能否克服主观主义、官僚主义、宗派主义，从思想上经常洗脸、扫地。邓小平回忆当年在太行山的岁月时指出：那时生活条件和环境都十分艰苦，却没有人闹待遇、闹等级，现在条件好了，反而闹起来了。他说：“过去叫死也可以去死，而现在拿山西话来说，就‘挑肥拣瘦’。如果叫去雁北工作，那就认为是‘对他人格的侮辱’。”这种变化的背后，就是远离群众。现在群众原谅我们脱离群众的现象，这是因为党在群众中有崇高的威信。但仅仅依靠党的威信，总有一天会靠不住的。他列举离石县学生“闹事”情况，批评了县委领导“靠党的威信”压服学生的错误做法，语重心长地告诫大家，要“面对群众，发现问题，依靠群众，解决问题。要天天看到人民群众，不要天天看领导，我们全党如果都是这样，我们党就不会灭亡”。

关于群众闹事问题。邓小平说，要正确区分两类不同性质的矛盾，绝不能用阶级斗争的办法解决人民内部矛盾。对于群众闹事能否避免的问题，邓小平回答，只要坚持群众路线和经常的政治思想工作，群众闹事的现象是可以避免的。

关于工厂管理中的民主集中制问题。邓小平着重论述了职工代表大会的权力和重要作用。

最后，邓小平重申了共产党与其他民主党派“长期共存，互相监督”和科学文化工作“百花齐放，百家争鸣”的重要方针。他说，每个共产党员、高级干部都应该了解，没有监督不得了，独断专行非犯错误不可。监督有三个方面：第一是党内监督，第二是人民监督，第三是各民主党派、无党派民主人士的监督和科学家的监督。我们必须邀请别人监督。

邓小平在这次报告中还谈到了台湾问题。他说：台湾问题复杂得很，不是短期能解决的。但是我们总是这个政策，实在不愿改变台湾现在的制度，也可以暂保留；军队不愿改编，我们不改编。当然，我们从来没有放弃武力解放，我们要看条件变化，能够和平解放，很好。

邓小平作的这两次报告没有枯燥的说教，如同熟人之间拉家常式的交谈，深入浅出，比喻生动，具有很强的说服力和感染力，在山西广大干部和群众中引起了强烈反响，起到了教育干部、教育群众的重要作用，推动了山西整风运动和正确处理人民内部矛盾的进程。

离开太原后，邓小平沿同蒲铁路南下，途经太谷时，中共太谷县委第一书记靳广杰被请上了专列。原来，省委第一书记陶鲁笳在太原给邓小平汇报山西工作时提到，省委在太谷搞了个商业体制改革的试点，邓小平听后很感兴趣。

社会主义三大改造任务完成后，需要进一步调动广大群众的积极性，发展生产，繁荣经济。为使城乡经济活跃起来，首先要沟通流通渠道，在充分发挥国营商业骨干作用的同时，注意协调发挥供销合作商业的补充作用，允许保留并发挥个体小商贩的积极性，注重发展集市贸易。农民在完成国家的统购派购任务后，允许其把剩余的农副产品拿到自由市场上出卖，以调动农民从事商品生产的积极性。出于这个目的，省委决定在太谷进行商业体制改革试点。

邓小平饶有兴致地听取了有关太谷的汇报。

靳广杰说，太谷通过商业体制改革，搞好了集市贸易，活跃了城乡经济，促进了多种经营的发展，农民手里有钱了，县里也有钱了。县里修戏院、铺马路、建自来水站，用的就是这部分钱。听完汇报后，邓小平说："你们的这个经验很好，应该推广到农村搞试点。"

太原市柳巷公社笼床生产社大量生产各式蒸笼、案板、锅盖等竹木制炊具，满足市场需要。

显然，当时邓小平就已经在筹划以国家经营和集体经营为主体，以一定数量的个体经营为补充的新的经济发展思路。

邓小平抵达洪洞后，在晋南地委第一书记赵雨亭、洪洞县委第一书记王绣锦等的陪同下，参观了新中国北方第一座农村小型水电站——明姜水电站，以及广胜寺、洪洞县看守所（即曾经关押过苏三的明代监狱）等名胜古迹。

在县委机关大院，邓小平与正在参加“三干会”的全体同志合影留念。这是一次从中央到乡村六级书记的难得聚会，里面有中共中央总书记，有省、地、县、乡党委书记，还有村支部书记。

邓小平听取了王绣锦关于在洪洞如何实施《1956～1967 年农业发展纲要》的汇报。他很少插话，偶尔就一些问题询问在座的同志。听完汇报后，他说，要充分利用洪洞的水利优势，发展水电站，搞好管理，提高效益。

离开洪洞，邓小平又来到临汾。当他看到利用龙祠泉水种植的反季节蔬菜——黄芽韭长势喜人时，非常高兴地说，要进一步开发龙祠水资源，把绿化搞上去。

邓小平还去了运城。

山西之行，他除听取省、地、县领导的工作汇报外，还尽可能地参观了一些名胜古迹。他热爱山西的大好河山和山西悠久的历史文化。每到一处，他都叮嘱有关人员，这些文物都是老祖宗留下的文化瑰宝，是我们民族的骄傲，要好好保护它，利用它。

二

4 月 4 日，邓小平到达甘肃兰州。

这是他第五次到甘肃。前四次到甘肃，都是在血雨腥风的民主革命时期。

1926 年，邓小平受党的派遣，从苏联回国参加革命。他选择了一条直线捷径，途经库伦（今乌兰巴托），穿越内蒙古、宁夏、甘肃平凉到达西安。当时，北伐战争进入高潮，战局紧迫，军命在身，因而邓小平第一次到甘肃，只能说是路过。

9 年后，1935 年 9 月上旬，时任红一军团政治部宣传部部长的邓小平随军长征进入甘肃。当时，正是张国焘企图分裂中央红军的危急时刻。党中央、毛泽东率领的红一方面军脱离险境进入甘肃后，相继在俄界、哈达铺、榜罗镇召开了三次政治局扩大会议,批判张国焘的分裂主义,两次调整战略方针,最终确定了落脚陕北的重大决策。为坚决贯彻党中央新的战略方针,身为宣传部长的邓小平充分发挥他的聪明才智,用一切行之有效的宣传手段,使中央新的方针迅速转化为广大指战员的自觉行动。他组织编写了《会合红二十五、二十六军,在陕北创立根据地讨论大纲》,绘制了《陕甘苏区略图》,在总前委和政治部合编的《前进报》上登载介绍陕甘苏区的系列文章。红军占领通渭县城后,宣传部组织了盛大的文艺晚会。通过这些活动,广大指战员了解了中央调整战略方针的重大意义,从而消除了疑虑,增强了去陕北的信心。

1937年春,红一军团政治部主任邓小平(左二)和
红一军团领导人聂荣臻、左权等在甘肃宫和镇同民主人士合影。

红一军团从9月进入甘南,经陇南、定西、天水、平凉、庆阳,10月到达陕北。7个月后,1936年5月18日,毛泽东签发了西征命令,正式组建了以彭德怀为司令员的西方野战军。邓小平担任西野一军团政治部副主任,不久任政治部主任,随军西进甘肃。这次西征的目的是创建新根据地,争取东北军,迎接红二、四方面军北上,合力夺取宁夏,打通国际路线,建立抗日民主政府。因此,政治工作较之军事进攻更为重要。作为政治部的主要负责人,邓小平做了大量的工作,使每个指战员都深刻地认识到,要争取中国革命的伟大胜利,不仅要依靠红军打天下,而且要争取白军到我们这边来。由于政治工作的保障,西征战役一开始就进展顺利,在短短一个多月的时间内,西征红军相继解放了曲子、环县、镇原、固原、西吉、打拉池一线大片地区,开辟了纵横200余公里的新根据地,使新老苏区连成了一片。从7月上旬开始,按中央部署,西征红军的主要任务是以"赤化、扩红、训练"为中心,并侧重建立与东北军团以上军官的统战关系,以便"在二、四方面军北上不久,东北军能作军事政治上的发动"。为此,毛泽东特别向彭德怀推荐了邓小平,认为他是做上层统战工作的得力人选。当时,邓宝珊的新一军驻防榆中、定西、静宁、靖远一线。邓小平在大革命时期即与邓宝珊比较熟悉。邓小平派人给邓宝珊送信,与之建立了联系。为了争取东北军,政治部机关做了大量的工作,从各种渠道发展与东北军中上层军官的关系,双方秘密往来,直到签订停战协定。三大主力会师后,立即发起了山城堡战役。时隔20天,东北军联合西北军发动了西安事变。从此,十年内战宣告结束,国共两党握手言和。西安事变爆发后,为制止新的内战,策应东北军和西北军的行动,红一军团于12月下旬移师陕西三原县、云阳镇一线。邓小平结束了历时7个月的甘肃之行。

不久,邓小平于1937年2月再次来到甘肃。当时正值西安事变和平解决后,红一军团回防正宁、宁县一线,开始了历时半年的整训工作和改编准备。邓小平领导的军团政治部设在宫河王录村。邓小平创造性地开展工作。政治部专门宴请了地方各界代表,邓小平借此向当地人士宣传中国共产党的各项主张,交了不少朋友。6月,邓小平出任红军前敌总指挥部政治部副主任,离开甘肃前往陕西泾阳县云阳镇。8月25日,中央革命军事委员会主席毛泽东、副主席朱德、副主席周恩来联名签发了中国工农红军改编为中国国民革命军第八路军的命令,邓小平被任命为八路军政治部副主任。邓小平结束了第四次甘肃之行,率部奔赴华北抗日前线。

到1957年,邓小平离开甘肃已经20年了。

4月5日,邓小平在兰州西北民族学院礼堂,向参加会议的甘肃省、兰州市领导干部作了关于形势的报告。

报告针对我国经济发展中出现的一些新情况、新问题,阐述了解决问题的原则,强调要充分发扬民主,加强和改进党的领导,积极进行切实有效的思想政治工作,搞好经济建设。他指出:从整个来说,阶级斗争这门科学,我们的党、我们的干部是学会了。但在建设方面,对我们党来说,对我们的干部来说,或者是不懂,或者是懂得太少了。搞建设我们还没有入门,能不能在比较短的时间里学会搞建设、不犯大的错误,关键在于党的领导,关键在于党能否依靠群众,不断地克服自己队伍中的主观主义（特别是教条主义）、官僚主义和宗派主义。不要以为共产党是金字招牌，如果脱离群众，党的威信是靠不住的。他提醒广大干部：如果不好好学习，不总结经验，我们也会在建设问题上栽大跟头、犯大错误。报告最后强调要充分认识“长期共存，互相监督”“百花齐放，百家争鸣”的重要意义。加强党的领导，关键是加强党与群众的联系，调动一切社会力量，把我们的国家建设成为一个真正富强的而不是现在这样穷的社会主义国家。

当天，邓小平视察了正在建设中的兰州炼油厂工地，参观了兰州市有关文化设施，并称赞说，这符合我们勤俭建国的精神。他还听取了省、市负责人的工作汇报，并抽空到邓园探望了老朋友邓宝珊省长。

4 月 6 日，邓小平结束了在甘肃的活动，前往西安视察。

这次视察甘肃给邓小平留下了很深的印象，在随后的一次讲话中他说：“我在兰州见到一个工厂，设备极简陋，厂长的办公室很朴素，一切都很简单，但生产出来的产品并不差。”

三

对西安这个城市，邓小平有着特殊的感情。因为它是邓小平在国内从事革命活动的第一站。

1927 年 3 月，邓小平奉命从莫斯科中山大学回国参加革命活动。他来到西安冯玉祥国民军联军的西安中山军事学校担任政治处处长兼政治教官，并任该校中共组织的书记。邓小平在这里工作虽然只有短短的 4 个月时间，但为陕西乃至全国培养了相当一批军事政治干部，不少人在后来的革命斗争中都发挥了重要的作用。

1927 年 7 月，冯玉祥追随蒋介石、汪精卫反共清党，西安地区的革命形势日益恶化，邓小平等一大批共产党人被“礼送出境”。

这是 30 年前的往事了。

这次到西安，已是他此次视察中的第二次。他在 3 月 21 日就曾到过西安。邓小平那次抵达西安后，下榻在止园。

止园是著名爱国将领杨虎城将军故居，于 1936 年 4 月建成。西安事变时杨虎城将军就住在这里。新中国成立后，陕西省人民政府将止园的一部分加以改建,作为接待国内外贵宾的处所之一。

邓小平这次到陕西,除了宣传八大的精神和传达贯彻毛泽东的讲话精神外,还有一个目的,就是检查第一个五年计划的执行情况。“一五”计划期间,苏联为我国援建了156项大中型建设项目,习惯上称“156项工程”。在这156个项目中,建在陕西的有24项,主要是军工项目,有17项,其余为民用项目,涉及航空航天、兵器、电子、电器、电力、光学制造和煤炭开采等。

邓小平不让报道他的这次视察活动,不许人们对他的到来进行张扬。

3月23日这天,止园南楼大会议室里座无虚席。邓小平坐在临窗的一张靠背沙发椅上,两旁坐着省市负责人张德生、冯直等,各厅局负责人和有关部门人员环坐四周。

西安市委书记冯直主持会议。他说,党和国家对西安的城市建设非常重视,也非常有决心。1953年第一个五年计划开始时,李富春、万里等同志来指导我们的城市规划和建设工作。这一次,邓副总理又来检查指导。

接着,冯直简要地汇报了西安城市的建设情况。他说,我们从国民党手里接过来时,西安是一个烂摊子,连自来水都没有。现在西郊的电工城、东郊的纺织城和南郊的文化区都已初具规模,今后要努力建设,使西安成为一座人民的新型城市。

冯直说完后,请邓小平讲话。

邓小平说,还是先请大家讲,我先听听大家的意见。

开始,在座的人还有点拘谨,纷纷小声议论。邓小平鼓励大家:“大点声讲,放开讲。”于是,有人开始了第一个发言。随后,会场气氛开始活跃起来,人们纷纷发言,提出了不少问题,如建筑材料要不要预制、工程建筑实报实销浪费大、计划外开支无法解决,甚至连19块钱也做不了主等等。

在大家发言都告一段落后,邓小平说:美国的建筑材料70%～80%是预制品,苏联只有20%多一点,美国最高,赫鲁晓夫的报告也讲到这个问题。可是我们有的是人,要认真地研究一下,预制合算就预制,不合算,那就没有什么优越性了。

邓小平接着说:我们现在的缺点是,只此一家(国营建筑企业),别无分店,你要包也得包(包工包料),不包也得包,没有竞争,反正是国家的钱,浪费了也毫不心痛……你们连19块钱的权都没有,不像话!武汉的同志讲,他们要用30

块钱请苏联专家吃一顿饭，不给开支。没有办法，只好打电报到北京请示。花了300块电报费，才解决了30块招待费，真是个可笑的故事。他们是30块，你们是19块，你们顶好也多打几次电报，电报费报销没问题，这个办法好！一番幽默诙谐的话，说得大家都笑了起来，会议的气氛一下子变得十分热烈了。

邓小平说：你们告诉他们（主管财务者），为了19块钱，你们打了几次电话，发了多少电报，连这次电报费算在一起是多少钱！

邓小平的讲话，博得了全场的一片掌声。

那次座谈会后，邓小平又赶赴兰州等地，于4月7日再到西安。

此次视察期间，他不仅视察了属于"156项工程"的昆仑机械厂、红旗机械厂、庆安机械厂等大型航空军工企业，还乘飞机俯瞰了西安市区。

4月8日上午，位于占城中心位置的西安人民大厦会议厅内，坐满了在西安的省市干部。当邓小平走上主席台时，台下立即响起一阵热烈的掌声。邓小平亦鼓掌向台下的干部们致意。

他说：这一次从北京出来，到西安住了几天后去了兰州，又回来，很想和同志们见见面。这次走了3个省，实际上走了3个市——太原、西安、兰州。走马观花，了解得不多，所以只能给同志们谈一般问题。今天我想谈谈关于勤俭建国的问题……我们今后的主要任务是什么呢？革命的任务还有一部分，但是不多了，今后的主要任务是搞建设。我们党的第八次全国代表大会提出的任务，就是要调动一切积极因素，调动一切力量，为把我国建设成为一个伟大的社会主义工业国而奋斗。这就是我们今后很长时期的任务，这个任务不知道要多少年才能完成。搞建设这件事情比我们过去熟悉的搞革命那件事情来说要困难一些，至少不比搞革命容易。

这次我来西安看到城市建设比1952年来时变化大，感到很高兴。不能否认，我们国家发展得确实很快，气象一新。过去几年我们各方面的成绩是很大的，不看到这一点是不对的。但是，切不可过分夸大我们的成就。

邓小平在引用了毛泽东3月17日天津讲话中的一段话后继续说道：我们过去干革命是花了二十几年的时间才学会的，并且其中犯过大错误。现在我们搞经济建设，是不是可以不要花二十几年的时间而花更短一点的时间学会，并且不犯大错误，不栽大跟头，可能不可能呢？应该说是可能的。因为我们国家搞建设的条件是好的，比起十月革命后的苏联，困难要少一些。首先，国际形势给了我们一个有利的环境。其次，有苏联和其他兄弟国家的经验。当然我们也要学习世界上一切先进的经验，世界各国，包括美国在内，有先进的东西我们也要学。同时我们自己也有了一些建设的经验。我们国际国内的条件是好的，现在的问题是我们能不能善于利用这个形势，能不能花很少的钱办更多的事，能不能不断地总结经验、发扬成绩、克服缺点、避免犯大错误，关键在于党的领导。

针对陕西省和西安市以及全国其他一些省市执行第一个五年计划所取得的成就和暴露出来的一些问题，邓小平特别强调：我们的干部对建设中出现的问题要“认真地研究”，“不要照抄、照搬”，要“一切从实际出发”。他对一些建设项目一味“贪大求全”，“气魄大，牌子大”，浪费严重，钱花得不适当，“公子少爷的味道足”的现象提出了尖锐批评。他说，“我们的国家还是一个贫穷的国家、落后的国家”，要把我们这么一个贫穷落后的国家建成一个社会主义的先进的工业国家，需要“长期的刻苦努力”，需要“勤俭建国”的精神。邓小平深有感触地说：“中国的民族资本家很多都是艰苦奋斗出来的，他们办企业比我们高明。”他说，上海“有些企业确实是艰苦奋斗出来的，搞得既经济又实用”。他建议陕西省委、西安市委组织国有企业的同志去上海看一看，参观后，可以改变一下观念。

邓小平十分注意建设中的人才问题。他说：我们党的干部懂得改造自然、搞建设的人才是很少的，很不够的，我们的科学技术水平是很低的，我们要善于接受苏联的经验教训，要学习世界上一切先进的经验，世界各国，包括美国在内。他指出：“我们自己也有了一些建设的经验。我们搞建设已有七年多一点时间，这几年的经验也很重要，不要小看。这是我们自己走出来的路，真正总结起来，对我们来说，益处更大。”

1956 年 4 月，毛泽东在中央政治局扩大会议上作了《论十大关系》的报告，这标志着我们党“以苏为戒”，开始探索中国自己建设社会主义的道路。当时任中共陕西省委第一书记的张德生，通过对陕西国有工业企业的建设情况进行调查研究，总结陕西几年建设的经验教训，把毛泽东在《论十大关系》中提到的重工业和轻工业形象地比喻为“骨头”和“肉”，认为陕西这几年建设的布局是“骨头”多而“肉”少，提出不能光有“骨头”没有“肉”。对张德生的这一提法，毛泽东、周恩来都很赞赏。

邓小平通过这次在陕西视察期间的所见所闻，不但对张德生的这个见解作了进一步肯定，而且对如何处理好“骨头”和“肉”的关系提出了自己新的看法。

他说："过去我们在城市规划中对'肉'重视不够，应该办商店、理发馆等服务性行业，没有注意办，这是事实。现在这个问题必须解决，不解决不妥当，这是一个制度问题。但是应当着重指出，过去在这方面花的钱并不少，就是用得不适当。"在中央来说，"是对于'肉'的问题注意得不够"，恐怕在地方来说，"对于钱用得不适当的问题应该引起注意"。"城市规划中的问题不少。西安的电影院、戏院并不少，但是在工业区一个也没有，要看戏的人找不到戏院，有戏院的地方没有多少人去看戏，这个布局显然是不适当的。"

西安有个城隍庙，地处古城繁华的西大街中段，自明代以来已有五六百年的历史，以庙设店，富有特色，直到解放初期一直是西安的一个商业中心。这里日用百货琳琅满目，应有尽有，市民游客终日摩肩接踵，川流不息。邓小平参观后说，西安的城隍庙有很多简易的商店，工业区为什么不多搞几个"城隍庙"呢？要多办一些购物商店、理发馆、学校，修建文化娱乐场所，满足群众的需要。他说："我们国家大，搞一点富丽堂皇的东西，以表示我们的新气象，我不完全反对，但是不应该搞得太多。"他指出今后搞一些简陋的东西，"肉"的问题是可以解决的。我们在建设方面的指导思想应该是：面对国家现实，面对群众的需要，解决好"骨头"和"肉"的关系问题。

邓小平在讲话中，特别强调要加强党的领导，党要接受监督，党员要受监督。

他指出：在中国来说，谁有资格犯大错误？就是中国共产党。犯了错误影响也最大。我们党应该特别警惕。党要领导得好，就要不断地克服主观主义、官僚主义、宗派主义，就要受监督，就要扩大党和国家的民主生活。如果我们不受监督，不注意扩大党和国家的民主生活，就一定会脱离群众，犯大错误。

为此，他强调：共产党要接受监督，要接受来自党内、来自群众、来自民主党派和无党派人士这三个方面的监督。这样，我们就会谨慎一些，消息就会灵通一些，脑子就不会僵死起来，看问题就会少一些片面性。

邓小平专门讲到，在群众方面，要扩大各方面的民主。实行群众监督可以把群众的积极性调动起来，让群众提出很多好的意见。他批评一些领导在这个问题上"想不通"。他列举了在山西视察时了解到的一些情况："在山西，农民对我们的意见是'你们管得太多了'。我们到晋南，当地领导机关规定八月初五棉花打尖，不够尺寸不准打顶尖，干部拿上尺子到地里量着打顶尖，照办了的每亩收棉40斤,没照办的每亩收棉50斤。这叫什么先进经验?这也是滥用党的威信。农民对我们无可奈何,反正是党的号召,做就是了。"邓小平说:"这种情况,偶尔发生,群众还可以原谅,长此下去那还行?""所以,扩大各方面的民主生活,扩大群众的监督,很重要。"

在谈到"百花齐放,百家争鸣"的方针时,邓小平说,我们党内不少人思想不通,不了解它的好处。这个方针对我们国家有深远的影响,对我们党有极大的好处,对发展马克思列宁主义有很大的好处。如果我们不注意,不搞"百花齐放,百家争鸣",思想就要僵死起来,马克思主义就要衰退。只有搞"百花齐放,百家争鸣",各种意见表达出来,进行争辩,才能真正发展马克思主义,发展辩证唯物主义。这一点,斯大林犯过错误,就是搞得太死了,搞得太单纯了。

邓小平最后说,只要党和党员不脱离群众,只要党和党员接受监督,只要党和党员虚心学习,只要党和党员不断地进行工作,进行思想政治工作,我们党就一定能同过去领导革命取得胜利一样,顺利地领导国家建设,在比较短的时间里,学会建设,学会管理经济,把我们国家由落后的农业国建设成为先进的工业国。

在结束这次对陕西的视察时,邓小平热情勉励陕西的党员和干部一定要像过去领导革命那样领导建设,在比较短的时间内学会建设,学会管理经济,建设好陕西。

“大跃进”岁月

（1958年）

到西南，走东北。邓小平看人民公社：农村有些问题还要进一步去解决。他谈大炼钢铁：“小炉子放‘卫星’不算数。”他让干部们思考：群众应该“是生活越搞越单调，还是越搞越丰富”。

一

1958年1月11～22日，党中央在广西南宁召开了有九省二市负责人参加的中央工作会议（南宁会议）。会议的任务是总结第一个五年计划的经验，讨论第二个五年计划的长远规划。毛泽东在这次会议前后，集中中央和地方许多领导人的意见，起草了《工作方法六十条（草案）》。会议突出地批判了“反冒进”，提出“反冒进”使6亿人民泄了气，是政治问题。自这次会议后，批判“反冒进”的调子越来越高，给反对的同志戴上了“稳妥派”“促退派”“非马克思主义”等帽子。在这次会议前后，《人民日报》针对“反冒进”提出了“在生产战线上来一个大的跃进”的口号，以及“苦战三年，使大部分地区面貌基本改观”等急于求成、不切实际的口号。

邓小平没有出席南宁会议，他1月10日在西安听取中共陕西省委负责人汇报反右和整风运动情况后即赴成都筹备中央政治局扩大会议。

2月1日，邓小平途经永川，专程到永川的黄瓜山气田进行视察。

邓小平之所以专程到这里看气田是有原因的。一是当时他分管石油工业。二是当时正值“二五”计划开端。当时在经济发达的东部地区，除了几个人造油厂外，还没有一个油田。已建成投产的只有玉门、克拉玛依、延长等几个规模不大的油田，而且都偏于西北一隅。1957年，全国原油产量只有145万吨，其中天然油产量只有86万吨。人造油尽管成本很高，但仍然是重要的油品来源。“一五”期间，原油产量只能满足国家计划最低需要量的三分之一，大部分要靠从苏联和罗马尼亚输入，航空油品则完全依赖进口。石油产品的极度短缺，严重地影响着新中国的经济建设和经济安全。邓小平就是在这样的背景下，来到了四川石油探区。

四川天然气和石油的发现和使用，有很长久的历史。新中国成立后，邓小平在担任中共中央西南局第一书记和西南军政委员会副主席的时候，在军政委员会下就设立了石油勘探处，加紧了对四川油气田的勘探与开发工作。他曾说：四川这么个大省，没有油怎么行呢？“四川有 1 吨石油，也算有了石油工业了！”1958 年初，当得知自己的家乡勘探出石油的好消息时，他就想着要来看看了。

2 月 1 日这一天，时值春寒季节，邓小平在永川火车站一下火车，便乘车直奔黄瓜山气田。当他听说这里已经打出了几口高产天然气井，黄十井在钻探过程中喷出了少量原油时，便踏着雨后的泥泞小道来到井场，兴致勃勃地观看了黄五井的天然气放喷情况和黄十井的出油，并到机修车间和技术人员交谈。邓小平离开气田时，气田党委书记把黄十井的两小瓶油样送给他留念。他仔细端详着从黄十井采集的两小瓶油样，动情地说：“我总算看到家乡的原油了！”

在探区前线的简易天然气炉旁，邓小平饶有兴趣地观察着供取暖用的天然气炉和它的燃烧情况，并由此询问天然气的民用前景。他非常关心天然气的综合利用，问及 1 000 立方米天然气能生产多少化肥，提取多少种化工原料，如何用天然气发电等等问题。

他在简易的棚子会议室里和气田的干部亲切交谈。邓小平知道矿区的水源困难。当有人端来两盆洗脸水请邓小平和夫人卓琳洗手时，他风趣地说：“我俩有一盆水就行了，一家人嘛！”一句话说得大家笑了起来。邓小平勉励石油干部职工说，天然气能生产化肥，化肥又能增产粮食，还可用来发电，可做多种化工原料，你们要认真贯彻艰苦奋斗、勤俭建国的方针，多打井，多产油气，为国家作贡献。

2 月 2 日，邓小平来到隆昌气矿，这里的圣灯山气田是全国较早的气田之一。他视察了气井放喷和用天然气生产炭黑的车间。在座谈时，他关切地从试验研究课题一直问到技术力量、设备条件，气矿负责人和技术人员一一作了回答。当技术人员谈到他们生产的炭黑质量不仅在国内领先，而且可以与美苏等外国同类产品相媲美时，邓小平十分赞赏地说："应该有这个雄心壮志赶超国际先进水平。世界水平也不是不可攀的，最近跳高女将郑凤荣还不是打破了世界女子跳高纪录吗？"他说，炭黑质量关系到橡胶产品和其他产品的质量，你们一定要创名牌，在国际上争先进。回到成都后，邓小平打电话把石油部康世恩和地质部两位副部长叫来，一同听取四川气田领导的汇报，研究四川乃至全国油气田的勘探与开发问题。邓小平指出："石油天然气勘探要从战略方面考虑问题，四川省这么大个省，国家要建设，没有油怎么行呢？要选择突击方向，尽快打出石油和更多的天然气来。"

就在邓小平刚刚离开四川不久，川中就传出好消息。在3月中旬，7天的时间里有3口井喷出大量原油。随后，石油部在川中展开了大会战，会战指挥部就设在邓小平的出生地广安县协兴乡。

邓小平在这次视察期间首次提出，要从战略方面考虑石油问题。此后，我国石油工业开始战略东移，这直接引发了举世闻名的大庆石油会战，从此一举摘掉了"中国贫油"的落后帽子。

2月2日下午2点，邓小平和夫人卓琳在中共四川省委书记陈刚，隆昌县委副书记、县长腾恒和的陪同下，来到距隆昌县城五华里的新生高级社视察。

当邓小平一行来到高级社办公室大门口时，楼丰乡党总支书记未全树、新生高级社社长叶邦友迎上前去向邓小平问好。

县长腾恒和指着未、叶二人向邓小平作了介绍。邓小平分别和未、叶二人握手，并说："你们在基层工作辛苦了。"

未全树、叶邦友请邓小平到办公室休息。邓小平走进大门后，指着左边的一块石坝子笑着说："就在这里谈谈不是很好吗？"

于是，未全树等人便从办公室端出事先已摆好的十来张凳子放在坝子中间围成一个圆圈。邓小平和大家围坐在一起，气氛一下子热烈了许多。

未全树、叶邦友掏出笔记本，准备按事先拟好的汇报提纲进行汇报。邓小平说："不必了，还是我问到哪里，你们就讲到哪里吧。"

邓小平首先问未全树："你全大乡有好多党员、好多团员、好多个党支部、好多个团支部、好多贫农、好多中农？"

"全大乡有党员500多名，700多名团员，19个党支部，19个团支部。"未全树回答说。

邓小平又问腾恒和:“你们的基本队伍有好多(指党员有多少)? 全县组建了好多高级社?”

腾恒和一一作了回答。

邓小平再问未全树:“你们乡的粮食亩产量有多少斤?”

未全树说:“我们全大乡亩产量多数是五六百斤,小面积可达到七八百斤。”

“社员一年能分得多少斤粮食?”

“谷子分得到四五百斤。加上小春和杂粮,全乡拉拢来算,一个社员平均分得600多斤粮。”

邓小平说:“少了,一般来说要八九百斤,包括牲畜粮要千把斤才够。”

说完,邓小平又转过头来对叶邦友说:“谈谈你们高级社的情况,有多少人口、多少土地?”

叶邦友汇报说:“新生高级社是由17个初级社于1956年1月合并而成的。全社有5 600多人,1 100多户;社里有5个管理区,32个生产队,生产队下面有作业组,全社有土地5 800多亩。人平均1亩多地。”

邓小平十分关心社员的分配情况。

叶邦友回答:“谷子每人一年可分得500多斤,加上其他粮食,每人每年可分得600多斤。”

“粮食不算多嘛。还要留饲料粮,人畜一年要留千把斤才够。”邓小平说,“你们的产量低了,能不能放点水田,多栽点小春,社员多分点小麦?”

未全树说:“冲田不能放哟!”

农民出身的邓小平显然是个内行,他说:“冲田不能放,就放塝塝田嘛! 应该把现有水田产量提高一点,小春多增加一点面积,让社员多分一点粮食嘛。”

邓小平问叶邦友:“社里喂了多少头猪?”

叶邦友说:“全社喂的公有猪、私有猪加起来共有5 100多头。人平均近0.9头猪。”

“看起来你们这几年养猪事业发展还是不错的。但是还不算多,要争取发展到一人一头猪或是一头多点猪。”邓小平提出了要求。

邓小平又问:“你们社有好多堰塘、兴修了哪些水利?”

叶邦友说:“堰塘不多,新修的山湾堰塘较多,全社有108个堰塘,其中山湾堰塘就有54个。”

“你们的植树造林搞得不好，没有什么树木，要下点功夫搞绿化。”邓小平说。

邓小平提出：“去看几户社员行不行？”

大家表示赞成。

这样，邓小平一行来到中农社员郭士元家。

郭家坐落在高级社办公室附近一个新修的山湾堰塘边，路过山湾堰塘田坎时，叶邦友介绍说：“这就是我们才修起的山湾堰塘。”邓小平点点头。

到了郭家，郭士元不在家，邓小平问郭的老伴：“你们一年分得好多粮食？”

郭妻回答说：“每人分得到五六百斤。”

然后，邓小平径直来到郭家的猪圈，看他们家喂养的猪，郭家猪圈里喂了两头七八十斤重的白毛黑眼圈猪。

邓小平看后诙谐地说：“金丝眼镜，金丝眼镜。”又问道：“这两头猪一天能屙多少粪？”

“一天能屙一挑粪。”

邓小平听后连声说：“小氮肥厂，小氮肥厂。”

临走时，邓小平对郭妻说：“老大娘，麻烦你了，我们走了。”

随后，邓小平一行又前往王祖和家。

路上，邓小平一边走一边问高粱、油菜、花生的亩产量，未全树一一作了回答。邓小平还问腾恒和鸡蛋的价格。

这时，邓小平看见一老年妇女坐在门口绩麻线，他即对随行人员说：“泸州出大曲酒，隆昌出夏布。”邓小平走上前去问：“老大娘，你一天能绩多少麻线？”

“能绩两把二两。”

“绩一两麻线能卖多少钱？”

“一两麻线卖得到角把钱。”

邓小平还问：“你绩麻线一天赚得到好多钱？”

“只赚得到点油盐钱。”

到了王祖和家，邓小平又问起一年能分多少粮食，又看了喂养的猪。当看到猪圈边放着一个大坾缸，里面装着王祖和刚从水田里捞回的青浮萍时，邓小平问：“捞这个东西做啥子？”

王祖和说：“喂猪。”

邓小平高兴地说:“浮萍能喂猪,好哇,多喂猪,有肥料。”

看完两户社员家,邓小平回到办公室大门口,未全树、叶邦友等请邓小平到办公室休息,邓小平摆摆手说:“老腾呀,你们隆昌是个好地方。就是光秃秃的,没有什么树木,要植树造林,要绿化。”

下午5点多钟,邓小平结束了这次视察,离开隆昌。

就在邓小平走后的第二天,隆昌县委作出决定,全县每人植树10～15棵,并在富泸公路、成渝公路和泸隆公路两旁掀起了植树高潮。

二

1958年3月9日至26日,中央政治局在成都召开了扩大会议。这次会议讨论和通过了《关于一九五八年计划和预算第二本账的意见》《关于发展地方工业问题的意见》和《关于把小型的农业合作社适当地合并为大社的意见》等37个文件。在这次会议期间,毛泽东提出了“鼓足干劲、力争上游、多快好省”地建设社会主义总路线的基本观点。5月,党中央召开八大二次会议,肯定了已经开始的“大跃进”运动,指出我国正在进入以技术革命和文化革命为中心的社会主义建设的新时期。会后,钢铁工业于6月间拟定“大跃进”的目标,酝酿1958年钢的产量要比1957年翻一番,设想1959年超过3 000万吨,1962年达到八九千万吨以上。

成都会议后,在农村中广泛地开展了小社并大社的工作。当时河南省若干县行动较快。4月,便出现了拥有9 000多户的大社——遂平县的嵖岈山卫星社。到了7月中旬,有的地区便形成了并大社的热潮。与此同时,在农业生产中提出了不少片面强调主观能动性的口号,如“大破条件论”“人有多大胆,地有多大产”等,报刊上不断宣传“高产卫星”,出现了粮棉“丰产”的虚假现象。一些人错误地认为,现有合作社的规模和所有制的公有程度已不相适应,与早日向共产主义发展的需要不相符合了。7月16日出版的《红旗》第4期,引用了毛泽东关于大办公社的讲话,在河南省迅速掀起了人民公社化热潮。8月4日、5日,毛泽东视察河北的徐水、安国,6日到达河南新乡县七里营公社。在公社门口,看到公社牌子,点点头说:“人民公社名字好。”9日,毛泽东在山东说:“还是办人民公社好,它的好处是,可以把工、农、商、学、兵结合在一起,便于领导。”毛泽东视察三省的消息，特别是8月13日的报纸发表了关于“还是办人民公社好”谈话的消息后，全国各地掀起了办人民公社的热潮。

为了适应钢铁生产翻一番和农村生产关系急剧变化的新情况，中共中央政治局于8月17—30日在北戴河召开扩大会议。会议通过了《中共中央政治局扩大会议号召全党全民为生产一千零七十万吨钢而奋斗》及《中共中央关于在农村建立人民公社问题的决议》，同时还讨论通过了《关于一九五九年计划和第二个五年计划问题的决定》等40项决议。

北戴河会议结束十多天后，邓小平便去了东北。

他此行的目的是宣传中央的方针政策，号召各地为完成党中央提出的战略任务而努力奋斗。特别是作为全国重工业基地的东北，不仅要完成党中央交派的任务，还要完成支援全国的任务。

陪同邓小平视察的有国务院副总理李富春、中央书记处书记李雪峰、中央书记处候补书记杨尚昆、全国妇联主席蔡畅等。

在黑龙江，邓小平视察了富拉尔基重型机器厂等重要工厂。

9月17日，邓小平听取了黑龙江省委负责同志的工作汇报，并在干部大会上发表讲话。

1958年，邓小平和李富春视察建设中的黑龙江省富拉尔基重型机器厂。

邓小平在阐述了当前的国际、国内的形势后说，东北、黑龙江，潜力很大。过去几年全国支援把东北建设起来，现在应该轮到东北支援全国了。东北要用一切力量支援全国过关。北戴河会议时，富春同志提出东北的方针，大家赞成，就是把你们原来提的方针修改一下，叫作“充分挖掘潜力，大力支援全国，逐步合理发展”。

邓小平说：东北的同志必须把自己的任务了解清楚。你们的潜力很大，好好地用点劲，可以比现在设想的、支援得更多更好。你们的成绩很大，包括许多工厂在内。好多厂很有干劲，虽然程度不同，但劲都鼓起来了。大家很热心，计划看起来也不算小，但是鉴于潜力很大，是否挖够了，不能说。我是外行，但内行人一看就说是还有潜力未挖，稍微调整一下，鼓一下劲，想点办法，还可以加大计划。东北要完成支援全国的任务，就要解决三个关系问题。一是局部与全国的关系。东北是一个局部，要服从全国的需要，增加东西为全国服务。二是大厂与小厂的关系。小的要服从大的，因为为全国服务的主要是大厂，所以要大、小厂协作为全国服务。三是工业与农业的关系。无非是拖拉机、排灌机械慢搞一点。

邓小平最后说，总之，要正确解决这三个关系问题，才能适应于大力支援全国的任务。

9月18～23日，邓小平来到了吉林省视察。

1958年9月，邓小平视察长春第一汽车制造厂。

他听取了省委的工作汇报，先后视察了长春市、吉林市和四平市。深入到长春第一汽车制造厂、长春地质学院、长春电影制片厂、南关区街道、丰满发电厂、吉林肥料厂、吉林染料厂、吉林电石厂、吉林造纸厂、四平市六马路小学和四平市盲人铁工厂等单位，与干部群众亲切交谈，详细了解工农业生产和群众生活等情况，并发表了重要讲话。

9月19日，他来到了长春第一汽车制造厂。

长春第一汽车制造厂是中国民族汽车工业的一面旗帜。1958年一汽人“乘东风，展红旗”，不仅造出了国产第一辆东风牌小轿车，结束了我国不能生产轿车的历史，而且开发、研制出了我国第一辆红旗牌高级轿车，并被中央批准参加国庆9周年庆典。就在一汽人“抢时间、争速度，造出轿车向国庆献礼”之时，中共中央总书记邓小平来到了这里。

邓小平对中国的民族汽车工业情有独钟。早年他在法国勤工俭学时，就曾在法国雷诺汽车厂工作过，和汽车有着不解之缘。他希望中国有自己民族的轿车工业，更希望有一天中国的民族轿车工业会走向世界。

秋天的东北，阳光灿烂。19日这天一早，一排崭新的车队徐徐驶向汽车城。车队穿过1号门，绕过中央大道，停在生产大楼前。上午9时10分，中共中央总书记邓小平、国务院副总理李富春、中央书记处候补书记杨尚昆、全国妇联主席蔡畅等，在厂长饶斌、党委副书记史坚的陪同下来到会客厅。邓小平没等落座，一眼就看到墙壁上悬挂的产品图。他左看右看，高兴得不得了。当他得知这是一汽自己新近开发的新产品时，赞不绝口，用浓重的四川口音连声说：“好，好，好！”

饶斌汇报了一汽自1956年出车后近两年来的生产、新产品开发、质量水平状况以及干部队伍建设情况。邓小平听得非常认真。他对一汽当时正在进行的干部参加劳动，工人参加管理，干部、技术人员、工人三结合大搞技术革新、技术改造非常感兴趣，一边听，一边记，一边询问，并把一汽的经验概括为“两参一改三结合”，提议要在全国推广。后来由毛泽东圈阅，定为“鞍钢宪法”的一部分。

邓小平对一汽的未来发展及产量情况给予了明确的指示。他说：现在我们国家正处在经济发展时期，国家要进行大规模生产建设，载重车今后用量会很大，你们要挖掘潜力多搞一些。听说你们将来的产量要向10万、20万、30万辆水平发展，这很好。发展汽车工业，就得要大批量，只有生产批量上去了，价格才会降下来。

谈到燃油问题，邓小平说：现在石油很紧张，能否用其他的什么东西来代替？烧酒精怎么样？你们可以大胆地研究。我们国家现在红薯产量很高，它可以做酒精，但就是不能用茅台。风趣的话语，引得在场的人全都笑了起来。

在详尽地询问了红旗牌高级轿车的生产开发情况后，邓小平来到了轿车装配车间，看到热火朝天的工作场面，他不停地问饶斌：红旗车比"伏尔加""吉姆"怎么样？并指示，好就多生产些。邓小平还对每道生产工序都看得非常认真，就连东风轿车前标"龙"安上没有都注意到了，对水箱面罩两边缝隙过宽、模具怎样开发节省资金等细微问题都提出了明确的意见。

看到车间门口的两台简易机床，邓小平走了过去。这是一汽的工人、干部、技术人员在革新活动中搞出来的。邓小平细心地观看了工人的操作表演，连声称赞：这办法好。他指着机床说，机械加工是个很复杂的过程，许多东西都是由简单到复杂、由复杂到简单的。德国现在许多机床就很简单，但能解决大问题。

看过红旗生产车间后，邓小平又来到了铸工车间。露天搞砂芯的同志一看见邓小平就热情地鼓起掌来。邓小平在热烈的掌声中频频向工人们挥手。当听到介绍采用新工艺烘干芯子可缩短一半工作时间时，邓小平连连称赞：这办法好得很嘛，既节省能源，又可减少工人在烘干炉里的上下装卸次数，这就叫多快好省。在锻工车间，邓小平观看了车间的"三化展览台"，对工人们的创造发明频频点头。在看过了发动机车间、热处理车间工人们的革新成果后，他对技术人员的大胆创新给予了很高评价。底盘车间的新老两种转向器引起了邓小平的浓厚兴趣。在生产现场，邓小平指着改进后的转向器对李富春说，改进后，2个零件代替了原来的13个，成绩可观啊。李富春也会意地笑了起来。

在总装配车间，邓小平看着从总装配线上开出的一辆辆崭新的解放牌汽车，脸上充满了满意的笑容。面对着锃光瓦亮的车身，他看了又看，摸了又摸。

视察结束时，邓小平鼓励全厂干部职工再接再厉，为支援全国建设作出新的贡献。

在视察吉林肥料厂时，邓小平对厂负责人说，要想办法少用电，多增产。

在染料厂，他指出，要向多品种、尖端方面发展，在质量上要更快地达到世界先进水平。

在造纸厂，当邓小平得知要建一个电极材料绝缘纸分厂时，他十分高兴。他说：这很好，有了这种纸我们就可以不依赖进口了。你们造纸工业就应当向造纸工业的尖端方面发展，完成了这个任务才是造纸工业的光荣！

在丰满发电厂，邓小平还现场解决了丰满水库水位限数等实际问题。

1958 年 9 月，邓小平视察吉林丰满发电厂。

邓小平在视察这些重要企业时，着重强调：在工业领导工作上要局部服从全局，大力支持重点，保证完成国家的计划。这是他此次出行的主要目的。

9 月 20 日，邓小平等在省委领导同志的陪同下，来到永吉县了解农业生产情况。他在该县岔路河公社的一块水稻田旁边停下来，问随行的生产队干部：“试验田亩产多少斤？”对方回答说：“4 万斤。”邓小平听后吃惊地表示：“能有这么高吗？能打十分之一，就已经很了不起了。”接着，他对陪同的省市领导同志说：“广大群众建设社会主义的积极性很高，精神很可贵。但是，指标要实际一些。这块试验田的产量能否兑现，咱们秋后可要算账哟！”在到处都放“卫星”的时候，邓小平仍然保持着冷静。

9 月 22 日，邓小平听取了中共吉林省委负责人吴德、赵林的工作汇报。省委常委、长春市委书记处书记和有关部门负责同志参加了这次汇报会。

在听取关于农业工作的汇报后，邓小平说，发展农业生产，必须充分运用现有条件，不能单靠拖拉机。拖拉机将来是要有的，农业必须实行机械化，这是农业技术改革的方向。但是单靠拖拉机，一两年内是做不到的。必须从现有的基础出发，想出各种各样的办法，力争高产。要注意改革耕作制度，改变广种薄收、耕作粗放的习惯。要合理利用土地，集中力量提高单位面积产量。必须发展多种经营，农林牧副渔全面发展，这样才能使广大农村更快地富裕起来。当时，全国正处于“大跃进”的浪潮中，在“人有多大胆，地有多大产”的口号下，违背经济规律蛮干的事情很多，浮夸风盛行。邓小平还是坚持实事求是的精神。

这一天，邓小平在听取了吉林大学有关共青团炼钢厂建设工作情况的汇报后，即兴题词：“把劳动和教育结合起来，是培养具有共产主义品德和真实本领的年轻一代的根本道路。”

9月23日，邓小平视察了四平市六马路小学和这个学校的红领巾工厂。邓小平对该校学生的学习和劳动安排表示满意。他说，学生要一面读书，一面劳动，无论如何，不能削弱学生的基础课。他还特别指出，儿童年龄小，参加劳动不要太累。组织劳动生产要注意儿童的兴趣，要搞多种多样的劳动，培养多面手。他勉励“红领巾们”要好好学习，天天向上，长大接好革命班。

9月24日，邓小平一行来到辽宁的鞍山。

他视察了鞍山钢铁公司。

鞍山钢铁公司是新中国最早恢复和建设起来的第一个大型钢铁联合企业，在我国的国民经济发展中长期处于举足轻重的地位。

这是邓小平第二次视察鞍钢。

3年前，1955年11月18日，作为中共中央秘书长的邓小平随刘少奇视察过鞍钢。

1955年11月，
邓小平视察鞍山钢铁厂。

当时正是国家“一五”计划顺利实施时期，各行各业都在突飞猛进，新的发明创造不断出现。鞍钢广大干部、工人、知识分子，发挥社会主义积极性和创造性，继大型轧钢厂、无缝钢管厂、七号炼铁炉三大改建扩建工程完成并投入生产之后，正向着更高的目标迈进。

一到鞍钢，邓小平便对前来迎接的鞍钢经理袁振等人说：“我这次随少奇同志来，是来见习的，又向你们学习经济建设。”

11月的东北，气候已经比较寒冷。刘少奇、邓小平到达鞍钢时已是下午，而且这一天，更是北风凛冽。市委领导担心两位中央领导人感冒，原想安排他们在宾馆多休息一会儿，暖暖身子。不料他们提出立刻到厂区去，特别提出要亲眼看一看当时全国最大、最先进的鞍钢炼钢厂。

在鞍钢经理袁振的陪同下，他们驱车来到第一炼钢厂。

在简陋的炼钢厂厂长办公室，厂长曾扬清向他们汇报了该厂的情况。刘少奇、邓小平仔细地听着、思索着，偶尔还提出一些问题：这个厂在日伪时期年产量多少？现在多少？将来能达到多少？设备是否先进？技术人员够不够用？等等。

曾扬清逐一作了回答，并补充说：“工人们现在干劲很足，学技术、学文化、学政治，将来钢铁工业要大发展，按照国家要求，我们还要向外输送人才呢！”

刘少奇、邓小平听后，点头赞许。

继刘少奇讲话后，邓小平说：“国家经济建设发展很快，工业、农业、交通、文教都在迅速发展，希望你们多搞一点，搞好一点，多作贡献。”然后，他满怀深情地说：“你们多搞一点，不单是多出一点钢的问题，这对全国也是个鼓舞。要知道全国人民可看着鞍钢啊！”

接着，刘少奇、邓小平一起来到平炉台上，仔细地观看炉子冶炼和工人操作情况，勉励工人们多炼钢、炼好钢，为社会主义祖国争光。

天快黑的时候，他们又赶到新建的无缝钢管厂。

当厂领导介绍这里生产的无缝钢管已被广泛地运用到军事工业和民品生产上时，刘少奇兴奋地说：“了不起！了不起！”邓小平手拿几份样品，对身边陪同的同志说：“希望你们不要骄傲，不要原地踏步，还要发展。”

一晃 3 年过去了。

邓小平再到鞍钢后，听取了中共鞍山市委书记赵敏和鞍钢经理袁振的汇报。

这是一个“大跃进”的年代。许多人都头脑发热。当赵敏谈到要在小炉子上放“卫星”时，邓小平明确地说：“要在大炉子上想办法，小炉子放‘卫星’不算数。”

所谓“小炉子”，是指当时在“全民大炼钢铁”的热潮中兴建的土炼铁炉、土炼钢炉。当时鞍山市曾发动各行业职工及家属 13 万多人，兴建小土炉 2 955 座，生产土钢 10 万多吨。这些小土炉产品质量差，消耗高，破坏了生产综合平衡，造成很大的浪费，限制了钢产量的进一步提高。邓小平心里很清楚，这些土钢是没有太多用处的。

“大炉子是挖潜力的问题。潜力有两种：一种是由于改进了制度、章程，改进了作风，发挥了群众积极性，努力干了；还有一种是由于改进了技术，出现了新的力量，这就是技术革命的问题了。后面一种潜力更大。”邓小平说。

“鞍钢这样大的企业，应当大搞技术革命，要注意发动技术人员，只有技术人员和工人结合起来，才能发挥更大的作用。”在到处都讲空话、说大话的时候，邓小平更崇尚的是科学技术本身。

9 月 25 日，鞍钢在市二一九公园召开万名干部群众大会。邓小平因要去盖平县(今盖州市)检查农村人民公社的情况，未能出席。但他与随行的国务院副总理李富春仔细研究确定了鞍钢这次会议的形式、地点和内容。会上，李富春代表党中央、国务院作了激动人心的讲话，号召鞍钢职工“解放思想，大闹技术革命，取得更大的成绩”。

这一天，邓小平视察了盖平县太阳升人民公社。

太阳升人民公社在当时是全国的一面旗帜。

邓小平在听取公社负责人的汇报时，询问了不少问题，并对公社的工作提出了一些批评。当公社党委副书记李树生汇报说全社今年计划养猪 10 万头，实际只养了 27 950 头时，邓小平说，这么大的社，这么光荣的地方，才养这么点猪，太少了。

当说到今年大旱时，邓小平问：你们打井了没有？为什么今年这样旱，你们不集中力量打井？他提出，要以旱灾为契机搞水利。

“明年你们规划了没有？一人平均多少斤粮食？多少斤棉花？多少头猪？”邓小平问。

李树生回答说：“粮食平均 2 500 斤。”

“2 500 斤？必须亩产 2 000 多斤才能达到，大约比今年翻三番。”接着，邓小平算了一笔账，提出：“明年每人 2 500 斤粮食，300 元收入，作为你们的目标行不行？”

公社的同志说：“行。”

邓小平又叮嘱说：“一定得打井。宝要押在旱灾上，准备它旱。不能到那时，又说天老爷不帮忙。”

邓小平还说，居民点是公社的基层组织。规划时要计算一下到田间的路程，要便于耕地。要种树，要绿化，要园林化。

在沈阳，邓小平听取了中共辽宁省委负责同志的汇报。9 月 27 日，邓小平在辽宁省和沈阳军区党员负责干部大会上发表讲话。

他说，东北对全国所负担的任务很重。辽宁在东北又是第一，任务重。他再一次讲了反骄破满的问题。他说：“鞍钢就是这样的，觉得还不错啊，增长速度也可以啊,而且也比苏联还好啊,怎么你们还说努力不够,发明创造不多?我真有点委屈。"于是他从东北对全国所负担的责任讲起,教育大家反骄破满。他说:"中央对你们的压力一年要比一年大,你们要有精神准备。为什么?因为第一个五年计划期间,是用全国力量把你们这个地方建设起来的。你们应该在第二个五年计划和第二个五年计划以后的长远建设里,起到比其他地区要大得多的作用。这是义务,责无旁贷!在你们面前摆着的就是对全国的支持够不够,自己的努力够不够,而不是该不该的问题。"

三

为确保钢铁生产任务的完成,在10月召开的全国计划会议上,再次确定1959年钢的生产指标要达到3 000万吨。中央提出了其他部门"停车让路",

河南信阳郊外的土高炉群。

"让钢铁元帅升帐"的要求。在"以钢为纲"的口号下,一个造成国民经济比例严重失调的全民大办钢铁的群众运动,在全国迅速发展起来。一时间,各级党委第一书记亲自挂帅,动员了约九千万人上山,砍树挖煤,找矿炼铁,建起上百万个小土高炉、小土焦炉,用土法炼钢。为此,国家投入了巨大的人力、物力和财力,不少地方矿产资源遭到破坏,森林被砍光,群众做饭的锅被砸光,但没有生产出多少合格的产品。当时生产出的名叫"烧结铁"的高硫铁根本不能炼钢。如用于浇铸,也因铸件发脆、太硬而无法加工。由于矿石品位低、生铁质量差和追求高产快炼等多种原因,大钢厂的产品质量也明显降低了。大炼钢铁,不仅造成了工业内部比例失调、忽视质量、拼设备等严重问题，而且给农业带来了极大的影响。农业第一线的强劳力被抽光了，使得这一年的农业丰产却没能丰收。

在大办钢铁的同时，人民公社运动一哄而起。1958年10月底，全国74万多个农业生产合作社改组成为2.6万多个人民公社，参加公社的有1.2亿多农户，占总农户的99%以上。同时在一些城市也开始了人民公社化的试点。农村人民公社化运动以“一大二公”为指导思想，在实行并社和供给制的过程中，提出人民公社由集体所有制向全民所有制过渡，快的三四年，慢的五六年。在人民公社化运动中，出现了公社共了生产队的产，穷队共了富队的产，国家无偿占用公社物资、抽调公社的劳力以及“吃饭不要钱”等做法，刮起了“一平二调”的“共产风”、瞎指挥风、浮夸风以及强迫命令风等等。在人民公社实行政社合一的过程中，由于权力过分集中在县、社两级，基层的生产单位没有自主权，没有生产中的责任制，分配更加平均化，经济核算制度也完全被抛弃了。

10月下旬，毛泽东和中央一些领导同志到农村视察。

邓小平先后到广西、云南、贵州、四川等地视察。

第一站是广西。

10月22日，一架银灰色的伊尔—14型专机徐徐降落在广西柳州军用机场。身着深灰色中山装的邓小平和中共中央书记处候补书记、中共中央办公厅主任杨尚昆等走下飞机，与前来机场迎接的中共柳州市委、柳州地委、柳州军分区的负责同志一一握手。中共广西壮族自治区党委负责同志因接到通知晚了，于当天下午才赶到柳州。

邓小平一行下榻在柳州饭店。

当天晚上，邓小平不顾旅途疲劳，兴致勃勃地到东风钢厂(原通用机械厂)、永丰利刀具厂视察。

东风钢厂、永丰利刀具厂是柳州比较有名的工厂。他们生产的摩托油锯和割纸刀载誉全国，并远销亚非拉各国。所以邓小平一到柳州就提出要到这两个厂参观。在工厂里，他亲切地与老师傅、青年工人交谈，鼓励淬火老师傅要把技术传授给年轻一代，并鼓励两个厂要进一步提高产品质量和增加品种数量。凌晨2点，邓小平等才离开工厂回到饭店休息。

当时全国正在大办钢铁。为响应党中央提出的当年实现钢铁产量翻一番的号召，广西城乡也掀起了一个以大办钢铁为中心的“大跃进”浪潮，各地纷纷建起了土高炉，大放钢铁产量“卫星”。

23 日，邓小平原本拟往鹿寨视察，后据自治区和柳州地区负责同志介绍，罗城县四把乡一带也建起了一个规模较大的炼铁基地，该县正在赶超鹿寨县。因此，他便改往罗城县四把乡视察。

位于柳州西北的四把乡，邓小平是有深刻印象的。28 年前，红七军主力奉命北上时，邓小平曾率部经过此地，与从宜山方面赶来阻截的桂系军队覃连芳的教导师相遇，双方发生激战，红七军 300 多名战士牺牲在这里。在从柳州经宜山去四把乡的路上，邓小平回忆起往事，深切怀念当年的死难烈士。

到了四把乡钢铁基地，邓小平迎着滚滚浓烟，深入察看小高炉群。他一个炉子一个炉子地看，看得非常认真。看着沿途那些炼出来的铁，这位曾经在法国施奈德钢铁厂当过炼钢工的中共中央总书记，越看心里越不是滋味，他忧心忡忡地问随行的冶金专家：“你们看，这些铁的质量怎么样？”一位专家指着地上堆放的两种产品说：“这种的质量还比较好，那种算是烧结铁。”邓小平拿起夹杂有矿石和木炭的烧结铁掂量了一下，恳切地对陪同的地方领导同志说：“各族广大群众建设社会主义的积极性很高，精神很可贵。今后，要设法炼出像专家说的那种质量较高的铁来。至于这种烧结铁，还不能算是铁！”

邓小平的一席话，既充分赞扬了各族群众大干社会主义的可贵精神，又对盲目上马土法炼钢炼铁的一些做法提出了批评，这无疑是给当时头脑日益发热的人们提供了一副“清醒剂”。

10 月 24 日，邓小平来到云南，先后视察了昆明钢铁厂、昆明机床厂等。

在昆明钢铁厂，邓小平提出让昆钢多生产一些钢材，轧成钢轨用以修铁路，发展云南的交通建设。

在昆明机床厂，邓小平对陪同的省委、省政府的领导同志和该厂的负责人说，云南要努力发展机械工业，更多地制造出一些机器。在机床厂装配车间，邓小平仔细地观看了该厂生产的 5 米直径齿轮滚床，7 米直径立式车床和 20 米长、5 米宽的龙门刨床。当了解到这 3 台大型机床的性能后，他连连称赞：“好！好！”并鼓励该厂技术人员和工人说：“你们厂技术设备、技术力量较强，目前国

1958 年 10 月，邓小平在云南东风人民公社和炼钢厂的干部谈话。

家很需要机床，为加速国家经济发展，你们要发动群众生产更多的机床，为国家作贡献。”

10 月 25 日，邓小平在听取省委的汇报后，就云南的工作发表了一些重要的意见。他说：云南从长期看，是搞有色金属，搞一批“铝县”“铜县”“铅县”“钢铁县”，要搞成“有色金属省”。你们这里有这么多宝，要努力奋斗，搞一套经验出来，这些东西值钱，搞出来，云南就富了，人民收入就多了。农业，云南条件好，一定要搞多种经营，搞多样性。

邓小平还就人民公社的有关问题发表了意见。他说：人民公社现在还在积累经验，走在前面一点的是河南、河北，河南也不是普遍地走在前头，河北主要是徐水。农村有些问题还要进一步去解决，但问题不大，方向明确了。徐水要消灭家庭，分成小孩队、老年队，分开去住。还是要慢一点，自然一点。徐水造房子，将人分别集中，实际是行政的办法，要自然一些好。愿意的，可以在一起；不愿意的，可以不在一起，都可以。公社究竟包多少？要很慎重地考虑。徐水是全包。此外，每个人只储备 1 元或 2 元，这样好不好？要从长计议。现在不能肯定徐水是成功的，但也可能是好东西。总之，要多试验。鞋、袜都穿一样的，做什么就吃什么，行不行？恐怕有问题，不然为什么叫“各取所需”呢！

邓小平等参观河北徐水人民公社百货商店。

河北徐水是毛泽东树立的典型，在当时人民公社越大越好、越公越好的情况下，邓小平能说出这番话来，是难能可贵的。

邓小平在四川视察了绵阳、江油、广元。10 月 29 日，在中共中央书记处候补书记、中共中央办公厅主任杨尚昆，中共中央政治局委员、四川省委第一书记李井泉的陪同下，邓小平来到剑阁。

陪同视察的还有中共绵阳地委负责人李林枝、彭华等。

秋日的剑山，风景独好。

剑门关更是险峻，自古就是兵家必争的要塞。三国时代，蜀国名将姜维曾在此镇守。邓小平来到剑门关下，观赏着剑门风光，指着姜维庙和姜维驻兵的营盘咀，饶有兴致地听着讲解员介绍三国时蜀汉大将军姜维守剑门的故事。

当讲解员说到 1935 年红四方面军北上抗日，受到国民党剑门驻军的阻挡，红军战士英勇杀敌，歼敌 7 个团(应为 4 个团)时，邓小平显得尤为兴奋。

随后，邓小平来到汉阳公社四合大队，当时社员们正在抢种小麦。邓小平和一位老农聊开了。

“你叫什么名字?”

"徐芝海。"

"多大年龄?"

"六十一岁。"

"能做些什么?"

"背粪、看牛都行。"

"你辛苦了!"说着,邓小平掏出一支香烟递给了这位老人。

"不辛苦,你们才辛苦了!"徐芝海这位山区的老实农民,他没有见过大的世面,他也搞不清楚和他谈话的是什么人,从哪儿来,但这个人这么平易近人却令他十分感动。他没有推辞,接过邓小平递来的香烟抽了起来,继续着他们的交谈:

"这是什么地方?"

"银窝子。"

"真是银窝子啊!"邓小平感叹说,"你们的生产搞得如何了?"

"现在已播种了七成,如不雨隔,都快种完了。"

"要克服秋雨造成的困难!"邓小平说,"你们一年收入多少?"

"除公粮、口粮外,每人每年还要分部分现金。"

看到有不少的古柏树,邓小平又向老人问起了一些情况。老人虽然没有文化,但他打小就从上辈人那里知道不少关于这些古柏的故事。于是,徐芝海老人便领着邓小平一行观看了"松柏常青树""阿斗树""腰盆树"。他一边走一边还给邓小平介绍了"皇柏"和"张飞柏"的历史传说,邓小平听得津津有味。回到成都后,邓小平还打电话问那些古柏究竟是什么时候栽的、保护情况如何,并叮嘱要保护好这些古柏。

邓小平临走时和老人握手道别。这时老人才想起来问了一句:"你们从哪里来,要到哪里去?"

邓小平用浓重的家乡话说:"我们从上头来,到下头去。你们好好生产吧!"幽默的话语引来围观的社员一阵阵笑声。

当邓小平等来到剑阁城时,中共剑阁县委第一书记刘成基、书记梁凯早已在公园坝迎候。

县委大院内,十几名机关干部正在炼钢炉前炼钢,邓小平看到他们一个个满头大汗,便挥手向他们致意。

“你们辛苦了。”

“不辛苦。”

“你们炼的是不是钢?”

“是钢。”

邓小平蹲下去，拿了一块钢，仔细地看了看，随后站起身来，去拉了拉小风箱说:“这个很轻，要是安上滚珠会更轻!”

这里的炉帽是按起重机原理制作的，绳子拴住炉帽，上面吊根绳子，再用一根棍子撑开，放下又盖上，不烫手，又快速，邓小平看后笑着说:“这是半机械化。”

在县委会议室，邓小平听取了县委第一书记刘成基关于剑阁县基本情况的汇报，察看了剑阁县地图。当他看到墙壁上挂着的“除四害”“讲卫生”和“扫除文盲”的锦旗时，便向陪同的同志说:“你们看，剑阁县真不错，各方面都是先进县。”

中午吃饭时，邓小平问坐在身边的刘成基:“你们养了多少猪? 粮食增产多少啊?”

刘成基回答说:“105000头。”

“你们利用什么饲料养猪?”

……

午后，邓小平离开剑阁。

在四川视察期间，邓小平途经德阳时，听取了当地负责人程占彪的汇报，对德阳的工业建设作了重要的指示。

邓小平说，德阳的工业是国家的大工业。拿制造冶金设备、电站设备的工厂来说，德阳的工厂是目前全国最大的，德阳的工业是机械工业之母。拿四川省的城市来说，第一重庆，第二成都，将来第三是西昌，第四就是德阳了。四川已计划有钢铁、机械、石油等工业基地，还要在甘孜、阿坝区域内搞畜牧基地，以后吃奶品、穿皮毛是大问题。以四川新的机械工业基地来说，德阳是大的，要加紧建设，要打破陈规，边建设边生产，投资按原计划要节约，再缩减，有些屋架机座用砖木和水泥来代替。生产准备中，工人培训要抓紧。大工厂不要搞全能，有些配件、附件和包装等都由地方办厂。

关于城市规划，邓小平说:城市规模根据这些工业项目和将来的发展来规划，郊区要划大些,许多东西才可以自给。如城市人口以30万规划就小了,要按50万、100万做规划。德阳50万城市人口完全可能,德阳是不是划几个县进来,以便解决副食品、劳动力和其他资源的问题。规划城市本身要把郊区各镇建成为生产城镇,大厂帮助下面电气化、机械化。将来各个镇子、居民点,文化、教育、商业、卫生事业等样样都有,连口红也不缺,以后农村的妇女也要用口红的。

城市的马路要宽,干线36米窄了,马路要100米宽,林荫道还要栽树栽花,像长春那样宽才好。

工厂的宿舍距工厂要近些,保持在十几分钟到厂。城市电车、公共汽车只适合远距离,近的不坐公共汽车,我主张大量地、普遍地用自行车。中国搞个自行车国好嘛。骑自行车方便,又是运动,体育与走路结合。

公社居民点、城市街坊要搞好,街坊道路也要宽,自来水、下水道要搞好。房屋住宅修三层为好,太高了住着不方便,要按共产主义的生活来设计布置街坊和住宅,要想到将来的人4小时或6小时工作,2至4小时学习,8小时睡眠,再多了睡不着。还有8小时干什么?那就是走棋、跳舞、看戏、看电影、打球、看打球(杨尚昆插话说,还要坐茶馆)。因此,娱乐设施、公园、体育场等都要修好。

修公共食堂是对的,但家中也还要自己做饭的,自己炒点菜,烧开水,烧牛奶。所以还需公共的(几家一处)烧开水及炒点东西的小灶房。比如说,我走到你家不能说喝茶、吃饭一切都到公共食堂去吧!厕所、卫生间还必须有,不然卫生不好。澡堂用淋浴好,池堂、盆堂不好,你们说呢?但淋浴间每人一格,不要像外面,几个人在一起洗不礼貌。小学生有的主张从小就住读,我说三年级以下的小学生走读好些,不然他生活不好办。绿化要好好规划,要大量栽树,栽容易长的树,如桉树、果树,栽竹子。至于楠木、松柏以后栽,它长得太慢了。

关于人民公社,邓小平说:城市人民公社你们早点搞。德阳建市,不要县了。政社合一,叫德阳市,又是德阳人民公社。下面设若干公社,以地名为名,如孝泉人民公社。不称联社和分社,也不用政治名词。现在德阳13个公社大多数是一两万人的,太小了不好发挥力量,还是四五万人以上好。下面公社为核算单位,上面即起联社作用,统一领导、规划,统一管理。

邓小平还视察了四川的梓潼。

11月1日,邓小平乘飞机抵达贵州清镇机场,中共贵州省委常委、省政法委党组书记、副省长吴实,省委常委、省军区司令员田维扬到机场迎接。

陪同视察的有李井泉、杨尚昆等。

在乘车向贵阳方向行驶途中，邓小平对吴实和田维扬说：“贵州光山多，要搞绿化。”还说：“公路太窄了，农村茅草房子太多，要改造。”

抵达贵阳后，邓小平略事休息，就开始了视察工作。

这时正值“大跃进”、人民公社化运动最高潮之时，“共产风”、浮夸风、生产上搞大兵团作战，生活上普遍建集体食堂，不顾条件地建托儿所、敬老院等，“左”倾错误普遍泛滥。邓小平在四天时间里，先后到了贵阳市郊区花溪人民公社和遵义市及其附近地区。

他足不停歇地到田坝、集体食堂、托儿所、敬老院做实地调查。邓小平与群众谈话很直接，他的四川乡音与贵阳、遵义地区的方言很相近，他的话农民都懂。他和群众谈生产、谈生活，算农副业生产的账，谈集体食堂、敬老院、托儿所的情况，听取群众的看法和意见。当时处处红旗招展、热气腾腾的气氛影响着每一个人，很少有人在这种形势面前深思熟虑。至少表面上是这样。

11 月 2 日，邓小平在花溪人民公社视察时，仔细询问了群众的生活情况，如房子怎么修？托儿所怎么办？娃娃怎么带？人家不愿入托怎么办？他强调：修房子要交群众讨论，这是百年大事。在田间，他又询问了农民的伙食情况。他在同花溪区的负责同志谈话中，又针对当时全国出现的浮夸风进行了批评。

3 日，邓小平、李井泉、杨尚昆在中共贵州省委书记周林、副省长吴实等人的陪同下到达遵义视察。

当天，邓小平即听取了遵义地委李苏波汇报全区农村工作情况，视察了红旗人民公社和遵义县大风暴人民公社的食堂、托儿所及秋耕情况，广泛地接触了社员和群众。

在红旗人民公社，邓小平问：你们成立公社办了什么事？一家人收入 40 元，吃了 28 元，他们吃得起吗？幸福院，自己有儿女的恐怕不进。日托 5 元，全托 8 元，这相当高，和天津、北京一样，还办不到。

在大风暴人民公社，邓小平说：你们算账，只算交换价值，不算使用价值，这个算法不对。缝纫机是各人买好，还是社里出租好？值得研究。将来每家有一部，把裁剪衣服当成娱乐，自己独出心裁做衣服。现在每家一部用得少，算浪费，将来就变了。徐水县把机子都集中起来，统一买布，衣服样子是自定。应该允许自买自用。各人有各人的喜好，要允许人们有这个自由。同样分 30 元，有人愿意进馆子，将来肉多了，也许不吃了；有人愿意储蓄起来买手表，各人自由支配。这就是说，要不要有点自由主义？毛主席向来主张要有点自由主义，大集体小自由。

当天晚上，邓小平同绥阳县委书记魏炳方，遵义县委书记连治洁、程耀华等人就农村中存在的有关问题谈话。

11 月 4 日，邓小平来到贵州铁合金厂视察。他在了解遵义的矿产资源后说，锰铁可以搞“小洋群”。钢产量到 1 亿吨的时候，锰铁就大有搞头了。用电冶炼，普及就困难了。要创造能普遍推广的办法。

在贵州的视察中，邓小平针对贵州经济比较落后的状况，多次强调要改变观点，发展生产，增加国民经济收入，提高人民生活水平。当时由于人民公社实行半供给制，忽视多种经营。4 日下午，邓小平在遵义湘江宾馆召开的省委常委会议上说，要千方百计地搞多种经营，搞点有色金属，搞点经济作物，必须搞有交换价值的东西。要搞“铝县”“铜县”“铀矿县”“烤烟县”“麻县”“木材县”，总要搞一些特色。铝是尖端科学的重要材料，炼铝要创造出一条道路来……要搞铝锭。

邓小平还说，交通要搞，每一个公社要通公路。关于能源问题，他强调：要搞水电站，先搞小的，每个水电站兼顾灌溉。只要水抓到了，综合利用是容易的。水利概念要改变，农田用小水利来解决，山地以蓄水为主，拼命存水。

4 日，是邓小平这次在贵州视察的最后一天，第二天一早他们一行就要离开遵义离开贵州。这天晚上的会开到深夜。除周林等几位省委的负责人外，还有遵义地委书记和遵义周边几个县的县委书记。

邓小平一边听取几位县委书记的工作汇报，一边提问题。所提问题大多与白天调查有关，有关于人民公社体制的，有关于农副业生产的。

谈到敬老院时，他问：“你们了解过有儿女的老人愿进敬老院吗？有些老人在家里东摸西摸，摆弄小孩子觉得很愉快，鳏寡孤独是不幸的结果。”当时有一种舆论，认为老人进敬老院是最幸福的。

谈到各公社已建立的托儿所、幼儿院怎么办时，邓小平说：小孩是全托好，还是半托好？有的群众每天要看一看、“亲一亲”，他要多“亲一亲”自己的孩子，你不能说这就不是共产主义。要完全自愿。当他提出这一问题时，陪同的负责人马上想起他白天和一位老农的谈话。这位农民把孙子送进大队托儿所，托儿所有全托有半托，他的孙子是半托。邓小平问他为什么不全托，这位农民笑嘻嘻地说：“要多亲一亲。”当时在一边旁听的人都笑了，邓小平笑着点头说：“你说得好！要多亲一亲。”

人民公社化后社员的生活单调贫乏，千篇一律，而且十分困难。邓小平从实际出发，对集体食堂和群众吃饭问题谈得最多：“现在办集体食堂是做啥吃啥，可不可以有点个人机动？标准一个，可以机动，可以试一下。各人口味不同，自己加点咸菜、泡菜、腊肉可不可以？有了集体食堂，是不是还要各家的锅灶？建新房是不是还要每家建灶房？各家的泡菜罐子还要吗？每个人都愿到集体食堂吃饭吗？现在穷，这样办，将来呢？共产主义是越搞越简单，还是越搞越复杂？是生活越搞越单调，还是越搞越丰富？共产主义是要把大家搞成一个口味，还是允许各人有各人的口味？穿衣服也一样，发钱自己买，愿意买什么就买什么，穿鞋也是一样，有愿意穿皮鞋的，有愿意穿布鞋的，还有愿意穿草鞋的，是不是统一发一样的好？总之，有这样一些问题。过去家家挂腊肉，挂腊肉可能是个好制度，应该享受的就要叫享受。工人进馆子喝二两，一月一次（当天上午，邓小平在遵义公园遇到一位工人，两人边走边谈，这位工人向邓小平谈了自己的生活情况，说他的工资不多，要养家糊口，但每月工资到手，必定要进一次小饭馆喝上二两），这反映了一个实际问题。”

“房子是一家一幢好，还是老少归队盖好，要交群众讨论，不能下命令，不能县委几个人一想就办。”

“对家庭问题要慎重，不能由共产党下命令。徐水县（河北）搞老少归队，试了也可以，你不能说非那样才算共产主义，这与共产主义是两回事，有个家庭并不妨碍共产主义。搞生活集体化，解放妇女是对的，娃娃主要是社会教育。这两条是对的。托儿所，不一定排除晚上回家，这些问题要考虑，同规划布局有关。”“现在是苦战，这种状况不能持久，总不能老是十几小时劳动，共产主义不是为劳动十几小时，现在苦战是为换将来少劳动几小时。”谈到消灭城乡差别，邓小平说：“农村建居民点，城市有的，北京、贵阳有的，居民点也要有，高跟鞋、胭脂、口红都可以有，电视也要有。”

邓小平在贵州视察期间，还于 11 月 3 日专程参观了阔别 20 多年的遵义会议会址。看到眼前纪念馆陈列的一切，邓小平的心绪一下子又回到了从前。他不停地向随行人员讲述当年的情景，遵义会议在哪个房间里开的，他坐在什么位置。“会议室找对了，我就坐在那个角里。后面是蒋家大院，大家都住在那

1958 年 11 月，邓小平来到遵义视察。谈起他当年在遵义时的情况，他伸出两个指头说："20 多年了！"

里，现在没有房子了，原来那个院子结构复杂，几进院子。在走廊上议论走四川的问题，那个时候觉得走廊很宽，现在窄了！"随行的记者和纪念馆的工作人员，把邓小平回忆的这些重要史实很快记了下来。因为在此之前，纪念馆的同志还不知道邓小平参加了遵义会议。后来在"文化大革命"中，邓小平作为遵义会议的参加者，曾被林彪、"四人帮"否定。他们诬蔑邓小平"篡改历史，硬将自己塞进遵义会议"，"是捞取政治资本"。邓小平的照片，还曾一度被从遵义会议会址陈列室的墙上取下来。面对林彪、"四人帮"的诬蔑，邓小平曾平静地说："我一生的历史已经够光荣的了，参加遵义会议也增添不了我一份光荣，没有参加遵义会议也抹杀不了我一份光荣。"这体现了一个无产阶级革命家的坦荡胸怀。

11 月 5 日，邓小平、李井泉、杨尚昆等回到重庆。6 日上午，接到郑州方面的电话，要他们立即赶去参加毛泽东在那里主持的工作会议。下午，邓小平等人由重庆飞抵郑州出席会议。

郑州会议是党中央于 11 月 2 日至 10 日召集的有部分中央领导人和部分地方负责人参加的一次重要会议。会议在毛泽东的倡导下，广泛地讨论了人民公社化运动中出现的问题。邓小平参加了会议的后半段。会议开始纠正人民公社化运动中已经出现的一些错误。毛泽东在会上批评了急于想使人民公社由集体所有制过渡到全民所有制，由社会主义过渡到共产主义，以及废除商品生产等错误主张。这次会议是我们党纠正错误的重要开端。

最困难的日子

(1960年)

邓小平视察海南兴隆华侨农场指出其发展前景远大;来到人民公社的发源地河南,感叹"说实话好啊";走访安徽革命老区,关爱百姓群众,凭吊淮海战役牺牲的战友。

一

1958年下半年发动的以钢为纲、钢产量翻番,以粮为纲、粮食产量翻番的"大跃进"运动,超越了客观的可能,违背了有计划按比例发展的规律,结果事与愿违,钢、粮食产量不但没有翻上去,反而使社会生产遭到很大破坏,群众的积极性受到严重挫伤,造成工农业生产和整个国民经济的大滑坡。由于1959年庐山会议错误地开展"反右倾"斗争,打断了在经济上纠正"左"倾错误的进程,使错误延续下来。1959年的农业、钢铁生产都未能实现计划指标,国民经济结构比例严重失调。在国民经济总产值中,重工业所占比重猛增至50%以上。财政收入骤减,市场供应紧张,人民生活发生极大困难。

1960年1月2日,《人民日报》发表《开门红,满堂红,红到底》的社论,要求各个企业、各个行业、各个地区第一季度的平均日产量不低于或略高于去年第四季度的水平,并且在这个基础上稳定上升,实现月月红、季季红;不但要做到产量红,而且要同时做到质量、品种、成本和安全样样红,全面跃进。1月7日,党中央召开政治局扩大会议,通过了1960年计划草案,钢的指标仍然定为1 840万吨。全党、全民要继续为"保钢"而"跃进",从而使经济生活发生了更大的危机。

在党中央第一线工作的中共中央总书记邓小平,经过一年多的思考,从当时面临的实际情况出发,对"大跃进"和人民公社有了一些自己的想法。在面临严重困难的时刻，下面的情况如何？人民群众的生活怎么样？他又一次走出北京。

1月24日，邓小平和杨尚昆等南下广州。

1月29日，邓小平等去了海南岛。

第二天上午，邓小平一行视察了榆林海军基地，并乘猎潜艇巡视了海疆。下午，他们视察了鹿回头农场，参观了三亚市市容，还游览了三亚著名风景地"天涯海角"。

邓小平等参观了兴隆华侨农场，又察看了橡胶、可可、咖啡、油棕等热带植物的情况。

兴隆华侨农场位于海南东部的万宁县（今万宁市）境内，距县城25公里，坐落在山清水秀的太阳河畔。邓小平在察看兴隆咖啡等近200种热带植物时，高兴地说，在兴隆看到热带植物，等于看到了东南亚一带乃至世界各地的热带作物。

1960年1月，邓小平在广东海南岛兴隆华侨农场的咖啡园里。

兴隆还是个名扬海内外的"归侨之家"。1951年，兴隆就迎来了第一批马来西亚的归侨，他们开始在这片土地上披荆斩棘，安居立业。尔后，一批批东南亚等地的归侨、难民也先后加入了拓荒者的行列。党和国家领导人周恩来、朱德、刘少奇等都曾先后来此视察慰问。当农场领导向邓小平介绍归国华侨在国民经济困难时期不向困难低头，艰苦建场勤劳创业的情况时，邓小平说，兴隆是个地灵人杰的美丽地方，兴隆农场的发展前景十分远大。

当天，邓小平还视察了嘉积镇。晚上，他听取了中共广东省委书记处书记兼海南区党委书记李明的工作汇报。

2 月 1 日邓小平到达海口。2 月 2 日，邓小平一行视察了湛江市，参观了湛江港，还参观了粤西橡胶园，听取了中共湛江市委关于青年水库和运河工程的汇报。

2 月 3 日，邓小平在阳江县参观了公社的养猪场。当晚赶到新会。新会是广东的一个大县，经济文化较为发达，邓小平等下榻的招待所位于马山之上，风景甚佳。邓小平等在新会参观了劳动大学、工具改革展览会、农业机器制造厂。随后，赴江门视察。在江门，邓小平等视察了我国第一个大糖厂，参观了该厂的糖料综合利用。

在途经佛山时，邓小平等参观了特种工艺作坊和一条卫生模范街道，游览了祖庙公园。

2 月 4 日下午 5 时，邓小平等回到广州。

2 月 6 日，邓小平到从化温泉休息。11 日，在广州参加毛泽东、周恩来主持召开的有关会议。14 日，离开广州返回北京。

2 月 17 日邓小平在河南郑州停留。

邓小平一行下榻在河南省委招待所。

当天上午，他听取了中共河南省委书记处书记杨蔚屏和省委几位同志关于河南旱情的汇报。

下午，他参观了北郊人民公社和郑州纺织机械厂。

在郑州纺织机械厂，邓小平参观了厂里自己发明制造的洗碗机、切菜机、饺子机、面条机、馒头机后，很高兴，并赞赏和鼓励他们在机械化的道路上不断前进。

在北郊人民公社，邓小平参观了公社农具展览室后，又参观了公社的土铁路、运输列车和拖拉机站。邓小平询问了公社的公共食堂问题，了解群众是否自愿参加食堂，有没有不参加的情况。

第二天上午，邓小平等参观了花园口水坝工程和花园口决堤处。

花园口决堤是发生在 20 多年前的一个举国震惊的事件。1938 年 5 月，日

邓小平和毛泽东在一起交谈。

本侵略军攻占徐州，随即沿陇海路西进。6月初，蒋介石下令炸开郑州以北花园口黄河大堤，企图以黄河之水阻挡日军西犯。结果不仅未能阻止日军进攻，反而给人民造成空前灾难。河南、安徽、江苏三省四十余县被淹，数十万人溺死，1 000多万人流离失所。大水过后，留下了一片连年灾荒的黄泛区。

邓小平在这里沉思良久。

下午，邓小平等视察管城区。他关切地询问了新中国成立后市民的生活状况和无业人员的安置情况后说：我们打倒了蒋介石，解放了全中国，人民翻了身，这仅仅是第一步，现在更重要的是让大家尽快地富起来，要多想富起来的办法。我国人多地广，不能光靠国家，你们下边要多想想办法。我们这次来，主要是寻求发展经济的办法，尤其是城市。

来到管城区红旗人民公社，邓小平看到放在厂房门口的公社电机厂自己生产的电机，高兴地说："不简单，真不简单！过去这是外国人搞的，现在我们这样的小厂也可以搞。"

但看到公社化工厂生产硝的工艺流程、设备还很落后，近似手工作坊，技术人员水平低时，邓小平告诉他们："要请专家来，要派人去学习先进技术。""不能让它永远土下去。"

在视察红旗人民公社时，邓小平又一次问起群众愿意不愿意参加食堂的问题。

公社负责人苏丙炎说：“经过我们动员，大部分人愿意参加，有 30%的人不愿参加。”

“说实话好啊”，邓小平听后说，“社员到食堂吃饭要靠自愿，如果过一段时间人家认为我们办得不好，要允许人家退出，如果办得好，赶也赶不走。”

当看到公社新建的厂房和办公大楼时，邓小平问，你们这些建筑材料和资金是哪里来的？公社的同志说，贷了部分款，木料、砖瓦都是从群众那里筹集的。

邓小平严肃地说：“要记清账，不要记糊涂账，到一定时候要还给群众，不能让群众吃亏。”

在视察中，邓小平对公社的同志说，搞生产、做计划，要考虑群众的意见，要符合当地的实际。积累和分配问题要妥善解决，既要不断扩大再生产，又要安排好群众生活。他要求公社的干部要有好的作风，轮流到大食堂去吃饭，去体验生活，要关心群众疾苦，不要浮在上面听报告。

3 个月后，邓小平再一次来到河南。5 月 12 日，在听取河南省委汇报工作后，邓小平进一步强调如何搞好计划。他说，提口号、提计划、提要求，要放长一点，要有余地，要做十年规划。不能单纯地从一个问题、一件事来看，要全面地联系起来看。

二

2 月 19 日早晨 7 点，邓小平乘坐的专列到达安徽蚌埠站，安徽省委第一书记曾希圣上车汇报了安徽省的情况。10 时，专列到达合肥。在招待所略事休息后，邓小平即去参观包公祠、逍遥津、点将台等古迹。下午参观了安徽省展览会，还参观了在佛子岭水库捕获的空降特务图片资料展览。

第二天，他们从合肥出发，前往金寨。

金寨，原来是鄂豫皖苏区的老根据地，这里的人民有着光荣的革命传统。

这也是邓小平十分熟悉的地方。十多年前，他和刘伯承率大军千里跃进大别山，这里曾留下他的一串串战斗足迹。

到了金寨后，他接见了金寨县党政领导同志，详细询问了革命老区人民的生产、生活情况。

金寨县地处大别山腹地，山高地少，土地贫瘠，加上当时兴建梅山、响洪甸

邓小平乘火车赴外地调查研究途中。

两座水库，淹没了10万亩良田，全县人民的生活非常困难。

邓小平听完汇报后，心情十分沉重。他说，战争年代金寨人民对中国革命有很大的贡献，在社会主义建设的今天，又淹掉了10万亩良田，地方党委政府要关心老区人民的生活、生产，要千方百计地帮助他们度过困难时期。

他还指示，山区耕地面积少，山场面积大，要抓好见效快的绿化造林工作，比如福建省山区有一种桉树，成效快、树干直，不妨引进栽培，推广种植。还有其他方面适合山区的多种经济生产，也要抓，要不断增加人民群众的收入，改善人民群众的生活。

当天下午，邓小平登上梅山水库大坝。这个大坝为连拱坝，共有15孔，由坝底乘电梯上坝，共高50米，当时因水量不多，4台发电机只开动两台，以调剂合肥市用电之需。邓小平等观看了秀丽的水库景色，并与陪同接待的全体同志合影留念。下午2时许，邓小平等返程途中在六安县稍事休息，于晚6时15分回到合肥。

21日上午，邓小平等参观了合肥特殊钢厂、省委钢铁厂和造氨水的小型化肥厂。

下午，邓小平等听取了省委书记王光宇关于农业情况的汇报、省委书记处书记桂林栖关于整风情况的汇报和省委书记处书记李任之关于工业生产情况的汇报。

22日上午，邓小平等参观蜀山人民公社，特别看了万头猪场。下午参观了江淮人民公社的沼气池和沼气食堂，参观了合肥矿山机械厂、砂轮厂、软木厂和规模较大的模型工厂。

23 日，邓小平视察了安徽大学、合肥工业大学。在合肥工业大学听取了校领导关于学校科研成果的介绍后，邓小平兴致勃勃地参观了学校科学研究展览馆，对教学科研工作作了重要指示："做试验嘛，不要怕失败，继续试下去。""一个新方法，要多研究和试验。"对学校恢复教学科研秩序，邓小平表示满意，说："你们搞得对！"19 年后，邓小平再到安徽时，还专门为这所大学题写了校名。

24 日，邓小平在省委第一书记曾希圣的陪同下，专程到淮南视察。

在新建成的望峰岗选煤厂，邓小平聚精会神地参观了生产过程。到洗选车间时，由于车间所处位置较高，邓小平在来之前腿被扭伤，拄着拐棍，行走不便，大家劝他不要上去，但他坚持要上去。

视察完选煤厂，邓小平提出要下矿井去看看。考虑到他的身体状况以及井下的安全，随行的同志都劝他不要下井，但他还是坚持要下。于是，只好临时安排谢二矿接待他下井视察。谢二矿是"一五"期间我国自己施工建设的第一个现代化大型矿井。邓小平到了谢二矿后，工程技术人员简单地汇报了谢二矿的生产情况。他见到技术员都很年轻，便高兴地鼓励他们努力工作，为煤炭事业贡献自己的聪明才智。

离开谢二矿，邓小平来到淮南煤矿机械厂，视察了职工的新建住房。

这个厂在缺少资金、钢材、水泥的情况下，创造了一种用砖代替水泥板做屋顶的拱形建筑，并自筹资金盖起了三幢四层楼房。邓小平登上楼梯，一边认真观看，一边询问。当得知这种拱形屋顶每平方米造价仅 30 元人民币时，他连连夸奖道："这种建筑是个宝，我在东北视察时也看到过，既节约木材、水泥，又节约资金，很好，很好！"

25 日，邓小平在省、地、县领导的陪同下来到了宿县双堆集。

12 年前，在这里曾发生过一场可以说是决定中国命运的大决战。当华东野战军在碾庄地区围歼黄百韬兵团时，蒋介石的精锐部队、辖 4 个军和一个快速纵队共 12 万人的黄维兵团，于 1948 年 11 月 8 日由河南驻马店地区出发，意在增援徐州。11 月 15 日，黄维兵团到达阜阳，18 日到达蒙城，19 日突破涡河，在板桥集一带和中原野战军激战。23 日，黄维兵团向解放军南坪集阵地猛攻。这时，刘伯承、陈毅、邓小平决定在浍河北岸让出一片地方，将敌人诱入我军预设在宿县西南的袋形阵地内，然后集中兵力伺机围歼之。25 日，解放军将黄维兵

邓小平在农村视察。

团压缩于双堆集为中心的纵横15华里的狭小地区内，完成了对黄维兵团的包围。淮海战役总前委向中央军委建议，淮海战役第二阶段以歼灭黄维兵团为重点，并且提出了具体的部署和打法。毛泽东和中央军委当即批准了他们的建议，认为歼灭黄维兵团的主客观条件具备了，决定以中原野战军主力担负歼灭黄维的任务，并指令华东野战军派出必要兵力参加这一作战。军委明确指出："情况紧急时，一切由刘、陈、邓临机处置，不要请示。"

在总前委的正确领导下，中原野战军广大指战员不怕困难、不怕牺牲，经过20多天的浴血奋战，到12月15日，终于全歼了黄维兵团，活捉了兵团司令黄维。黄维兵团的覆灭，使解放军取得了淮海战役第二阶段的胜利，加速了中国革命的进程。

12年后，邓小平来到这里，有无限的感慨。当地负责同志立即找来几位群众座谈。邓小平充满深情地说："双堆集人民为淮海战役的胜利做了大量的工作，作出了牺牲。"谈话结束后，他来到烈士纪念碑前，向在淮海战役中牺牲的烈士致哀。

2月25日晚9时，邓小平等到达山东济南。

2月26日上午，邓小平等听取了山东省委第一书记舒同和其他省委领导同志关于山东生产、生活的汇报。

27日，邓小平等在天津听取了中共河北省委书记处书记、省长刘子厚关于河北省生产和生活情况的汇报。当天邓小平回到北京。

实事求是年

（1961年）

全党大兴调查研究之风。邓小平南到广州，北到大庆，从农村调查到工矿视察，明确指出："按劳分配是天经地义的事。"他的名言："吃食堂光荣，不吃食堂也光荣。吃不吃食堂要由群众决定。"

1961年1月14日，中国共产党在北京召开了八届九中全会。为了准备这次会议，1960年12月24日至1961年1月13日召开了中央工作会议。毛泽东在1月13日会上的讲话中着重提出了调查研究问题。他认为调查研究极为重要，我们做工作要有三条：一是情况明，二是决心大，三是方法对。毛泽东希望1961年成为一个调查年、实事求是年。毛泽东说，我们党是有实事求是的传统的，就是把马克思列宁主义的普遍真理同中国的实际相结合。但是解放以来，特别是最近几年，我们调查做得少了，不大摸底了，大概是官做大了。我这个人就是官做大了，从前在江西那样的调查研究，现在就做得少了。请同志们回去大兴调查研究之风，一切从实际出发。

1961年1月，毛泽东主持召开中共八届九中全会。

会后，党中央和各地党委的主要负责人，按照毛泽东关于大兴调查研究之风的要求，广泛地开展了对各项工作的调查研究工作。特别是集中力量对农村人民公社工作中的情况和问题，进行了深入的调查。

1月28日晚，邓小平离开北京前往南方。

随同邓小平的有中共中央政治局候补委员康生、中共中央书记处候补书记杨尚昆。

途经上海、杭州，邓小平一行作了短暂停留，于2月1日晚8时到达福州，住在西湖招待所。

当晚，邓小平同福建省委负责同志谈话。

福建省自1958年“大跃进”和人民公社化以来，由于“左”的指导思想造成的失误和连年自然灾害造成的损失，全省国民经济造成了灾难性的后果。特别是由于农业连年减产，粮食和农副产品大量减少，以农产品为原料的轻工业产品随之减少，日用工业消费品也生产不足。而基本建设规模过大，各项事业发展过快，又使货币投放量大大增加。在这些因素相互影响下，从1960年起，福建明显地出现了市场商品供应紧张，尤其是粮食短缺，物价上涨，人民生活面临着严重的困难局面。

邓小平到了福建，虽说只有一天时间，但他还是决定要到下面“随便走一走”。

2月2日，邓小平、杨尚昆等在中共福建省委第一书记叶飞的陪同下，来到福州石雕工艺厂参观。

福州石雕工艺厂位于南后街水流湾的居民区内，厂房十分简陋，陈列室也很狭小。但由于是传统工艺品生产，工厂的生产状况很好。厂长吴德坚向邓小平介绍了工厂的生产和经营情况，邓小平听得很认真，并详细询问了产品销往东南亚等地的情况，以及每一件产品的作者情况等等。由于生产车间与居民住房挨在一起，临离开工厂时，邓小平环顾简陋的厂房，又特意详细询问了工人的生活情况，诸如工人是不是住在工厂宿舍，商品供应紧张是否影响工人的生活等等。

随后，邓小平又来到了位于福州市郊的黎明人民公社参观。

黎明人民公社主要种植蔬菜，供应福州市区。邓小平到福州工业路旁的菜地参观，并向陪同的干部和在地头劳动的社员了解蔬菜种植情况和郊区群众的生活情况。

2月4日，邓小平到达湖南株洲。2月5日上午9时许，当邓小平等乘坐的专列到达331厂的铁路专用线时，湖南省委书记李瑞山率331厂厂长郭固邦等登上专列迎接。

331厂是国家第一批组建的六大航空主机厂之一，于1954年成功研制生产了我国第一台航空发动机，毛泽东曾亲自致信嘉勉。1958年，国家将制造"霹雳1号"空对空导弹的任务交给331厂。1960年3月15日，中国第一枚空对空导弹试制成功。但当时由于国民经济困难，加之苏联专家撤走，研制工作处于艰难之中。

邓小平在听取了简要情况介绍后，走下火车，径直来到了该厂的导弹生产线视察。这条空对空导弹生产线，于1958年开始兴建，广大科技人员发扬自力更生、艰苦奋斗的精神，自行试制出工装4 000余种、非标准设备33套，突破22项关键技术，在协作厂家的配合下，已成功地研制出第一枚空对空导弹。邓小平看了现场后，深有感触地说，这种高速度，只有在社会主义制度下才会出现。

随后，邓小平又来到了另一个车间，察看代号5081的舰对舰导弹仿制品。郭固邦厂长介绍了这一产品的原理和性能，邓小平问道："它的造价需要多少？"

"约50万元一枚。"

"那就划得来啊！"邓小平微笑着说，"一枚导弹可以击毁一艘军舰，合算，合算！"

停了片刻，邓小平又问道："造这种导弹，你们有哪些困难？"

郭固邦回答说："关键是缺液体燃料。"

邓小平一听，立即说："这种燃料，我国现在能够解决了。"他让厂里找某某人了解一下。作为中共中央总书记的邓小平，对我国的科技、生产情况是如此熟悉，着实令在场的所有人都很感动。

在视察811号发动机生产线时，邓小平指着发动机尾喷口的鳞状片问道："这起什么作用？"

设计人员根据气体流量、压力原理作了解说，邓小平并没有听明白。郭固邦见状马上打了个比方说，我们站在这个厂房中间，很难感觉到空气在流动；如果往那小门的口上一站，就感到空气在流动，而且有压力。这些鳞片是起调节作用的。

邓小平频频点头说："哦，经你这么一说，我就懂啦！"

回到专列上，邓小平对随行人员说："这个厂搞得好哟！""郭固邦这位厂长对产品很熟悉，讲解也不错。”

邓小平还视察了601厂。

601厂主要生产钻石牌硬质合金和钨、钼、钽、铌等稀有金属产品及其半成品，为冶金、机械、地质、矿山、石化、电子、轻纺以及国防军工提供各种切削工具、拉伸模具、钻探工具和耐热、耐磨、耐腐蚀零件等。

邓小平走进工厂休息室，厂党委书记准备汇报。邓小平说：“还是看吧！我们边看边谈嘛！”

在二车间，邓小平捏着那乌黑的冶金粉末说：“我们很需要这些产品填补空白，更需要熟悉业务的管理人员、红色专家。各级领导干部，要认真学习技术，掌握生产流程，增强质量意识。”

这个厂是20世纪50年代苏联援建的。但在20世纪60年代初，赫鲁晓夫撕毁合同，撤走专家，企图迫使我们屈服，听从他们指挥，给我国的建设造成了很大的困难。邓小平问：“这些技术都是苏联援助的吗？”

总工程师孙立说：“是的。”

“苏联专家要是回去了，你们怎么办？”邓小平又问。

孙立回答说：“我们自力更生！正在努力学习技术，熟悉机器性能。”

厂党委书记随即汇报了调进技术人员、培训业务骨干的情况。邓小平听后非常满意，他说：“像你们这种外国设计的冶炼合金厂，目前全国仅此一家，技术要求高，厂领导又都是从战争年代过来的，没有搞工业的经验。搞工业是科学，蛮干不行。过去几年的教训，把老本吃光了，虽然跃进了，但不持久，坐飞机上去，坐电梯下来。在今后的日子里，领导干部要不断总结这方面的经验，努力学习科学技术，变外行为内行。要知道，认识事物，由必然王国到自由王国的飞跃，是一个很久的过程。探索工业发展的规律、经济建设规律需要不断实践，不断认识。”

邓小平的这次视察，给331厂、601厂广大职工和株洲人民以极大的鼓舞，激励他们克服困难，迎难而上。331厂在1961年一度被迫中止试制的“霹雳1号”空对空导弹，1962年又恢复了试制；1963年靶场综合试制成功，对靶机攻击命中目标；1964年3月国务院批准定型并投入小批量生产。尔后又研制了新型空对空导弹。331厂已成为我国第一个空对空导弹研制基地。

2月6日，邓小平到达广州。

2月中旬，邓小平等人来到四川成都。

在成都，邓小平参观了昭觉寺，游览了人民公园、青羊宫、二仙庵，还视察了金牛公社。

3月1日，邓小平在回京途中经过郑州时，在火车上听取了河南省委负责人吴芝圃关于河南省工作的汇报。河南是“重灾区”，省委为了恢复和发展生产，领导群众度过灾荒，正在开展整风整社。针对河南的情况，邓小平说，战胜困难的关键在于调动积极性，一个是干部的积极性，一个是群众的积极性。整社中退赔一定要兑现，这样才能调动群众积极性。三类社要整，一、二类社也要整。一、二类社是大多数，要调动大多数人的积极性。对于干部的处理，宁肯不及，不要过，不要随便戴帽子。批判后，重要的问题是鼓气，不要灰溜溜的。要多种蔬菜，多养猪，搞好群众生活。

1961年，邓小平在三门峡水库建设工地视察。

在谈到工业生产管理时，邓小平说，要派干部加强领导，把原来的好制度恢复起来。不立不破，多立少破，一步步地搞，既要坚持不断革命论，又要坚持革命阶段论。要制定合理的工资制度，认真搞好奖励，井下工人的奖励可以高于井上的。工厂的标准是产品质量好，这是工厂好坏的集中表现。

会见结束后，邓小平乘火车西行。在三门峡火车站下车，视察了三门峡市。

3月2日上午，邓小平视察了三门峡水利枢纽工程，看望了施工的工人和工程技术人员。当时大坝已经浇筑到设计标高353米，但还没有竣工。邓小平登上坝顶，看着碧波荡漾的人工湖，十分高兴。当他听到水库负责人介绍说，我们已有自己的专家，没有因为苏联专家的撤走而影响工作后，兴奋得连连点头。接着，他询问了蓄水后的情况，提醒在场的人员充分认识改造黄河的艰巨性、复杂性。

3月3日，邓小平回到北京。

从1月到3月，党中央领导同志和一些地方负责人深入农村调查后发现，自1960年11月关于农村人民公社的“十二条”指示信下达后，农村的形势已有很大好转，但是还有许多问题迫切需要解决。这些问题是：公社的规模问题、体制问题、供给制问题、食堂问题等。

1961年3月14日至23日，中共中央在广州举行工作会议。

党中央认为，亟须在总结过去三年多经验的基础上，制定一个人民公社工作条例，把人民公社工作中发现的问题作一个系统的解决。2月下旬，毛泽东亲率一个班子在广州着手起草农村人民公社条例。随后，毛泽东于3月上旬在广州主持召开了“三南”会议（即华东、中南、西南），刘少奇、周恩来、陈云、邓小平于3月11日在北京主持召开“三北”会议（即华北、东北、西北）。毛泽东在“三南”会议上再一次强调了调查研究。会议期间，他还给参加“三北”会议的同志写了一封信，建议中央的同志到县、社、队进行调查，使自己对工作指导做到心中有数，克服不甚了了、一知半解的毛病。信中还指出，大队内部生产队与生产队之间的平均主义问题，生产队（过去的小队）内部人与人之间的平均主义问题，是两个极端严重的问题。

3月14日，党中央决定将“三南”会议、“三北”会议合并于广州继续开会，即中共中央工作会议。会议讨论并通过了《农村人民公社工作条例（草案）》（即“农业六十条”）。会议还起草并通过了中共中央《关于认真进行调查工作问题给各中央局、各省、市、自治区党委的一封信》。会后，刘少奇亲自带工作组到湖南长沙、宁乡县进行调查；周恩来到河北邯郸地区进行调查；邓小平、彭真直接领导五个工作组，在北京顺义、怀柔等县进行调查。

二

3 月 25 日，邓小平回京。十多天后，他于 4 月 7 日下午，又来到了京郊顺义。

和他同行的还有中共中央办公厅工作人员卓琳和曹幼民、北京市委宣传部副部长张大中、农村工作部副部长常浦、统战部部长廖沫沙等。

中共北京市委第一书记彭真、市委书记处书记陈克寒协助邓小平进行了一些后期调查活动。

邓小平一行是坐火车到顺义的。火车停靠在牛山火车站附近的道岔上。没有陪同，没有应酬。他把随行的卓琳派往上辇，住在社员孙旺家；派张大中到北小营、曹幼民到上辇了解情况。他自己则轻装简从，到处找人座谈讨论、参观考察、访贫问苦。一般情况下就在火车上吃住，尽量不给基层增加负担。

当天，邓小平即听取了中共顺义县委第一书记李瑜铭的汇报。

对于邓小平的到来，顺义人民热情地做了不少准备工作。

为了布置会议室，大家打扫屋子、擦玻璃窗，忙乎了一阵子。室内的长条桌和几把硬木椅虽然简陋，但摆放得整整齐齐，屋里还用“来苏尔”水消了毒。为了让年近花甲的邓小平坐得舒服些，还特意从北京运来了一个大沙发，放在醒目的位置上。但 4 月 7 日邓小平听取李瑜铭汇报和 8 日召开县委领导座谈会时，却径直走进没有布置的小会议室。4 月 12 日召开公社、管理区干部座谈会时，因为人多改在大会议室举行，但邓小平硬是让人撤掉了那只大沙发，和大家一样，在硬木椅上一坐就是半天。

顺义地处平原，农业生产发达，号称北京的粮仓。农业合作化以后，粮食连年增产。1957 年亩产达到 284 斤，1958 年增加到 315 斤（因浮夸多报，实收只有 260 斤），但 1959 年却下降到 249 斤，1960 年继续下降到 247 斤。为什么?

北京顺义县的干部和社员讨论制定生产计划。

座谈会上，干部们众说纷纭。有的说 1960 年大搞水利用工多，有的说 1960 年灾情重……邓小平听了却不以为然，他在 4 月 8 日的县委干部座谈会上就诘问：“1960 年是农闲时调出 2 万多人却减产，1958 年是农忙时调出 3 万多人为什么还能大丰收？1960 年的灾情究竟如何？减产的原因究竟在哪里？”

在这次座谈会上，邓小平说，顺义这里的水利、机械等条件都很好，去掉瞎指挥，因地制宜，总要多产粮食。关于调整社队规模，邓小平说，看来还是要根据群众要求，把社队规模早些定下来。调整体制时引起的一些问题，如包产单位过大的要划小。承包单位一划小，包产迅速落实下来，包产指标还会有变化的，可能还会提高。在奖、赔问题上，总的要贯彻一条原则，生产搞得好的多分一些，搞得不好的少分一些，不能剥夺别人的劳动果实。谈到公共食堂问题，他说，公共食堂是一个大问题，现在群众议论很多，要注意一下。总的方针还是积极办好，自愿参加。“农业六十条”关于这个问题写得很灵活，从办到不办，形式也允许多样。

处于困难中的顺义人民，虽然从实践中感受到“左”的指导思想和具体政策的失误，也按上级部署进行了纠正“一平二调”和“整五风”的教育，正确传达贯彻《农村人民公社工作条例（草案）》，但由于党在指导思想上没有摆脱“左”的藩篱，加上反右派和“反右倾”运动的影响，不少人一提到“三面红旗”特别是人民公社的“一大二公”和“大跃进”的高指标等敏感问题，就心有余悸，有话不肯说、不敢说、不直说，甚至继续说些言不由衷的假话、大话、空话。对实际工作中的一些具体政策问题，往往改了又犯，边改边犯，因此，群众积极性仍然不高，困难还很严重。

4 月 12 日，邓小平召开公社、管理区干部座谈会。他指出：你们的材料上都把劳动力减少当作 1960 年减产的第一个原因，我根据你们的材料算了一下账，认为主要原因不是劳动力问题，而是群众生产积极性问题，是干劲问题，也就是政策问题。实际上，在座的干部谁都知道群众积极性不高，但没人敢说，怕涉及党的政策本身。邓小平这样直截了当地指出当时政策上有问题，说出了人们要说而不敢说的话，在座的干部听后心里为之一振，眼前为之一亮。

减产的根源在积极性，积极性调动不起来的根源在党的政策，特别是经营规模超过生产力发展水平。顺义县在 1958 年曾按照“一大二公”的要求，把全县分成 8 个大公社，后来还想合并成一个“顺义公社”，大大超过了当时生产力的发展水平。由于片面强调“公”，热衷于所谓“共产主义因素”，以致把社员的自留地、家禽家畜、家庭副业统统收归社有，收益分配上实行供给制和工分制相结合的分配制度，大搞平均主义，在生产、生活中实行组织军事化、行动战斗化、生活集体化，大办公共食堂、托儿所、敬老院等公共事业，破坏了等价交换和按劳分配原则，这些错误的举措不能说没有挫伤群众的积极性。广大干部虽然心知肚明，但都不敢说，而是在一些具体问题上争来争去。

谈到公社的体制问题，邓小平说，公社规模问题可以慢点解决，可以考虑得充分些。基本核算单位规模问题就要早点解决，迟了不利。基本核算单位过小了也有缺点。要把一切利害矛盾都摆出来，让群众充分讨论。如果经过讨论还不愿并到一块，也不要勉强，将来再合并也行。总之，要根据群众意见办事，大中小结合。在大家充分讨论后，邓小平拍板说：“基本核算单位基本上是一村一个，就这样了。”

其后，根据邓小平的这个指示精神，顺义把全县划为 24 个公社，划小基本核算单位，以后长期也没大的变化，说明当时这样的经营规模是合理的。

确定了经营规模，还有个生产管理问题。邓小平充分肯定了当时有争议的几个问题：“三包”，即包工、包产、包成本；“一奖惩”，即超额有奖、减产受惩；“四固定”，即土地、劳力、耕畜、农具固定到生产队使用的责任制。他说，“一平二调”搞得大家都没有劲头了。要尽快制定“三包一奖惩”和“四固定”责任制。现在包产过大的单位应适当划小。包产单位小一些，便于互相比较生产条件，你瞒不过我，我也瞒不过你，包产指标就容易落实了，要让他们在同等的条件下搞生产竞赛。定生产指标要力求合理，还要留有10%的余地，照顾到有产可超，这样他就会有奔头了，就拼命去干了。

谈到要克服分配中的平均主义时，邓小平说，要认真执行“按劳分配，多劳多得”的分配原则，承包单位之间、社员之间无论如何不能拉平，要克服分配上的平均主义，这样才能调动起社员的积极性。评工记分必须搞得严密一些，死分死记、死分活记都不能很好地体现同工同酬，还是初级社时的老办法。比如二等劳力干一等劳力的活，还记二等工分，这就存在着平均主义的问题，就会打击二等劳力的积极性，这种不合理的现象必须克服。一定要实行定额包工，多劳多得是天经地义的事，是社会主义的分配原则。对执行按劳分配中可能出现的问题，他指出：现在农民脑子里想的是多产多吃，但是生产下降了，吃不到300斤口粮，就不能吃300斤。小灾少吃点，中灾再少吃点，大灾更要少吃。自然灾害是这样，人为灾害更应该是这样。即便某个承包单位减产很多，确需调剂口粮，也只能补够最低标准(保命数)。总之不要拉平，人与人之间劳动有强弱，干活有好坏，出勤多少也不一样。为了奖勤罚懒，不仅在劳动报酬的工分上有差别，口粮差别也要相当明显，这样就能克服平均主义，农民就放心了，就能刺激生产者搞好生产和克服各种自然灾害的积极性。同时，邓小平又特别指出：集体对“五保户”要照顾，对困难户要给予补助。为了贯彻这个原则，在口粮分配标准上，可以打破“三七开”的固定模式，实行“二八开”“一九开”，甚至实行除“五保户”、困难户以外，全部按工分分配的办法。小队开荒“十边地”的粮食归小队积累，拿出一部分按工分分配，这种做法得到社员一致拥护。邓小平接着说：“上辇的余粮分配办法很好，很有道理。国家、集体、个人几方面都照顾到了，就应该是这样，定好超产部分，几成卖给国家，多为国家做点贡献，而且群众心中也有底，生产积极性就会高，生产就能搞上去。县委要搞几个这样的好典型，总结经验推广下去。”后来，经过县委蹲点培养，特别是市委第二书记刘仁多次亲临指导，上辇的分配办法进一步完善，调动了群众的积极性。同时，他们又在改革传统耕作制度等方面积累了经验，成为北京市农业战线上的一面红旗，这个村党支部书记孙举也被评为市劳动模范。

关于粮食“三定”，邓小平指出：应该赶快定下来，首先是把征购任务定下来，同时也定留粮。总的基础还是“三包”。在定征购任务时，要考虑到一县之内和一个基本核算单位之内可能出现灾情，所以县和基本核算单位两级都要留有余地，这样发生了灾荒就有所调剂。应该肯定，在口粮分配方面，承包单位之间不能拉平。

当天，邓小平还召开了公社、大队书记座谈会。

农村公共食堂是在“大跃进”中实行供给制“吃饭不要钱”的产物，造成惊人的浪费和严重的后果，群众对此议论很多，但许多人怯于“谁反对公共食堂，就是反对‘三面红旗’，就是右倾”的压力，没人敢公开说不办。

在公社书记座谈会上，当听到公共食堂存在着占用人员多等问题时，邓小平说，把原料加工成熟食，增加成本50%多，这样贵，群众当然不赞成。一个50户左右的食堂，占用十几个劳动力太多了，食堂人员超过吃饭劳力的10%就不合算，粮食加工应该做到半机械化，这样既节省成本，又可以节省劳力。食堂要种蔬菜，养好猪，搞好家底。听到有些群众愿意办农忙季节食堂，冬闲时自己回家吃饭时，邓小平说，这样也可以，农闲时回家自己吃饭，还可以解决冬天烧炕取暖的问题，能节省一些煤。

4月15日，邓小平在北小营召开上辇大队、北小营大队、仇家店大队党支部书记、生产队长座谈会。他反复问干部：公共食堂是吃好，还是不吃好？但多数人都不敢说不吃好，相反却违心地拼凑公共食堂也不错的理由。邓小平非常严肃地说，公共食堂是个大问题，现在群众议论很多，要注意一下。当有人说上辇村的食堂办得好时，卓琳当即说出真相：“上辇的食堂是假的，由食堂分粮食，社员回家做饭才是真的！”邓小平听后高兴地表扬上辇村：“你们村的干部对‘共产风’‘平调风’顶得好，锅、碗、瓢、盆没有被刮跑，锁没有砸，门没有拆，是很好的事。而且，你们村把生产搞上去了，粮食亩产1959年达到540多斤，比1958年提高40多斤，副业收入3万多元。社员生活水平提高了，对国家的贡献也大了。吃食堂光荣，不吃食堂也光荣。吃不吃食堂要由群众决定。”

4月16日和18日，邓小平视察了城关和牛山公社拖拉机站。

在城关，他首先参观了拖拉机机库，询问了各种型号拖拉机的质量和使用情况，重点看了创全站高产的一号机车和安全行驶3 400小时不大修的六号机车，又看了修配车间和摆在大场院里的各种配套农具，询问了拖拉机修理和中耕、收割情况。当看到农机具停放在露天场院里时，他说：“机械要搞得干干净净，重要的是保管好，搞文明生产。你们要利用现在的空闲，自己动手修建几个棚子，也花不了多少钱。把农机具都放在棚子里，对机械保管有好处。”

邓小平听了拖拉机站负责人向他介绍拖拉机作业情况后，高兴地说："你们的机耕比较兴旺，耕地、耙地、镇轧全部机械化了，机耕比用牲畜耕得深，应该是增产。拖拉机耕地的技术也要研究，黏土、黑土、沙土都怎么耕法？有的地方不适合机耕，就不要机耕。拖拉机除耕地外，还可以进行抽水、运输等综合利用，你们要大胆研究探索。你们县地势平坦，适合发展机械化，你们要找出一条机械化的发展道路来。"

参观的时候，邓小平还对机站的企业化管理和机手的奖惩问题谈了意见。他说，拖拉机站要搞经济核算，降低成本，提高效率，降低机耕费。要采用工业企业的办法，搞个工资奖励制度。在集体成员里，也要多劳多得。他强调，农业机械化管理在我们国家还是一门学问。此后，顺义县按照邓小平的指示，大力发展农业机械化。经过 20 余年的努力，终于在 80 年代实现了农业生产全过程的机械化，粮食亩产达到 1 670 多斤，成为全国农业机械化先进县和产粮百强县之一，显示了农业机械化的优越性。

4 月 17 日，邓小平再一次听取中共顺义县委的汇报，就农村中的有关问题发表了自己的意见：

对公社的问题，县委可以开个座谈会，多研究考虑一下。要把大家讨论的好经验、好办法总结一下，有一批好经验让群众去选择，启发大家思考。推动"农业六十条"施行越快越好。好办法就可以推广。

关于手工业，看看县城，经济生活非常单调。要研究一下过去的组织有什么利弊，有什么需要恢复。有的手工业都变成社办工业，到底好不好？

要建立一些民主制度，树立民主作风。

这一天，又是农历的三月初三，正好是牛山庙会。邓小平认为这是了解集市贸易的最好机会，不能错过。他也和普通农民一样，赶庙会去了。

见到市面比较萧条，饭店的油饼都是二两一个，邓小平就建议改成一两一个，农民用一个鸡蛋就能换一个油饼。走到供销社的肉案前，邓小平和职工张永海亲切握手、交谈。事后，邓小平对公社负责人说："你们要把豆腐、豆腐丝、老豆腐、油饼、油条等手工业以及社员家庭副业都发展起来，增加市场上买卖的品种和数量，把农村集市繁荣起来，满足生产和生活的需要，增加农民的收入。"

邓小平还逛了县城。在县城北街的城关供销社门市部，邓小平让售货员拿来小农具和日用杂品，一件一件地看，边看边说，你这木柜台里的东西人家看不见，没法挑选。你这铁锅边沿毛刺没有打光，用时容易划手。

4月18日，邓小平到张庄扬水站视察，见路边有一块20来平方米的土地，翻得又深又平，还有五六个大粪堆，就问："这是块什么地？"当他知道是"十边地"即抛荒地以后，又问陪同的干部："'十边地'好不好？"这位陪同的公社书记因想起前些时公社干部开"十边地"受过批评，又想起"十边地"和集体争肥争劳力的议论，没敢吭声。邓小平却直爽地说："我说它不错，它多打粮食，那个社员吃饱了，就不用国家再供应粮食了嘛！"那位公社书记听后连连点头。

看完张庄扬水站，邓小平就去看白庙村里的公共食堂。到那儿一看，食堂已经停火，只养了一头40来斤的小猪，显得很荒凉，就问怎么回事。管事的说是"内部修理"，邓小平也没再说什么，就到社员家去访问。他没有去预先准备的两家，而是走进路北的一个大门，见一个老太太正在喂羊，猪圈却空着，就问："您养羊，为什么不喂猪？"老太太不认识邓小平，没好气地说："还养猪？人还没得吃呢！"说者无意，听者有心，老太太的这句话说得邓小平心情格外沉重。原来这是村里副支书的家，只有光棍一人和老母亲生活，日子很困难。从这家出来，又转了一家，情况也没有好多少。路上，邓小平对干部们说："吃食堂是社会主义，不吃食堂也是社会主义。以前不管是中央哪个文件上说的，也不管是哪个领导说的，都以我现在说的为准。要根据群众的意愿，决定食堂的去留。"这些话像一股春风，迅速吹遍全县。不久，全县的公共食堂就解散了。

4月19日，邓小平亲访芦正卷村。

两天前，他在同牛山公社干部座谈时了解到，芦正卷村高低不平，沙地多，粮食产量低，收入很少。1960年全村人均分配42元，其中30%还是从别村平调来的。他说，各村有各村的困难，每个村都有自己的特点。帮助他们要因地制宜，因事而异。主要是帮助他们自力更生，艰苦奋斗，找致富门路，帮助他们把底子搞厚一些，改变贫穷落后面貌。只有这样，才能显示出社会主义优越性来。今天，他要亲眼看一看。

刚到村口，就见一个老农敞胸露怀、满头热气地推着小车走过来。走近一看，是两桶黄泥汤。邓小平上前关切地说："你们吃水真难哪！"老农叹口气说："难?！ 过几天一栽白薯，这眼大口井就挑干了。要吃水得到5里以外的牝牛河去挑，那才叫难呢！"邓小平边走边访问了几家农户，也是家家困难。

4月20日和县委干部座谈时，他提出：当前最主要的问题，是赶快把核算单位定下来。小队和小队，社员和社员，都不要拉平，要多产多卖多留多吃。评工计分必须搞得严密一些，一定要执行定额包工、多劳多得，按工分奖励一些粮食。这样，社员的劳动积极性就高了。食堂巩固的道路是企业化。把食堂变成一个大的核算单位中的小核算单位，自负盈亏。农忙食堂搞六个月或六个半月，其余时间，社员回家做饭吃。这样，可以解决社员取暖、烧炕问题，节省一些煤。"对三类队的整顿工作，一定要抓住不放，一抓到底，直到改变了落后面貌为止。像芦正卷这样的穷村，你们县拿出一部分钱，公社再从工业纯收益中拿出一部分，帮助他们打两眼机井，不仅社员吃水问题解决了，还可以开几十亩果园。"

不久，县里调来打井队，在芦正卷村村南和村西各打了一眼机井，又修了水渠，架起高压线，买来水泵。从此，芦正卷人吃上了自来水，村里有了水浇地，还开了十亩菜地、百亩果园，芦正卷翻身了。

在4月21日召开的县社和手工业座谈会上，邓小平不仅对市场萧条的原因进行了分析，而且要求把芦编、柳编、荆编、烧石灰、砖瓦、黑白铁加工、皮匠、瓦匠、做豆腐、做豆腐丝、养猪、养鸡、养鸭、养兔和其他家庭副业都发展起来，把集市繁荣起来。邓小平说，庙会、集市都不怎么兴旺，买卖的品种很少，太单调。社员使用的小农具、日用品缺得很厉害。手工业行业、人数、品种、数量恐怕比过去少得多了，社员的收入也减少了。手工业什么样的集中，什么样的分散，怎么发展，公社要很好研究，搞个规划，以满足社员需要。现在最要紧的是先把机构搞起来，把供销社建起来，组织生产。要一个行业一个行业地抓。归根到底要把生产发展起来，把手工业、家庭副业统统都恢复起来，品种要多样。事后，顺义县落实了邓小平的指示，木柜台改成玻璃柜台，油饼增加一两一个的品种，发展副业和手工业，活跃了市场，富裕了农民。

邓小平特别强调：社员家庭副业不能丢，应该是六畜兴旺，尤其是养猪很重要。你们县是一个传统的养猪县，社员喜欢养猪，而且有丰富的经验。若是把这个传统丢了很可惜。一头猪不仅能赚20多元钱，肥料还能养两三亩地，不施化肥，也能增产，社会效益就高了。你们县土地、水利条件比较好，就是肥料问题制约了粮食生产的发展。多养猪、养好猪，社员的收入增加了，粮食生产也搞上去了。你们要抓住春天这个大好时机，尽快把养猪事业发展起来，既满足了城乡人民的生活需要，又能增加农民的收入，这是件好事。

当天，邓小平还听取了顺义北小营、上辇调查的情况汇报。曹幼民汇报了上辇的情况，张大中汇报了北小营的情况。

在顺义视察结束的会上，邓小平和彭真找县里的领导谈话。邓小平针对当时北京市生猪饲养量下降和市场猪肉短缺的情况，再次指出：你们要大力发展养猪，北京市要尽快做到每年向市场提供100万头肥猪。根据邓小平的指示，市、县都一直把养猪生产列入重点。当年全市实行“公养私养并举，以私养为主”的方针，加强保养措施。后来又制定了养猪奖励和收购肥猪的购留比例，调动了农民养猪的积极性，使养猪生产较快地得到恢复和发展。

4月22日，邓小平一行完成调查任务，返回北京。

3天后，毛泽东写信给邓小平，要求5月15日在北京召开中央工作会议，继续广州会议尚未完成的工作：收集农民和干部的意见，修改“农业六十条”和继续“整五风”。信中还提出开展调查研究，应抓农村的若干关键问题。例如：食堂问题，粮食问题，供给制问题，自留山问题，山林分级管理问题，耕牛、农具大队管好还是小队管好问题，一二类县、社、队全面整风和坚决退赔问题，反对恩赐观点、坚决走群众路线问题，向群众请教、大兴调查研究之风问题，恢复手工业问题，恢复供销合作社问题等。毛泽东要求下10天至15天苦功夫，向群众寻求真理，以使5月会议能够比较彻底地完成上述任务。

5月10日，邓小平和彭真在对北京市郊顺义、怀柔调查研究的基础上，写信给毛泽东，就《农村人民公社工作条例（草案）》中有关供给制、粮食征购和余粮分配、“三包一奖”、评工记分、食堂、所有制等问题提出意见，信中写道：在农村贯彻执行“十二条”“农业六十条”的结果，农民群众的生产积极性已有很大的提高。但是，要进一步全面地调动农民的积极性，对供给制等问题的措施，还需要加以改进，有些政策要加以端正。

关于供给制问题，现在实行的三七开供给制办法，带有平均主义性质，害处很多。干部和群众普遍主张取消。

关于食堂问题，北京市在各县区都进行了试点，向群众宣布三条：一、吃食堂、不吃食堂都完全根据自愿；二、吃食堂、不吃食堂都好、都光荣；三、吃食堂、不吃食堂的都给予便利。看来，吃不吃食堂的问题，比较复杂，不能像供给制一样，一刀两断地下决心。尤其要走群众路线，让社员慢慢考虑、好好讨论，完全根据群众自愿，自己感到怎样合算就怎样办。

关于供销社和手工业、家庭副业问题，对手工业和家庭副业，必须大力恢复和发展，必须迅速恢复和健全供销社的工作，为手工业和家庭副业供应原料、工具，推销产品，组织生产。

三天后，毛泽东在信上批示：此信发给各中央局，各省、市、区党委，供参考。

也就是在邓小平、彭真写信给毛泽东的当天，邓小平在彭真、刘仁的陪同下，视察了北京市郊的密云县。

邓小平对如何发展山区建设，作了许多重要的指示。

邓小平同市县领导谈到要发展山区的林木果树，种植核桃、栗子的问题。当县里的同志说，种核桃 15 年结果，一棵好树能产 30 斤后，邓小平说，每人种 5 棵，搞到 10 棵。为了调动积极性，可以四级所有，国家、大队、小队、个人也分一块山，不出租、不纳税，永远归他个人所有，发展林木。你们这个县就是靠山吃饭，凡是有山的地方都要搞好，核桃、栗子种多少，要作出规划。有了自留地也有自留山，花椒要多种一些，在太行山种得就很多。他还指示：果树要管理。都绿化后，气候就变了。“密云不雨”，以后都种上树就好了。随后，邓小平又问，对果树的管理政策怎么样？有人回答：除屋前屋后零星果树外，都由核算单位集体经营，大片木材林归国有。邓小平说：果产不必都购上来，哪些归小队、大队，哪些归县管，分分级，归社员个人一些，四级所有怎么样？对密云山区的原始森林，要专门组织国营林场生产、间伐，就地搞加工厂。北京搞个勘察队去勘察一下，除伐以外，要扩大，多植些树。还要搞点儿用材林。水库四周的山上就要栽树。对种树搞得好的人，要奖励。

关于密云水库的库容、蓄水量、放水量，邓小平也一一仔细询问，然后指出：水库这么大，要发展养渔业。对密云水浇地多少，最高可达多少，能不能用提水方法浇山地等问题，他说：有水才能多打粮，反正每人几年后要有千斤粮。你们要特别注意在平原地区搞好高产。见到有人在山坡烧荒，他又提醒大家说，要注意水土保持，开荒得有个政策，不要烧山。

就在邓小平视察的当天，中共密云县委召开常委会，传达邓小平的指示，讨论贯彻落实措施。他们修订原有规划，首先在全县开展兴修水利和绿化植树造林工作，由县委常委、县长等分片包干。对平原地区的旱地，通过平整土地，改善排灌，当年就全部浇上了水；在北部山区则劈山开渠，修建小型水库，并利用坑洼地造蓄水池，有力地促进了农业生产的发展。由于修建密云水库占了县里

16.7万亩好地，许多果树被淹，广大农民对植树绿化非常积极，加上政策措施好，很快在水库四周栽植了核桃、板栗、苹果、梨等树木。

三

1961年6月17日，邓小平主持中共中央书记处会议。这次会议正式确定了要起草一个工业企业的工作条例。

当时的工业形势并不是太好。工业生产大幅度下降，基本建设工程大批被迫停工，设备损坏严重，事故很多，人心不定，煤矿工人大批逃跑，企业管理混乱，生产指挥系统有不少处于瘫痪或半瘫痪状态。严峻的形势迫切要求中央采取重大步骤，把“调整、充实、巩固、提高”的八字方针落到实处，迅速扭转这种困境。

实际上，早在3月广州工作会议之前，中央书记处就有搞个工业文件的动议。5月20日中央书记处会议在听取薄一波汇报工业座谈会的情况之后，已讨论到搞工业文件的问题。薄一波说，现在光发个原则性的指示，一是难写，二是发了也解决不了问题。邓小平当即表示：“写各项政策，如责任制、技术政策、工资政策等等。”到了6月中旬，毛泽东在一次中央会议上说：“城市也要搞几十条。”

6月17日书记处会议后，由薄一波牵头的起草班子开始工作了。他们还到东北沈阳的一些工厂进行实地调查，边讨论问题边起草条例。7月初，草稿出来后，他们又分赴哈尔滨、长春等地征求意见。到7月中旬形成了一个初稿，题为《国营工业管理工作条例（草案）》，共15章，80条，报送中央书记处。后来，在庐山召开的中央工作会议上，这一草案经讨论修改后被正式定名为《国营工业企业工作条例（草案）》。

7月14日，为进一步讨论《国营工业管理工作条例（草案）》，邓小平亲率调查组到东北，就工矿企业和城市工作、人民生活等问题进行调查研究。

到达沈阳的当天，邓小平即听取了中共东北局书记的工作汇报。他说，总的看来，有几个问题很值得注意。这几个问题无非是“农轻重”关系和城乡关系问题，看来只照顾一头都不行。一是“农轻重”的问题。现在讲“农轻重”，“农轻”是上，“重”是下，要保证逐步地上，逐步地下，过去“重”一马当先，现在不要又在另一方面过分突出，要正确处理“农轻重”的关系。二是物价问题。不能随便提价，会有连锁反应，自由市场的价格高可以，国营市场的价格必须维持在一定水平。三是供求关系和物资分配问题。物资缺少，分配当中要照顾农村又要照顾城市。各种产品的具体分配要加以安排。城市的工人阶级不能弄得一肚子怨气，也是个工农联盟问题。城市不只是个粮食问题，还有日用品问题，现在职工工资实际上降低了15%以上。四是粮食问题，农村要多吃点。但是如果没有一定数量保证城市的需要，出了乱子会比农村严重。重工业退也要按比例，“农轻”进也要按比例。城市中的问题目前是带普遍性的，比农村问题严重。总之，最近工农关系、城乡关系、“农轻重”关系要通盘考虑一下。

7月15日，中共辽宁省委负责人杨春圃汇报了辽宁省的情况。在说到工业问题时，邓小平插话，企业问题的解决要从“几定”着手。定员、定额、责任制、技术政策、工资政策，这些问题解决了，企业才好领导管理。城市人口的定额和城市规模的确定也要由此着手。要一个厂一个厂地算，否则整风也整不出名堂，解决不了根本问题。搞好了定员、定额，城市减人和供应问题也可随之解决。调查研究也要从“几定”着手。又是调查，又是解决问题，又是摸典型经验。责任制度要早解决，建立起正常的协作关系。

7月16日，在谈到工业干部问题时，邓小平说，前一段是厂长一长制，后一段是书记一长制，归根到底是一定要集体领导，这是根本原则。集体领导还有相互监督、相互制约的作用。集体领导是否适合于企业？党的八大所规定的管理制度就是集体领导，是根据我们党管理军队的经验提出来的。军队那么集中都能集体领导，难道企业就不行了吗？对干部的政治条件，过去只从成分上了解是不妥当的，主要看本人，主要看现在，技术干部主要看技术。企业的调整必须解决骨干问题。必须有两个德才都比较好的干部作核心。特别是厂和车间两级必须如此，地委、县委也要如此。选骨干，要选踏踏实实、实事求是、老老实实工作的人。浮夸风，一部分与上面有关，也确有一部分是个人主义思想问题。整顿企业要把选择干部作为重要内容。总的态度是，要从总结经验出发，整顿制度、整顿秩序、整顿作风。

在沈阳，邓小平还听取了中共沈阳市委负责人的工作汇报。他提出要研究解决副食品问题的出路，总要想个办法解决副食品问题。向海洋找副食品，要研究一下采取什么措施，一年不行，两年实现。要动员菜农和懂得种菜、管理过菜田的干部归队。城市政策也要考虑搞一点小自由，如个人建房永远归个人所有。工业方面，不合格的原材料不要。商业方面，不合格的产品不要。有了这两个不要，问题就解决了。商业和供销社要组织恢复手工业生产。挑担子，修修补补的服务业，主要搞个体所有制。过去讲计件为主，计时加奖励为辅。现在改个提法，该计件的计件，该计时的计时，凡是同国营工厂争原料的社办工业不要搞企业与公社坚决分开，搞正常的协作关系，不存在依赖观点，这样对双方的经济核算都有好处。市政与企业也可以搞些协作关系，但要等价交换，不能无偿调拨。大厂、大学参加公社问题，现在有了经验，可以解决。如果大厂、大学脱离公社以后，不会影响公社的发展，就得到了答案。

7 月 18 日，邓小平同在沈阳的中央各部的负责同志、辽宁省委、沈阳市委负责人谈话。他说，要搞工业宪法。要搞企业试点，从“几定”入手。定任务，包括品种、数量、质量。定员，规定每个职能机构和每个人的责任制，把责任制度建立起来，在管理制度、领导制度方面积累一点经验。

1961 年 8 月，邓小平视察黑龙江省萨尔油田。

7 月 19 日，邓小平听取了中共沈阳市委第一书记焦若愚关于城市人民公社的汇报。他在谈话中指出：城市公社的平调与农村有所不同，除平调个人的必须退赔外，公与公之间的平调可以算总账。对过去动员参加生产和食堂的居民，应该说明参加光荣，不参加也光荣，以做到真正自愿。公社工业要整理，实行定员，生产搞得好的给以奖励，愿意回家的就回家。恢复供销社。商业和供销社要组织恢复各行各业的手工业生产。

7月21日，邓小平来到了黑龙江。

在听取中共黑龙江省委书记处汇报工作时，邓小平说，东北要解决两个粮食自给的问题。一是工业“粮食”——煤炭，有多少煤办多少工业，没有煤，煤不够用，工业就减下来，有的要关门，重点要保，有的要关起来。二是人吃的粮食，全东北如果产400亿斤粮食，城市每人平均可以达到750斤左右，这就相当宽裕了，当然还有工业用粮。就是说，年产400亿斤粮食，煤日产25万吨就可以包下来。这就是自给的方针。解决了两个粮食自给问题，几年之内工业就可以全开起来。经济工作就要按经济办法去搞。

你们西部防护林带搞成了，已经有5米高了，再有20年就是很大的一笔财富。要把它分成几段，固定所有制，使用、保管都由他管。

你们是个大林区，还要分散造林，要利用一切空闲地方。还要搞经济林。

谈到森林保护问题，邓小平说，陈老总从日内瓦回来，说瑞士像个花园，几百年来都有一个法律，砍一棵树要种活三棵，否则犯法。我们也应当立个法。

7月22日，邓小平听取了中共哈尔滨市委负责人的工作汇报。他在谈话中指出：工厂办的农场要和工厂分开，搞集体所有制、专业化，完全按农村的公社章程办事，讲经济核算，自负盈亏。按经济核算，产量就会提高。物价问题现在很突出。自行提价是全国的现象，其结果是国家财政收入减少，职工生活费用提高，这也是工农关系问题。城市人民公社，现在问题是界限不清，经济核算搞乱了。农村公社的几种所有制不能混在一起，城市公社的各种所有制为什么可以混在一起？关于共产主义风格问题，今后主要讲社会主义好了。按马克思的说法，我们就是超越了阶段。一切都要按社会主义原则办事，不要再照顾原来说过的话、办过的事，那是照顾不住的。《农村人民公社工作条例（草案）》将来一公布，农村公社就是社会主义的联社。我们在社会主义阶段只能搞这样高的，再高了就不行。凡是办不到的，不管原来哪个人说的，站不住就改。顾面子是顾不住的，今天顾住了，明天顾不住。

7月23日，邓小平视察了大庆油田。

大庆油田的发现和邓小平的决策是分不开的。

1958年2月27日，石油部部长李聚奎，地质勘探司司长唐克，地质师翟光明、王纲道来到中南海居仁堂向邓小平汇报全国石油勘探开发情况。

邓小平一边听汇报，一边做着记录。当唐克汇报到人造油情况时，邓小平插话说："听说你们石油工业部有人搞人造油和天然油的讨论。石油工业怎样发展？我看人造油是要搞的，并且下决心搞，但中国这样大的国家，当然要靠天然油。"

第一个五年计划期间，石油工业部是唯一没有完成产量计划的工业部门，天然油只有 86 万吨，而且全在大西北，不仅满足不了国家需要，运输也不方便。于是在大连、抚顺、茂名等地发展了人造油的生产，而且产量达到 60 万吨，几乎与天然油的产量平分秋色。由于勘探工作做得少，技术落后，有人认为在中国发展天然油前景不大，因此提出与其打干井造成浪费，不如把这些资金用于发展焦油和太阳能上。邓小平是不同意这种观点的。他认为，我国的石油工业从发展战略上看，还是要搞天然油。

但是，一个现实的问题是勘探上不去。主要是队伍力量薄弱，装备落后，技术人才缺乏。当时全国石油职工仅有 14 万人，205 个钻井队，使用的大多是中小型钻机，年钻井总进尺只有 52 万米，地质勘探、油田开发的专业人员也很少。这样薄弱的力量，在西北也无法铺开，只能集中在几个地方开展工作，全国普查更谈不上。

邓小平说，现在你们的地质队和地球物理队可不可以加一番，轻便钻机只有 95 个队太少了一点，中型钻机只有 140 多部也太少了。石油钻机要自己造，可以和机械部商量一下，你们也要促进一下。要做 1 200 米的钻机，也要搞 3 000米的钻机。套管、钻杆应当努力设法在国内解决。总之，一个是勘探队的问题，一个是钻机，总是应该促进一下。"第二个五年计划期间，你们打钻子(指钻井进尺)加一番行不行?"

当听到关于第二个五年计划期间勘探工作的规划部署的汇报时，邓小平说，石油勘探工作应当从战略方面考虑问题。战略、战役、战术总是要三者结合的。把真正有希望的地方，如东北、苏北和四川这三块搞出来，就很好。对这些地方应该积极创造条件，在地质上创造一个打井的基础，可以 3 年搞成，也可以 5 年搞成，应该提出一个方案来。

第二天上午，邓小平对石油工业战略发展方向作了重要指示：在第二个五年计划期间，东北地区能找出油来就很好，把钱花在什么地方，是一个很重要的问题。总的来说，第一个问题是选择突击方向，不要十个指头一般齐。全国如此之大，二三十个地方总是有的，应该选择重要地点先突击。选择突击方向是石油勘探的第一个问题，不然的话，可能会浪费一些时间。石油勘探的战略方针不能在这里、那里搞一下，总要有个轻重缓急。研究一下，哪个地方能先找出油来，哪个地方没有油，要排出一个次序。松辽、华北、华东、四川、鄂尔多斯五个地区要多花一些精力，研究考察一番。柴达木地区在第二个五年计划期间还用不上，塔里木可以不忙，找油就像打仗一样，过分分散就不利。

根据邓小平的指示，国家计委和机械部立即行动，帮助石油部解决人员、装备问题。到当年年底，钻井队数由 205 个增加到 394 个，增长了近一倍；石油职工人数由 14 万人增加到 23 万人。这就为后来进军松辽打下了坚实的基础。

邓小平的这次谈话后，松辽盆地的勘探步伐大大加快了。1958 年 4 月成立了松辽勘探大队，5 月改建为松辽勘探处，6 月成立松辽石油勘探局，调集了 5 个地质详查队在松辽盆地开展地质调查工作，9 个重磁力队投入重磁力全面普查和局部详查，一个物探研究队开展资料研究，同时调动 4 部钻机打基准井，32 支勘探队伍 1 000 多人在松辽盆地开展了全面勘探工作。

1959 年 4 月 11 日，松基 3 井正式开钻，9 月 26 日，终于开采出石油了。此后，松辽平原相继发现了几十个油气田。

邓小平一直关注着大庆油田的勘探工作。

这次来大庆前，在哈尔滨，他与油田的领导一见面就问："杜 6 井的气怎么样？这是一件新闻，以前还没听过。"

当有关同志把情况汇报后，他说："气，你们要搞快一点，找到气，能解决大问题。"当说到已在杜 6 井以西、以北地区及齐齐哈尔、富拉尔基等地打了几口井，看来这个地区地质情况比预计复杂时，他说："气比油更活跃，你们要好好找。"

听到大庆油田的面积和可采储量后，邓小平说："现成 7 亿吨是肯定了，你们要搞到 10 亿吨，有了 10 亿吨，一年就可以生产 3 000 万吨。"邓小平在谈话中 4 次提到要搞到 10 亿吨。

在来大庆的火车上，邓小平还关心地问："你们现在注水还没过关？"康世恩回答说："现在听到的都是好消息，水注得很顺利，效果也明显，比预期的情况好。但这里也潜伏着问题，就是担心水推进得不均匀，会沿着渗透性好的油层跑得较快，形成单层突进，油井过早被水淹。"

“多少时间能淹掉?”邓小平问。

“今年就可能看出来。”

邓小平说:“要出问题就早出,好早点想办法。”

上午8点半,邓小平到达大庆后,先后参观了孙玉庭钻井队、北2-58井喷油、北1排2号转油站、干打垒房子、3排1号注水站及西油库。中午邓小平察看了地质图并听取了油田的情况汇报。

在参观一口油井时,邓小平问:“这口井每天产量多少?”

工人回答说,用12毫米油嘴每天产油120吨。后来解释这口井是排液井,生产并不能用这样大的油嘴,只能用5～7毫米油嘴。

邓小平又问:“用7毫米的油嘴能生产多少?”

“可以产50吨油。”

“恐怕不止这个数字,要有70～80吨。”邓小平说。

邓小平问:“正常生产时能产多少?”

“按全油田平均,一口井30吨左右。”油田领导说。

邓小平说:“恐怕也不止这个数。”

离开这口井后,邓小平在汽车上按每天产油70吨、80吨分别作了计算。他说:“一天产70吨,一年就是25 000多吨,一天生产80吨,每年就是28 000多吨,这是高产量的油井,是好油井。”

参观完油田后,邓小平满意地说:“这里的速度是快的。”接着他又问:“炼油厂跟得上吗?”陪同视察的同志回答说:“原计划今年就把常减压部分搞起来。现在看来今年上不去,争取明年搞成。”听到这里,邓小平紧锁眉头说:“看来速度比原来预想的慢,要抓紧哟,有啥子困难说嘛!争取明年搞成。”

邓小平十分关心大庆的农业生产。他说:“大庆这个地方靠着铁路,有火车站,草原很平,汽车到处可以跑,土地肥,到处能种地。要好好种地,成立专业队,实行单独核算,开头两年要补贴点,以后就要自给自足。农副业队生产的东西,也要实行等价交换。专业队集体所有制,不要和企业混在一起。你们要争取做到蔬菜、副食品自给。”

“农田不要再开了。要多搞些畜牧业,多种树,又可以保护草原,又能解决肉食问题。”

“这里养猪的条件也很好,要好好养猪。我在密云调查,那里养猪可以不喂粮食，就是喂草、喂草籽也可以长膘。你们要多打点草和草籽，多养点猪。”

他看到牧场的牛后说：“这里的条件太好了。遍地是草，你们也可以办牧场，养点乳牛、菜牛，养点羊。”

邓小平在视察中还提出，要好好种树。树吸收水分，每棵树就等于一个小水库。要保证每人一年成活二三十棵。你们油区要种些树，也归你们所有。先还是搞成材的树，多少年之后就可以用。几年就可以长得很粗，盖房子是好木头。井边要多栽些树，最好种核桃树，可以榨油。

在这次视察中，邓小平对职工的生活关心最多，也说得最多。

他在哈尔滨时就问油田的领导：“职工生活如何？一个月吃多少钱？”

“按过去一个月十三四元就够了，最近来了一批进口面粉，每斤三角二分，这样花钱就多了，低工资工人就很紧。”

邓小平当即对省委书记李剑白说：“进口面粉也不能抬高物价，按国内价格调拨。”李剑白表示要马上解决这个问题，多交的款退回。

接着，邓小平又问：职工的冬季服装解决了没有？食堂办得如何？职工在食堂吃饭吗？

听完汇报，他说，有些人愿意在家吃饭也可以，食堂要好好培植，不宜过大。

来到大庆后，邓小平看了工人们正在搞干打垒的房子，很满意。他一一询问：去年盖了多少平方米？今年能盖多少？每平方米多少钱？当他听到每平方米十二三元钱时说，这样就可以多搞。

邓小平说，这里的粮食解决了，副食也解决了。你们现在是“两挤”。一是家属房子很挤嘛。房子太紧张了，太久了不行。这里有土地，职工是欢迎那种房子的，干打垒嘛。只需一点木料就可以盖了。这个问题家属反映得比较多。这里很艰苦，已经艰苦了几年了，今年明年就搞，要提高建筑面积。要挤些时间盖房子，今年搞一年，明年再搞一年，不行后年再搞一年，三年要解决这个问题。要搞干打垒。一定要解决这个问题，今年要计划每户再多搞半间房子，一家给一间房子嘛。只要减些学习时间，节约劳动时间，就可以多盖一些房子。学习时间可以集中在冬天，夏天就是读点报，自由看点书，必要时讲一次课。不要怕人家说“大庆不搞政治了”“不搞阶级教育了”，人人参加劳动，这不是政治吗？你们一天工作十小时，八小时工作，半小时交接班，一个半小时搞点农业，修理修理设备，这样安排是合理的嘛。

当时油田物资匮乏，许多生活用品凭票供应。邓小平问：日用品供应如何？听说职工没时间去排队，购买日用品很困难，应买的东西也买不上时，他说，你们最好办几个供销社，送货上门。供销社实行集体所有制，按批零差价办。

下午2点，邓小平结束了对大庆的视察。

上草原，赴西北、东北

（1964 年）

在内蒙古，邓小平对包钢的生产发展方针一锤定音；赴甘肃，关注的是西北工业建设；东北之行，号召工业企业学大庆。他一针见血地指出："我们现在搞的，有些不是用经济方法管理经济，而是用行政方法管理经济。"

一

1964 年 3 月，毛泽东又像往年一样，开始筹备离京到外地视察工作。离京前，他在北京中南海召集中共中央政治局常委会会议，研究有关工作，特别提出：今年 4 月是赫鲁晓夫的七十寿辰，我们可致电祝贺。电报不能完全是礼节性的，应该讲点实质问题。赫鲁晓夫越要大反华，我们越要采取同他相反的姿态。他要坚决反击，我要坚决友好，他要分裂，我要团结。这样我们就处于主动地位，争取国际同情。进可攻，退可守。这样他可能发表（贺电），也可能不发表，我们要争取他发表，让苏联人民和全世界知道我们的态度。毛泽东的这个斗争策略虽然是灵机一动，却也是深思熟虑的结果，确实是出其不意的一着好棋，得到中央常委的一致同意。

4 月 5 日，刘少奇在家中主持召开了一次小会，周恩来、邓小平、彭真、陈毅等参加。在讨论准备同苏共论战的"九评"时，邓小平说，这篇文章要费些气力，要有充分的材料、充分的论证，事实上站得住，理论上站得住。我们先观察一个时期，再来最后完成"九评"。

邓小平还说，"秀才"们从去年准备中苏两党会谈起，一直忙到现在，一年到头很辛苦，太紧张了，现在可趁观察一阵的时机，放松一下，索性离开北京休息一些日子。

这样，邓小平、彭真率“九评”写作班子的“秀才”们，搭乘专列西行，走马观花，在参观了大同云冈石窟后，于 4 月上旬来到草原钢城——包头。

4 月的草原，小草泛绿，树绽新芽，大地一片春意盎然。

20 世纪 60 年代的包头钢铁公司。

9 日上午，包头钢铁公司专家招待所会客厅内，春意融融，欢声笑语不绝于耳。邓小平要来钢城视察的消息，使人们欢欣鼓舞。公司的主要负责人和有关人员，一大早就等候在这里。

9 点多钟，中共中央总书记、国务院副总理邓小平和中共中央政治局委员彭真等一行，在内蒙古自治区党委第一书记、政府主席乌兰夫等人的陪同下步入会客厅，全场一片欢腾，立即爆发出热烈的掌声。

邓小平与站在前面的包钢党委书记陈守忠、经理李超和副经理刘克刚、曹天越等一一亲切握手致意。

典雅庄重的会客厅内，气氛格外欢快而热烈。邓小平就座后，溢满芳香的奶茶端上来了。这热腾腾的奶茶倾注着包钢建设大军和草原各族人民的深情厚谊。他品尝着，并点燃了一支香烟，全神贯注地听取包钢经理李超的汇报。

正面墙上挂着“包钢平面透视图”和“包头市建设规划图”。李超手指图纸。如数家珍地介绍着包钢的建设、生产情况和今后的规划。

包钢白云鄂博矿的铁矿石，不仅含铁，而且含有国防工业所需的稀土。

早在 1954 年，党中央就注重包钢白云鄂博铁矿的综合开采与加工，中科院成立了 7 个科研所，经过实地考察决定：开采白云鄂博矿山，要采取保护性措施，合理开发，利用资源。

邓小平一行前来包头视察，主要是确定包钢今后的开采、生产方针。

听完汇报后，邓小平说，我国在一个历史时期内，只能搞三个大的钢铁联合企业，包钢是一个，非上不可。当然中小的还要搞。现在要抓紧解决综合选矿问题。随后，邓小平一行前往下榻的包头市青山宾馆。

10日，邓小平一行乘坐专列前往白云鄂博视察。列车载着党中央、国务院对白云鄂博地区各民族职工的亲切关怀，于当晚8时14分静静地停靠在一号站台旁。

乌兰察布草原早春的傍晚，依然凉气袭人，车厢内却灯火通明，暖意浓浓。

邓小平不顾旅途劳累，兴致勃勃地在车厢会客室里听取白云鄂博地方党政负责人和铁矿负责人的汇报。

当铁矿负责人介绍到白云鄂博铁矿石储量大，而且还蕴藏高品位的稀土矿时，邓小平兴奋地说，白云鄂博是座宝山，我们要很好地开发、利用。白云鄂博是包钢的原料基地，要学习大庆经验，搞好矿山。

此时，在邓小平的脑海里也许闪现出了三十几年前他所看到的内蒙古草原的情景。

那是1926年底，他受党的派遣，从莫斯科中山大学回国，到西安冯玉祥的国民军联军担任中山军事学校政治处处长。他从莫斯科启程回国，途经蒙古的库伦（今乌兰巴托），后从库伦取道包头去西安。从库伦到包头，穿越内蒙古大草原，虽然只有800多公里路程，但当时的草原，远不像今天这样水草丰茂、牛羊成群，而是辟地千里，风沙漫漫，再加时值隆冬，冰雪遍地，乘汽车一路颠簸，过草原，穿沙漠，足足走了1个多月，历尽千辛万苦，才到达目的地。内蒙古千里草原的自然地理状况和旧中国内蒙古满目疮痍的悲惨景象，给他留下了深刻的印象。

11日上午8时许，邓小平冒着料峭的春寒，徒步登上海拔1 780多米的白云鄂博铁矿主矿。他头戴前进帽，身着深灰色风衣，手执拐杖，伫立在矿山峰巅，向四周眺望。他边走、边看、边听，接过稀土成分较高的矿石，在手里掂掂说，我们要搞钢铁，也要搞稀土，要综合开采利用宝贵的矿产资源。

白云鄂博铁矿副矿长宝音特古斯汇报了矿山的生产、建设情况和开采规划。邓小平一边认真地听，一边满意地点头，并不时插话询问。

回到矿山脚下，邓小平一行又视察了破碎车间的生产设备。他提醒矿领导要注意安全生产，要关心矿山工人的生活。

中午11时零6分，专列徐徐启动。邓小平向车厢外前来送行的干部、职工频频挥手致意，站台上的人群涌动着，使依依惜别之情更深更浓。

通过实地考察，邓小平已胸有成竹。返回包头市后，他就对包钢今后的生产、开采方针“一锤定音”，即“以铁为主，综合利用”。

在包头期间，邓小平还视察了内蒙古第一机械制造厂和国营202厂。

在第一机械制造厂，邓小平在办公楼二楼会议室听取了郭韫厂长对老产品生产情况、新产品试制情况的汇报后，即席发表了讲话。他说，可能大家最关心的是中苏两党之间的关系。今后共产主义运动不论发生什么变化，我们党都应高举马列主义、毛泽东思想的旗帜，按照理论结合实际的原则，走自己的路。今后，你们的任务加重了，你们应有精神准备。随后，邓小平来到四分厂，视察了坦克行动部分与传动部分的配件生产、组装流水线，尔后又来到五分厂，观看了坦克原地演习。邓小平指出：要加大旧产品改造的力度，抓紧研制新产品。

在河套灌区考察时，邓小平问乌兰夫：“现在全国主要抓5亿亩稳产高产基本田，解决粮食问题，你们准备搞多少？”乌兰夫回答：“我们打算搞1 500万亩。”邓小平接着说，河套地区灌溉条件这么好，为什么单产不高？农业光有水还不行，还要有肥。今后要大力改变粗放的耕作方法，努力提高单产。你们把1 500万亩稳产高产基本田搞起来以后，粮食就打得多了，既解决了你们自己的吃粮问题，还可以给中央多调一些粮食，这是一件大事。

邓小平对内蒙古的牧业非常关心，他说，搞牧业也得有水，没有水，牧业也搞不起来，要好好规划一下。

在谈到自治区能够调出耕畜给国家时，邓小平说，这也很重要，耕畜什么时候都需要。后来，他亲自主持制定了“牧区工作四十条”，有力地促进了内蒙古畜牧业的发展。

4月11日，邓小平一行结束了在内蒙古自治区的考察，乘专列前往甘肃。

二

4月11日，邓小平一行乘专列进入甘肃，于12日零时至8时停宿在皋兰长川车站。

4月的兰州，乍暖还寒。一个月前，甘肃省就接到毛主席将于4月中旬视察甘肃、青海的通知。随后两省便开始了接待前的准备工作。

当时，正值“四清”“五反”运动进入高潮，“工业学大庆”“农业学大寨”的运动也正在发动。大街小巷、村庄道旁的墙壁上新添了许多醒目的标语口号，到处呈现着一派热烈紧张的气氛。可是，毛泽东没来，派邓小平等人来了。

邓小平这次到甘肃，主要是指导西北局召开的工交战线学大庆会议，同时还准备在甘肃一些地方进行视察指导工作。

在皋兰长川车站停留期间，邓小平在专列上接见了皋兰县委副书记孙兆甲，县委书记马云因有病住院没能参加接见。

孙兆甲向邓小平简要汇报了皋兰县的情况。

汇报中，邓小平关切地问道：“人民情绪怎么样？”

孙兆甲回答说：“旱情严重，口粮标准低，但人民情绪是稳定的。”

邓小平听后又问：“你是哪里人？”

孙兆甲说：“庆阳合水人。”

邓小平听后微笑着说：“噢！陕甘宁边区的人嘛。”又说：“还是基层工作的同志比较辛苦。”

上午9时，专列进入兰州城区。邓小平不顾劳累，前往七年前他去过的兰州炼油厂视察。

随后，邓小平又视察了兰州化学工业公司。他详细询问了兰化当时的生产情况和可能发展的情况，并看了合成橡胶厂的丁苯橡胶聚合车间和丁腈橡胶车间。

到厂里后，邓小平首先询问：“听说你们合成氨可以搞到50万吨，是否确实？”

兰化的同志回答：“确是这样。现有生产能力为10万吨。根据国家计委和化工部意图，1965年将用技术改造方式扩建至15万吨，约需投资1 900万元。1966年至1970年继续扩建到30万吨，约需投资2.2亿元。”

邓小平又问：“你们说到现在10万吨已用投资为3.2亿，扩建投资为何差这么多？”

兰化的同志回答说：“投资少的主要原因有二：一是原有公用工程大部分有富余能力，只需要部分延伸扩建，就能满足；二是原有建设是40年代技术水平，扩建时将用60年代的技术，如15万吨扩建，是采用了现有沸腾造气设备，进一步扩建将采用生油加压造气的技术，就更省投资。”

化工部副部长张珍说：“第一套5万吨造气设备已经向意大利订货。不仅投资省，将来生产成本也低。”

邓小平对于合成橡胶厂当时用粮食酒精为原料及今后发展石油化学解决原料问题询问得很详细。他问兰化的同志：“今年8千吨丁苯橡胶用多少酒精，折合多少粮食？”

兰化的同志回答：“约2万吨酒精，折合7万吨粮食。”

邓小平说：“这就接近全兰州市人民全年所需粮食了，还是用石油来解决原料好。”

解决5万吨橡胶原料，同时副产丙烯，解决2万吨合成纤维，而投资仅需1.8亿元，邓小平对于这一方案很感兴趣。他问张珍：“是否有这个安排？技术能否掌握？”

张珍回答：“计委和化工部都同意兰化的意见，赞成买两套砂子炉，用于丙烯腈中间试验，兰化今年即将建设。技术是可以掌握的。现在橡胶进口价每吨外汇500美元，5万吨橡胶就能省2 500万美元。”

邓小平说：“这是我们自己的橡胶。”

后来，邓小平和彭真又同甘肃省委领导汪锋和王林谈到，合成氨应当搞50万吨，搞石油化学，兰州条件好，可以要一套砂子裂解炉。并提出：大企业应更多地注意管理。

接着，邓小平又视察了兰州石油化工机器厂、甘肃建国机械厂。邓小平在参观了工厂、市容后感到很满意。他说：“今天的工业不能不看。”

当时兰州石油化工机器厂参加接待邓小平的王廷福后来在一篇回忆文章中写道：

1964年4月，十里厂区沉浸在一片喜悦与幸福的期待之中，中央领导人要来我厂视察，人们都在急切地盼望着、热烈地期待着。大家都把中央领导的关怀变成火热的生产热情，在各自的岗位上争创最优秀的成绩，作为献给来视察的中央领导同志的宝贵礼物。党委书记王辅卿、副书记杨世杰、厂长崔子明和副厂长郭景升等领导同志，也穿着工作服，同职工一起打扫卫生，粉刷厂房。

4月12日下午6时许，经过一天的紧张劳动，厂部的领导大部分都已回家去吃饭，然后准备检查各项接待事宜。这时，我正在办公楼校印一份汇报材料。

6点52分，突然有几个穿着灰色中山服的同志来到办公大楼三楼，我心想：一定是中央领导同志来了，就急忙用一块刻写钢板捅开了紧锁的会议室大门，清扫了残留的一些锯末。就在这时，邓小平总书记一行共30多人已经来到了门口，同来的还有彭真、杨尚昆等领导同志。然后小平等同志坐在一张沙发上仔细听取了厂领导的汇报。当时，厂里已经下班，小平同志在厂内没有参观，所以大部分职工没有见到小平和其他中央领导同志。但是，我却得天独厚地承担了这次接待，因此，当时的幸福情景一直深深地印在脑海里。

……

邓小平总书记离开甘肃时，对省委书记汪锋同志说："你们要关心兰石厂。"此后甘肃省就派来了以省工会副主席李星光和省军区副政委陈万普同志为首的省委工作组。7月份，一机部又派来了由第一副部长汪道涵、13局局长张学纯及副局长丁兆麒同志带队的工作队，帮助兰石厂开展工作。从此，兰石厂的局面就出现了新的转折。

这天，邓小平一行还察看了市容，接见了在兰州的厅局级以上负责干部和300多名学大庆观摩团代表以及出席工交战线学大庆会议的工业企业书记，并分别合影留念。

这次邓小平一行到甘肃，原计划停留5天的时间，结果只住了3天。甘肃省负责人原打算汇报一次，请邓小平等作指示和报告，后因情况变化，未能实现。他只找个别人谈了一下工业的问题。期间，汪锋抽空向他汇报了西北五省工业会议的情况。

在汪锋汇报时，邓小平还着重询问了甘肃的反修、社教和工业问题。他很关心河西，还问了粮食和河西水利的问题。

关于社教，邓小平同意搞三四年，并强调要把社教搞好。

邓小平问："粮食有没有60亿？"

汪锋说："没有。大致差不多。"

邓小平问："要不要调进？"

汪锋说："还要调进一点。"

邓小平还问："为什么转变快？"

汪锋说："一是靠中央政策，二是中央帮助，三是干部。"

邓小平说："甘肃情况好，人们精神面貌、体质都很好。工厂很满意。省委对情况是熟悉的。”

邓小平还说：“你们是后方，该给你们摆的还要摆。河西水多，要搞好，还要继续抓，能搞到20亿斤，就可以提供4.5亿斤商品粮。”

接着，邓小平又关切地问：“你们最高63亿几？”

汪锋说：“最高还是70亿以上。”

邓小平说：“85亿的指标要努力完成。”

晚上，邓小平还兴致勃勃地观看了陇剧《假婿乘龙》。

当天，中央办公厅来电话，要邓小平带几个人马上从兰州飞长沙。毛泽东要在那里开会。

这样，邓小平、康生、吴冷西急忙飞抵长沙。毛泽东召集他们修改给赫鲁晓夫七十寿辰的贺电。

邓小平在修改完给赫鲁晓夫的祝寿电后，又从长沙飞回西安，同彭真率领的写作班子会合，经洛阳、三门峡、郑州、徐州，到山东曲阜、济南，20日返回北京。

三

这年的6月，邓小平同李富春、薄一波等踏上了北上的列车，到东三省视察工业企业情况。

6月22日，邓小平一行乘专列经沈山线抵达沈阳，开始了在辽宁的视察活动。他们在沈阳活动6天，先后视察了112厂、410厂、111厂，并参观了辽宁工业展览馆。

辽宁是“一五”和“二五”期间国家集中大量的人力、物力和财力建立起来的重工业基地。对这个工业基地的建设和发展，邓小平始终给予了极大的关心、支持和帮助。

6月26日，邓小平在视察沈阳市机械工业生产情况时指出：机械工业要实行专业化生产和协作。他循循善诱地讲述了工业企业搞专业化生产的好处，指出组织专业化生产，可以降低成本，提高质量，产量也可以增加一倍。没有专业化，先进技术就不可能发展。对如何搞好专业化生产，邓小平提出要把分散在各分厂的通用车间适当集中起来，组织专业化生产。要把整个机械工业的铸造、锻造集中起来搞几个铸锻厂，要以一个条件好的铸锻厂作为基础，把其他厂组织进来，以那个厂为基础搞专业化，先要保证它的需要。针对当时辽宁机床工业产品落后、精密机床少的情况，他明确提出要在两三年内，把沈阳机床一、二、三厂改造成精密机床厂。

1964 年 6 月，邓小平视察沈阳 112 厂。

邓小平站在全局的高度，精辟地分析了当时全国机械工业面临的问题和今后的发展方向。他指出：目前通用机床的品种太单调，精密的太少，是机械工业的主要问题。解决这一问题的关键就是要做好机械工业的改组、调整和改造。他说："精密机床多起来，通用机床少起来，我们的名誉就可以好起来，才能把其他工业带动起来。东北的机械占全国的四分之一，辽宁的机械占东北的 60%以上，辽宁的机械又在沈阳，沈阳的机械搞好了，全国就有希望了。沈阳抓好了，全国就有基础了。工厂的设备更新要用新的精密设备，沈阳的改造要由国家经委、计委组织进行。要打破中央、省、市的界限，这样才能都提高。调整，包括技术力量和设备的调整，要通盘考虑，一项一项安排。通用与精密要有个比重，通用机械含义是什么？搞什么水平的通用机械要有一个统一的规划。精密机床需要多少型号？究竟加多少，减多少，要有个比例关系。机械工业水平不提高，还要搞 60 年代的产品就不好办。"

6 月 28 日，邓小平一行结束了在沈阳的考察活动，乘车到达大连。

7 月 1 日下午，邓小平一行视察了大连钢厂和大连化工厂。

7 月 2 日下午，邓小平等视察了造船厂和化学物理研究所。在造船厂视察时，邓小平十分关心这里的生产情况，他提出：产品要按照需要定出几种型号，成批生产。不要今年搞这个，明年搞那个。钱和时间花了，还建不起像样的海运力量。他还指出：要注意组织专业协作，不要搞万能厂，不要事事自己干。

当天，邓小平等还在棒棰岛听取了大连市党政负责人的工作汇报。

当汇报到旅大中小学校舍不足时，邓小平说，办学要两条腿走路，要办正规学校，也要办简易学校。简易学校好办，每个街道、每个单位都可以挤出一两间房，收几十个学生，一两个班，进行综合教育，大的孩子半工半读，小的只读书。这是一个最有效的办法，一定要搞。东北地区研究一下，大连可以先实行试点，以便在东北地区推广。

谈到中等教育，邓小平说，普通中学，有的要改为技工学校或职业学校，训练一批青年，生产需要时，可以补上去。但不许增加职工，要先减后补。对毕业生也不能包分配。课程不要多。教员不足，可以从有关行业中抽调。

在汇报到工农业生产情况和存在的问题时，邓小平说：石油发展后，要搞内燃机车，这样可以省煤。试制成功以后要搞协作厂。设备更新要一个一个地计算。你们如果把协作搞好，可以腾出很多的设备。他还说，侯德榜有真才实学，我们国家有真才实学的有李四光、侯德榜、竺可桢等。

在谈到手工业合作社所需设备、材料应统一安排时，邓小平和李富春都说，这是一个重要问题，手工业每年百十亿积累，不列入计划就会到处冲击。今年要专门研究解决这个问题。

在谈到市委领导问题时，邓小平说，市委工作的重点应放在城市。农村工作应设立农村工作委员会来管理，市委可以在一定时期内讨论农村工作。有关城市工作的会议不要找农村干部参加，有关农村工作的会议不要找企业干部参加。文件也是这样。旅大农村人口很多，地面很大，只靠一个农村工作部是管不了的。城乡工作不分开，就会顾了这头顾不了那头。北京、上海都是这样办的。

此外，他还对当时的"五反"和社会主义教育运动提出了一些意见。

7月3日，邓小平一行到达鞍钢，检查鞍钢的经济调整工作。

当时，我国国民经济正在实行"调整、巩固、充实、提高"的八字方针，鞍钢调整工作的重要内容之一就是贯彻邓小平在20世纪60年代初主持制定的《国营工业企业工作条例（草案）》（"工业七十条"），进行企业整顿。在适当降低产量的情况下，下大气力抓计划管理、技术管理、质量标准、劳动工资、经济核算、责任制度、领导制度等。

在视察过程中，邓小平说："鞍钢贯彻'工业七十条'要和贯彻'鞍钢宪法'结合起来。企业无论如何要有个制度，有个规矩，有个约束的东西。"他告诫鞍钢人："大企业、现代化企业也要革命，要学习解放军，学大庆。要自力更生，搞技术革新和技术革命，真正的革命是思想上的革命。"

7 月 4 日，邓小平一行结束了在鞍钢的视察，乘专车途经沈阳去长春。

7 月 5 日，邓小平一行抵达长春，开始了在吉林的视察活动。

1964 年 7 月，邓小平视察长春第一汽车制造厂。

邓小平等先后视察了长春第一汽车制造厂、光机研究所、吉林化工厂、铁合金厂、九站维尼龙厂、丰满发电厂和左家特产研究所，察看了野生经济动物场、果树场、药草场等。

7 月 10 日，邓小平和李富春、薄一波在中共中央东北局第一书记宋任穷、中共吉林省委第一书记吴德的陪同下，到长春第一汽车制造厂视察。

7 月盛夏，是北方最炎热的季节。然而，汽车城却在酷暑中掀起了大干热潮，工人们提出了"高质量、低成本、多品种，向年产 4 万辆目标迈进"的口号。特别是轿车车间召开了技术革新现场会，号召全厂职工为实现"两赶三消灭、五保一提高"而奋斗。此时的红旗轿车不仅形成了生产能力，而且多次在国际展示会亮相。与此同时，一汽新开发的 CA30A 越野车已经正式投产。

下午 3 时 40 分，邓小平一行乘坐面包车来到生产大楼。一汽厂长郭力、副厂长孟少农早已在门前等候。

当邓小平等领导同志走下车时，生产大楼前立即呈现出一派热烈的欢迎场面。邓小平一边同大家握手，一边稳健地步入主楼。在接待室里，他首先注意到的是墙上的两幅黑白图片，一幅是放大的解放牌卡车图片，一幅是一汽新开发的军用越野车图片。两张图片在雪白的墙壁上显得非常光亮、突出。邓小平没想到几年前即 1958 年 9 月他第一次视察一汽时提出的愿望，这么快就变成了现实。

邓小平在图片前站了许久，他不停地向郭力厂长询问。

邓小平首先问道："这几年来厂里有什么变化？58 年时我们都看过了，现在怎么样？"

郭力汇报了几年来一汽的生产情况，并讲到解放牌改型的问题，特别提到一汽越野车原来照搬苏联设计的吉尔 157 型越野车，齿轮常打坏。

邓小平问："我们进口的车子是不是也有这样的毛病？苏联的汽车工业还是落后！"并进而问道："越野车的生产量多少？红旗轿车还是不是敲出来的？今年解放牌的生产量多大？明年能生产多少？"

郭力对邓小平提出的问题一一作了汇报。

邓小平又关切地问："车子哪里要？销路怎么样？"

李富春马上接着说："汽车那是大大的不够！"

薄一波问道："明年生产多少车？"

郭力在回答中提到，由于年产量增加，越野车又开始生产，出现了一些薄弱环节。邓小平说："可以多和其他机械厂去搞协作么！"

在谈到"红旗"的生产问题时，邓小平问："今年产多少？"李富春问："成本要多少钱？"

郭力说："'红旗'今年搞 30 辆，每辆 4 万元。"

邓小平说："这么贵，只有接外宾。国务院买得起，其他人用不起！"并关切地问："我们有几个牌子？哪个牌子最好？明年还要不要买国外的？"

郭力都作了回答。

随后，郭力还向邓小平等人汇报了一汽远景规划的一些情况，他提出："到 10 万辆时必须把有些东西扩散出去，现在年产量一高，如果两个车皮拉 5 辆车，要到6万辆，那要多少车皮？因此要另找点。”

邓小平说：“生产零件后，可以到西南、中南搞整车装配么！”

郭力接着又汇报了为实现这个远景规划所必须采取的一些措施。他说：“外国在一条生产线上搞几种车，我们只能搞一种，这是从苏联弄来的，这里没有系列化。”

邓小平说：“现在我们的汽车工业不多嘛。凡是能够标准化的都要标准化。”

当郭力汇报到全国汽车行业概况及一汽劳动生产率还比较低的情况时，邓小平说：“标准化、系列化就要从这里开始，我们去买一些外国技术，来搞标准化、系列化。”并说：“全国汽车现有30万辆，越向外国买越不得了。”

邓小平还针对如何改进企业的问题提出了明确的意见。他说，要怎样吸收世界上的经验，用进去后另行改组，决心改组，以后就快，怕痛怕痒不行，现在你们时间已经晚了。你们要想出一个革命的方案来，要当革命派。鞍钢现在要改就难了。汽车厂就只有那么几家，好搞革命。大厂、分厂可以经济核算独立，自负盈亏，一个环节逼一个环节。搞汽车不是买一套设备问题，主要是搞资料的问题，美国、日本、西德都很先进。

邓小平在了解解放牌卡车的生产情况。

邓小平又问：“你们有熟悉欧美汽车工业的吗？”

大家向他介绍了孟少农。邓小平点点头继续说道：“用上两年来搞调整，来革命，是增加生产的办法，是最好的机会。别的行业架子大，而汽车工业很年轻，还是儿童时代，只有这样一点点产量嘛！儿童时代思想改造容易一些，等到了老头子再来改造就改造不动了，在汽车工业上，你们带个头。类似汽车工业的，还有造船工业。职工人数与日本的差不多，可是日本年产船舶吨位 200 万吨，我们只有 30 万吨，这不行么！汽车和造船工业这两个点要做革命的示范。革命不能够改良，越改良越不好办，你们搞一个方案出来，在此基础上去改造汽车厂，改造上海厂、北京厂。"

在听到美国福特厂的改组情况时，邓小平说："人家能下决心。我们现在是小改组，将来有十个八个这样的厂，变老头子了，再来改组就很难了，你们搞这个行业要搞革命，为什么永远当落后分子？厂子漂亮倒是漂亮，我们外行看你们厂是现代化的，内行一看就不先进。主导思想应该是搞革命。宁可减少产品，也要利用这个时间完成革命，包括这里生产什么，哪些东西拿出去，放在哪里，以及科学试验和设计等问题。"

在了解到一汽的生产已有 9 年的历史后，邓小平说："技术有了，主厂搞什么，专业化厂分出一部分也可以，无非是系列化、标准化。不然成本不能降低，产量上不去，品种又单调，年产 10 万辆，再生产几年解放牌就成问题了，就要落后了，解放牌也要改造。"

在谈到搞一个革命性方案时，邓小平说：不要各搞各的，搞托拉斯，把拖拉机放在里面。我的印象，汽车、拖拉机工业和造船工业比较容易改造，为什么？因为它是儿童，不在儿童时代搞，还等什么时候搞？反正你不搞，要永远落后。福特老的方法也在改造了么！要来搞个革命，可能两三年内产品产量少些，受点影响不要紧。革命之后，两三年之后产量就会跟上去了。

邓小平又说：斯大林后期脑子里没有辩证法，僵化了。政治上、思想上闭塞，认为一切都先进了。现在原形毕露，一切都落后，只有"上天"这么一点点。基本工业都是落后的，他们的化学工业那么落后。我们化学工业还能超过些，可以搞得快一些。你们这个行业还是比较容易改造的，要打破大厂的坛坛罐罐，不要怕打破坛坛罐罐。今后评定一个厂不根据职工人数多少，有多少平方米地盘。我们搞工业的思想一直是：厂越大越光荣，工人越多越光荣，不和世界比。越感到光荣，就越落后。

当郭力谈到目前对专业化厂的认识，搞协作和地方工业服务工作还存在问题时，邓小平说：先搞起来，然后有问题就解决问题，以后地方也要加强为厂服务。有困难就去解决困难。可成立小厂，大厂派技术力量下去，加强他们，要搞出几个技术骨干。以后地方企业明确要为大厂服务。你们工具分厂生产能力有富余吗？可变成一个专门工具厂，把它独立起来。品种可以发展，产量可以增加，技术水平可以提高。要扩大服务范围，别的厂可以到你们那里订货。这个厂不仅为长春，为吉林省服务，甚至至少为东北区服务。你们厂的技术有相当高的水平，哪个不想用好东西？你们这个厂也可变成为汽车、拖拉机工业服务的综合工具厂，2 000 多人是个大厂么。搞好了，自己生产有保证，还可以给国家创更多的财富，为全国解决一些困难。不要关起门来，要贴广告、作宣传，大家都来买你们的工具嘛。现在全国汽车行业有 16 万人，等于福特厂的一半，人家 300 万辆，我们只有几万辆。这是很大的问题，说明我们的水平落后！我国至少应该生产 100 万辆汽车，这样汽车才能贱，大家才能用得起嘛！

最后，当得知越野车已经投产半年多，工人们正在加紧制造，准备在国庆 15 周年庆典时拿出 300 辆向国家献礼时，邓小平高兴地说："好啊，好！一汽变化不小。总之要革命，要步步革命，希望你们带头。"

邓小平听完郭力厂长的汇报后，又兴致勃勃地参观了一汽发动机厂和总装配厂，每到一处都受到工人们的热烈欢迎。

在发动机装配线上，邓小平握着一位青年工人的手，亲切地问，工作怎么样，学习如何，生活还好么？一连串的问话，感动得这位青年工人热泪盈眶。大家都为中央领导同志如此无微不至地关怀一线工人而激动不已。

邓小平一行于下午 5 时 40 分左右结束了在一汽的视察。

邓小平热爱红旗车。他不仅为一汽几年来的变化感到高兴，而且对红旗轿车有了新的发展而欣慰。后来，邓小平换乘红旗车后，一直未再换其他车，与红旗轿车和它的造车人结下了深厚的情谊。

1984 年 6 月，国庆 35 周年庆典之前，中央警卫局派人来到一汽，给一汽的造车人下达了一项重要任务，要求一汽为军委主席邓小平制造在庆祝中华人民共和国成立 35 周年盛大阅兵式上乘用的红旗特种检阅车。当时，一汽的轿车发展正处在停步状态。因为从 1981 年起，红旗轿车就停产了，并已经开始转型生产 CA630 红旗旅游车。此时要再生产红旗特种车困难非常大。但是一汽工人一想起小平同志对中国民族汽车工业的关怀与支持，就热血沸腾。他们下定决心，条件不具备，创造条件也要按时完成任务，为国争光，为民族争气。于是一场高质量、高水平、高速度的轿车生产硬仗在一汽轿车厂专用车间展开了。

制造现代化的红旗特种检阅车有三大难关，一是要采用特殊材料达到防弹性能；二是要采取最严密的设计手段使自动活动顶篷在敞开堆放时不影响整车的整体形象；三是要保证升降脚踏板能根据检阅人的身材自动平稳迅速升降。时间紧、任务重，为了缩短制造周期，他们曾经选择了美国林肯轿车的两套活动顶篷，但配合不上。于是他们立即成立了攻关队，自力更生，自己动手制造。设计人员开动脑筋，工人师傅大胆创新，领导干部和职工夜以继日吃住在一起。经过全体攻关队员的努力，红旗特种车终于按时试制成功了。它不仅解决了活动顶篷的伸缩问题，而且攻克了自动升降脚踏板及全部电控难关，使发动机的操纵稳定性达到国外同类车水平，即使在高温下低速行驶，发动机也不熄火，水箱也不开锅。

国庆节前夕，两辆崭新的红旗敞篷检阅车发往北京。

在建国 35 周年庆典上，邓小平乘坐着一汽人生产的轿车检阅了陆海空三军。

1964 年 7 月 11 日下午，邓小平在长春南湖宾馆听取省委负责人吴德、赵林等的工作汇报。

当吴德汇报到发挥劳动力潜力问题时，邓小平说，日本就是充分利用劳动力，我们的条件比他们优越得多。农业基本建设尤其要靠人。

当赵林汇报到企业劳动效率低，非生产人员比例大，老弱病残需要调出、安置，非生产人员应当减少，辽源煤矿在煤炭部支持下做出了成绩时，邓小平说，可以与附近公社挂钩，固定工、对健康有影响的岗位的一般工人，应该与附近公社定期轮换。如一个公社有 100 个工人，多久换 100 人？把老弱病残编外人员统统搞下来，可以建立正常的生产秩序，提高劳动生产率。不搞这一条，经济核算都没有办法搞，一些人在那里“和稀泥”。宁肯把那些人集中起来学习或养起来，也比混在那里强。

在赵林汇报到专业协作问题时，邓小平说，以市为单位搞，全省至少可以搞长春、吉林市两个点。这是普遍性的问题。

在赵林谈到汽车厂与协作厂的关系问题时，邓小平说，协作厂不要都归汽车厂，要搞独立的厂子。汽车厂要搞自己的技术，搞洋的。

在赵林提到全省轻工业系统搞了食品、造纸、皮革三个托拉斯，名义上不增加编制，事实上增加了人员时，邓小平说，我们搞个东西，就是要搞个衙门，衙门就有几层，又是公司，又有多少经理、书记，多少副经理、副书记，多少科室，科室还有大科员、小科员，这是搞衙门。托拉斯本身是搞经济的，不是用行政方法管理经济。我们现在搞的，有些不是用经济方法管理经济，而是用行政方法管理经济。

在赵林汇报到综合利用问题时，邓小平说，先搞收益大、可以积累资金的，搞一笔钱，不动它，专款专用。省里投的钱，赚回的钱归省，一两年就把投下去的钱拿回来，用这个钱再去搞综合利用，搞第二个、第三个，搞"驴打滚"的办法，省里专列项目，这笔钱不准挪用。这个问题已经谈了好几年了，找不到一个办法，完全指望中央投资不可能。

在赵林汇报到某些工业产品积压时，邓小平说：一个是计划，一个是按本身的需要，不然，怎么销得了？

在听完汇报后，邓小平对吉林的社会主义教育运动等问题提出了意见和要求。

7月12日，邓小平一行离开长春去哈尔滨，开始对黑龙江进行视察。

16日下午，邓小平同李富春、薄一波、杨尚昆、宋任穷等一起来到大庆油田油区。他们先后用了两个半小时，视察了1202钻井队、采油李天照井组、中三转油站、中二注水站、西油库和一口电热清蜡油井。

下午3时许，邓小平一行来到油区。在车上，陪同的石油部徐今强副部长请示什么时间汇报工作，邓小平说："不汇报了，你们的情况都了解。"

邓小平对技术革新问题很感兴趣。

在去1202钻井队的路上，徐今强介绍了当年的钻井情况和1202钻井队的情况，当谈到这个队已经出了几批基层干部，一直还是个标杆队时，邓小平说："这样就好。"

谈到油田建设工程质量十分重要和余秋里部长对质量抓得很紧以及当年钻井与基建质量的情况时，邓小平说："这是很重要的问题。"

到1202钻井队后，邓小平看了牙轮钻头和刮刀钻头。

徐今强介绍说，我们的牙轮钻头比苏联的好，有一个刮刀钻头曾打了1 000米，但我们的钻头还不如美国。

邓小平说，进一步研究是可以解决的。一个钻头可以打一口井，当然就可以提高效率、降低成本。

当讲到钻机改用电动机时，邓小平问："电动机比柴油机有什么优缺点，有没有电源？"

徐今强回答说："这里有，可以解决。"

邓小平说："这是值得研究的。"

徐今强介绍说："钻机可以整体搬家。我们的钻机还是落后的，这几年主要是人的觉悟提高了，操作方法改进了，钻井的效率也提高了。"

1964年7月，邓小平来到大庆油田油区，视察了1202钻井队等。

听到这里，邓小平说："对！听说兰州研制了一个新的。"

徐今强解释说："试制了一台，尚需改进。"

邓小平到了采油李天照井组后，很感兴趣地说，我61年来的时候不是这样，那时是很脏的，现在很整齐。他转身问身边的陪同人员，像这样的井组有多少？

回答说，80%～90%，程度不一样，还有10%～20%，差一些。

邓小平说，那总是有的，可以逐步跟上去。

当工人打开采油阀门，让邓小平看看喷油情况时，邓小平高兴地说："你们管理得真好，我看了两次，出油都很好，你们要为社会主义出大力气，为国家争光。"

当谈到执行岗位责任制好的已经达到75%，干部上岗的已经有1 100多人，出了不少像姬德先那样的先进人物时，邓小平说："好！"

徐今强接着向邓小平等人介绍了油井清蜡的技术程序，他说，每口井要一个绞车，需要3个人。现在已开始试验电缆清蜡，并介绍了这和将来实行油田遥控、提高劳动生产率以及油田开采的关系。邓小平对此很感兴趣。

上车时，邓小平又说，这是很值得注意的问题。提高劳动生产率，这是一件大事。总理在国外见到一个炼油厂，只有 300 多人，包括检修人员在内。他转身问徐今强："你们的炼油厂有多少人？你们的炼油厂是古巴式的吗？"

徐今强回答说，古巴式的常减压正在建设，还有四型催化裂化是古巴的资料。当徐今强将它和兰州炼油厂作了对比后，邓小平说，技术上的进步是无穷无尽的。他转身又对李富春、薄一波说，现在已开工的工厂和车间（指大庆炼油厂）是自己设计的，比苏联的要进步，用地面积少、投资省。古巴式的炼油厂现在正在建设，明年可以完工。

在中三转油站，徐今强介绍了电脱水，并和兰炼作了比较。邓小平说："就是要这样做。"

在视察西油库时，徐今强介绍说："这里的装车能力已经可以适应1 000万吨原油生产量。"

邓小平说："好！"并问道："搞到 1 000 万吨还需要多少投资？"

徐今强回答说："约一亿三四千万。"

邓小平听后说："这是很大一笔数目！"

在路上，看到家属正在修路，徐今强就向邓小平介绍了把家属组织起来，搞农副业和基地建设的规划。当介绍到搞农副业以家属为主，机耕为主，精耕为主时，邓小平问："能做到吗？"

徐回答说："能做到。"

邓小平高兴地说："好！"

徐今强还进一步向邓小平介绍已经组织了多少家属生产队，已经培养了多少家属干部，这对巩固家属队伍，实现农业以家属为主，实现工农结合、城乡结合，有利生产，方便生活，是很重要的组织措施。

邓小平说："这些家属都是从农村来的，这样组织起来好。"

在路上，邓小平还详细询问了粮食产量和分配问题，并问："有节余吗？"

徐今强说："去年节余 300 万斤，今年打算储备 1 000 万斤左右，还要支援华北会战一些，以后每年节余一点，以备万一。"

邓小平说："好！他们是新地区，你们应该支援一下。"

在车上，邓小平还询问了职工的劳逸结合情况。

徐今强说："这里冬季时间长，夏季施工时间就几个月，现在是每天工作 10 小时。"

邓小平问："10 小时是怎样支配的？8 小时睡眠能不能保住？冬季怎么办？"

徐今强向邓小平介绍了劳逸结合的安排，并说："冬季搞休整，在室内可以搞预制。现在已经摸索出一些冬季施工和室内预制规律，看来冬季还是可以做大量工作的。"

邓小平说："这样好，冬季就要搞这个规律。"

视察回去后，徐今强又向邓小平介绍了油田、炼油厂边建设边生产的做法，这样可以早解决国家对石油和产品的需要，可以早回收投资。

邓小平说："对。"

在吃完饭休息时，邓小平还念念不忘这个问题，他对李富春和薄一波说："这样做很好。"

17 日上午，邓小平一行又视察了大庆炼油厂。

当听到炼油厂在 1963 年底已建成年处理量 100 万吨的第一套常减压及其配套工程，并做到四个一次成功时，邓小平非常高兴，连声称赞："好！好！"

7 月 21 日，邓小平一行到了伊春。

邓小平在李范五、曲常川、张中杰等的陪同下视察了友好纤维板厂。

在看了碎木机后，邓小平说："这个好，能利用废物。"

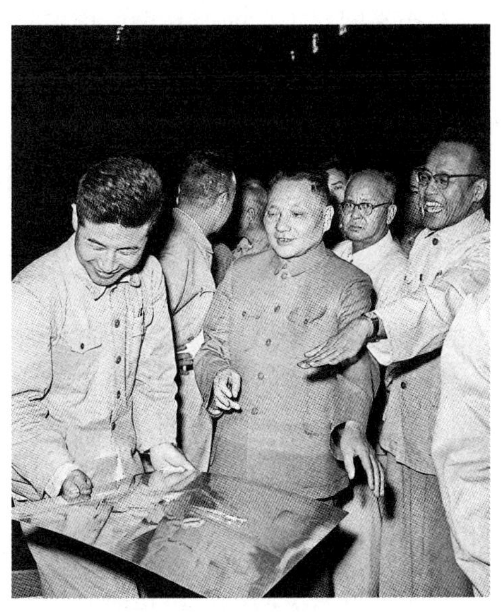

邓小平在哈尔滨视察工厂。

后来，在听取省委汇报时，邓小平还专门就用纤维生产的问题指出：搞浆泊厂，用白松，这怎么行？浪费资源，怎么搞得起，谁设计的？要用杂木，用边材废料。要在林区就地搞，要搞定型设计，按点建设，有计划地进行，开始搞浆泊，然后再搞抽丝，经济、合理地利用原材料。加工企业，厂子一定要设在林区，不能设在城市。37 个森工局都搞点小的。

在视察纤维板车间的过程中，邓小平问："这个厂是去年建的吗？"

张中杰回答说："58 年建的，现在还在试产。"

邓小平问："为什么这么长时间还是试生产？"

张中杰说："主要是因为机械配套、配件国内不好解决。"

邓小平又问："工厂规模多大？"

张中杰说："设计年产 18 000 吨。"

邓小平问："这个厂多少人？"

张中杰说："2 300 多人，4 个生产车间，3 个服务车间。"

邓小平问："为什么这么多人？"

张中杰说："辅助生产多，水、电都得自己搞。还有学校、商业都自己搞。"

邓小平说："为什么自己搞电，国家不统一供电？"

李范五说："国家电网没建上，林业的水、电都是自己搞。"

邓小平问："工厂的产品出厂价格是多少？"

张中杰说："价格分等，一等 500 元，二等 450 元，三等 400 元，听说国家外贸出口价是 80 美金。"

当听到国家外贸出口价只有 80 美金时，邓小平说："这不合算，300 美金才合算。"

接着，邓小平又问："生产一吨纤维板用多少原料？"

张中杰说："需要 3 立方米，都是边材废料。"

邓小平问："每年的利润多少？"

张中杰说："全部生产了每年约 200 万元。"

邓小平若有所思地说："这得十几年才能收回来，这不合算，利润太少了。"

张中杰说："原设计上还有软质纤维板车间改建。"

邓小平进一步问道："再建需要多少钱？"

张中杰和另外一个同志同时回答说："还得要这么些投资。"

邓小平不满意地说："这叫什么经济工作？这个厂子归哪管？"

李范五说："归林业部管。"

离开友好纤维板厂上车时，邓小平说："总之，这个厂子得革命，不革命我下次就不来了。"

曲常川说："来吧，我们一定革命，下次来就改变了。"

邓小平说："好啊！"

随后，在李范五、曲常川、刘汗清的陪同下，邓小平一行前往东风林业局视察。

在汽车上，曲常川简要地向邓小平介绍了哪块地方是“剃光头”，哪块地方是采育双包。

一下汽车，邓小平就问：“哪年开始‘剃光头’？学哪国的？”

曲常川说：“1955 年，苏联专家在带岭地区搞‘剃光头’样板，以后就推广开了。”

邓小平问：“苏联国内也‘剃光头’？”

曲常川说：“听说也‘剃’，又听说现在不准‘剃’了。反正咱们实行的效果不好，几年来吃了点亏。今年和工人商量不‘剃光头’，实行采育双包。”

邓小平听后紧接着说：“好！采育双包好！就是把采育双包给工人嘛。”

在看油锯伐树时，邓小平问：“伐多粗的？”

刘汗清说：“12 公分以上的。”

树伐倒了，邓小平说：“好！来，照个相。”他亲切地对油锯手刘清山说：“你过来一起照。”

照完相后，邓小平问：“再看什么？”

刘汗清说：“汽车运原条。”

看的时候，曲常川说，解放牌汽车运原条，解决大问题了，用进口汽车，坏了零件就没办法，解放牌自己能修理，载重多。开始有看不起国产汽车，迷信进口的，哪知解放牌运原条提高运量 40%。

邓小平说：“噢！后边带个炮车似的（指拖车）就解决问题了。”

这时，大家说：“看完了上车吧。”

邓小平恋恋不舍地说：“不忙上车，走一走。”

大家在公路上走了一段才上车。

在车站，邓小平问：“还看什么？”

曲常川说：“看完了。刚才看的，看来很简易，这是咱们简化了，若是苏联那一套，半天也看不完。”

邓小平问：“为什么？”

曲常川说：“锯树的一帮人，集材的一帮人，垛木头一帮人，装汽车一帮人，汽车运材一帮人，经过四五道环节。现在这些我们让一帮人干了。”

邓小平说:“一通到底?”

曲常川说:“对,一通到底。这样就简化了,七八十个人的活,三十个人就干了。”

邓小平一边连连点头一边说:“好!”

曲常川说:“这个局认识提高快些,行动也较迅速,有的局就比较落后。”

邓小平说:“快组织他们来参观。”

曲常川说:“正在组织参观。”

刘汗清说:“现场会刚开过,各局都分批来参观。”

邓小平听后满意地说:“好,这好。”

经济大备战

（1965 年）

三线建设如火如荼。邓小平亲赴西南大三线，运筹规划建设方案，现场解决实际困难。看到居民排着长队购物的场景，他心情沉重："现在买东西都要票证，苦了老百姓！"

1965 年 11 月 1 日，邓小平离开北京前往祖国的大西南四川、贵州、云南视察。

随同邓小平视察的有国务院副总理兼国家计划委员会主任李富春、国务院副总理薄一波、国家计划委员会第一副主任余秋里、铁道部部长吕正操等。

邓小平等此行的任务是视察西南地区的三线建设情况。

所谓一、二、三线，是按我国地理区域划分的，沿海地区为一线，中部地区为二线，后方地区为三线。三线分两大片，一是包括云、贵、川三省的全部或大部分地区及湘西、鄂西地区的西南三线；一是包括陕、甘、宁、青四省区的全部或大部分地区及豫西、晋西地区的西北三线。三线又有大小之分，西南、西北为大三线，中部及沿海地区省区的腹地为小三线。

建立"三线"的动议起于一年前。

1964 年 4 月 25 日，军委总参谋部作战部提交了一份报告，对经济建设如何防备敌人突然袭击的问题进行了分析，认为有些情况相当严重：一是工业过于集中。全国 14 个百万人口以上的大城市，就集中了约 60％的主要民用机械工业和 52％的国防工业。二是大城市人口多。全国有 14 个百万人口以上和 25 个 50 万至百万人口的大城市，大都在沿海地区，防空问题尚无有效措施。三是主要铁路枢纽、桥梁和港口码头多在大城市附近，还缺乏应付敌人突然袭击的措施。四是所有水库的紧急泄水能力都很小，一旦遭到破坏，将酿成巨大灾害。报告建议由国务院组织一个专家小组，根据国家经济可能的情况，研究采取一些可行的措施。

这份报告引起了毛泽东和党中央的高度重视。

薄一波在《若干重大决策与事件的回顾》(下)中写道:“当时,我们面临的国际环境是:美国在侵朝战争失败后,又发动了侵略越南的战争,把战火烧到我国南大门外,威胁着我国的安全。在此之前,1962年,美国多方支持国民党武装特务部队窜犯我东南沿海和广东沿海地区,妄图建立大规模进犯大陆的‘游击走廊’;印度政府不断蚕食我国领土,在中印边境东西段同时向我发动大规模的武装进攻;侵略我国长达8年的日本,还未同我国恢复正常邦交;我国北部中苏边境地区的气氛也很紧张。面对这些现实,我们不能等闲视之,必须进一步加强国防,做到常备不懈。

我们党在处理国际关系问题上,坚持和平共处五项原则,对敌对势力亦采取‘人不犯我,我不犯人;人若犯我,我必犯人’的策略。毛主席的军事战略思想有独到之处,他重视有备无患,但不强调‘御敌于国门之外’,而主张‘诱敌深入,关起门来打狗’。建设三线后方工业基地,正是他的这种战略思想的体现。”

1964年5月11日,毛泽东在听取计划领导小组关于“三五”计划汇报时说,国民经济有两个拳头、一个屁股,农业是一个拳头,国防工业是一个拳头,基础工业是屁股。工业要为农业服务。建设要按客观规律办事,只能是有多少钱办多少事,不能搞多了,要少而精,集中力量打歼灭战,留有余地。6月6日,在中央工作会议上,毛泽东集中讲了两个问题,其中之一就是进行备战。他说,只要帝国主义存在,就有战争的危险。我们不是帝国主义的参谋长,不晓得它什么时候要打仗。决定战争最后胜利的不是原子弹,而是常规武器。他提出:要搞三线工业基地的建设,一、二线也要搞点军事工业。各省都要有军事工业,要自己造步枪、冲锋枪、轻重机枪、迫击炮、子弹、炸药。有了这些东西,就放心了。攀枝花钢铁工业基地的建设要快,但不要潦草,攀枝花搞不起来,睡不着觉。毛主席还风趣地说,你们不搞攀枝花,我就骑着毛驴子去那里开会;没有钱,拿我的稿费去搞。

毛泽东的这番话,引起了与会同志的共鸣。大家一致拥护他的主张,认为应该在加强农业生产、解决人民吃穿用的同时,迅速展开三线建设,加强战备。

根据中央的决定,各有关部门迅速展开西南、西北三线建设的具体部署。部署从三个方面进行:一是在三线建设新的工厂,扩建部分工厂,由国家计委负责组织;二是把一线的“独生子”(即全国仅此一家的重要工厂)和配合后方建设所必需的工厂搬迁到三线，由国家建委负责组织；三是组织好全国的工业生产，为三线建设提供设备和材料，由国家经委负责。随后，又分别成立了西南、西北三线建设指挥部，负责组织中央有关部门在三线地区新建、扩建、迁建项目的计划协调和物资供应工作。西南三线建设指挥部由李井泉、程子华、阎秀峰负责，后来，彭德怀也担任西南三线建设副总指挥。西北三线由刘澜涛、王林、安志文、宋平负责。

10 月 18 日，中共广东省委向党中央和中南局提出《关于国防工业和三线备战工作的请示报告》。毛泽东对这个报告很感兴趣，于 22 日批请刘少奇、周恩来、邓小平、彭真和罗瑞卿同志传阅，并写下了批语："广东省是动起来了，请总理约瑞卿谈一下，或者周、罗和邓（小平）、彭（真）一起谈一下，是否可以将此报告转发第一线和第二线各省，叫他们也讨论一下自己的第三线问题，并向中央提出一个合乎他们具体情况的报告。无非是增加一批建设费，全国大约 15 亿左右，分两三年支付，可以解决一个长远的战略性的大问题。现在不为，后悔无及。"周恩来当即将毛主席的批语和广东省委的报告批转各有关省、自治区，并于 25 日同罗瑞卿及中央有关部委的负责同志研究了一、二线省区的三线建设部署问题，写成书面材料报中央书记处审批。一、二线各省、自治区接到毛泽东的批示及广东省委的报告后，立即仿效，根据本省的需要和可能，在自己的后方部署了一批新建和迁建项目。

从 1964 年到 1965 年，据不完全统计，在西南、西北三线部署的新建和扩建的大中型项目达 300 余项，由一线迁入三线的第一批工厂有 49 个。军事工业方面，在西南地区规划了以重庆为中心的常规兵器工业基地，以成都为中心的航空工业基地，以长江上游重庆至万县为中心的造船工业基地；在西北地区规划了航天工业、航空工业、常规兵器、电子和光学仪器等工业基地。

受党中央委托，这次邓小平带领中央部委的有关负责同志视察三线建设的部署，到现场就地解决有关问题。

二

11 月 2 日，邓小平在成都金牛坝招待所住处召开会议，3 日即开始了视察工作。他先后视察了 784 厂、重机厂、官村坝隧道等。

1965 年 11 月，邓小平、李富春在成都接见四川省人大代表。

11 月 8 日，邓小平从成都来到自贡市视察。

陪同邓小平视察的有李富春、薄一波以及中共西南局第一书记李井泉等。

邓小平一行先后视察了自贡市鸿化厂二氯甲烷车间、大安盐厂和威远石油会战基地，并同市党政领导、市级机关部分干部见了面。

11 月 10 日，邓小平一行来到了四川泸州天然气化工厂视察。

厂负责人李鸣鹏向邓小平等汇报了工厂的有关情况。

邓小平详细地询问了工厂的建设情况和进度，工厂的投资，英国、荷兰的工厂与我国已有工厂相比较在工艺设备上的特点，哪些设备中国能制造，需要多少钱，这样一个工厂投产后几年可以收回投资。还询问了一机部对这些设备测绘的情况等等。

11 月 12 日，邓小平到达重庆。13 日，邓小平视察了 296 厂、256 厂，观看了坦克表演。

11 月 15 日，邓小平来到重庆第三钢铁厂视察。

邓小平对重钢是不陌生的。

重钢，解放初期叫“第 29 兵工厂”。1938 年，国民党政府成立兵工署钢铁厂迁建委员会，拆解汉阳铁厂、大冶铁厂、六河沟铁厂、上海炼钢厂的主要设备迁至重庆大渡口建钢铁厂，厂名为“钢铁厂迁建委员会”。这个厂是抗日战争时期中国规模最大的钢铁联合企业。1949 年 3 月 1 日，钢铁厂迁建委员会改称“兵

1965 年 11 月，邓小平、李富春在 296 厂视察。

工署第 29 工厂”。刘伯承、邓小平率大军进军西南解放重庆后，于同年 12 月 3 日，由中国人民解放军重庆市军事管制委员会军事代表进驻第 29 兵工厂。12 月 6 日，接管第 29 兵工厂，工厂厂名仍为“第 29 兵工厂”。这是当时西南地区最大的钢铁企业。邓小平担任中共中央西南局第一书记期间，领导修筑成渝铁路，该厂为支援成渝铁路的建设，于 1950 年 5 月至 10 月，轧制出新中国第一批汉阳式 85 磅重轨。1952 年 1 月 30 日，第 29 兵工厂的同志给刘伯承、邓小平写信，汇报了他们的工作情况，2 月 12 日，刘伯承、邓小平回信写道：“29 厂炼铁部车间委员会及全体会员们：收到你们 1 月 30 日的来信，你们把在抗美援朝保家卫国号召下创造出来的新纪录作为给我们的春节礼物，我们非常高兴。从这个礼物中我们看到了工人弟兄对自己的国家是无比的拥护和热爱，看到了工人弟兄的智慧和创造力量是无穷无尽的。所以我们深信你们一定能够巩固成绩，并希望在现有基础上提高一步。即祝生产胜利。”这年的 4 月，该厂又设计出中华式 38 公斤重轨。年底完成重轨 1.3 万吨，完成了铁道垫板 7 647 吨，为成渝铁路 1952 年 7 月 1 日正式通车作出了贡献。

这是邓小平第二次视察该厂。陪同邓小平视察的有薄一波、李井泉、任白戈，中央部委和省市领导人余秋里、沈鸿、徐驰、鲁大东等。

邓小平在三厂视察了弧形连续铸钢、行星轧机等新技术试验。他说：“这是两件好事，两件大事。”在五厂，邓小平视察了建厂施工进展情况，并对职工上下班乘车难的问题作了指示。

当天，邓小平等还视察了长安机器厂。

长安机器厂又叫国营456厂。当时，嘉陵江大桥正在修建，桥面已铺好，未正式通车。邓小平一行的车队从桥上驶过，经过新开不久的沙石公路，来到了国营456厂。

神采奕奕的邓小平。

邓小平身着蓝色中山装，脚穿黑色布鞋，神采奕奕、笑容满面地走到职工群众当中。

国营456厂，当时的产品总装车间虽不怎么高大宽敞，倒也明亮整洁。

邓小平一边参观，一边听取了生产副厂长来金烈关于工厂情况的汇报。

当时这个厂的战备任务非常繁重。工厂自身的生产任务增加了40%，几种新产品要上马，有300多人正在加紧开凿战备山洞。还有一项非同寻常的任务在加速进行，那就是支援三线建设。要将长安厂的人员、设备“一分为四”，分迁、新建江津长风厂、南溪长庆厂，包建璧山青山厂。工厂组成四套班子，带领职工日夜奋战，保证三个新厂建好、人员设备配齐，建成后投产完成战备生产计划。

邓小平边听边看，满意地点点头。他说：干得不错，我们一定要响应毛主席“要准备打仗”“三线建设要抓紧”的号召，以重庆为中心搞好三线建设。

邓小平询问了工厂过去和现在的一些情况，询问新产品试制和生产中存在的问题，还问到来金烈新中国成立前在哪里工作。当来金烈说自己原来在一二九师太行分区制造手榴弹、地雷时，邓小平微笑地望着他，又一次和他紧紧握手。

在一件产品面前，邓小平听着关于产品性能、生产情况的介绍，一边和随行人员交谈，一边还不时用手摸摸产品。

在一个平台上，一位工人师傅正在进行操作表演。邓小平看得很有兴致，他健步登上平台再对产品仔细观看，并紧握着工人师傅的手，点头称赞。

邓小平对长安厂的工作表示满意，并作了指示。他希望长安厂的职工一定要争分夺秒，再接再厉，把战备生产、支援三线建设的任务完成得更好。

11 月 16 日上午，邓小平听取了段君毅等人的汇报。他指出：机械工业的品种数量间存在着矛盾。一般的新产品不够，精密的、先进的产品更不够。机械工业要搞得快一些，特别是精密机床，不然被动得很。贵州的煤炭、云南的木材搞起来后，没有机械工业为其服务是不行的。三线建设委员会要特别注意布局问题，像机械工业，可以形成协作网。除了搞大厂、主厂外，也搞些小厂、卫星厂。

11 月 19 日上午，邓小平等听取了四川省委负责人廖志高的工作汇报，就党的建设、生产和“四清”等问题发表了重要的意见。

二

11 月 21 日下午，邓小平等在贵州省贵阳市金桥饭店听取了第七机械工业部黔北基地建设的汇报。

参加汇报会的有：李富春、薄一波、李井泉、程子华、吕正操、陈璞如、程宏毅和贵州省委书记贾启允、省长李立。

七机部沈钧扼要汇报了基地建设的规模、布局、建成时间以及明年任务的安排与存在的问题。

邓小平说，这个基地的规模比起北京、上海那一套要节约得多。他问道：“现在这样摆，厂与厂之间的协作便利吗？”

沈钧说：“厂与厂之间的距离 3 至 5 公里，生产协作还较方便。”

“那还算好，依靠汽车就行。”邓小平说，“哪年建成？”

“三年任务，两年建成。”沈钧回答说。

邓小平一向是十分严谨的，又问道：“两年完成，从哪一年算起？”

“从明年算起，到 1967 年基本建成。”

沈钧在汇报中说到了基建用的砖明年上半年还缺 2 000 多万块的问题。

薄一波问道：“砖石和地方订合同没有？砖困难啊！从外省调砖实在不好，石头能用吗？”

陈璞如说：“根据西南局的指示，必须两条腿走路，砖要用，石头也要用，他们已经动员向石头进军了。”

李井泉说："动员群众打石头，请启允同志帮助他们组织群众打石头。"

邓小平说："打石头有好处，可以增加耕地，可以盖房子，可以搞民用建筑，可以增加农民收入。"一连说了四个"可以"。"这里有的是山，要'愚公移山'，要动员群众打石头，地方上要搞个规划。"

邓小平还帮助出主意，他建议说，厂房的下部分可以用石头，完全用石头不行。

汇报到关于扩充电源和架设四条电力线路的问题时，邓小平说，没有电网是不行的。贵州有煤，火电快。贵州要很好地规划，要综合利用，各行各业在这里搞多少工厂，要些什么，要多少，怎么个解决法。

说到二、三类物资的供应问题，邓小平指示，物资供应、粮食规划、生活品供应都要跟上去，要全面规划。

程子华说，物资部准备在西南地区搞几个物资供应点，最近又听说要推迟，要到后年才实现。我们不同意推迟，已经打电话去了。

薄一波说，每一个地区工业企业部门太多了，都到物资部去是不行的。遵义地区要有一个物资局，以供应七机部为主。

邓小平说："物资部要为下面服务，要为建设服务。物资供应只能分地区，不能分部门，尤其是大规模建设的地区，西南、西北两个大三线，一定要这样。"

在汇报到基建队伍的组织机构问题时，邓小平询问施工队伍是从哪里调来的。针对七机部搞基建没有经验、贵州的力量又不行的问题，邓小平提出要从外地找一些有经验的人来。

李井泉建议给陈丕显打电话，硬是要上海来包。这个建议得到了大家的赞同。

邓小平说：这个办法好。给赵尔陆（国家经委副主任）打个电话，叫他和上海解决"三材"——人才、技术、材料，要上海负责，不然的话不知道哪年建成。

邓小平最后总结说：你们这里是几个不落实：一是施工队伍不落实，二是交通运输不落实，三是砖不落实，四是电不落实。这还是才开始，真正建起来还有不少问题。很危险！要上海包，完不成任务，陈丕显打五十板，王秉璋（七机部部长）打五十板。

薄一波对七机部的同志说：你们的工作还是不错的，把情况反映上来了。

邓小平说，这是一个"诉苦会"。

就是这次视察，现场解决了不少问题，对基地后来的建设起了重要的作用。

22 日上午，邓小平等听取了中共贵州省委书记处的汇报。

会议开始时，邓小平问贵州省委第一书记贾启允：你们书记几个人，是哪几个？

贾启允把省委书记处成员的名字一一向邓小平作了介绍，邓小平又问及每个人的分工情况，然后说：你们是五湖四海来的，大家靠拢来，没有别人，我们就是集中起来，坚持下去。

接着贾启允汇报了最近召开的省委工作会议贯彻中央工作会议精神的情况，并谈到了培养提拔新生力量的问题。

这是邓小平十分关注的一个重要问题。几天前他在四川听取廖志高汇报工作时，就曾对四川省委提拔年轻干部问题作过指示。

当贾启允反映有少数县委的同志不愿提“老”，尚未感到培养提拔新生力量的迫切性时，邓小平说：“我们这些人都是二十几岁掌大权，我们军队中的领导同志在红军时代都是二十几岁当师长、军长。”

邓小平问贾启允：“你们地、县委书记的平均年龄比四川大吗？”

贾启允说：“县委书记平均年龄 41 岁。”

“四川是 40 岁。”邓小平说。

“地委 47 岁。”贾启允回答。

李井泉插话说：“四川是 45 岁。”

“贵州地、县委书记平均年龄比四川大 1 岁。四川县委书记、副书记经过调整后，可下降到 38 岁，你们多少？”邓小平问。

“我们计划降到 35 岁以下。”贾启允答。

邓小平高兴地说：“我总是双手赞成就是了。”

邓小平向省委指出：地县领导要年轻化，要提拔新生力量，充实干部队伍。他问道：“县委书记年轻化，有没有遇到困难？你们具体化了没有？”

回答说：“已有了一个规划，落实到人。”

邓小平说：“那就好。没有人‘吃洋火’吗？要准备有人‘吃洋火’、告状，说没有功劳也有苦劳。处理要细致，方针要贯彻，这是一个长远的问题。”

当谈到贵州当时干部的组成情况时，贵州同志汇报说，领导干部中华北来得多，还有一部分是从南京、江西招收的学生。1958 年中央下放 2 000 名干部到贵州，1964 年又调来 2 000 名，现在县里部、科、局长级干部中，70%是外省的。

邓小平说："这些人多数是知识青年，那时二十几岁，现在三十多岁。有文化的干部须下基层锻炼，要接触实际。他们可以到工厂，搞'三定一顶'，参加劳动锻炼，取得实际经验。要有意识地调些优秀的、实际工作经验比较缺乏的干部，放下去搞三五年再上来。这种人越年轻越好，二十几岁，不超过 30 岁，搞 5 年，35 岁，有的可以调到地、省。他们下去，甚至要到车间直接参加劳动，讲清楚去锻炼。这样做是为以后着想，为接班着想。"

他曾对省委负责人吴实说："十个手指不可能一样齐，各级领导班子中，有的能力强一点，有的能力弱一点，重要的是团结。这是推动社会主义发展的决定性因素。"

在贾启允汇报贵州工作情况时，邓小平还针对贵州省情，就如何充分发挥山区优势作了许多重要指示。他对省委负责同志说："真正富的是山，这里的副业比四川好搞，山稍微整一下，收入不知有多少。贵州将来比成都坝子富。你们单是种树，就不知有多大收入。林子太少，要大造林，山区要发展林业、牧业。贵州人民要多吃肉，要比全国水平高。山上可种木本粮食，如橡子树；木本油料，如核桃。林木都要配备好品种。"

邓小平进一步了解到贵州的自然灾害主要是旱灾，而地下水却很丰富时，又指出："四川水不流失，贵州的水流走了，只是洞里有点水。贵州的林木储量有多大？贵州到处可以变林区。"他强调要通过植树造林涵养水源。

根据贵州山区自然资源的特点及经济发展规律，邓小平说："省委重点抓农业，粮食要达到自给，山上多种树，发展林牧业，山下要发挥矿产资源优势，做到能源、交通开路，形成贵州独具特色的能源工业与材料工业优势，搞好矿产深加工，增加产品高附加价值。"

邓小平提出的这一适合贵州经济发展的整体战略，对贵州经济建设有着重要的指导意义。

23 日上午，邓小平等在贵阳去六枝的火车上听取了三机部贵阳地区办事处副主任周永康、基建处处长吴乐书关于三机部在贵州地区建设的布点情况、建设规模以及存在的问题。

当汇报到电有困难时，邓小平说，贵州搞火电快，大方火电站自己搞，搞自备电站，归工厂管。三四个厂搞个公司，统一管起来。

邓小平还说："你们50个厂，给你们50个公社，由你们管，由你们领导好不好？"

周永康回答说："好。"

这时，邓小平、薄一波、李井泉都说，厂社结合，一家就可帮50个公社，贵州一下子就发了个横财。

当汇报到今年已有三个工厂建成并搬迁投产时，邓小平说："这都是小家伙，一家好办，只要部里一下决心就可以了。"

汇报结束后，邓小平对同行的同志说，他们三年计划两年完成，整个工作要重新部署，如电、运输和施工力量都要重新考虑，由程子华负责。

24日，在六盘水，邓小平等听取了煤炭部、西南煤矿建设指挥部负责人钟子云、范文彩、丁丹等同志关于六盘水矿区的生产建设情况的汇报后，非常高兴。他说，看到西南有煤、有铁，就放心了，不然建好多工厂就没有用处。办好西南的两个大型的联合企业就好了，就有希望了。在六枝矿区，六枝煤矿的负责人汇报说："北煤不南调，六盘水煤炭基地建成后，年产4 000万吨原煤，东调2 000万吨，供应攀枝花钢铁基地1 000万吨，贵州留1 000万吨。"这个方案当即得到邓小平的充分肯定。邓小平高兴地说，南方大煤炭基地在贵州。

邓小平对省委书记处负责同志说："汞在世界上很吃香。要把贵州汞的藏量摸准，搞点现代化开采。"

为了发挥贵州的矿产和能源等资源优势，应该开展矿产加工。因此，当有人提出"从贵州运走磷矿石，不用包装，省纸袋"时，邓小平说："磷矿石量大了不行，成百万吨运输就是个问题。单向运输出去，没有东西运进来，运费贵，成本高。解决办法就是对矿石进行加工。铝进行深加工，产值高。磷也要搞深加工，要算一算6万吨黄磷需要多少投资、多少电？要变成黄磷出去，使产值大大增加，将来贵州是大工业区。要把乌江水电站搞上去，把湘黔铁路修好。"

邓小平以一个战略家的眼光，敏锐地看到了六盘水在西南三线建设中的重要地位和潜在的发展优势。到六盘水之前，邓小平在四川的渡口，代表党中央确定攀枝花钢铁工业基地的建设方案时，就考虑到了渡口与六盘水的相互依存关系。他说:“煤钢联盟,看来中心还在煤。”到六盘水后,他看到这里丰富的资源和三线建设的环境,对这片荒凉的土地寄予了厚望。此后,他在昆明听取国家计委第一副主任余秋里汇报西南钢铁工业发展问题时,说:“这里的条件太好了。”邓小平还指出:西南少铁,就不是硬三线。所以当余秋里谈到要在盘县搞一个炼铁厂时,邓小平当即予以肯定,并指出:可以考虑在水城、盘县多搞点火电,可以就地消耗煤。

当时由于六盘水交通闭塞、贫瘠落后,要解决新增10万建设大军的生活供给问题,尤其是蔬菜瓜果等无疑是非常困难的事。邓小平在视察期间从工人那里知道大家想吃到新鲜大白菜时,当即指示秘书与北京有关部门联系,很快调进50万斤大白菜支援六盘水矿区。

在贵州考察期间,邓小平看到一些城镇居民拿着票证,排着长队购买东西,心里感到不安。他对省委负责同志说:“现在买东西都要票证,苦了老百姓!我们争取在第五个五年计划期间,也就是在1979年前后取消票证。”

三线建设改变了贵州历史上交通不便的状况。继黔桂铁路建成后,川黔、贵昆、湘黔铁路也相继建成。大批军工企业及民用企业、科研机构进入贵州,使贵州形成了拥有航空、航天、电子三大军工基地和一批地方大中型骨干企业的现代工业体系。

11月25日,邓小平一行回到成都。30日,由成都乘飞机去西昌。12月1日到达渡口。

渡口,1987年更名为攀枝花市。攀枝花位于四川、云南交界处的金沙江畔,有丰富的铁矿资源。“渡口”这个地名是毛主席定的。党中央和毛泽东决定在西南进行“大三线”建设后,确定以金沙江畔一个含钒钛的磁铁矿区(储量约56亿吨)为重点,计划建成一座具有现代规模的新型钢城。在讨论地名时,有的同志说那里只有9户人家,一个渡口,从来没有名字。毛泽东说:“那就叫渡口。”还很幽默地加以补充说:“中国渡口多得很,哪天敌人想找到这座钢城在哪,都找不到。”毛泽东提出在渡口建设基地后,国家计委立即组织80多人的工作组,由程子华、王光伟两位副主任率领,到成都同西南局和四川省委商定建厂事宜。西南局和四川省委的部分同志建议另选厂址。理由是这里交通不便,人烟稀少,农业生产基础差。他们认为,钢厂应建在交通方便、有大城市作依托的地区,并提出了18个地点供选择。工作组用了一个多月的时间普查了这些厂址，绝大多数地点既无铁矿又无煤炭资源，有的还要占用大量耕地，被否定了。最后只有乐山的九里、西昌的牛郎坝和渡口的弄弄坪可供选择。在评议中，程子华和中央有关部委的负责同志及专家都倾向于弄弄坪，因为这一地区不仅有丰富的铁矿资源、较多的煤炭资源和取之不竭的金沙江水资源，而且靠近林区，距离成昆铁路和贵州六盘水（六枝、盘县、水城）大型煤炭基地较近，地点也较隐蔽，又不占农田，是建钢厂的理想地区。而西昌的牛郎坝有地震问题（历史上曾发生过 10 级地震），还有与农业争水的问题。乐山的九里虽然地势平坦，扩展余地大，又靠近工业城市，但距铁矿和煤矿太远，也有占耕地的问题，都不是建大型钢厂的理想地区。由于西南局和四川省委的部分同志仍有异议，论证工作迟迟不能定案。后来周恩来总理说，既然西南局和四川省委有不同意见，程子华定不下来，就到毛主席那里定吧。周恩来带着李富春、薄一波向毛泽东作了汇报。毛泽东听后，大为不满，说：乐山地址虽宽，但无铁无煤，如何搞钢铁？渡口有铁有煤，为什么不在那里建厂？钉子就钉在渡口！

1964 年 10 月，李富春、薄一波到西南研究确定三线建设的总体规划，先到昆明召集西南局和云、贵、川三省及中央有关部委的负责同志开会，传达了毛泽东对钢厂定址的意见，统一了思想认识。同时初步议定攀枝花钢铁基地第一期工程的规模为年产铁矿石 1 350 万吨、生铁 160 万至 170 万吨、钢 150 万吨、钢材 110 万吨。从 1965 年开始，陆续调动十几万建设大军进入该地建立渡口特区。特区总指挥由冶金部副部长徐驰担任，下设冶金、矿山、电力、交通、建筑等 8 个指挥部。不久，特区改为市。

这次邓小平到渡口后，认为在这里建设后方钢铁基地的条件得天独厚，当即代表党中央确定了攀枝花钢铁基地的建设方案。

邓小平认真听取了市委、市政府的工作汇报，并叫徐驰介绍了情况。他把详细情况问清楚后说："这么多人，没有一个好的安排、好的计划，怎么工作？"随后他特意叫随同他来渡口的余秋里及"小计委"的一班人留在渡口，召集会议研究解决办法。

第二天，余秋里、谷牧等"小计委"的同志便召集市委、市政府及各建设指挥部负责人开会。余秋里在会上说："这里资源丰富，是一块宝地，党中央毛主席都很关心，特意叫小平同志带我们来看一下，了解一下情况。小平同志离开渡

邓小平视察渡口新建的金沙江大桥。

口时，专门交代，要我同这里的同志们一起共同研究一下你们所面临的困难，找出解决的办法。目前，你们的工作存在很大的盲目性、随意性，没有定出好的计划。”

三

12 月 2 日，邓小平在昆明听取了中共云南省委书记处的工作汇报，对云南的工作作了重要的指示。

对云南省的边疆农场建设，邓小平说：现在只有 10 万人，太少了。你们这里自然条件很好，要下决心在 10 年内发展到 100 万人。其中有 50 万左右是男女壮丁，把民兵组织起来，就可以结成一条国际线，一旦有事，这是个很大的力量。邓小平提醒，特别要注意的是，要把当地少数民族的积极分子吸收进来，但也要自愿的才吸收。他提出，农场要在当地起带头的作用、帮忙的作用，既是生产队，又是战斗队和宣传队，办了农场，就把当地群众的生产、文化、卫生都带起来了。农场不一定是全民所有制，可以生产队核算，生产队是集体所有制，用评工记分的办法，一帮一，一帮二，经常评比，这样国家节省开支，生产队又可以安排家属中的附带劳动力。

3 日上午 10 时许，邓小平来到了昆明钢铁厂视察。

这是他第二次来到这里。当他走进昆明钢铁厂时，见到该厂领导还是 7 年前的李铎同志。他高兴地说，搞工业就是需要专业干部。为了保证领导能干一行钻一行，应该保持干部的相对稳定，使他们有较多的学习实践、总结提高的时间，早日实现从外行向内行的转变。

李铎经理向邓小平等汇报了昆钢的近期和远景规划。

邓小平问：30 万、50 万吨钢如何搞，100 万怎样搞？要搞方案，主要搞板、材，需要多少投资？多少年完成？

邓小平说，第一步规模不考虑 30 万，按 50 万搞，第二步搞 100 万。

当有人顾虑云南地处边疆，搞大了万一有战争要挨轰炸时，邓小平说，如果搞 30 万吨的规划，以后还要改造，这不好。今后打起仗来，30 万吨也是炸，50 万吨也是炸，就搞 50 万吨。

汇报到矿石资源时，邓小平说，你们自己搞好多矿石，攀枝花来好多矿石，以攀枝花矿石为主，你们的矿石做配料。

对于设备更新，邓小平说：新增设备要考虑好一点，71 立方米的高炉要淘汰。要有现代化水平，加大对旧设备改造的力度，提高劳动生产率。50 万吨钢不能再用 1 万人，几千人就可以了，如果再用 1 万人，在全国钢铁企业中还是最落后的，所以你们不要当这个“副班长”。小高炉搬到其他地方用。

李井泉插话说，小高炉已经完成了历史使命。

邓小平说，小转炉也要淘汰，50 万不吹氧是不行的。

邓小平问：搞 50 万吨的，你们什么时间拿出方案？需要什么设备？需要多少钱？什么时间建成？

李铎估计说，集中力量打歼灭战，50 万吨 3 年可建成。

邓小平说，应该快点。

在昆钢，邓小平还说，云南的发展重点，从长期着眼，是有色金属。因为云南这方面条件特别好，“宝”很多，要搞成一个有色金属省。

5 日上午，邓小平视察昆明机床厂。

这个厂 7 年前他也视察过。

邓小平看了该厂新开发成功的光学坐标镗床后，非常高兴，对厂领导和操作工人说：“你们制造的精密机床，在全国很有名气，但生产量太少，目前国家还要靠进口。今天我来，主要想解决生产精密机床问题。不然天天叫进口，进口几千台还叫不够，日子不好过呀！今后，要解决精密机床的需求必须立足于国内生产。”

邓小平问：“坐标镗床今年生产多少台？”

厂负责人说：“我们厂今年生产 41 台，一机部 4 个直属厂今年计划一共生产 157 台。”

邓小平说：“太少了。假如我们的精密机床年产能达到 2 000 台就过关了。”

“你们这个厂要统统搞精密机床，普通机床不做，净做精密机床，能年产多少台？”邓小平又问。

回答：“现在的设计水平是年产 300 台，要是普通机床转出去，专业化，把现在生产普通机床的车间加以改造，人员跟普通机床转出一部分，留下一部分，可以年产 500 台。”

问：“建一个精密机床厂要多少钱？”

答：“年产 300 台坐标镗床厂，专业化的，只加工和装配，估计要 2 000 多万。”

邓小平说：“一个坐标镗床厂投资 2 000 多万，不算多嘛！”

又问：“你们这个厂的设备进口的多不多？”

答：“大部分用的是国产的，很少数的设备是国外进口的。”

邓小平说：“一个精密机床厂的设备大部分是国内的，少数是国外的，装备一个精密机床厂也没有什么了不起嘛！云南工业要上去。搞一个 300 台的坐标镗床厂，一个 300 台的磨床厂，一个 300 台的齿轮机厂，就是要搞精密的。”他又说：“专业化有好处。你们要净搞精密机床。什么都搞，杂七杂八的，劳动生产率低，技术也不容易提高。”

厂负责人说：“是有这个问题。我们现在是全能厂，从铸锻件到加工装配全套都有。”

邓小平坚决地说：“要解决这个问题。”

在云南视察期间，邓小平还格外关注云南烟草工业的发展。在视察昆明卷烟厂时，他称赞说：“云烟，很好嘛！毛主席在 1959 年成都会议上，吸了云烟，还满意地点点头。我还经常用云烟招待外宾。周总理出访东南亚，还拿云烟作礼品嘛！”

当看到机械卷烟每分钟能生产 1 000 支烟时，他非常高兴地对厂领导说："烟就像流水似的，机械化就是好呀！"他勉励该厂"要不断改革，提高质量，创名牌，满足市场需要"。

在了解云南三线建设的情况后，邓小平说，受交通的限制，建设项目一时不能摆得太多。云南要搞铁路建设，铁路建设的标准要高些。并具体指示，成昆铁路按年 1 300 万吨运力设计，内江昆明铁路按年 800 万吨运力设计。

在视察中，邓小平反复指出，云南要继续解决农业问题。这个问题解决了，才能抽出更多的劳动力投入其他方面。云南条件好，在农业上必须搞多种经营，比如发展棉花、甘蔗、烤烟、亚热带作物和畜牧业等。粮食问题过关了，就要设法更多地安排经济作物、油料作物的生产。

山雨欲来风满楼

（1966年）

邓小平来到大西北，为的还是三线建设。他在原子弹诞生的地方，留下一行遒劲的字："别人已经做到的事，我们要做到；别人没有做到的事，我们也一定要做到。"这是邓小平作为党的总书记的最后一次视察。回京后时间不长他就受到错误地批判。

一

1966年3月10日，中共中央总书记邓小平在国务院副总理李富春、薄一波的陪同下，带领国家建设委员会主任谷牧、国家计划委员会副主任余秋里、冶金部部长吕东等中央20多个有关部委的负责同志来到陕西西安。

1966年，邓小平同志视察西安飞机工业公司。

这是他"文化大革命"前的最后一次外出视察。此行的任务主要是考察西北地区的三线建设情况。

邓小平到达西安的当天，就听取了中共中央西北局刘澜涛、王林的工作汇报。当汇报到西北要搞水土保持时，邓小平说：我看过陕西米脂县高西沟治理水土流失的电影，就是筑坝田、梯田，那里搞得很好，真是水平梯田。搞水土保持，就要一条沟、一条沟地治。水土保持，黄土高原种树，要搞一百年才行。邓小平在询问西北机床生产能力后指出：总得要研究这个问题，要在三线培养机床生产能力。军工厂要向专业化发展，造点机床的零部件，还要做些民用的东西。在刘澜涛、王林汇报到新疆生产建设兵团和四个新建的农垦师关于粮食生产的问题时，邓小平说，要解决北方八个省、市的农业问题。西北的粮食可以不调出，但每年要增加五亿斤，准备打仗。全国农业问题的关键是解决北方的问题。

3 月 14 日下午，中共陕西省委第一书记霍士廉也汇报了陕西省的情况。当汇报到陕西工业情况时，邓小平说，工业，主要是配套问题，小工业要多搞一些，这是个方向性的问题。多办小厂，把城市的剩余劳动力组织起来，人人都参加劳动，小偷小摸就少了，向市人委闹事的人就少了，大厂的生产也可成倍地提高。全国都要走这条道路。

在陕西，邓小平不顾劳累，连日奔波，先后视察了在陕西的航空工业、兵器工业，如三机部的六院第八、第十二、第三〇研究所和庆安机械厂等。视察西安飞机公司时，邓小平还观看了我国自行研制的国产战斗机的飞行表演。

在陕西，邓小平还主持召开了有国家三线负责人李富春、薄一波，有国务院一些部委负责人，有西北三线建设负责人及西北局、陕西省委负责同志参加的重要会议，主要研究了西北特别是陕西的航空、航天等国防工业和三线建设的发展问题。

二

3 月 16 日下午 3 时，邓小平乘专列抵达兰州。

陪同的有国务院副总理李富春、薄一波，中共中央西北局第一书记刘澜涛，全国妇联主席蔡畅，中共中央西北局书记处书记王林，以及国家计委、国家建委、冶金部、水电部、国防工办等部门的主任、部长、副部长等 15 人，司局长 30 人。

从 3 月 16 日到 4 月 1 日，邓小平一行先后参观了兰州炼油厂和 20 号基地等 11 个部门，视察了刘家峡水电站工地，接见了甘肃省工交财贸“五好”“六好”会议全体代表和白银厂等单位部分职工，并分别合了影。其间，还召开了西北甘、宁、青、新四省区书记会议。

初春的西北春寒料峭，风沙迷漫。邓小平迎着风沙，踏着尘土，深入到现场视察。

3 月 17 日上午，邓小平听取了西北冶金地质勘探公司负责人的工作汇报。邓小平说，煤矿除大矿技术革命以外，要为开采民用煤的“鸡窝矿”设计一套机械。煤矿设计院要做这个工作。现在小煤矿效率低，煤价贵。老百姓烧不起煤，结果把禾草烧了、把树烧了，搞得草少了，树长不起来，搞多种经营也有困难。这是和农业有关的问题。锅炉也要改造，要“革命”。

3 月 18 日上午，他来到了兰化公司，视察了正在新建的砂子裂解炉、聚丙烯、高压聚乙烯工程、丙烯腈试验车间及橡胶厂的聚合、橡胶等车间。

兰化公司负责人林华陪同视察。

在视察砂子裂解炉装置时，邓小平问：这个装置是否用来解决 5 万吨橡胶？

林华回答说，主要用来解决纤维和塑料，橡胶是解决一部分，但主要用科研成果丁烯氧化脱氢来解决。

“能不能用天然气？能不能用石油气？”

“天然气不能用，石油气和比石油气重的如轻油，可以用。”

邓小平对砂子裂解炉装置占地小、厂房少、设备露天化很感兴趣。他说：这不是高楼大厦，很好嘛。

来到聚丙烯抽丝房时，林华介绍说，抽丝方法与北京合成纤维差不多。

邓小平问：“生产规模多大？”

“3 300 吨。”

邓小平说：“这并不比北京 500 吨的大（指占地面积），这就节约多了。”

在去橡胶厂的途中，邓小平问：“合成氨生产多少吨？”林华回答说：“今年 18.5 万吨。”邓小平紧接着问道：“不是说能搞到 40 万吨吗？”

在橡胶厂橡胶成品车间，看到松香软胶生产时，薄一波问道：“不是说没有过关吗？”林华回答说：“现在已经过关了，只是我们成带不好，但这种松香软胶不要求成带，不影响质量。”这时薄一波向邓小平介绍说，这是去年国家 31 项重点科研项目里面的。

视察后，对一些问题邓小平当即拍板：纺织部定在西固的聚丙烯腈纤维厂改在兰化公司建设，这是搞综合利用，是必须这样搞的。还能节省投资，少占农田。因此，决定该厂改建在兰化公司内并由化工部管理，毋庸再议，这是最后决定。

3 月 20 日，邓小平在兰州听取了中共甘肃省委第一书记汪锋关于甘肃情况的汇报，并就三线建设和农业种树等问题发表了意见。邓小平说，军工厂的产品价格太贵了不行，要用低工资等办法来降低成本。要搞点民用产品，不然要背上大包袱。当汇报到办地方小工厂时，邓小平说，小企业一开始就要注意产品质量，不粗制滥造，不然，根本站不住。勇于技术革命，还要因陋就简，这是方向，这是道路。不然，像 1958 年办的小工厂那样，出的产品没人要，结果一哄而散。要坚决防止小厂躺在国家身上。

3 月 21 日上午，邓小平、李富春、薄一波、谷牧、李人俊、林乎加等，和西北局书记处书记王林、甘肃省委第一书记汪锋、甘肃省副省长冯直，以及中央十几个部的部长、司局长来到白银厂视察。

在露天矿，邓小平一下车就称赞说："你们这里是艰苦奋斗。"

当汇报到白银厂到 1970 年要生产 5 万吨铜、5 万吨铅锌时，邓小平十分关切地问："5 万吨铜什么时候能建成？"冶金部部长吕东回答说："1969 年到 1970 年。"

在去选矿厂的路上，白银厂负责人茅林汇报了白银厂的综合利用规划。邓小平说，就是要好好抓综合利用。

茅林说，冶炼厂的设计能力是 3 万吨，我们准备发动群众大搞技术革新、技术革命，把冶炼厂的生产能力提高到 4 万吨，在不大扩建的情况下达到 5 万吨。

邓小平听后点头说："对嘛，要搞技术革新、技术革命。"

当茅林汇报到现在厂里还有一半的生产班组没有党小组，24%的班组还没有党员时，邓小平十分严肃地说："这不行。"

在选矿厂，冶金部部长吕东说，这个厂是按苏联设计建设的，花了 8 000 万元。现在建这样一个厂子，5 000 万元就够了。

邓小平带着浓重的四川音说："花学费嘛。"

中午 12 点，邓小平、李富春、薄一波等在冶炼厂的广场上接见了白银厂、十一冶和白银地区的"五好"标兵、"五好"职工、各级领导干部和职工，并在一起照了相。

在去火车站的路上,汪锋对邓小平说,白银厂的职工群众情绪比过去好多了。过去许多人不安心在这里工作,现在都安心了。生产秩序也比过去好多了。

邓小平听后表示满意。

3月22日下午,邓小平在兰州听取了中共宁夏回族自治区委第一书记杨静仁关于宁夏工作的情况汇报,发表了重要意见。

西北三线建设中,酒泉钢铁厂是重中之重。3月23日,邓小平来到了嘉峪关地区的酒泉钢铁厂。3月24日上午,冶金部部长吕东汇报了酒钢的建设情况。

邓小平说,酒钢地处三线,毛主席非常关心,要尽快把酒钢建设好,不能再动摇了！搞钢铁要打歼灭战,要走大庆道路,要搞工农结合,除了少数技术骨干外,要搞农民轮换工。

对于酒钢的建设方案,邓小平提出了明确的要求:1968年建成镜铁山矿,要有一个高炉出铁,1969年出钢75万吨,1970年出钢坯,把初轧建起来,1971年全部建完。

邓小平的指示为酒钢的全面发展乃至嘉峪关后来建市奠定了基础。

3月25日至26日,邓小平视察了酒泉导弹试验基地,并慰问了职工、解放军官兵以及家属,听取了基地各单位领导的汇报,观看了地对空导弹的发射试验并发表了讲话。他说:你们把戈壁滩建设得很不错,过去是风吹石头跑,通地不长草,现在有了铁路、公路、树木和房子,像个小城市,这是你们辛勤劳动的结果。你们还培养了一支能吃苦、思想过硬的专业技术干部队伍,这是我们建设国家、发展国防科技事业的宝贵人才,要关心爱护他们。你们还要多栽树,树能美化环境,能拴心留人。树栽多了,将来还会变化得更好。

3月27日上午10时35分,邓小平乘坐的专列徐徐驶进金川白家嘴车站。

在一阵热烈的掌声中,邓小平、李富春、薄一波等陆续走下火车。

没有进休息室,没有先听汇报,邓小平等径直来到露天矿工作现场。邓小平向工人们挥手致意:“你们辛苦了。”职工们回答说:“首长辛苦!”邓小平手捧矿石边掂量边询问,从品位到储量,从剥离量到日出矿量,问得很细,周围的同志一一作了回答。

在看完 1700 堑沟和露天采场后，邓小平等来到金川有色金属公司成就展览室参观。虽然展览室比较简陋，但邓小平看得十分认真。他肯定金川矿山资源是个不可多得的“金娃娃”，是我国的“聚宝盆”。邓小平和中央其他领导还指出，金川应当办农场种粮食，植树造林搞绿化。

在沙盘模型前面，金川公司党委书记田汝孚全面汇报了金川铜镍矿床的特点和公司的生产流程、生产状况以及生产发展的前景。

邓小平边听、边问，时常点点头。

在选冶厂参观时，公司领导向邓小平介绍了厂长王培生。邓小平握着王培生的手问：“多大年龄了？”王培生回答说：“37 岁。”邓小平高兴地说：“好，还年轻哪。”邓小平对镍的生产流程、总回收率、资源综合利用等情况问得十分具体。他称赞了金川公司刚刚着手的综合回收铂、钯、钴、硫等副产品的技术开发项目。

视察结束时，邓小平等在新厂区接见了金川有色金属公司和第八冶金建设公司的干部及先进生产者代表共 1 000 多人，并合影留念。

下午 5 时许，邓小平一行离开金川。临走前，他勉励广大干部和工人说：在国际上卡我们脖子、国内经济处于最困难的关键时刻，你们在祁连山下的戈壁滩上生产出国家急需的产品——镍，真是为祖国争了光呀！你们要吃苦耐劳，向大庆人学习，争取多出镍，出好镍，为支援国防、加强战备贡献力量。

三

3 月 29 日，邓小平一行来到了青海的西宁，下榻在胜利公园招待所。

当晚，邓小平被当天《青海日报》刊登的一篇长篇通讯所吸引。这篇通讯的题目是“穷则思变，治山治水”，文章报道了化隆回族自治县德恒隆公社的群众改变山区落后面貌的事迹，突出展现了沙连堡大队党支部书记马木华等少数民族干部的风采。看完了报纸，邓小平被深深地感动了。他看到了振兴青海的希望。

第二天，火车从西宁出发继续向西飞驰。

在列车中部的一节车厢内，中共青海省委、省政府的负责人杨植霖、王昭、高克亭等正在向邓小平汇报工作。汇报的内容范围很广，从 1958 年开始的“大跃进”和三年自然灾害给青海经济带来的损失，到省委、省政府为恢复经济所作的努力；从农牧业经济的发展到三线建设的进展情况；从柴达木资源勘探与开发到青藏铁路建设；从“三五”计划建设目标到民族工作等等，邓小平静静地听着，有时赞赏地点点头，或者插上一两句话。在座的国务院副总理薄一波和中共西北局领导刘澜涛也不时插话，询问一些细节，或者作些说明。虽然他们此行的目的主要是视察我国核工业的发展情况，但邓小平同样关心着青海省各项事业的发展。汇报结束后，邓小平指出青海工作最根本的是两个问题，一个是把农业搞上去，另一个是解决好民族问题。

在此次的青海之行期间，邓小平对20世纪50年代末青海弄虚作假成风的问题提出了尖锐的批评。

青海省是“大跃进”的重灾区。青海当时不顾省情，不切实际地蛮干，不仅造成工农牧业生产的大幅度滑坡，也使群众生活遇到严重困难。调整后的省委、省政府按照中央和西北局的指示，压缩基建，发展农业，狠抓粮食生产，只用三年多的时间，就使粮食产量由1961年的7.9亿斤增长到13. 42亿斤，达到历史最好水平。对此，邓小平非常赞赏，充分肯定了青海省委坚持实事求是、扭转困难局面的做法。

农牧业是当时青海的主要产业。如何发展农牧业，是省委、省政府领导汇报的重点。省委第一书记杨植霖汇报了“三五”期间青海农牧业的发展指标：到1970年，全省按农业人口计算，人均亩产500斤的水地、亩产300斤的塬山地、亩产200斤的水平梯田。全省人均占有粮食800斤、羊毛20斤，肉食品生产再上新台阶。要加速发展柴达木盆地的绿洲农业，为柴达木盆地资源开发奠定扎实的基础。邓小平仔细地听着，并反复询问、核实农牧业生产的各种数字，比较各种数字之间的关系。他一再表示：发展农牧业，“你们的潜力很大”，牧区每人每年仅羊毛一项就可收入四五十元；农业区“川水地潜力大”，农业生产完全可以发展得更快一些。

邓小平对柴达木资源的开发表现出浓厚的兴趣。20世纪50年代中期开始的柴达木资源开发，虽然经历了“大跃进”和三年困难时期的挫折，却依然表现出了强劲的发展势头，成为青海经济发展的重要支柱。当杨植霖汇报到交通运输是制约资源开发的重要因素，并要求早日修建青藏铁路时，邓小平同意省委“三五”后期开工修建的设想。他说，要考虑我国目前的经济状况，本着节省钢材、节省投资的原则，搞轻轨、窄轨，站与站的距离远一点，站台也搞简易的，用内燃机车，先起过渡作用，用 10 年再说。要求省委和铁道部先算个账，搞好规划。

当谈到资源开发与农牧业关系时，邓小平总结了新中国建立以来特别是 20 世纪 50 年代末的经验教训，指出：柴达木盆地作为将来的大工业区，要大力发展农业，“农业上不去，大开发就有困难”，强调了农牧业在资源开发和整个国民经济中的基础作用。

青海是一个少数民族聚居的省份，藏、回、蒙、土、撒拉、哈萨克等是世居的少数民族。由于反动统治阶级的挑唆、分化及其他一些历史原因，各民族间相互仇视、相互对立，隔阂很深。各少数民族社会经济发展程度较低，经济、文化比较落后，严重制约着青海整个国民经济的发展。邓小平非常关心少数民族群众的生产、生活，关心少数民族地区的经济发展。在西去的火车上，他在听取青海省委工作汇报时，对当地的民族问题十分关注。他一再指示要在西宁多办街道工业，使回族群众能够参加工业生产；要注意发展牧区经济，改善藏族、蒙古族群众生活。当杨植霖提出省委、省政府决心要在“三五”末期改变青海面貌时，邓小平说：“改变面貌的关键是解决民族问题。要培养少数民族干部，没有大批少数民族出身的干部——本民族的领袖人物，解决民族问题是不可能的。大队要有大队的领袖人物，公社要有公社的领袖人物，就像你们报上登的化隆德恒隆公社沙连堡大队回族党支部书记那样的人物。要选派那些优秀分子，特别是青年，让他们去参军，参加工厂劳动，到军队、工厂这两个熔炉中去锻炼。让他们学汉文，也学各自民族的文字，让他们读毛主席著作，逐渐地培养他们的集体主义、共产主义思想，让他们变成工人阶级，然后再回本社、队工作，使每个大队都有这样的骨干。所谓改变面貌，首先要改变这个面貌，这是基本功。你们说把青海建设成为真正巩固的战略后方，这是个标志。”

火车稳稳地停靠在海晏。邓小平等换乘汽车向著名的金银滩草原驶去。

这里，驻扎着一支隐姓埋名的队伍，就在他们手中，诞生了中国第一颗原子弹。这里，就是中国第一个核武器研制基地。这时，他们的目标已经瞄向了氢弹。

邓小平来到海拔 3 200 多米的金银滩，望着茫茫草原和远处起伏的群山，非常兴奋。他对随行人员说，原以为核基地一定在山沟里，没想到是在辽阔的草原上。他浮想联翩，想起了当年的长征。他说，这里与当年我们走过的毛尔盖差不多。

邓小平视察西北核武器研制基地。

在二机部和 221 厂负责同志的陪同下，邓小平兴致勃勃地视察了核基地模型厅。这里展示的大量图片和模型，重现了第一颗原子弹从设计、模型制作、模拟试验、实际生产到实验成功的全过程，体现了全厂广大科研人员与职工数年艰苦奋斗的历程和取得的重大成就。

中国的原子能事业，是在苏联的帮助下于 20 世纪 50 年代中期开始起步的。20 世纪 50 年代末，中苏关系出现裂痕。1960 年 7 月，苏联单方面撕毁协议，撤走专家。党中央决心依靠自己的力量发展原子能事业。王淦昌、彭桓武、郭永怀、朱光亚、邓稼先、程开甲等一批忠诚于祖国科学事业的科学家和科技工作者，没有辜负党和人民的期望，勇敢地挑起了这副重担。他们在设备简陋、资料不足，甚至连食物也不充足的情况下，开始了艰苦卓绝的科研工作。这是一项涉及多种学科、综合性很强的工作，需要有多种专业高水平的科技人员通力合作，从理论物理、爆轰物理、中子物理、金属物理和弹体弹道等方面进行研究试验。不久，他们成功地突破了原子弹的理论设计，并在实验基地进行了缩小比例的聚合爆轰中子试验，获得了一系列实验成果和综合验证，向中国第一颗原子弹的诞生迈出了重要的一步。1964 年，221 厂又相继解决了其他一些技术上的关键问题。在各方面的密切配合下，他们终于研制出中国第一颗原子弹，并于 1964 年 10 月 16 日 15 时在某试验场地面爆炸成功。

邓小平边走边看，看完后对基地负责人刘西尧、李觉、吴际霖等人说：“我要看你们要干的。”说着，离开模型厅，向实验部走去。

邓小平在模型厅参观时，刘西尧、李觉向他介绍了基地党委贯彻毛主席、周总理的批示，加快氢弹设计、研制工作的情况。邓小平听后非常满意地说，就是要充分发挥各方面的积极性，听取多方面的意见，包括工人的意见嘛！

1964 年 10 月 16 日，我国成功地爆炸了第一颗原子弹。原子弹爆炸后升起的蘑菇云。

邓小平前来视察的时候，我国氢弹的研制工作正处于有了突破性进展的紧要关头。氢弹需要由原子弹引爆，其基本原理、理论设计和实验等问题比原子弹更为复杂，氢弹爆炸的条件更难创造。国外对氢弹的技术严加保密，因而要突破它就更困难，必须完全依靠我们自己去探索。当时国际上这种探索都经历了相当长的时间，美国用了 7 年零 4 个月，苏联用了 4 年，英国用了 4 年零 7 个月，而法国已经用了 4 年多的时间，仍未在氢弹领域有所突破。中国第一颗原子弹理论设计完成以后，于 1963 年 9 月开始向氢弹理论进军。1965 年 3 月至 8 月，经过对各种设想的反复比较研究和科学论证，中国确定了探索氢弹原理的主攻方向。1965 年底，中国基本完成氢弹的理论设计。根据这个设计，核基地实验部于 1966 年 1 月制定了爆轰模拟实验方案，并进行了一系列小型试验。

在实验部，邓小平亲切会见了为中国原子弹、氢弹事业作出突出贡献的科学家王淦昌。

王淦昌，1960 年 12 月 24 日从杜布纳联合原子核研究所回国后，立即奔赴核基地，投入核武器的研究工作。1963 年，他在 221 厂实验基地成功地进行了一系列实验和验证，为核武器的生产打下了可靠的基础。邓小平一再勉励王淦昌等科学家要为国家核工业的发展出力，鼓励他们大胆探索，充分发挥他们的才干，并要求基地领导为知识分子创造良好的工作、生活环境。

视察中，邓小平十分关心基地的建设和正常运转。邓小平走进厂区，看到前来欢迎的人群时，担心这会影响正常的科研和生产秩序。在得知都是不值班的职工和家属时，他才安下心来。陪同邓小平视察的薄一波告诉基地负责人，小平同志这次来只是走走看看，不要惊动太大。

看到厂区树少，邓小平一再提出要多种些树，多组织职工家属生产，提高生活用品自给率，改善生活。

邓小平还视察了生产部及一分场102车间。

每到一地，他都谈到要充分发挥知识分子的作用。在102车间，邓小平夸奖工程师、车间主任沈国锋年轻、有活力，并要求221厂领导注意发挥3 000多名科技工作者的作用。

视察结束后，应厂领导要求，邓小平欣然命笔，为核基地题词："高举毛泽东思想伟大红旗，遵照毛主席指引的方向，奋勇前进——别人已经做到的事，我们要做到；别人没有做到的事，我们也一定要做到。"

就在邓小平这次视察结束的8个月后，核基地按预定方案进行了氢弹原理试验；14个月后，也就是1967年的5月，制造出第一颗氢弹；紧接着的6月17日，成功地进行了我国第一颗导弹空投氢弹试验。

四

3月31日，回到兰州的邓小平听取了中共新疆维吾尔自治区第一书记王恩茂有关新疆情况的汇报。邓小平说，西北地区的关键问题是农业，不是工业。新疆发展大有可为，经济搞好了，就是军事上的准备。军事上的准备，除了办几个地方军工厂外，还要搞民兵。新疆生产建设兵团要搞民兵师。在听完汇报后，邓小平说，这次来西北，主要的印象：第一，对西北地区一、二、三线的界线弄清楚了，这对今后的建设很重要。从整个战略布局来说，整个三线的大东西还是摆到秦岭以南地区，青海、西宁以南地区。第二，西北的关键问题是农业，不是工业。关键是农业能不能上去。这些地方不怕工业上不去，这里是大三线，又有这么多宝。邓小平还强调：西北要注意培养民族干部。

4 月 1 日上午，邓小平在余秋里、谷牧和西北局书记王林、青海省委第一书记杨植霖、宁夏回族自治区第一书记杨静仁、一机部副部长白坚、甘肃省委第一书记汪锋的陪同下视察了兰州石油化工机器厂。

邓小平等在厂门口下车后，受到了全厂 4 000 多名职工和 2 000 多名师生的夹道欢迎。

邓小平在厂长张居庆等人的陪同下，参观了工厂的两个主要生产单位：钻机分厂和容器分厂。

走到钻机分厂前，邓小平说道："你们建厂 10 年了，建厂时间很长了。"

张居庆回答说："是，建厂 10 年了。"

"我前两年来过，那时候什么东西也没有搞成。"邓小平说。

"去年 12 月 5 日，工厂已正式交付国家验收。"张居庆答。

当看见夹道欢迎的人群中有很多小学生时，邓小平问："这些小孩是学生吗？"

厂党委副书记杨世杰说："是我们厂子弟小学的学生。"

"小学是自己办的吗？"

"是自己办的。"

到了分厂后，邓小平没有去办公室，就在车间听取厂里的汇报。

厂技术人员以图表方式介绍了工厂的生产指标、1965 年试制成功的几种有代表性的重要产品和今年正在试制的几种重要新产品。

在汇报到主要技术经济指标时，厂总工程师董其璞说，去年全厂的全员劳动生产率是人均 8 400 多元，今年每个人要达到 1.7 万元。

邓小平听了之后，非常兴奋地说："啊，一万七！"

当汇报到今年试制的 4 000 米钻机的机械化程度较高，操作人员只要七八个，比苏联设计的 130 钻机少用近一半人时，邓小平连连点头说："好！好！"

在车间，邓小平看到一些青年人在干活，便问道："这些是不是学生？"

陪同人员说："是半工半读的学生。"

"他们怎么劳动？"

"三、四年级一礼拜劳动，一礼拜学习，一、二年级四小时学习，四小时劳动。"

在去容器分厂的路上，邓小平问："一台钻机卖多少钱？"

张居庆说:“一百多万元。钻机上面的配套件有几十万元,我们自己生产的零部件几十万元。”

又问:“现在试制的 4 000 米钻机卖多少钱?”

“正在试制,要生产完了才知道。”

“你们一年生产多少台钻机?”

“设计能力 75 台。能提升 75 吨的 25 台;能提升 130 吨的 50 台。现在品种有变化,过去没有生产过 4 000 米钻机。将来还要突破“洋框框”。将来生产多少台,还要看国家需要。”

“你们计划一年生产多少台?”

“我们准备将来一年生产 100 台。”

邓小平对身旁的一机部副部长白坚说:“100 台太少。这样的厂是不是全国只有这么一个?”

“是,只这一个。上海有个石油配件厂,只能生产些配件。”白坚回答说。

邓小平连连说:“100 台太少了! 太少了!”

来到容器分厂后,余秋里高兴地喊道:“大厂房、大家伙!”然后他仔细观看了正在焊接的高压加氢换热器,向邓小平介绍说:“总书记,这个好,只有这么厚!”当余秋里介绍大型四辊弯板机全国就这么一台时,邓小平问道:“这台设备是谁制造的?”还问工人:“好不好用?”

在厂里,邓小平听取了职工“三查”、反浪费的情况介绍后比较满意。他还参观了 4 000 吨水压机。

视察结束后,邓小平与全厂“五好”职工、先进生产工作者及一部分干部合影留念。临走时,厂长张居庆说:“总书记对我们有什么指示?”

邓小平说:“没什么。很好,你们厂潜力很大。”

五

4 月 3 日,邓小平和李富春、蔡畅等来到了他们阔别已久、曾经生活和战斗过的地方、中国革命的圣地——延安。

当天,他们参观了延安革命纪念馆陈列室,参观了枣园、杨家岭、王家坪等多处革命旧址。他十分关心纪念馆的建设,对扩大馆室场地,解决馆室设施、内容、照明问题等都作了许多指示。他还对展室内容中一些历史事件、照片、说明、文物作了详细的回忆和订正。

1966 年 4 月,邓小平和李富春回到阔别多年的延安,在宝塔山下受到老革命根据地人民的热情欢迎。

4 日上午,邓小平听取了中共延安地委书记韩一平的汇报。

当汇报到全区去年集体储备粮 2 700 万斤时,邓小平算了一笔账:“一年 2 700万斤,5 年就是一亿几千万斤,这就很好。”

韩一平汇报说,去年全区农民除粮食外,每人可分到现金 25 元左右。邓小平接过话头说:“不错了,加上粮食的收入,这样平均起来就 60 元左右,比关中还好啊!”

汇报到工业情况时,邓小平说:“摆工业,主要是看农业情况如何,农业情况好了工业才能上去。工业要根据农业情况的好坏来决定摆多摆少。摆多了,看起来好看,负担大。内蒙古工业摆多了,现在粮食不够了。工业要有些,但主要是为农业服务的,如农副产品加工工业。人家来延安参观,不是来看这些,主要是看艰苦奋斗。蚕丝厂是可以的,这也是为农副业服务的。”

李富春插话说:“主要是为农业服务的,小型的。”

邓小平接着说:“大工业也要摆,粮食上来后,每人到 1 000 斤,特别是树长起来后,有了树可以隐蔽。你这儿是三线,延安以南将来还是要摆些的。不愁没东西摆。农业上去了摆大的可以。仪表不一定放在这儿,可摆在三原一带。

目前延安摆小型的，为农副业服务的。请地委、西北局考虑。不要为了参观摆厂子。参观，人家不看这些。”

说到这里，邓小平喝了一口水，又说：“从电影上看，你们这儿窑洞很漂亮（指枣园窑洞），实际上没有那样漂亮。保持本色很好，就这样，人家来看艰苦朴素。”

最后，邓小平说：“你们这儿很好嘛！农业情况很好嘛！你们扎扎实实地搞那么几件事，很好。”

听完了汇报，邓小平等还到市场山上看了看农田。

下午，邓小平等接见了延安地县党、政、群、工、商、学各级干部和工人、士兵、学生等1万多人，并和地、县两级党政干部400多人合影。

当天，邓小平等乘飞机离开延安回到北京。

非常岁月

（1972年）

解除三年禁锢后邓小平到井冈山、赣州老区走一走，在江西这片洒满烈士鲜血的红土地上，庄严重申：“井冈山精神丢不得。”旗帜鲜明地指出：“现在林彪垮台了，我们党的日子会好点了，就是还有几个书生在胡闹。”看了江西老表们的生活，老人眼眶湿润了……几个月后，他东山再起。

一

1972年11月12日，星期日，江西南昌原福州军区南昌步兵学校校长的大院——“将军楼”。

这是一个天气晴暖的早晨，邓小平偕夫人卓琳和生活秘书黄文华、警卫李树林及司机一行5人，登上了一辆灰色的老式伏尔加轿车，开始了他谪居江西3年多以来的第一次出行。

1969年10月，邓小平和众多被打倒的老干部一起，被林彪的“一号命令”遣送离京，被“疏散”到江西“劳动监护”。10月22日，邓小平偕夫人卓琳和继母夏伯根到达南昌，几天后被“安排”到新建县拖拉机修造厂劳动。从那时到现在，他在这里一干就是3年。

1971年9月13日，林彪在蒙古国温都尔汗（今成吉思汗市）折戟沉沙之后，“文化大革命”也开始有所降温。主持中央日常工作的周恩来，在毛泽东的支持下着手进行各条战线的整顿，落实党的政策，陆续解放了一批老干部。同年11月8日，邓小平就“林彪事件”“陈伯达问题”等给毛泽东写信。信中说：我个人没有什么要求，只希望有一天还能为党做点工作，当然是做一点技术性质的工作。我的身体还好，还可以做几年工作再退休。毛泽东在阅信后批示：“印发政治局。他家务事请汪(东兴)办一下。"1972 年 1 月 10 日,毛泽东在北京八宝山革命公墓礼堂出席陈毅追悼会前同陈毅亲属谈话,说邓小平的问题是人民内部矛盾。在场的周恩来当即示意陈毅亲属把毛泽东的意思传出去。

1972 年 8 月 3 日,被下放到江西南昌市郊新建县拖拉机修造厂劳动达 3 年之久的邓小平和全体职工一起,再一次听了关于林彪反党集团罪行报告的传达。算来,这次已是他第四次听这样的传达了。听完传达之后,邓小平给毛泽东写去了一封信,表达了为党、为人民、为国家再做些工作的愿望。由于周恩来的关心,这封信很快到了毛泽东手中。

毛泽东看了邓小平的信后作了如下批示:"请总理阅后,交汪主任印发中央各同志。邓小平同志所犯错误是严重的,但应与刘少奇加以区别。(一)他在中央苏区是挨整的,即邓、毛、谢、古四个罪人之一,是所谓毛派的头子。整他的材料见《两条路线》《六大以来》两书。……(二)他没有历史问题,即没有投降过敌人。(三)他协助刘伯承同志打仗是得力的,有战功。除此之外,进城以后,也不是一件好事都没有作过,例如率领代表团到莫斯科谈判,他没有屈服于苏修。这些事我过去讲过多次,现在再说一遍。"

毛泽东的批示,给邓小平的复出带来了很大希望。周恩来看到了这个希望,他立即指示中央办公厅将毛泽东的批示连同邓小平的信印发给中央政治局委员传阅。在毛泽东作出批示的第二天,周恩来还立即主持召开中央政治局会议,传达毛泽东关于邓小平来信的批示。同时,周恩来还以中央名义通知中共江西省委,宣布对邓小平解除监督,恢复党的组织生活,安排一些参观访问、调查研究形式的活动。

接到中央的通知后,恢复工作不久的老同志、中共江西省委书记(当时各省实行省委第一书记和省委书记制)黄知真亲自到新建县看望邓小平,并当面向邓小平传达了中央的通知。

邓小平向江西省委提出:请示一下中央,我能否在江西省内,到革命圣地井冈山及赣南等地老区看一看、走一走。9 月底,中央批准了邓小平这一请求。中共江西省委遂对邓小平的行程进行安排。首先安排邓小平去的是井冈山。

这是一次不同寻常的出行,因为此时邓小平的头上仍戴着"党内第二号走资派"的帽子,还没有恢复任何职务。沿途经过和要去的地方的党委,都接到了江西省委这样的电话通知:

1. 要按省委主要领导待遇接待。见面时可称他为“小平同志”或“老首长”。

2. 小平同志到了各地，都要由领导出面接待、陪同。

3. 各地在向小平同志汇报工作的时候，只讲党内十次路线斗争后工农业出现的大好形势。

4. 接待时不能向对方提出任何要求，不能照相。

5. 要绝对保证安全，特别是交通安全。

6. 接待一定要热情，要做好准备工作。

通知还特别强调：要组织力量将小平同志所经之地的标语进行清理。邓小平出行这件事必须绝对保密，接待保卫工作应内紧外松。对沿途各县布置接待任务时，不能用电话，要由地区派人下去，当面向各县负责人口头布置。

伏尔加轿车载着邓小平一行离开新建向南驶去。上午10点左右，途经素有“药都”之称的清江县（现樟树市），这是邓小平此行的第一站。

轿车驶进县革委会招待所的小院。身穿灰色中山装的邓小平和夫人卓琳走出车外。

在县里负责同志的陪同下，邓小平走进二楼接待室，他选了个朝东的位置坐下。

负责接待邓小平的原清江县委副书记陈祉川，“文化大革命”一开始，即以“刘邓路线的忠实执行者”的罪名而被打倒，前不久，才结合进县革委会担任管生产的副主任。

陈祉川介绍县里情况时，有意三言两语地略述了“文化大革命”以来思想政治领域内的“大好形势”，只具体说了些工农业生产上的事。

陈祉川的用心，很快为睿智的邓小平所理解，他莞尔一笑，静静地注视着陈祉川。

当听到偌大的清江县当年工农业产值仅有2 600多万元时，邓小平眉头微微一蹙，轻叹一声，意味深长地对陈祉川说：看来，你们县的潜力还大得很啊！

简单谈完县里的情况，陈祉川随即陪邓小平去参观县城南郊的江西盐矿。

在盐矿，邓小平受到了出乎他意料的欢迎。

因为这天恰逢星期天，矿里五六百名轮休的职工，从清晨起，自动汇聚在通往矿办公楼的道路两边，等候着邓小平的到来。

原来，头天傍晚，矿党委书记齐志亭、矿长王海清接到省里关于邓小平次日要来盐矿看看的电话通知后，这两位新中国成立前参加革命的老共产党员，一时兴奋，居然忘了上级有关保密的指示，马上将邓小平来矿的喜讯告诉了矿里的职工，并亲自拿起扫帚，带领大家奋战半夜，把整个矿区打扫得干干净净。

上午 11 时许，邓小平来了。

看见矿里这么多人来迎接他，邓小平深为感动。他赶紧下车，向簇拥在他周围的神情激动的男女老少不住地点头、微笑、打招呼，表示他最真诚的谢意。

邓小平先后参观了盐矿的卤水库、平锅熬盐车间、盐仓和真空制盐车间。

江西盐矿于 1970 年建矿，条件很简陋。邓小平看到矿上工人在简易工棚中挥汗如雨、艰苦劳作的感人场面，禁不住上前紧握着一双双工人的手，动情地说："你们的精神太值得学习了！大家现在的工作很辛苦，以后实现了机械化就好了！"又说："江西过去缺盐，红军在井冈山时就没有盐吃，如今有盐了，老表有盐吃了，这非常好！"

邓小平离开时，齐志亭代表全矿职工送给他几小包精制食盐。

礼轻情意重。邓小平心头一热，郑重收下了这份凝聚着全体盐矿工人特殊情意的珍贵礼物。

回到招待所后，邓小平的心情比刚来时好了许多。

午饭前，在招待所接待室，陈祉川问邓小平喝点什么酒。

望着眼前这位质朴的基层干部，当时很少喝酒的邓小平立即朗声笑道：到了樟树，当然是喝你们自己的"四特"！

于是，午饭时两瓶四特酒摆上了饭桌。

席间的话题，自然主要是四特酒。

邓小平一边细细品尝杯中的四特酒，一边饶有兴趣地向陈祉川等询问着四特酒的历史渊源、酿造工艺及其四个特点等等。在座的人均非酿酒内行，都答不完整，便你一言我一语地凑着答案，有时都觉得自己的答案正确无误，竟还争执不休。此时，邓小平露出了他所独具的宽厚长者的慈祥笑容。

陈祉川望着邓小平喝四特酒时那有滋有味的神色，忍不住问："小平同志，您觉得我们这'四特'的味道怎样？"

邓小平端起酒杯，深喝了一口，打着手势，满意地说："很好，很合我的口味，名副其实，是酒中佳品！"

就这样边喝边谈，边谈边笑。不知不觉间，邓小平已喝下了三杯四特酒，卓琳也喝了一点。

邓小平喝酒时，只吃一点用面粉裹的油炸小鱼和两三样蔬菜。

邓小平不但自己喝，还多次向陈祉川劝酒。他高兴地说："这酒好，你们年轻人要多喝几杯，多喝几杯！"

吃饭间，邓小平还提到了樟树产的药。他说，樟树的药材很有名。30 年代，我在苏区时，便听说过"药不到樟树不齐，药不过樟树不灵"这句话，老祖宗传下来的宝物，可不能失传啊！

饭后，邓小平不顾陈祉川等人的再三劝阻，执意按规定交了伙食费和粮票，这表现了这位老革命家的廉洁风貌和高尚情怀。当时邓小平所交伙食费的发票存根虽年月已久，字迹却依然清晰如新：邓小平等 2 人，交来伙食费 0.64 元，粮 6 两。发票存根编号：0005776。发票存根上的时间是：1972 年 11 月 12 日。

吃过午饭，邓小平一行参观了四特酒厂后，又沿着昌赣公路继续往南赶路。

下午 4 点左右，邓小平一行到达吉安，受到井冈山地委（吉安地区当年曾一度改名为井冈山地区）副书记吴平等人的热情欢迎，并被安排住进了毛泽东 1965 年重上井冈山时住过的地区交际处（今吉安宾馆）1 号楼。

交际处位于风景秀丽的赣江江畔，门口是一条幽静的小街，不远处便是吉安市名胜之一、南宋淳祐年间始建的白鹭洲书院。

罗霄山脉中段的井冈山。

傍晚，邓小平步出交际处，沿着赣江散步。他不时眺望着江中的白鹭洲，久久沉思，直至天已黄昏，才返回住地。

晚上，邓小平与井冈山地委（今吉安地委）的负责人老崔交谈起来。老崔，崔永明，是赣州军分区副政委、地委常委。1942 年到 1943 年，他曾在八路军一二九师政治部保卫部当侦察员。那时，邓小平是一二九师的政委，老崔可以说是邓小平的老部下，这次江西省委特意安排他全程陪同小平同志。

邓小平关切地问起遂川、万安、泰和等县各有多少人口及其他乡情。当听到老崔操着一口纯正的山西口音向他介绍情况时，他感到格外亲近，仿佛又回到曾经生活、战斗过的太行山区。他还情不自禁地回忆起宛希先烈士、新中国成立后第一任江西省委书记陈正人、“二野”时的老部下张国华将军。陈正人和张国华都是吉安地区人，一个是遂川县人，一个是永新县人。这两位老战友都在 1972 年不幸病逝。

地委负责人向他介绍了当地“文化大革命”的情况，邓小平听着、思索着，感慨地说：“好多年没有出来了，这次出来什么都新鲜。”

当听到林彪企图篡改井冈山的历史时，邓小平两眼凝视着客厅门外的两棵大枫树，平静地说：“这是不可能的，历史还是历史，历史不能篡改，那是‘左’的路线。”

11 月 12 日，吉安交际处一号楼的灯光，一直亮到深夜……

13 日上午 9 点多钟，邓小平一行到达永新县城。在县革委会的招待所小憩一会儿后，便在县武装部负责人的陪同下，前往龙源口参观。

井冈山斗争时期最大的一次战斗便是龙源口大捷。在这里，县武装部的同志又一次谈到，当年林彪一伙居然把朱德亲自指挥的龙源口大捷篡改为林彪的功劳。邓小平听后，摇了摇头说：“这些人注定是要失败的。”

离开龙源口，汽车沿着崎岖的山路驶到了三湾枫树坪。1927 年，毛泽东就是在这棵大枫树下，召集部队讲话，进行了著名的“三湾改编”，把党支部建在连上，实行党对军队的绝对领导。遥想往事，仰望着枝繁叶茂的大枫树，邓小平感慨地说：“三湾改编很重要。秋收起义部队受挫，甩掉了追赶的敌军，来到了三湾，在这个清静的地方采取果断措施，对这支面临崩溃的部队进行改编，这是毛泽东同志的一个创举。三湾改编与古田会议一样重要。”

在枫树坪，三湾的群众惊讶地看着正在参观的“东南亚外宾”。这位“外宾”身穿灰色中山装，脚穿一双旧黑皮鞋，身材不高，却很精神，说着地道的四川话。

龙源口战斗旧址。1928年6月22日龙源口一战，朱德指挥红军歼灭江西敌军一个团，击溃两个团，缴枪1 000多支，粉碎了湘赣两省敌人的“联合会剿”，胜利地保卫了井冈山革命根据地。

他们越看越觉得面熟。

“邓小平来三湾了。”“昨天通知要来参观的‘东南亚外宾’，原来是邓小平！”人们奔走相告，从家中、从田头，自发地聚集到三湾招待所的大门附近，用期盼好奇的目光注视着几年来已销声匿迹的邓小平。

邓小平也看到了这群淳厚朴实的“老表”们。虽然当时还只是初冬时节，但山区已经相当冷了。可是这里的群众仅仅穿着一条单裤，衣衫褴褛，且大部分是自织的土布。邓小平从平日与拖拉机修配厂的工友们的交往中，已经了解到老区的条件仍很艰苦，群众的生活仍很贫困。今天亲眼见到老区人民的生活现状，邓小平的眼眶湿润了，心里沉甸甸的。

“伏尔加”在永新至宁冈的公路上奔驰。邓小平坐在车里，默默地吸着烟，望着窗外。阴沉沉的天，夹杂着小雨，使人感到格外压抑。他深深地吸了一口即将燃尽的烟，摇下车窗，把烟蒂扔出窗外，一阵冷风带着新鲜空气进入车内。邓小平看到沿途的村庄处处仍是当年的旧土屋，只不过随着岁月的流逝更添一层陈旧。

山路蜿蜒，风尘仆仆，下午3点多钟，邓小平等人才到达宁冈龙市。由于时间紧迫，邓小平没在龙市下车，车子只是在会师广场缓缓绕行一圈，便直奔茅坪。

茅坪曾一度是井冈山斗争的中心区域，也是一个革命旧址、旧居较集中的地方。邓小平参观了湘赣边党的一大会址、八角楼等旧址、旧居。这些旧址、旧居分布在与三湾相似的穷困的村庄里。

邓小平在当年湘赣边党的一大会址谢氏慎公祠前下了车。

湘赣边界党的一大会址——茅坪的谢氏慎公祠。

从谢氏慎公祠出来,便到了八角楼。邓小平迈着稳健的步伐,快速登上了八角楼。

一楼是朱德同志的旧居。讲解员讲起前几年林彪篡改"朱毛会师"的历史,把"朱毛会师"说成是"毛林会师",把朱德挑粮上山的扁担说成是林彪的扁担,以至于井冈山流传着"林彪偷了朱老总的扁担"的笑话。听到这里,一向不爱说话的邓小平很难再保持沉默,他忍不住插话:"假的就是假的,真的就是真的嘛!"

在二楼毛泽东的旧居,邓小平一边仔细地看着室内陈列的毛泽东当年曾使用过的床、砚台、油灯和工整地摆在桌上的两篇毛泽东的著作《中国的红色政权为什么能够存在?》《井冈山的斗争》,一边认真地听着讲解员的介绍。

参观完毛泽东旧居后,邓小平又说:"当时蛮艰苦,革命真不容易。"

看到农舍墙上保存的革命标语,宁冈县的干部连忙向邓小平介绍茅坪有多少人家,有多少旧址、旧居,这些革命标语是怎样保存的。

"老表们现在的生活怎么样?"卓琳突然问了一句。

宁冈县的干部面面相觑,不知怎么回答才好。他们对邓小平直爽性格和务实作风早有耳闻,也不愿对这位年近七旬的老人说违心的话。

看到当地干部有难言之隐，邓小平平静地对他们说："井冈山精神是宝贵的，应当发扬。"

接着他一字一句地说道："我们的党是好的，是有希望的；我们的人民是好的，是有希望的；我们的国家是好的，是有希望的。"

参观了八角楼，邓小平又步行来到了红军医院旧址攀龙书院。走进当年伤病员住过的简陋的住房，迎面是一张张铺着稻草的地铺，邓小平触景生情，不禁感慨地说："革命的胜利是靠他们流血奋斗换来的，来之不易呀！"

离开茅坪，临上车时，邓小平语重心长地对宁冈的干部们说："你们在这里辛苦了。过去毛主席在这里干革命穷，现在还是穷，以后会好的。"并再次告诫：井冈山精神丢不得！

车子离开茅坪，走了近一个小时，到了黄洋界。此时已是下午5点多钟了。由于山区气候多变，多雾的黄洋界这时雾大得像下起了毛毛雨。于是，"伏尔加"没有停靠黄洋界，而是直达井冈山茨坪。

邓小平夫妇走下车来时，井冈山党委的几位负责人和宾馆的工作人员早已在井冈山宾馆门前迎候多时了。当晚，邓小平夫妇住进了井冈山宾馆1号楼。

11月14日，邓小平到井冈山革命博物馆参观。

井冈山革命博物馆。

邓小平在博物馆看得很仔细。当看到一幅中央"八七会议"旧址的照片时，他不由自主地反客为主，向身边的人们介绍起这次会议的有关情况。是啊，作为当时的中共中央秘书、会议的亲历者，对这样一次标志着重大转折的重要会议，他怎能忘怀呢？介绍完“八七会议”的有关情况，他还对“八七会议”作了高度评价。他说，会议决定在湘鄂粤赣四省搞农民暴动，举行秋收起义，号召共产党人拿起枪杆子，同国民党反动派作坚决的斗争，挽救了革命挽救了党。秋收起义虽然失败了，但革命力量汇集井冈山，点燃了农村暴动的烈火，开辟了一条革命的新道路。邓小平的生动介绍，等于给人们上了一堂党史课。

下午，邓小平还参观了茨坪毛泽东旧居，凭吊了红军烈士墓，并考察了井冈山工艺美术厂。

15 日，天气转为晴好，邓小平一行重上黄洋界参观。

黄洋界，因毛泽东的一阕《西江月 · 井冈山》而闻名全国。

邓小平站在黄洋界，眺望远方，又一次陷入了沉思。

井冈山，革命的摇篮。毛泽东、朱德、彭德怀、陈毅、罗荣桓、谭震林、黄克诚、谭政、滕代远、何长工、萧克、宋任穷、陈正人等诸多共和国的开国元勋、邓小平的老战友们都是从这里走出去的。而今有的已经谢世，有的独处一方，有的仍在禁锢之中。

到井冈山是邓小平多年的心愿。1931 年 2 月，他率领红七军的将士们转战粤桂进入江西，到达距井冈山百余公里的崇义县，这里已是湘赣根据地的外围地带。因江西的敌情尚不严重，他在此告别红七军的战友，转道赴上海向中央汇报工作，与井冈山失之交臂。此后，邓小平又在中央苏区工作，却一直没能上井冈山。新中国成立后，邓小平虽到过江西，但因公务繁忙，仍未了却上井冈山的心愿，这时总算如愿以偿了。他忘情于初访井冈山的浮想之中。

“首长，这碑文上毛主席的手迹《西江月 · 井冈山》，不是主席 1966 年重上井冈山时写的，而是郭老（郭沫若）来井冈山后，在武汉东湖请毛主席手书，立碑时按主席手迹临摹的。”讲解员的话打断了邓小平的思绪。

“哦。”邓小平将目光转向纪念碑。

“首长，1969 年林彪到井冈山时，他也题过词。叶群跟着也题词。”

听说叶群居然也为黄洋界题词，邓小平以一种不屑的口吻说：“她不在！”

从黄洋界下来，又转到了五大哨口之一的八面山。八面山地势比黄洋界更高，从公路到哨口遗址还有一段不近的山路，井冈山党委书记程世茂和几个井冈山外事办的年轻人簇拥着邓小平爬坡。一位细心的工作人员看到邓小平的腿爬坡有些吃力，考虑到邓小平已是 68 岁的人了，又拖着一条伤腿，便劝他不要去了。但是，邓小平坚持一定要走上去。一位工作人员在路旁的小竹林里给他折了一根小竹竿当拐杖。邓小平高兴地接过小竹棍，敲敲腿，风趣地对大家说："我这一身零件除了这条腿，其他都是好的。"

在去双马石的小路上，一位年轻人听说邓小平是第一次上井冈山，便在路旁拔了一棵桔梗，介绍说红军当年在井冈山就是吃这个。邓小平接过这棵桔梗，递到自己的鼻子前闻了一会，不由想起了当年过草地时的情景。当时，整整 7 天 7 夜，大草地渺无人烟，气候变化无常，上面野草无际，下面黑水茫茫，许多红军战士倒下了。他们死于饥饿，死于疾病，死于误食毒草，死于沼泽之中。邓小平带着对往事的追忆，严肃地说："对，这种草其他地方也有，红军长征时也是吃这个，有些麻口，这个既可以充饥，又可以解渴。"

年轻人用敬佩的目光注视着这位革命前辈，情不自禁地把桔梗放进嘴里细嚼，品味其中的甘苦。

这天，邓小平还到离茨坪十多公里以外的黄坳地母宫毛泽东旧居和朱砂冲哨口等地参观。

这天晚上，井冈山党委的几位负责同志陪邓小平、卓琳夫妇吃了一顿便饭。这次晚宴流传下来的一个小插曲，让井冈山人至今津津乐道。服务员端上来一钵清炖武山鸡，邓小平见大家迟迟不动筷子，便带了个头，把鸡撕开，用手拿着吃。他一边吃，一边笑着说："过去国际上有个规定，吃鸡不能用手拿。后来英国有个首相，在一次国际宴会上不知不觉用手拿着吃了，从此便打破了这个规矩，后来吃鸡就可以用手拿了，这样我也就经常用手拿鸡吃了。"大家听了，都不禁笑了，并纷纷仿效邓小平的吃法。

晚饭后，井冈山党委又在一号楼会客厅里为邓小平安排了一次专场电影。

在井冈山上的那几天，每天晚上邓小平都看书读报，直到深夜。那时，正值日本首相田中角荣访华后不久，中日两国已建立邦交关系，邓小平这时对日本的有关情况也非常关注，除了看报纸上的有关新闻外，他还随身带了《田中角荣传》、田中角荣自传《我的履历书》等书籍，进行研究。

17 日吃过早饭，邓小平一行离开井冈山前往泰和县，途中还参观了五大哨口之一的桐木岭哨口。至此，井冈山的五大哨口，邓小平都亲自走到了。

17 日上午，邓小平到达泰和县，住进了泰和县革委会院内的客房。当时全国农业机械化南方片现场会在泰和结束不久。

中午时分，邓小平一行到了泰和县农机厂。当年这个农机厂因生产小型四轮拖拉机而在我国南方小有名气。邓小平与厂里的干部亲切交谈，详细询问小型拖拉机的生产情况，还把木模、翻砂、刨、钳、金工、装配等一个个车间、一道道工序都仔细地看了一遍。邓小平向厂里领导建议引进上海的生产技术。厂领导实事求是地说："上海的当然是好，但那是中型拖拉机。目前我厂的设备、技术等还不具备生产中型拖拉机的条件，只能试制和生产小型的。利用现有条件，投资小、见效快。小型四轮拖拉机既可跑运输，又可下田耕作，农民也欢迎。"邓小平赞许地说："你们是独立自主、自力更生、勇于开拓、勇于创新。"

邓小平又询问了厂里的人员组成情况，并说："一个300多人的小厂，有这么多的共产党员，这是一支强大的政治队伍、政治力量。有了这支队伍，就能经受住任何风浪的考验。一大批受过高等教育的科技人员是你们的宝贵财富，要尊重知识、依靠科技人才，厂子是大有希望的。"

从农机厂出来，邓小平观看了农用水田插秧机的实地操作表演。连日来，邓小平在吉安地区走了几个县，相当劳累。可他不顾疲惫，踩着泥泞的乡间小道，特意走上泥泞的田埂，就近观看插秧机操作表演。邓小平从操作表演中发现了存在的问题，他沉思着说："插秧机这个问题，世界都没有解决，连日本都没有解决好，关键的问题是分秧不均。"

回到招待所后，县委书记刘步山问邓小平看了农田插秧机操作后有什么意见。邓小平说："农业机械化是个方向，你们还要研究农业机械化。"

当听说扩大规模难时，邓小平说："一件事总是由难到易。"

在泰和了解农业机械化问题之后，邓小平决定再到农村去看看。像以前那样，他要和普通农民、农村基层干部摆摆"龙门阵"。

邓小平的到来，引起了一个人的注意，这个人就是刚刚回到故乡的泰和籍老红军、空军通讯部原副部长池龙。原来，池龙在"文化大革命"开始后不久，便因得罪了空军司令员吴法宪而被打成反革命。1969年10月池龙被下放到山东一个农场管制劳动。当时他失去人身自由，被迫将孩子托付给家乡的亲人和当地政府，直到"九一三"林彪事件后，池龙才重返北京。这时，池龙正巧回到家乡探望孩子，也住在县委招待所。

11月17日，池龙以他那军人特有的敏锐，感觉到今天来的、住在小客房另一端的客人，不是一般的人物，因为当晚泰和县革委会保卫部派出了两层岗哨。

究竟是谁呢？

18 日一早，他就急匆匆地找县委书记刘步山打听。当得知是邓小平时，他激动地对刘步山说："我要见他，我熟悉他。"

刘步山也是一位老同志，"文化大革命"前夕，他任泰和县委书记。在"文化大革命"中受过冲击，所以他很理解池龙这样的老同志的心情。于是，他先去找卓琳商议，又设法说服了随行人员，便去告诉邓小平："首长，有一位老同志想要见你。"

邓小平一听，很爽快地说："好！来，来，来。"

池龙见到邓小平，十分激动。他先向邓小平敬了一个标准的军礼，然后向前紧紧握住邓小平的双手，大声说："首长，我是红一方面军的，在长征时经常看到你，当时我是通信兵。"

邓小平仔细地端详着池龙，说："哦，记起来了，是有这样一位小伙子。"

两人坐下来叙旧，不由谈起了长征、抗日战争和解放战争的往事。

刘步山一声不吭地拿起一把椅子，在门口坐下，以免有人来打断他们的谈话。

不知不觉两个小时过去了，邓小平和池龙还在交谈。

谈到"文化大革命"，池龙的心情又激动起来，他撩起上衣，露出胸膛上一块块伤疤，说："瞧，这都是'文革'中被那帮坏家伙打的。"邓小平听着这位老红军的讲述，心里非常愤慨，同时又冷静地说："这帮人整人是不择手段的。'文化大革命'是'左'了，被坏人钻了空子。"

邓小平又说："我们这些人都是被林彪'一号命令'赶出来的。林彪这个人不能说没本事，就是伪君子，利用毛主席的威望发布命令，贬低毛主席，抬高自己。现在林彪垮台了，我们党的日子会好点了，就是还有几个书生在胡闹。"

当谈到毛泽东、周恩来等人时，邓小平又毫不犹豫地说："主席是个伟人。总理吃了很多苦。很多老干部包括军队的老同志都是总理保护的。"

邓小平见池龙还有怨气，就劝他要正确对待个人遭遇，不要纠缠于个人的恩怨，要振作精神，把眼光看远点。

临别之际，邓小平对池龙说："发牢骚也解决不了什么问题，一切都要等待中央的决定。"并诚恳地说："'文化大革命'我也有份，当初也举过手。"

"老首长……"听完邓小平这番话，池龙被邓小平的博大胸怀所感动。这位从枪林弹雨中闯出来的汉子流泪了。

11月19日清晨，邓小平乘车离开泰和县城，直奔吉安市禾埠公社军民大队。

在禾埠，市、社负责人问："首长，您想了解什么？"

"主要看看农业。"邓小平说。

小会议室里，邓小平认真地听着市、社、大队负责人关于农业问题的情况介绍，当听到军民大队、军民二队的粮食亩产是780斤，副业有养猪和做粉丝时，邓小平称赞说："这个小队不错，副业搞得不错，农业也不错。"

听完介绍，邓小平提议到田里、养猪场去看看。

在市、社负责人的陪同下，邓小平步行来到军民村。他径直走到村旁尚未收割的稻田旁，拈起稻穗仔细看了看，点点头。

在大队养猪场，邓小平问饲养员："有多少头猪？"饲养员回答说，共有109头。听到这里，邓小平竟一个栏一个栏、一头猪一头猪地数起来。

"怎么差了9头？"邓小平发现只有100头。饲养员连忙解释说有1头母猪带着8头小猪在外面晒场上。邓小平这才满意地笑了起来。

临走时，当地的干部向邓小平提出："首长，以后请再来。"

"有机会再来。"邓小平向他们挥挥手，告别了闻讯赶来的群众，乘车返回南昌。

二

历时一周的井冈山之行，了却了邓小平数十年的心愿。回到"将军楼"，一路风尘未洗，他的心又飞到30年代曾经战斗和生活过的地方——赣南中央苏区。

12月5日，刚刚了却井冈山之愿的邓小平，又终于等来了重返赣南的这一天。

这是一个连阴天，天空灰蒙蒙的。初冬时节，天气还不算太冷。邓小平像往常一样，早早地起了床。他对自己能有此行而从内心感到高兴。

一大早，邓小平乘坐的老式伏尔加轿车和陪同人员乘坐的绿色北京吉普车驶出南昌步兵学校，穿过南昌市区后，驶入105国道，朝着邓小平经常思念的那块红土地飞驰而去。

中午，邓小平一行到达吉安，由吉安地委（时称“井冈山地委”）和军分区领导陪同，在吉安宾馆用午餐。饭后小憩。

下午2时许，邓小平一行离开吉安继续赶路，途中在遂川县革命委员会招待所休息了一会儿。遂川名茶“狗牯脑”的甘醇芬芳，驱赶了他们旅途的疲劳。半个小时后，他们又上路了。

那个年代的昌赣公路，名为江西省南北交通干线，实则路面狭窄，坑坑洼洼。邓小平坐在车上，身子随车颠簸摇晃着。路上他很少说话。他不时抽出香烟吸着，两眼专注地看着车窗外急速移动着的山峦、田野、村庄和公路上衣着破旧、匆匆赶路的行人。公路两旁赫然醒目的“斗私批修”“打倒”“批臭”之类的标语，也时时地映入他的眼帘。

从遂川县城出来，车子行驶不到15公里，突然停了下来。前方公路塌方，养路工正在清理障碍。汽车被堵住了。

过了约1小时，公路仍未疏通。坐在车内的邓小平忍不住打开车门要下去透透气。黄文华连忙制止：“老邓，别下去了。这里还是遂川县境，过了这里就快进入赣南了。”

邓小平只好将打开的门又“砰”的一声关上，坐在车内闭目沉思。

嘀嘀……

又过了半个多小时，前边响起了汽车喇叭声，正在沉思中的邓小平被惊醒。他睁开眼睛。站在车旁警卫的省公安厅警卫处干部李树林，将脸贴近车窗告诉他：路通了，可以走啦！

这时已近傍晚，离赣州还有70多公里。汽车加快速度朝前驶去。到赣州城时，城内早已灯火闪烁。

当天晚上，邓小平一行停宿赣州，住进了赣南宾馆1号楼。

第二天，阴沉的天空仍未见晴，没有风，也不下雨。早饭后，大约8时许，“伏尔加”驶离赣州，沿东北方向行进，上午10时许，停在兴国县委第二招待所院内。

兴国是邓小平此行的第一站。

邓小平当年在中央苏区工作期间，没到过兴国县，但他对兴国是熟悉的。兴国是当年中央苏区的“模范县”，也是有名的“将军县”。邓小平在瑞金、会昌任县委书记时曾多次号召本县人民学兴国、赶兴国。后来他主编《红星》报，也曾亲笔撰文介绍兴国人民的先进事迹。

如今，他一踏上兴国的土地，就兴奋地对兴国的同志说："来兴国是我多年的愿望，可惜一直找不到合适的机会，今天终于来了。"

邓小平夫妇被安排住在招待所的 2 号房。这幢平房建于 1959 年。据说，这是为毛泽东来兴国建造的。当年中共中央正在召开"庐山会议"，原通知说毛泽东会后要来兴国，县里便赶造了这幢房子。可是"庐山会议"后毛泽东并没有来。

稍事休息，已近中午 11 时了。陪同的兴国县委副书记、县武装部部长郭启祯请邓小平参观"毛主席创建兴国模范县纪念馆"。

"毛主席创建兴国模范县纪念馆"是为宣传毛泽东在兴国的革命活动而建立的。展出的内容，只突出毛泽东一个人的功绩，这当然是个人崇拜的产物。邓小平参观时不要别人讲解，从头到尾仔细地观看着展出的每一张照片、每一件文物、每一份图表和说明，有时他在一张照片前停留好几分钟。整个参观过程，他没有说一句话，只是默默地观看，表情严肃而又平静。

从纪念馆出来，他们又前往文昌宫参观。

文昌宫，是兴国名胜潋江书院内的一座建筑，位于兴国县城横街上。潋江书院始建于清康熙五十七年，由门庭、讲堂、拜亭、魁星阁、文昌宫、崇圣祠组成。文昌宫建于清乾隆三年。整个建筑雕梁画栋，飞檐翘角，建筑精巧，风格古朴。1929 年 4 月中旬，毛泽东率领红四军三纵队从于都来到兴国，就住在书院的崇圣祠内。令人遗憾的是，兴国解放后，潋江书院被废，改作县武装部办公用房，只有文昌宫尚保存原貌。

邓小平来到文昌宫，细细观瞻了一遍。文昌宫前，左右两侧各有一幢房子，写满了"武装起来""扩大红军""二期战争胜利促进全国革命高潮"等苏区标语。邓小平望着这些依稀可辨的苏区标语，深思不语。

参观完文昌宫，已是中午。吃中午饭时，邓小平望着地道的兴国饭菜，深有感触地说："吃到兴国饭菜，就让我回想起当年兴国人民对红军的深情厚谊，他们总是拿最好吃的东西来招待红军指战员，凡是到兴国来的同志都有这个印象。"

席间，邓小平问："毛主席当年喜欢吃的那种'四星望月'，你们现在还做不

文昌宫。

做哇?”

原来,“四星望月”这道菜,毛泽东不仅喜欢吃,连名字也还是他给起的。关于这道菜,当地还有一个流传很广的故事。

那是 1929 年 4 月毛泽东率红军第一次到兴国时,兴国县委负责人陈奇涵等请他到县城的黄隆顺客栈吃饭。只见饭桌中央放着一只小巧的蒸笼,蒸笼里盛满了冒着热气的米粉芋头和鱼片。蒸笼四周摆放着 4 个盘子,分别是春笋炒肉片、红烧鸭块、豌豆肉丁和红烧豆腐。坐定后,陈奇涵请毛泽东提箸。毛泽东一边答谢一边举筷,夹起一块粉蒸鱼片放进嘴里,一尝,连说:“真辣!好吃!好吃!”陈奇涵连忙介绍:“这是我们兴国的传统菜,和你们湖南口味一样,又香又辣!”毛泽东问:“这么好吃的菜,叫什么名字呀?”陈奇涵一时答不上来,说:“没什么正经的名字。毛委员,你给取个名字吧!”毛泽东笑着举起筷子,点点中间的蒸笼说:“这个蒸笼圆圆的,放在中间,像是月亮;这四个盘子嘛,就像星星围着中间的月亮。对,就叫它‘四星望月’吧!”从此,兴国的传统粉蒸菜,就有了这个又好听又文雅的名字,成了兴国老表接待贵客的名菜。毛泽东对“四星望月”也留下了深刻印象。1961 年中共中央在庐山召开工作会议时,兴国的厨师被请上山,为参加会议的同志专门做过这道菜。

邓小平就是在“庐山会议”时才吃到“四星望月”的,也是在这时才听说这个菜名与毛泽东有关。虽然只吃过一次,但印象深刻,这次到了兴国,自然要提起这道名菜。

听邓小平提起“四星望月”，郭启祯惊喜地说：“老首长，您也知道‘四星望月’？很抱歉，今天中午来不及准备，晚上请你们品尝。”

邓小平忙说：“客随主便吧。我问起这道菜，是想起了当年兴国人民招待红军的深情厚谊。”

毛泽东曾于1933年11月作过调查的长冈乡。

下午继续参观。县里安排邓小平一行首先参观了毛泽东进行长冈乡调查的旧址。参观时，邓小平是那么专注，那么深情，每一件文物、每一张历史照片都会激起他无限的遐想。忽然，他指着解说词中“江西省苏维埃主席曾珊”说：“是大山的‘山’，不是珊瑚的‘珊’。曾山同志很有名气，不要把他的名字搞错了。”

接着邓小平又参观了“上社消费合作社”旧址和“鸡心岭革命烈士纪念馆”。他来到“鸡心岭革命烈士纪念馆”时，停住脚步，久久地凝视着纪念馆的大门，然后缓缓地摘下帽子，向烈士致哀。每位烈士的照片和简介他都看得十分仔细，有时在一位烈士的遗像前驻足很长时间。

返回途中，邓小平还登上了长冈水库大坝，参观了长冈水电站，详细询问了水库容量、发电量以及灌溉、防洪、养鱼等情况。

参观完水电站，邓小平还想到兴国东北部的钨矿去看看。由于路程有50多公里，时间来不及，没有成行。

晚餐时果然上了“四星望月”，只是厨师们少放了一些辣椒。“四川人不怕辣”，邓小平边吃边笑着对陪同的人说：“这道菜‘偷工减料’了。”

饭后回到房间休息时，大概是“四星望月”又勾起了邓小平的回忆，他突然问郭启祯：“苏区时你们兴国人口是23万，我记得你们县参军参战的人很多，出了很多将军。当年苏区，你们兴国人在各县都有干部，是不是这样？”大家回答说“是”。他们对邓小平如此了解兴国和他惊人的记忆力感到由衷的钦佩。

7日早餐后，邓小平就要离开兴国了。县里在家的主要负责人和招待所的人都来送行。邓小平夫妇与大家一一握手告别。邓小平连声说：“了了心愿，了了心愿，我很满意。感谢你们的盛情招待。了了心愿！”

汽车离开兴国县城，朝于都方向驶去。因车子中途绕了远，本该两个多小时的路程一下子走了近4个小时，直到中午12点左右，邓小平一行才赶到于都。

对于于都，邓小平自有一番别情在心头。

1931年8月，邓小平与新婚不久的妻子金维映从上海来到中央苏区，不久就各奔东西，邓小平在瑞金、会昌开展工作，金维映则担任于都县委书记。那时他多次来于都看望妻子。尽管后来一场残酷的党内斗争导致他们夫妻离异，但丝毫未影响他们为事业奋斗的坚定信念。

于都县城的中共赣南省委机关旧址。

邓小平永远也忘不了他最后一次离开于都时的情景。1934年10月，就是在这里，他随突围转移的军委第一野战纵队，从瑞金来到于都古田村集结，10月

18日晚在茫茫夜色中告别中央苏区，渡过于都河，踏上了漫漫的长征路。

于都给他留下过欢乐和甜蜜，也留下过疑虑和苦涩。

故地重游，故人难忘。38年后来到这里，邓小平自然会想到当年红军那次悲壮的大撤退，当然也不会忘记他人生中的那次痛苦的经历。

下车。握手。问候。一杯热茶刚喝两口，邓小平就提出："走，看看去吧！"

在于都县委副书记李方、郑熹等人陪同下，邓小平夫妇首先来到"毛主席在于都革命活动纪念馆"。这个纪念馆跟兴国的那个馆一样，展览内容突出宣传土地革命时期毛泽东先后9次来于都的史迹，当然也还介绍了于都地方革命斗争历史。邓小平也是从头至尾细细地观看。当看到一张图表中介绍苏区时于都有七八万人参军参战时，他问陪同的县委领导：

"这个数字确切不确切？"

站在他身旁的卓琳，看了他一眼，提醒道："你不要多唠叨嘛！"

邓小平朝卓琳点头笑了笑。

在苏区中共于都县委机关旧址照片前，邓小平停了下来，转过头对旁边陪同的县委负责人和纪念馆的工作人员说：

"当时，你们这里的县委书记是个女的。"

纪念馆的工作人员回答说："对，她叫阿金！"

在逗留于都的几小时中，邓小平几次提起金维映。他对于都县委负责人说："苏区时你们的县委书记是女的，你们知道不知道？"时光流逝，但抹不去他对战友的怀念。

参观完纪念馆，邓小平夫妇又乘车绕于都县城转了一圈，参观了当年红四军政治部旧址管屋和毛泽东长征前夕旧居何屋，还看了长征出发时红军夜渡于都河的渡口。在去何屋途中，他朝车窗外指了指，问：

"这里原来有城墙，现在怎么没啦？"

县里的同志告诉他："这段城墙早拆除了。"

午餐时已是下午1点钟了。席间，邓小平兴致勃勃地说：

"我记得你们于都弹棉被的师傅很多。当时我在于都买了一床棉被，3斤重，盖了几十年，现在还在用。"

在座的听邓小平这么一说，连忙告诉他："于都不仅弹棉师傅很多，打铁师傅、补锅师傅也很多。弹棉锤、打铁锤、补锅锤，合起来称'三锤'，在江南数省甚

1972年12月5日至13日，即将结束在江西新建县的劳动生活、返回北京重新工作的邓小平，偕夫人卓琳，满怀对老区人民的深厚感情，重返赣南的兴国、于都、会昌、瑞金、宁都和广昌等县，看望老区人民，深入调查研究。

至台湾，都是出了名的。”

邓小平点头赞许。

下午3时许，邓小平告别于都，赶往会昌。

傍晚时分，汽车驶入会昌城。

当年，邓小平曾经在这里工作和生活了10个月。会昌留给邓小平的印象太深刻了。1932年5月，中共江西省委将在瑞金任县委书记的邓小平调到会昌。不久，省委又根据形势的需要将会昌、寻乌、安远三县联为一体，成立中心县委，任命邓小平为中心县委书记。

会昌，地处闽粤赣三省中心，又是中央苏区南大门。年仅28岁的邓小平不畏艰难，大刀阔斧，采取了一系列果断措施，卓有成效地开展工作，迅速打开了局面，使他所领导的地区成为中央苏区南面的坚固堡垒，有力地支援了红军反对国民党军“围剿”苏区的战争。正当邓小平意气风发、准备创造辉煌业绩的时候，一场突如其来的厄运降临到他头上。

江西会昌景色。1931年8月，邓小平到达江西中央革命根据地后，曾在会昌任中心县委书记。

1933年2月，苏区中央机关报《斗争》点名批判邓小平，指责会昌中心县委犯了“右倾机会主义错误”。3月12日，江西省委根据王明“左”倾路线的意图，向全党公布了指责邓小平的文件。3月底，在会昌中心县委所在地筠门岭召开三县党的积极分子会议，对邓小平进行围攻、批判。会后，邓小平被撤销了中心县委书记职务。

如今，他回到了这片熟悉的故土。但他没向当地陪同的负责人吐露这段辛酸往事，这段往事已被他深深地埋在心底了。

尽管邓小平头上还戴着“走资派”的帽子，但会昌县委像接待贵宾一样欢迎他的到来。县里在家的主要负责人，都来看望当年的老书记，给老书记敬酒。县里还特地请邓小平在招待所小会议室观看电影《英雄儿女》。

县委副书记、县武装部政委纪清林和县委副书记韩道修，向邓小平简要汇报了全县的情况。汇报中谈到会昌已经发现一个大盐矿，就在周田，离县城46公里，已经开采。邓小平一听，高兴地说：“好哇，明天去看看！”因为邓小平在会昌当中心县委书记时，曾亲身体验过苏区人民缺盐的苦头。那时，国民党对苏区实行严密封锁，在毗邻苏区的白区实行油盐专卖，计口售盐。苏区军民虽然想了许多办法，不惜流血牺牲，从白区购进一些食盐，但远远满足不了需要。大家只好到处铲地脚泥、挖老墙土，自己动手熬制硝盐。这种硝盐，又苦又涩，吃多了容易害病。邓小平当时也和大家一样，“有盐同咸，无盐同淡”。现在听说周田办起了盐矿，他当然想去看看。他兴奋地说：“苏区时我们吃没有盐的亏太大了，找到盐矿，是件很好的事。”

第二天早饭后，邓小平夫妇在会昌县负责人的陪同下上路了。

汽车开出招待所大门，车上的邓小平见对面的体育场人头攒动，红旗招展，就好奇地问：“里面在干什么？”当他得知是开物资交易会时，欣喜地对卓琳说：“我们自进城后还没有逛过庙会，回来时去看一看。”

车到周田。一踏进盐矿，邓小平就立即显得十分兴奋，他从这个盐场走到另一个盐场，不时询问盐矿的生产情况。临走时，他对盐矿负责人说：“要把盐矿办好，不仅要满足江西人民的需要，也要满足其他兄弟省市的需要，眼光还可以放远点。”

回到县城，县里的负责人对他说：“我们先到老县委去看看吧！”

“老县委”指的是苏区时中共会昌县委机关驻地。它在会昌城内的孔圣殿旁，邓小平任会昌县委书记时曾在此居住和工作过。这时，老房子已拆除，改建成县法院，只剩下一株四人合抱、枝繁叶茂的百年古榕，依然屹立在那里。邓小平到这里一看，连说："这里都变了样呀！这棵大榕树还在！我住在这里时，经常在榕树下看书看报。"

县委的负责人告诉他："旁边的孔圣殿还在。"

孔圣殿当年是会昌县苏维埃政府办公的地方。于是，邓小平又到孔圣殿看了看，并在那里休息了片刻。

从孔圣殿出来，邓小平一行来到县城体育场，参观交易会。

体育场有东、南、西、北四个大门。场内四周临时搭起数十个小棚子。说是交易会，其实是县城各商业部门和全县各基层供销社各占一个棚子，摆上一些商品。场内还有一些出售馒头、油条之类点心的小摊点。在那个商品极度短缺的年代，举办这样一个交易会，尽管参加交易的商品品种单调，但仍然吸引了众多的人群。

邓小平一行从体育场东门进入场内。他顺着摊点，挨个地询问各类价格，问了棉纺问五金，问了五金问文具，他还问了一些中草药材的价格。

在一个由国营饮食服务公司摆设的摊点前，一位老表正在吃馄饨。邓小平微笑着走上前去同老表交谈，询问了价格。他又问一位吃粉干的老表："你一天的工分值多少钱？"那位老表没好气地说："还不到两碗粉干钱！"邓小平听后沉重地点了点头。

就这样，邓小平沿着摊点从东到西，大约走了半个多小时，整个交易会都看遍了。

快要走出西门离开交易会场时，一位售货员突然认出了邓小平，禁不住惊呼起来："邓小平！"话音未落，在场的人都放下手中的交易，目光一下子都集中到邓小平身上。

听到人们的呼喊，邓小平回转身微笑着朝大家挥手告别。

8日下午，天空仍然布满乌云。迎着寒冷的北风，邓小平又上路了。

按预定的计划，先去会昌文武坝参观，然后去瑞金。

文武坝原叫文屋坝，是个大村庄，在会昌城东北约3公里处。这里原是1933年9月成立的中共粤赣省委和省苏维埃政府机关驻地。1934年夏，受到王明"左"倾路线排挤的毛泽东来会昌视察期间，曾在这里居住过，还将"文屋坝”改名“文武坝”。7月23日，毛泽东在粤赣省委书记刘晓、军区司令员何长工等人的陪同下，登上会昌城外的岚山岭，回来后写下了脍炙人口的《清平乐·会昌》。

邓小平在会昌当县委书记时，曾多次到过文武坝，还在这里参加过劳动，对这里的情况很熟悉。不过毛泽东后来在这里居住的情况，他并不太清楚。他和卓琳来到文武坝，与众人一起在村子里转了转，看了看当年自己劳动过的地方和村前的鱼塘、村后的防空洞。在毛泽东当年居住的屋子里，县革命纪念馆的工作人员向他详细介绍了毛泽东视察南线和填写《清平乐·会昌》词的情况。邓小平听完，深有感触地说：“毛主席当时也是受排挤的。”

邓小平就要离开会昌了。会昌人民像当年送别红军一样，依依不舍地给他送行，一直送到五里排，进入瑞金县境。

邓小平抵达瑞金，来到了他苏区时期战斗、生活时间最长的故地。

1931年8月至1932年5月，邓小平任中共瑞金县委书记。

1931年7月，邓小平离开上海，辗转广东、福建，于8月抵达瑞金。一到瑞金，他就被推举为县委书记，直至次年5月。邓小平凭着他干练、果断、务实的工作作风，很快赢得了瑞金人民的信任，成为苏区的一颗新星。1933年他在会昌受到排挤后，又回到瑞金，主编《红星》报，直至长征。在瑞金期间，他踏遍了全县的山山水水，足迹遍及全县。40年后故地重游，邓小平的心情格外激动。

“您是我们瑞金的老县委书记。欢迎您回来！”

这是邓小平一到瑞金，县委的负责人见到他时说的第一句话。

要知道，当时他还戴着“党内第二号走资派”的帽子。听到这句话，邓小平感动不已。他紧紧握着瑞金县委负责人的手，久久不放。

邓小平到瑞金后，下榻瑞金宾馆1号楼。这也是当年专门为毛泽东回瑞金而准备的。

考虑到邓小平当年在瑞金工作时间最长，这次安排他在瑞金停留的时间也最长。

9 日上午，邓小平夫妇在瑞金县武装部部长潘学义等的陪同下参观了沙洲坝。

他们首先来到了沙洲坝毛泽东旧居元太屋和红井，接着看了临时中央政府大礼堂。然后，来到设在沙洲坝的江西省九〇九地质大队，听取了大队工作情况汇报，还十分内行地参观了地质标本室、化验室，与技术人员亲切交谈。

按原定计划，参观完九〇九地质大队，就回宾馆休息。

汽车往回开了一段路，邓小平不太满足似地问坐在车上的潘学义："红军总政治部好像在这什么地方？"

"就在这附近的乌石垅。"潘学义回答说。

汽车停下。去乌石垅不能通车，邓小平说："走路去吧！"他边说边快步向前走去。翻过一座小山冈，到了乌石垅村的杨氏私祠。这是一幢土木结构的两层楼房。门前一棵千年古樟，枝繁叶茂，盘根错节；屋后一片青松，苍翠挺拔。邓小平站在房前看了看，连连摇头，说："不是这个地方！"

原来这是当年中央革命军事委员会办公旧址，总参谋部、军委一局、作战室、机要室、秘书室等单位设在这里，周恩来、朱德等中央军委的负责人也住在这里，但总政治部并不设在这里。

陪同的同志又带邓小平走了一里多路，来到古樟掩映的下肖村一幢房子前。他看了看，还是摇摇头："这是中央政治局办公地点。还不是这个地方。"

那么，总政治部旧址究竟在哪里呢？经历过那个年代的人们都不难想象，当时无论是革命斗争史的宣传，还是革命旧址、旧居的宣传，都只突出毛泽东一个人，与此无关的往往被忽略掉，就连瑞金革命纪念馆的工作人员，也搞不清楚红军总政治部到底设在什么地方。

邓小平朝四周环视一遍，沉思片刻，问道："白屋子在哪里？"

陪同人员都答不上来。好在有几位下肖村的老人在场。老人们告诉大家：下肖村西边有幢白房子，那就是。

邓小平一听来了劲头，丢掉手中的烟头，说："走，看看去！"

从下肖村到白屋子，要经过一片田埂，田中东倒西歪的甘蔗挡住了小路。纪念馆负责人刘礼青和另一位负责人在前面一边拨开拦路的甘蔗，一边在小路两侧护着邓小平行走。邓小平连连示意不要扶他，踩着田塍小路健步朝前走去。

小路尽头，果见一幢外墙粉白的民居。邓小平快步走上前，连说：“对！对！就在这里！”他转身问县里的负责人：“这个地方好像还有一座小庙，怎么不见了？”

一位当地老表说：“不错，是有一座。1958年‘大跃进’时拆掉了。”

瑞金县沙洲坝白屋子红军总政治部旧址，邓小平曾在此主编过《红星》报。

白屋子建于1851年，因房子后墙粉得雪白而得名。它是赣南典型的客家民居。中间的大厅分上、下两厅，大厅左右正房旁边各有5间侧房。现共住有8户杨姓居民。

邓小平迈进大厅右侧小门，稍稍打量了一番，指着左侧第一个房间说：“这是总政治部秘书处办公的地方。”

他又推开第二间房门，说：“我就住在这里。《红星》报也是在这个房间里编辑的。”

这时，一旁的纪念馆的负责人惊讶地说：“过去我们怎么不知道这些情况呀？”

邓小平接着往前走，一边走一边告诉大家：“这一间是总政组织部办公室，那间是武装动员部办公室，王稼祥主任住这一间，杨尚昆主任住另外一间……”

后来，瑞金革命纪念馆经过多方调查，果然证实：红军总政治部于1933年5月从前线迁驻此地。总政治部所辖的组织部、宣传部、武装动员部、敌工部、青年部、秘书处和《红星》报编辑部，都设在此。王稼祥、贺昌、袁国平、杨尚昆、邓小平等当时也都住在这里，直到 1934 年 7 月才移驻云石山。是邓小平此行帮他们找到了这处珍贵的革命旧址。

邓小平从白屋子左小门穿过中间的大厅，再到右侧的各个房间看了看，然后来到大厅门外。当时正值红薯收获的季节，有几位老表在忙着晾晒红薯片。邓小平随手拉过一张靠背竹椅坐下，从口袋中掏出一盒中华香烟，对几个老表说："来，歇一歇，抽支烟！"一边说，一边把烟递给他们，然后自己也点燃一支，和蔼地问："家里有几口人？今年收成怎么样？"

这时，老表们认出了邓小平，他们高兴地把邓小平刚刚递给他们的香烟塞进口袋，没舍得抽。随后他们争先恐后地回答了邓小平的问话。

邓小平同这些朴实的老表亲切地交谈着、说笑着。不知不觉，十几分钟过去了。邓小平与他们握手告别，祝福老表们年年丰收，家庭幸福。

离开白屋子时，瑞金革命纪念馆的刘礼青问邓小平："老首长，当时《红星》报有多少人？"

邓小平把手一挥，说："少着呢。我手下就一个通讯员，我就是编辑。"

邓小平留恋过去的战斗岁月，更关心瑞金的现在和将来。

第二天，邓小平参观了瑞金的几家县办工厂。

吃过早饭，邓小平就来到了县机床厂和瑞金电线厂。在瑞金电线厂，当他了解到电线从原料到成品，中间要经过几道搬运环节，劳动强度大，又影响生产效率时，就问厂长："为什么不可以搞条流水线，从这个车间进原料，那个车间出产品？"

接着，他又驱车来到红都糖厂。糖厂负责人特意安排生产科长黄达明具体负责向邓小平介绍厂里的生产情况。

看到邓小平下了车，黄达明走上前去问候："首长好！"

"你姓什么？"邓小平一边同他握手一边问。

"我姓黄。"

"噢，小黄！"邓小平亲切地说。

黄达明和厂里的负责人把邓小平一行带到厂办公楼会议室休息。会议室的茶几上摆着蜜橘和糖厂自产的糖果，还泡好了加有白糖的茶水。

邓小平拿起茶几上的糖果问："这是你们厂自己生产的吗？"

黄达明回答："是！"说完，剥开一颗递过去："首长尝一尝。"

邓小平尝了一颗："唔，蛮甜！"接着他又喝了一口糖茶水。

黄达明剥好一个蜜橘递过去："首长再尝尝这个。"

邓小平接过看了看，说："喝了糖茶，再吃橘子，嘴巴是苦的。"说完，他摇了摇头，把橘子放回茶几上。随后，他问这个厂是什么时候建的，厂里有多少工人，每个工人劳动生产率多少，都生产些什么产品。黄达明一一作了回答。

大约坐了20分钟，邓小平从沙发上站起来，说："小黄，走，到车间去看看。"

一出门，黄达明就告诉他，从办公楼去车间，走大路要走一段路。邓小平问："有没有什么近路？"

黄达明说："有条小路，坑坑洼洼的，不好走。"

邓小平认真地说："不要紧。为什么有近路不走走远路？中国革命的道路本来就是曲折的，不是笔直平坦的。"

他们沿着小路来到了澄清车间。邓小平一定要到澄清设备的顶部平台看看。上楼梯时，黄达明上前搀扶，他摆摆手说："不用，我今年68岁，还可以干20年呢！"

跟在他身后的卓琳听了，笑着说："又吹牛。"

邓小平信心十足地说："不是吹牛，干20年没什么问题！"

邓小平一边看，一边问每个岗位的职责是什么，黄达明作了详细介绍。

来到酒精车间，他问："你们的酒精多少度？"

"95度。"

"多少？"邓小平没听清，又问。黄达明又说了一遍。

"哦，是95度。"

他又问："这种酒精做什么用呀？"

黄达明告诉他主要是医用和做溶剂。

"还有一种用途你没说到，酒精还可以开汽车。"

"我没听说过。"黄达明坦率地说。

"我在延安时坐的汽车，都是用酒精开的。我们不能忘记过去噢！"邓小平神情深沉地说。

接着，他们来到糖果车间。车间内，有些工人在用手工包糖粒，有些工人在用机器包糖粒。

"手工包糖每人每天包多少？"邓小平问。

“80 来斤吧！”黄达明回答。

“机器包呢？”

“400 来斤。”

“为什么不全部用机器包？”

黄达明半开玩笑半认真地说：“中国人多嘛！那样的话，很多工人就没活干了。”

邓小平认真地说：“不能那样说。人多，可以安排一部分人生产，多出来的人可以先送去培训，然后轮换，这样工人的素质就会提高。”

转眼一个多小时过去了，邓小平看得仔细，听得认真、讲得实在，这给陪同的黄达明以深刻的印象。临走时，坐在车上的邓小平摇下车窗玻璃，把黄达明叫到车前，亲切地握着他的手说：“小黄，到北京来我家玩！”并挥手与大家告别。

10 日下午，县里安排邓小平参观塑料厂和工艺美术厂。

瑞金塑料厂设在县城云龙桥头的廖屋坪旁边。廖屋坪有条小街，是县城的农贸市场。这天正好是星期天，虽已到下午，街上卖菜的、摆摊的，还有不少人。

从塑料厂参观出来，本该上车前往县工艺美术厂继续参观，但邓小平发现路旁是个大集贸市场，便兴致勃勃地径自朝那儿走去。他这儿瞧瞧，那儿看看，在一个卖草鞋、草饭袋子的小摊前停了下来。他伸手提起一个草饭袋子端详了一会儿，对身旁陪同的人说：“当年，我们在瑞金就是用这个焐饭吃的。好香嘞！”

街旁有家卖米酒的小店，一位老大爷倚着柜台在喝酒。邓小平走上前去，兴致勃勃地同老人攀谈起来：“您老喝酒呀？”

老人点点头。

“这酒是哪里产的？”

“本地产的。”

“您喝酒不要菜呀？”

老人又是点点头。

就这样走走看看，看看停停。大约走了 100 米远。突然有人认出了他。“邓小平回来啦！”一传十，十传百，街上的人们闻讯，都朝邓小平拥来。一时间，把整条街围了个水泄不通。邓小平一边亲切地向人们招手致意，一边徒步前往位于县城八一路旁的县工艺美术厂。40 分钟后，当他参观结束从厂里出来时，街上聚集的人更多了，大家都想来看看瑞金当年的老书记。邓小平也深受感染,不时地向人们挥手致意。

这天晚饭后,一位面容憔悴,名叫罗志才的老妇来到瑞金宾馆。

正在门口值班的宾馆钟副经理看见罗志才,问道:“志才,你找谁呀?”

罗志才向他说明了来由。原来,邓小平当年在瑞金当县委书记时,罗志才是县妇女委员会主任,邓小平曾和金维映一起从李添富乱杀“社党分子”的屠刀下把罗志才抢救出来,后来又培养她当上了县妇女部长。红军主力长征后,罗志才编入县游击队,担任了游击队连长。在残酷的斗争中,游击队被打散,她也与组织失去联系,只好隐蔽下来。1949 年瑞金解放后,她回到组织怀抱,担任了县保育院院长。不料在“文化大革命”中被诬为叛徒,遭到迫害。这次听说邓小平回来了,想起邓小平和金维映的救命之恩,立即赶来看望,希望老领导能再救她一次。

听了她的诉说,钟副经理深表同情,就给她出了个主意:“首长正在休息,警卫肯定不让你见他。你最好写个条子,由我交给他的随行人员,看看能不能见着。”

罗志才立即找来纸笔,写道:“欣闻小平同志来瑞,我感到万分高兴。想当初我是在李添富的屠刀下由阿金挽救我出来的。要求见一面,叙谈叙谈,感到荣幸。此致敬礼。罗志才。”

钟副经理接过条子,把它交给了邓小平的随行人员。没过多久,钟副经理被告知:“这次小平同志主要是下来走一走,没有工作任务。下次小平同志回到北京,有机会可以写信去。”

罗志才只好怀着遗憾的心情离开了宾馆。据说,1973 年邓小平回到北京不久,就写信给罗志才,要她到北京去。罗志才果然去北京住了一个多月。

11 日上午,没有安排参观。邓小平利用这个时间,请县里的领导和瑞金革命纪念馆的负责人一起座谈。他坐在长沙发上,一边吸烟,一边静静地听取瑞金县革委会副主任常美江汇报全县情况。听完汇报,他对大家说:“瑞金的县办工业还可以,办起了一些厂子,农业还不太行。”顿了顿,他接着说:“应该说,现在比过去好了很多,解放后大家做了许多工作,取得了很大成就。但和西方国家比起来,我们最少落后 40 年,还需要努力。”

瑞金革命纪念馆的负责人刘礼青对邓小平说:“首长,您看了毛主席在瑞金的旧居,对我们宣传毛泽东思想还有什么指示?”

邓小平示意刘礼青坐到自己身边,说:“宣传毛泽东的活动,光看几个旧址,还不能反映出当时的历史情况。应该有个纪念馆，纪念馆宣传的内容，应该从井冈山斗争宣传到遵义会议。整个这段历史都应该宣传。”邓小平历来主张应该完整、准确地理解和宣传毛泽东思想。他的这段话，体现了他的一贯思想。后来，瑞金革命纪念馆根据邓小平的这一意见，充实了展览的内容。

11 日下午，邓小平与卓琳离开瑞金前往宁都，途中参观了毛泽东、朱德指挥的红四军大柏地战斗旧址。下午 5 时左右，他们抵达宁都县城，住宁都县委招待所。

瑞金大柏地前村。1929 年 2 月 10 日，毛泽东、朱德指挥红四军在此伏击尾追而来的国民党军第 15 旅刘士毅部，歼敌 2 个团，俘敌 800 余人，改变了红四军自井冈山突围以来的被动局面。

苏区时期，宁都留给邓小平的印象并不十分美好。当时由于执行“左”倾路线的领导人的错误领导，邓小平不仅在这里挨过斗，还被责令在这里的农村“劳动改造”过。而且他的妻子金维映也因受到“左”倾错误的压力同他离了婚，给他的心灵留下了深深的伤痕。然而，这些事对于这位胸襟宽广的伟大的革命家来说，早已是淡去的往事了。他对这片曾经为中国革命作出巨大贡献和牺牲，有 1.6 万余名革命烈士的革命根据地，一直怀有崇高的敬意和深深的眷恋之情。

12 日，宁都县的同志安排邓小平夫妇到黄陂参观调查。

黄陂是宁都县闹革命最早的地方，40 年前，这里曾是硝烟弥漫的战场。

当年，在这样一块弹丸之地，毛泽东、朱德运筹帷幄，决胜千里，率领红军连续粉碎了国民党军队的多次军事进攻，创造了战争史上的奇迹。

红军第一次反“围剿”时期，毛泽东、朱德按照红军总前委确定的“诱敌深入”的战略方针，选择黄陂作为红一方面军战略退却的终点。毛泽东在这里主持召开总前委会议，批判了李立三“左”倾冒险错误，和朱德等一起制定了红军反“围剿”战略反攻计划，领导红军开展了广泛深入的战前动员。在黄陂以北16公里的小布村召开苏区军民歼敌誓师动员大会时，毛泽东写下了“敌进我退，敌驻我扰，敌疲我打，敌退我追，游击战里操胜算；大步进退，诱敌深入，集中兵力，各个击破，运动战中歼敌人”的著名对联。1930年12月28日，毛泽东、朱德在这里发布歼灭进犯龙冈之敌的命令。12月30日，红军获得龙冈大捷，歼敌9 000余人，活捉国民党师长张辉瓒。4天后，在黄陂东北的东韶，红军又歼灭国民党谭道源师过半。

第一次反“围剿”胜利后，红军总部移驻黄陂以北的小布村，接着在小布村成立了中共苏区中央局和苏维埃中央革命军事委员会。1931年2月下旬，毛泽东、朱德、项英等率领红军总部和苏区中央局等机关，从小布再次进驻黄陂的山堂村，领导苏区军民做好第二次反“围剿”斗争准备，直到3月26日才离开这里。

第三次反“围剿”期间，红一方面军又神兵天降，向驻守黄陂的敌军毛炳文第八师发起突然猛攻，仅一个半小时就歼敌4个团，毙伤俘敌军5 000余人，缴枪3 000多支。

在中国革命的历史上，黄陂充满着传奇的色彩。邓小平当年虽然没有参加过红一方面军第一、二、三次反“围剿”战斗，但他对毛泽东在黄陂期间运筹帷幄、用兵如神所创下的战争奇迹，早已神往。

汽车卷着黄尘疾驰，邓小平在上午9点半前就到了黄陂圩。

邓小平和卓琳由县委和黄陂公社一位负责人带领，乘车前往观音排村和山堂村，参观了毛泽东的旧居，又乘车到丁家排，参观了朱德总司令旧居和红军总部旧址。

邓小平伫立在毛泽东旧居前，徜徉在黄陂大地，置身于昔日的战场中，举目远眺黄陂周围那绵延起伏、苍苍莽莽的山峦，体会着当年毛泽东、朱德的大智大勇，领略“天兵怒气冲霄汉”“横扫千军如卷席”的壮观景象。

参观完以后，邓小平从“战场”返回公社会议室休息，与当地负责人座谈。

看到县、社的负责人要掏出事先准备好的汇报材料照着念，邓小平连忙制止。接着他一边喝着清茶，品尝着公社从小布买来的金橘，一边问县委副书记："你们宁都管辖多少公社？"

"25个。"县委副书记一一列举每个公社的名字。当说到赖村时，邓小平插话说："赖村过去是于都的，苏区时我在赖村石街蹲过点，于都的柿子干不错。"

紧接着，他又详细地询问了黄陂有多少户、多少人，多少土地，亩产多少，机耕面积多少，有几台拖拉机，标准台有多少，电力照明多少度，农民人均纯收入多少，对苏区人民生产生活情况的关切之情溢于言表。

邓小平一边问，县、社的同志一边回答。当问到拖拉机有多少标准台时，公社的同志搞不清什么叫"标准台"，也不懂如何折算。邓小平耐心地作了解释。

在座谈中，邓小平没有作更多的评价，只是将那些令他失望的数字，默默地记在心中。

公社除了从小布买来了金橘，还搞到一些芝麻片、花生糖、兰花根、鲜红薯丝团等当地的糕点特产，请邓小平夫妇品尝。

邓小平拈起一块芝麻片，尝了尝说："这个东西做工精细，又薄又脆又甜。卓琳，你可以吃点。"

卓琳尝了一片，赞许地说："确实很好吃。买点回去给我们小孩尝尝。"

小布的金橘，金黄金黄的。邓小平尝了一个，连说："这个橘子好漂亮，好看又好吃，买点回去给小孩尝尝吧。"不经意间的这件小事，使人们感受到了邓小平夫妇这对患难夫妻对家庭、对孩子的那份珍重和关爱。

黄陂的油炸鲜红薯丝团，别有风味。邓小平拿起一团瞧瞧，不知为何物，就问："这是鳙鱼头吧？"人们告诉他：这是用鲜红薯切成丝拌淀粉油炸而成的。邓小平咬了一口说："啊，好吃！"

临走时，黄陂公社送给邓小平夫妇20斤小布金橘和两小包芝麻片。邓小平让卓琳付钱，公社的同志说什么也不肯收，但最后还是拗不过卓琳，只好把钱收下。

在回县城的路上，邓小平顺道参观了位于七里村的中共江西省委旧址和黄陂县农机厂。邓小平一边参观一边问县里的同志："你们这里是不是有个斜面寨？苏区时，红军攻了好久才攻下。"

县里的同志回答说："是有一个，离县城10里。"

斜面寨又叫翠微峰，奇峰壁立，耸入云天，十分险要，是宁都的一个旅游景点。

“能不能去看看?”邓小平问。

县里同志说:“不通车。”邓小平不无遗憾地说:“好,好,不去看了。”

邓小平还想去看看宁都县城的集贸市场。但随行人员怕再出瑞金城里那种“风波”,邓小平只好作罢。

午饭后,稍事休息,邓小平一行前往宁都县“毛泽东实践活动纪念馆”参观。约半个小时后,前来迎接的广昌县革委会副主任邓大德已到宁都。邓小平按原计划离开宁都,前往下一站广昌参观。

广昌县,土地革命战争时期是中央苏区的北大门。

第五次反“围剿”期间,从 1934 年 4 月 11 日至 28 日,红军在这里进行了著名的“广昌保卫战”。这场恶战由博古、李德直接指挥,是“堡垒对堡垒”“节节抵御”“短促突击”错误战法的典型战例,毛泽东称之为“乞丐与龙王比宝”。恶战的结果,是红军伤亡 5 000 余人,损失惨重,广昌县城丢失,苏区北大门洞开。

当时,邓小平任《红星》报主编,对北大门的战况了如指掌。即使在几十年后,他对此还记忆犹新。但他从没有来过广昌。这次到广昌,在下榻的县招待所,他对前来迎接的县武装部部长孟保民和县革委会副主任邓大德说:“过去保卫广昌。现在到了广昌,了了这个心愿。”

喝茶休息时,他问邓大德:“那个万年亭还在不在?”

万年亭,是广昌县高虎堖南大岭夹山坳公路旁的一座古凉亭。1934 年 8 月 5 日至 7 日,彭德怀指挥红三军团在高虎堖顽强抗击国民党军 6 个师十数次的轮番进攻,毙伤敌 4 000 余人。战斗中,彭德怀的前线指挥部就设在这座古亭。邓小平当时对高虎堖战斗十分关注,曾连续编写 3 篇专稿在《红星》报发表,高度赞扬高虎堖战斗中红军英勇顽强的斗争精神,介绍了红三军团在高虎堖战斗中开展政治工作的经验。

邓大德告诉邓小平:万年亭已在战斗中遭炮火毁坏,至今未修复。邓小平点点头,颇为遗憾。

他们还谈到广昌保卫战的一些情况。邓小平很想到实地看看当年博古、李德是怎样瞎指挥,红军战士又是怎样浴血苦战的。邓大德告诉他:明天看看广昌革命纪念馆,再到沙子岭一带看看,就更清楚了。沙子岭即现在的长生桥,距广昌县城 7 公里。

聊到这里，邓小平问邓大德："你姓什么？"

邓大德回答说："我姓邓。"

"啊，是老华（'老华'即同姓的意思）。"邓小平诙谐地说。他接着问："叫什么名字？"

"叫大德。大小的大，道德的德。"

邓小平笑了起来，说："你'大德'，我'小平'。"

邓大德连忙说："您是老前辈，老首长。"他请邓小平夫妇在广昌多住几天。卓琳解释说："我们要服从中央的安排，不多住了，明天就走。"

当晚，广昌县委领导请邓小平夫妇在招待所小餐厅看电影《小保管上任》。这是一出由广昌县采茶剧团创作演出的独幕采茶戏，乡土气息浓郁，上海电影制片厂将它拍成了电影。"文化大革命"爆发后，这个戏被诬为"大毒草"，影片也被封存。广昌的同志冒着风险，将这部影片拿来放映。

邓小平十分专注地看完了电影。看得出，他对这部电影很感兴趣。

电影放完后，邓大德请他提提意见。他非常满意地说："县里能拍出这个戏，很好！"

这件事，在后来开展的"批邓、反击右倾翻案风"运动中，果然成了邓大德的一个罪名。造反派指责他"将封存的影片也拿出来给党内第二号走资派看"。邓大德对此却不屑一顾。

第二天，邓小平来到广昌保卫战主战场之一的沙子岭，这里也是当年中央苏区与白区的分界线。他站在岭上，北望绵延起伏的群山，又转过身来望着身后的中央苏区，感慨地对广昌陪同的同志说："苏区时几次想进广昌都没来成，今天总算进来了。"

13日上午，连日阴沉沉的天空突然放晴，浅灰色的"伏尔加"在阳光照射下驶离广昌，出了中央苏区的北大门。

当天中午，邓小平一行赶到抚州。赣州军分区副政委崔永明和负责警卫的黎新泉，与广昌县的邓大德等一起，一直护送邓小平夫妇到南丰县城。

邓小平夫妇在抚州待了两天，参观了几家工厂。临川县的青莲山麓有口温泉，邓小平还慕名去那儿痛痛快快地洗了个温泉澡。

12月15日，邓小平夫妇回到南昌新建县望城岗的"将军楼"。

邓小平这次赣南之行，历时10天，参观访问了7个县市，行程2 000多里。

既“了了心愿”,又接触了社会,还了解到了一些真实情况。

然而,虽然当时毛泽东对邓小平的态度已有所缓和,但邓小平仍是“前途未卜”。因此,邓小平在沿途各地时时、事事小心谨慎,生怕给地方的同志带来不便。赣南的许多地方,他都想去看看,特别是想多和普通的老百姓们聊聊。他希望多看看百姓的生活,多听听百姓的呼声。但这次赣南之行,并没能使他完全如愿。由于省里事先有规定,他此行甚至都没有照一张照片。但赣南老区人民还是通过各种方式向这位他们十分敬重的老人表达了敬意。他们期盼着邓小平能早一点出来为党和人民工作……

复出伊始

（1973 年）

视察广西，邓小平告诫广西领导："你们抓生产，抓城建，但如果不把漓江治理好，那也是功不抵过。"在湖南，他对韶山纪念馆的同志说："你们陈列的是历史，只要符合历史就行。"到湖北，看了武钢后说出掷地有声的一句话："搞建设，就是要有速度。"

一

冬去春来，在邓小平回到"将军楼"后不久，中共江西省委第一书记白栋材委托省委书记黄知真来看望邓小平，并告诉邓小平，中央已通知要他近期返回北京。

邓小平夫妇与王瑞林在"将军楼"前合影。

2 月初，邓小平向江西省委提出到景德镇参观一下。

2 月 7 日下午，邓小平到达景德镇。第二天上午参观了景德镇陶瓷馆。邓小平对陪同的景德镇市委负责人说，景德镇很有名气，我小学念书时就知道，这回要好好看看。当天下午邓小平参观了雕塑瓷厂，对文化部根据周恩来指示批准恢复一部分传统工艺品生产，表示肯定。

2月9日下午，邓小平参观了光明瓷厂，并询问生产情况和工人的收入及生活情况。2月11日离开景德镇前，邓小平对当地负责人说：景德镇不仅是瓷都，而且世界有名，景德镇的工人是有创造性的，劳动能创造世界。

2月18日，邓小平带着一家老小，告别居住了前后跨5个年头的“将军楼”，乘汽车到了鹰潭，并在第二天上午11点多钟，乘上从福州开往北京的46次特快列车，离开了江西。

在此之前，江西省委接到中央办公厅主任汪东兴的电话通知：中央已作出邓小平回京的决定，并再三说明邓小平这次回北京，是根据毛泽东的指示，由周恩来亲自安排的。汪东兴指示省委用汽车直接把邓小平一家送到鹰潭，再换乘福州至北京的特快列车。他要求务必做好保密和安全保卫工作，确保邓小平及其家人在江西最后一站的绝对安全。

鹰潭，地处赣东、信江中游，隶属上饶地区。相传鹰潭是因境内龙头山上几株千年古樟常有雄鹰栖息，山下信江中又有一泓碧潭而得名。人云：“急流漩其中，雄鹰舞其上。”

江西省委接到汪东兴的电话后，非常重视，决定由省委书记黄知真直接通知上饶地委，让地委派人负责做好接待工作。

18日上午10时许，黄知真直接给上饶地委书记、军分区政委王瑞清打电话，将邓小平由鹰潭返京的消息和有关接待要求一一作了交代，并一再叮嘱王瑞清：要绝对保密，百分之百地保证邓小平在江西最后一站的安全。

王瑞清放下电话，立即决定由鹰潭镇委书记霍凤翠和鹰潭地区革委会秘书长林振福一起，全权负责这次接待工作。

霍凤翠高兴地接受了任务，并问还有什么要求。王瑞清郑重交代：“有三点要求。一要安全，绝对安全；二要保密，严格保密；三要热情周到。”霍凤翠表示一定照办。

第二天一大早，霍凤翠在镇委办公室召集镇委常委开了一个简短的碰头会，决定安排邓小平住镇委招待所。这样既便于保密，又利于安全保卫。

镇委招待所位于镇区东面的信江边，一堵用青砖砌成的围墙使它与市井相隔。院内绿树成荫，环境幽静。主楼为一座两层楼的宫殿式建筑，建于50年代中期，各种设备比较齐全，安全舒适，曾接待过许多党政军领导。

与招待所相对的人民公园，原为国民党海军司令桂永清的花园和屯兵藏宝的库房，园内有几株千年古樟枝繁叶茂、郁郁葱葱。

下午 4 点 50 分，载着邓小平及其家人的两辆轿车驶入鹰潭街道，在镇委招待所内停下，身着雪花呢大衣的邓小平稳健地下了车。这位年近 70 高龄、经受数小时旅途颠簸之苦的老人，看上去依旧精神饱满，目光炯炯。

见邓小平下车，等候多时的林振福、霍凤翠连忙上前，握住他的手，问候道："首长，一路上辛苦啦！"

当听到"首长"的称呼时，邓小平平静地说："还是喊我老邓吧！习惯了，这样亲切些。"老人随和、可亲的态度，一下子令林振福、霍凤翠轻松了起来。

在服务人员的引导下，邓小平与家人向二楼卧室走去。他下榻的 219 号客房，是主楼最东头的一个大套间。这里凭窗眺望，能清楚地看到对面公园里那几株千年古樟，只不过再也见不到昔日雄鹰翱翔、栖息的景象了。

晚饭后，霍凤翠简要介绍了鹰潭地名的由来和地方工业、驻军等情况，省慰问团上饶分团负责人朱开铨、莫循等人参加了交谈。交谈中，邓小平听说朱开铨是瑞金人，感到很亲切，话也多了些。他还情不自禁地讲起了在瑞金当县委书记时遇到的一些人和事。

当得知莫循曾在中原局工作，参加过创办《中原日报》，任过副总编时，邓小平话锋一转，谈起淮海战役。他说："淮海战役是史无前例的，中国不曾有，世界上也未有过。"大家称赞道："这是首长指挥有方。"

邓小平谦虚而又严肃地说："不，这是毛主席的战略部署，是我军指战员英勇奋战的结果。"短短两句话，让人感受到这位老革命家不居功自傲的品德。

不知不觉已到了晚上 10 点多钟，大家恋恋不舍地起身告辞，请邓小平早点休息。

送走了大家，邓小平却难以入眠。他倚窗沉思了很长时间，接着又吸着烟在屋内来回踱步。这已是他多年来养成的一个习惯。

夜已经很深了，楼上楼下一片寂静。邓小平思绪万千，他似乎忘却了一天的疲劳，轻轻推开房门，朝楼下走去。

正在楼上值班的服务员郑非凤，听到门响，连忙从值班室出来，迎着邓小平问道："首长，您需要点什么？"

邓小平摆了摆手说："什么都不要，只想随便走走。"

郑非凤一时感到很为难，因为上级已特别交代：为保密、安全起见，不要让首长随便外出。于是，郑非凤委婉地劝道："首长，天气很冷，外边又有霜露，出去容易着凉。"

邓小平微笑着说："不怕，已经是春天了，冷不到哪里去。"

郑非凤不好再坚持了，只是远远地跟在邓小平身后，陪护着他朝楼下走去。

邓小平刚走下楼梯，负责内保的上饶地区公安处警卫科长刘树兴快步上前，准备搀扶。邓小平摆摆手说："我看得清路，不用扶。"

刘树兴陪伴邓小平出了主楼大门，在院内散起步来。

冷风扑面，寒意甚浓。皎月下映出邓小平稳健的身影，沉寂的四周不时回响起邓小平轻微的脚步声。

忽然间，一片乌云笼罩住了明月，院内骤然间暗淡下来，刘树兴赶紧劝道："首长，月亮已经被云遮住了，还是早点回房休息吧！"

邓小平扬起头，望了望变幻莫测的天空，十分自信地说："不要紧，月亮马上就会出来的。"

是的，乌云终究遮没不了月亮，这是大自然的真谛。

半个小时后，邓小平上楼休息。院内又回到先前的寂静中。

2 月 20 日上午 11 点多钟，邓小平一家在林振福、霍凤翠的护送下，在鹰潭站登上了福州至北京的 46 次特快列车。

在车厢内，霍凤翠诚恳并十分抱歉地对邓小平说："首长，真对不起，我们的接待工作没有做好，请您多批评。"

邓小平笑着连声说："不错，待如上宾，谢谢你们！"

随着一声汽笛的长鸣，列车缓缓地驶出鹰潭站，朝着北方飞驰而去。

邓小平回到北京后不久，周恩来于 3 月 10 日主持召开中央政治局会议，着重讨论了邓小平给毛泽东的信和毛泽东的重要批示。随后，中共中央作出了《关于恢复邓小平同志党的组织生活和国务院副总理职务的决定》，邓小平正式复出。

4 月 12 日，就在从江西回到北京一个多月后，邓小平以国务院副总理的身份，出现在周恩来总理在人民大会堂宴会厅为西哈努克亲王和夫人举行的盛大宴会上，受到全世界的关注。

邓小平的政治生涯又翻开了新的一页……

1973 年 4 月，在周恩来举行的欢迎西哈努克亲王的宴会上，
邓小平六年来第一次公开露面，十分引人注目。

二

这年的 8 月 28 日，在党的第十次全国代表大会上，邓小平当选为中央委员。

金秋十月，邓小平开始了他复出后的第一次出行。

10 月 10 日，加拿大总理特鲁多和夫人应邀来访。邓小平全程陪同特鲁多在中国的访问。

13 日，邓小平陪同特鲁多赴河南洛阳访问；

14 日，前往郑州访问；

15 日，从河南飞抵桂林。

这是 1973 年桂林正式开放后迎来的第一位外国国家领导人，也是邓小平复出后首次陪同外宾到广西访问。

广西壮族自治区革命委员会主任韦国清，副主任刘重桂、乔晓光，桂林市革命委员会主任钟枫等领导，以及桂林市各界，群众 2 000 人到机场热烈欢迎。当天下午，邓小平陪同加拿大贵宾参观被誉为“大自然艺术宫殿”的芦笛岩。外宾们对岩洞内的奇景赞叹不已，邓小平也感叹有加。走到洞外小憩时，邓小平游兴未尽，来到亭台上信步观景。他环视四周景色，一处处污染的情景映入眼帘：

桂林钢厂高耸的烟囱浓烟滚滚；一些石山被炸得残破不堪；芳莲池水被严重污染，水面漂浮着废弃物；桃花江水由于被污染而浑浊不堪……眼前美丽的自然风光与严重的人为污染，形成了强烈的反差，引起了邓小平的忧虑。

第二天，邓小平陪同加拿大客人游览漓江风光。游船载着客人缓缓离开桂林码头，沿江向阳朔方向驶去，叠彩山、伏波山、象鼻山、塔山、穿山等景点慢慢后移。贵宾们尽情地欣赏着漓江两岸的美丽风光，盛赞这大自然的神奇造化。第一次游漓江的邓小平也在这奇绝的山水中陶醉了。“桂林山水甲天下”真是名不虚传。在观赏水光山色时，一幕幕很不协调的情景又出现在邓小平的眼前：榕湖、杉湖的脏水哗哗地排入漓江，被污染的桃花江水也在象鼻山下涌入漓江，泛起串串泡沫。更为严重的是，沙河电厂、造纸厂的大量污水通过南溪河排入漓江。这些污水在漓江中形成一股股大小不同、污色各异的浊流，使清澈的漓江水变得浑浊不堪。沿江两岸的违章建筑、成堆的垃圾、排放的废气，以及竹林被乱砍滥伐、河岸被人为破坏……看到这一切，邓小平的心情沉重了许多。

晚上，游江劳累了的外宾们都休息了。榕湖饭店内一片寂静。两天来在桂林看到的一幕幕与奇山秀水极不协调的污染情景，像电影一样在邓小平的脑海中回放，令他夜不能寐。

他找来自治区和桂林市的有关领导，听取了他们简要的工作汇报，和大家一起乘车到解放桥上下的河段去查看漓江的污染情况。他们边走边谈，边走边看，着重查看了流经市区的漓江段以及主要支流的污染情况，分析污染原因，商讨治理办法。邓小平在伏波山一带的江段看到附近机关、单位和居民排放的污水从多处涌入漓江时，表情显得十分严肃。他语重心长地对自治区和桂林市的有关领导说：桂林是世界著名的风景文化名城，漓江是这座名城的重要组成部分。你们抓生产、抓城建，这都很对，但如果不把漓江治理好，即使工农业生产发展得再快，市政建设搞得再好，那也是功不抵过啊！

邓小平回京后，亲自主持召开国务会议，讨论漓江的治理问题。后来国务院下发了《尽快恢复并很好保持桂林山水甲天下的风貌》的决定。国务院还责成广西壮族自治区党委、政府应把治理漓江提上议事日程，予以高度重视，采取切实措施，尽快把漓江治理好。根据国务院的指示精神，自治区党委派出了工作组亲临桂林，会同桂林市领导及有关部门一道查看漓江的污染情况，研究治理方案，并先后成立了桂林市环境保护局、漓江风景管理局等职能机构，一场综合治理漓江的巨大工程展开了。

三

10 月 19 日，邓小平专程从长沙到韶山，瞻仰毛泽东旧居。

那天，秋雨淅沥，烟雨中的韶山更显得清新迷人。

邓小平冒着绵绵秋雨，在湖南省委书记毛致用的陪同下，乘坐灰色吉姆车来到韶山宾馆松山 1 号楼。

轿车徐徐停下，邓小平走下车来。见多识广的韶山人不由得感到纳闷：这位副总理为什么不坐“红旗”呢？

那个年代的人都知道，吉姆车是 50 年代的名牌车，但在 70 年代已由国产“红旗”替代。邓小平为什么不坐“红旗”呢？其中的奥妙韶山人自然不知道。

原来，邓小平这次是从省会专程来韶山的。他陪加拿大总理特鲁多到桂林、广州，返京时路过长沙，突然决定来韶山看看。湖南方面马上召开会议，安排邓小平到韶山的事宜。会议开得很长，意见分歧很大，围绕以什么规格接待这位副总理也发生了争议。但是，争论双方却有一个共识：无论用什么规格接待邓小平，都会承担一定风险。于是，他们最后制定了一个“不冷不热”的接待原则，让邓小平坐已过时的吉姆轿车到韶山。他们对邓小平说，其他车辆都派出去了。但刚刚恢复工作不久的邓小平，对接待工作的“不冷不热”并无什么感觉，反而兴冲冲地说：1959 年毛泽东到韶山也是乘坐这种车。

到了休息室，还没落座，他就对接待人员说：“这个地方我很早就想来，1965 年想来，因工作忙没来成，1966 年又想来，后来就来不成了。”

休息片刻，邓小平就要去毛泽东旧居瞻仰。这时，天仍下着雨，从宾馆过去还有一段路。接待人员建议坐车去，邓小平拒绝了，他说：“还是走路吧！可以边走边谈。”于是，接待人员匆匆为他找来一双雨靴。邓小平和大家一道穿上雨鞋、打着雨伞徒步走去。

到了毛泽东旧居，韶山毛泽东纪念馆的馆长来向邓小平介绍情况。一开始，他显得有些紧张。邓小平发觉了，就和他话家常，问道：“你是哪里人？”

馆长说自己是湖南人。

邓小平马上又问：“你是湖南人，我说几句湖南话，你懂不懂？”

随即邓小平说了几句颇为地道的长沙、湘潭、湘乡的方言，引得大家哈哈大笑。馆长的紧张情绪顿时消释，十分敬佩地问道："您怎么会讲这些湖南方言呢?"

邓小平说："是主席告诉我的。"

在毛泽东旧居，邓小平看得很认真、很仔细。当他走到毛泽东父母卧室时，陪同人员告诉他，那张床是原物，是毛泽东诞生的地方。听完，他仔细端详着那张木床，看了好一会儿，并亲手摸了摸木床。

在毛泽东的卧室，邓小平边看说明词边询问毛泽东少年时的学习、生活情况，以及中共韶山党支部的建立、活动情况。他对陈列的一件件原物更是饶有兴趣。他亲手提了提毛泽东少年时挑过水的水桶，仰望着韶山党支部开成立会的阁楼，深有感触地说："这虽不是中国农村最早的党支部，却是较健全、较早作出贡献的农村党支部。"

绕过天井，邓小平步入毛泽覃的卧室。卧室墙上悬挂着毛泽覃的照片，他凝视着这张照片，陷入了沉思。

当年，在中央苏区，邓小平和毛泽覃是患难与共的战友。他十分熟悉这位身材魁梧、嗓门洪亮的青年。1933 年，"邓、毛、谢、古"被王明"左"倾路线的执行者诬陷为"江西罗明路线"的代表，邓小平是"毛派的头子"。所谓"罗明路线"，就是毛泽东的路线。王明路线的执行者把毛泽东的正确方针说成是"纯粹防御路线"。邓小平清楚地记得，红军长征时，许多王明路线的反对者被排挤，不得参加长征，毛泽覃就是其中的一个。当时，王明心怀叵测地把毛泽覃留在江西，等待国民党军队的"围剿"。毛泽覃就是在大兵压境、寡不敌众的情况下壮烈牺牲的。

此时此地，抚今追昔，邓小平感慨万分，他动情地说："毛泽覃是个好同志。如果参加长征，也许不会牺牲。"

在参观毛泽覃的卧室时，工作人员介绍，红军长征后，毛泽覃留在中央苏区任赣南独立团团长。邓小平当即纠正说："不是团长，是师长。"

毛泽东大弟弟毛泽民的卧室在旧居的尽头。这里，窗户靠山，房间里光线很暗。邓小平透过昏暗的光线，仔细打量着照片上的毛泽民。这是一张毛泽民在新疆工作时的照片，他就是在那儿被盛世才杀害的。这位方脸盘、厚嘴唇的汉子憨厚老实，又精明能干，邓小平对他有很深的印象。在江西的时候，毛泽民担任苏维埃共和国国家银行行长，为苏区经济的发展、红军的壮大，为粉碎蒋介石的“经济封锁”和“军事围剿”作出了巨大的贡献。邓小平说：“我认识毛泽民，还认识他的妻子钱希均。”

参观完毛泽东旧居，纪念馆的工作人员很想与邓小平在毛泽东旧居前合影留念，急切地问道：“邓副总理，您是第一次到韶山，这里的工作人员都想和您一起照个相，行吗？”

1973 年 10 月 19 日，邓小平专程从长沙到韶山瞻仰毛泽东故居。

邓小平听后爽朗地说：“照！怎么不照？大家都来吧！”

工作人员高高兴兴地聚拢到邓小平身旁，一个一个地自觉排列好，照了相，实现了心愿。

从旧居出来，邓小平又参观了晒谷坪，看了当年毛泽东家的稻田、菜地。

离开毛泽东旧居，邓小平又和大家一道冒雨步行，前往韶山毛泽东纪念馆。

从旧居到纪念馆的公路两旁，是成片的稻田。这时，晚稻已经成熟，金黄色的晚稻与不远处青葱翠绿的山峰交相辉映，微风吹过，阵阵稻香扑鼻而来。接待人员指着雨雾笼罩着的韶峰，讲起了韶山的历史沿革和民间传说。对这些优美动听的故事，邓小平听得十分专注。

邓小平走路很快，常常走在前面，将陪同人员甩下一大截。

参观纪念馆时，邓小平在第一展室对毛泽东一家 6 位烈士的事迹陈列看得很仔细，特别是在毛泽覃烈士的遗像前伫立良久，沉思不语。

当年的韶山毛泽东纪念馆，同全国各地一样，受“左”的影响，不能进行实事求是的宣传。陈列“三大战役”的版面，未能如实反映邓小平的丰功伟绩。看完陈列，工作人员请邓小平作指示，邓小平笑着说：“没有什么指示。你们陈列的是历史，只要符合历史就行。”

当日，在松山 1 号楼午餐。邓小平向大家敬酒，高兴地说：“来，让我们为我们党，为毛主席干杯！”这次午宴，他分外高兴，连续喝了 4 杯茅台酒，吃了 4 个小馒头，一小碗饭，而那时，他已经是 69 岁的老人了。

十一届三中全会后，韶山毛泽东纪念馆也发生了很大的变化。1981 年，韶山管理局派人到北京，专程请邓小平为毛泽东故居题写匾额。他欣然命笔，书写了“毛泽东同志故居”“韶山毛泽东同志纪念馆”两块金匾。这两块匾额至今仍高挂在韶山毛泽东故居和纪念馆大门口。

四

10 月 22 日，邓小平返京途中路过河北时，又专程到了战争年代他曾战斗过的革命老区邯郸视察。

邓小平对河北，特别是冀南、冀西革命老区有着特殊的感情，从抗日战争一直到解放战争，他在这片热土上战斗了近十个年头。

1938 年 1 月 5 日，中央军委任命邓小平为八路军一二九师政治委员。18 日，邓小平到职后，就和刘伯承一起，始终把中共中央、中央军委和毛泽东提出的创建以太行山为依托的晋冀豫根据地作为头等大事来抓。他和刘伯承、徐向前等指挥的长生口、神头岭、响堂铺伏击战，是抗战初期华北敌后战场广为人知的八路军三战三捷。这三次战斗的胜利，给了侵入晋东南和邯长线（由河北邯郸到山西长治的公路）的敌人以沉重的打击，粉碎了敌人妄图打通邯长通道的阴谋，对晋冀豫根据地的创建起了关键性作用。

1938 年 7 月，邓小平由冀西到冀南南宫，帮助解决冀南抗日根据地的进一步巩固和发展问题。他根据当地抗日斗争形势和任务，和冀南的主要负责人共同研究根据地的巩固和发展问题，提出了建立统一的冀南人民抗日政府的方案，从而在河北省南部建立起了以南宫为中心，西起平汉铁路，东抵津浦铁路，北至沧石公路，南跨漳河的冀南抗日根据地。在这里，邓小平还曾接见过美国驻华大使馆海军武官伊文斯·福代斯·卡尔逊，向他介绍了冀南抗日斗争的情

邓小平和刘伯承在一起。

况。8 月 20 日，冀南行政主任公署正副主任在南宫宣誓就职并开展工作后，邓小平于 25 日离开南宫，赴延安参加中共中央六届六中全会。

1938 年 12 月下旬，邓小平从延安返回太行山根据地不久，便随一二九师师部移驻河北威县张庄。1939 年 1 月，日寇出动 3 万余兵力对冀南根据地进行大规模的“扫荡”，企图一举摧毁根据地。面对严峻的局势，他和刘伯承、徐向前等采用了“围城打援”的战术，在威县城南香城固附近的沙河故道，全歼日军安田中队和四十联队补充大队 250 余人，给骄狂的日军以沉重的打击。

1939 年初，在国民党顽固派掀起第一次反共高潮的前夜，邓小平和刘伯承分别在南宫和张庄听取了冀南党政军负责人关于鹿钟麟与我党我军搞摩擦的情况汇报，共商对付国民党顽固派的对策。

1940 年的年底，一二九师的师部搬到了河北涉县的赤岸村。此后的 5 年时间里，赤岸成为晋冀鲁豫根据地的心脏和首府。

在创建和巩固抗日根据地的斗争中，邓小平无论在党务工作和军队工作，还是在群众工作和经济工作上，都倾注了大量的心血。他多次深入冀西、冀南抗日前线，具体指导根据地各方面的工作。到 1945 年 8 月，他和刘伯承等领导创建的晋冀鲁豫解放区已拥有县城 105 座，面积达 18 万平方公里，人口 2 400 余万，正规军由抗战初期的 9 300 多人发展到 30 万人，成为全国 19 块根据地中最大的一块根据地。

抗日战争胜利后，国民党一面同共产党进行和平谈判，一面调动军队向解放区发动进攻。“双十协定”签订后，蒋介石以割裂华北解放区，抢占平津，夺取东北为目标，调动了大量军队，分 4 路进犯华北。其中，十一战区孙连仲的三十军、四十军及新八军共 4 万多人，在其副司令长官马法五、高树勋率领下，从新乡沿平汉路北犯，企图占领战略要点晋冀鲁豫解放区的首府邯郸，打通战略要线平汉路的安阳、石家庄段。为此，我军发起了平汉战役(又称“邯郸战役”)。

1945 年 10 月 20 日，时任晋冀鲁豫中央局书记兼军区政委的邓小平，与军区司令员刘伯承从涉县秘密来到设在邯郸峰峰矿区的前线指挥部，亲临前线指挥平汉战役，并成功地进行了争取高树勋的工作。10 月 30 日，高树勋将军率领国民党新八军、河北民军共 1 万余人在邯郸以南马头镇起义，宣布退出内战，主张和平与民主，从而加剧了敌人的动摇和混乱。31 日晨，马法五率残部突围逃跑，被阻击。11 月 1 日夜，马法五被俘，三十军、四十军两个军全军覆没。

河北涉县赤岸村。1940 年年底，一二九师师部搬到这里。

高树勋将军率部起义这一伟大的义举，一直为中国人民所铭记，也一直为亲历这次伟大事件的邓小平所铭记。1983 年 10 月，为纪念邯郸起义 38 周年，河北省人民政府在当年起义地点马头镇建碑纪念，邓小平亲自为纪念碑题写了碑名。1989 年 11 月 20 日，邓小平在会见编写第二野战军战史的老同志时的谈话中，对高树勋起义又作了高度评价。他说：平汉战役应该说主要是政治仗打得好，争取了高树勋起义。他的功劳很大，没有他起义，敌人虽然不会胜利，但是也不会失败得那么干脆，退走的能力还是有的，至少可以跑出主力。他一起义，马法五的两个军就被我们消灭了，只跑掉 3 000 人。

邓小平没有忘记高树勋，更不会忘记战争年代那些与我们党和我们的军队生死与共的老区人民。时隔几十年后，当他踏上这片土地的时候，他想得最多的，自然是这里人民的生活和生产的发展。

一到邯郸，顾不上休息，邓小平就听取了邯郸发展钢铁工业的汇报。他高兴地说："邯郸是个好地方，我也非常怀念这个地方。这里有煤有铁有水有电，西部地下资源多，东部平原又盛产棉粮，条件非常好，比起西德著名的鲁尔工业区的自然条件也不差，可以像鲁尔工业区那样，搞个大型的邯邢（指邯郸和邢台）钢铁生产基地。"

说到这里，他用手指了指省委第一书记刘子厚说："你们省里可以拿出个详细计划，直接报国务院审批，我支持你们！"当说到"支持"两个字时，邓小平特别加重了语气。

这天下午，虽然时间很紧，邓小平还是坐上环行火车到当年战斗工作过的西部山区走了一大圈。

在武安车站，邓小平嘱咐武安县委领导：战争年代老区人民对革命作了很大的贡献，中央也很重视老区建设，你们一定要把老区建设和群众生活搞好，把工农业生产搞上去。这次我原想到冶陶（晋冀鲁豫军区司令部驻地，邓小平曾工作过的地方）等地看看，因为时间太紧不去了，请代我向大家问好吧！

在峰峰矿区彭城站，邓小平下车后，看到水泥厂的烟尘很大，影响到附近的陶瓷生产和居民生活，当即对刘子厚说："这个问题你们要很好研究、解决一下。"

视察回来，刘子厚征询邓小平视察老区后的意见，邓小平意味深长地说："看来变化不大呀！"

这次视察后不久，邓小平从到他家探望他的老区群众嘴里得知，涉县山区有的地方目前群众吃水还很困难。随后，邓小平很快找到省委书记，当面向他交代，一定要下力气抓好这件关系群众生产生活的大事。后来，省里很快拨了100万元为涉县解决了吃水问题。

五

12月21日，邓小平到武钢视察。这是他第二次到武钢。

他第一次来武钢，是1958年12月13日，与陈毅一起视察武钢一号高炉。

武钢总经理韩宁夫与全国劳动模范李凤恩，指着出铁口向邓小平、陈毅介绍炼铁生产流程。邓小平选择了一个最佳角度，然后两脚分开踩在一根枕木上，那根手杖紧靠着右腿。邓小平双目炯炯有神地仰望着金星迸溅、铁水奔泻的出铁口，一边听着介绍，一边欣喜地“哦哦”应着，眉宇间流露出满心喜悦的神情。这是告别战争年代后，新中国兴建的第一座大型钢铁联合企业啊！在言谈间，邓小平对铁水罐由机车拖到铸铁台铸成铁块很留心，他问什么时候铁块可以直接用于炼钢，并询问炼钢厂建在哪里……韩宁夫一一作了回答，并说武钢二号高炉建设也即将动工。邓小平和陈毅高兴地说：你们要多建几座大高炉，那时我们再来参观。

距 1958 年第一次到武钢，已有十几个年头。这十几年中，整个国家都发生了很大的变化，邓小平个人的命运也发生了很大的变化。十多年来武钢的变化也让邓小平感到很兴奋。

12 月 21 日这一天，他来到炼铁厂。这时的武钢炼铁厂，已平地建起了四座大高炉。厂党委负责人向邓小平汇报了四号高炉的建设和生产情况。邓小平边听边看，不时提出一些问题。当他听说全国最大的高炉——四号高炉是边设计边施工，从破土动工到出第一炉铁水只用了 137 天，恰好与淮海战役的时间相同时，这位当年淮海战役的总前委书记脱口而出说：“好，又是一个‘淮海战役’，是钢铁战线上的‘淮海战役’。钢铁工业要搞大兵团作战，但是一定要科学组织合理施工，希望你们再打一个团结协作的漂亮仗。”

邓小平视察武钢时向欢迎的人群招手致意。

在四号高炉视察时，邓小平还对武钢的发展规模提出了一个宏伟的设想。他深情地说："搞建设，就是要有速度。生产要狠抓才能搞上去。武钢是新中国兴建的大钢都，地理条件优越，很有发展前途，现在搞 400 万吨，我看将来可以搞 1 000 万吨！"

由于邓小平初到轧钢厂参观，厂党委书记准备扶他上梯登炉台观看，邓小平摆摆手谢绝了，自己登上了炉台。在轧机前，他看到有许多女青工。当听说这是厂里的第一代女轧钢工时，他满意地点了点头。

山西大寨之行

（1975年）

全国农业学大寨会议在山西昔阳县召开。邓小平抵达阳泉火车站："这里太古旧、太古旧了！"会上，邓小平与江青短兵相接。毛泽东斥责江青的讲话是"放屁，文不对题"，指示"稿子不要发，录音不要放，讲话不要印"。

一

1月5日，中共中央发出1号文件，任命邓小平为中共中央军事委员会副主席兼中国人民解放军总参谋长。8日至10日，中共十届二中全会在北京召开，会议追认邓小平为中央政治局委员，选举邓小平为中央政治局常委、中央副主席。13日至17日，四届全国人大一次会议举行。在这次会议上，邓小平被任命为国务院副总理。在十二名副总理中，邓小平排序第一位，这是毛泽东亲自指定的。

2月1日，国务院常务会议决定：邓小平主管外事，在周恩来总理治病疗养期间，代总理主持会议和呈批文件。7月，邓小平开始主持党中央和国务院的日常工作。

当时，"文化大革命"的狂风已经肆虐了近十个年头。全国政治经济形势非常混乱，国民经济濒临崩溃。邓小平临危受命，开始对几近瘫痪的国民经济进行全面的整顿。经过几个月的整顿，各方面的工作已取得了显著的成效。

这年的9月，党中央和国务院决定召开全国农业学大寨会议。召开这次会议的目的是讨论建设大寨式的县、农业机械化和整顿社队等问题。

实际上，召开全国农业学大寨会议早在1972年就提出来了。1972年2月，国务院副总理华国锋向农业部部长沙风布置：今年要开全国农业学大寨会议，会上要把“农业六十条”修改出来。由于各种因素的影响，会议被一再延期。1974 年 7 月，农林部召开了全国农业学大寨会议预备会，研究了农业学大寨和农业机械化会议的准备工作，确定把两个问题结合起来，作为会议的主题。1975 年 8 月 13 日，由国务院副总理华国锋、陈永贵领导的会议筹备小组向国务院提交了《关于召开全国农业学大寨会议的请示报告》，确定这次会议的内容是：“交流农业学大寨，特别是建设大寨式县的经验，研究进一步开展农业学大寨运动和迅速改变穷队面貌的问题。同时，交流农业机械化经验和讨论 1980 年基本上实现农业机械化问题。”8 月 16 日，邓小平批示了这个报告。

毛泽东曾发出“农业学大寨”的指示，在全国农村掀起了“农业学大寨”的群众运动。这是 1964 年 12 月，毛泽东接见陈永贵。

毛泽东对这次全国农业学大寨会议十分重视，他提议：凡能去的政治局委员，都要参加这次会议，并委托邓小平代表中央作重要报告。

9 月 15 日，全国农业学大寨会议在山西省昔阳县开幕，参加会议的有国务院有关单位负责人，各省、地、县负责人，农业、科技、财贸等许多单位代表，共 3 700多人。这是中共中央在山西召开的规模最大的一次会议。

会议分两段进行：9 月 15 日至 28 日在昔阳，参观大寨等先进单位，听取经验介绍；9 月 29 日到北京，参加国庆活动，继续开会。10 月 19 日会议在北京闭幕。

邓小平是 9 月 15 日会议开幕的当天赶到大寨的。他先从石家庄乘火车到阳泉，然后转乘汽车到昔阳。到阳泉站迎接邓小平的有陈永贵和山西省委第一书记王谦及主持昔阳县委工作的王金籽等。

这是邓小平第二次到大寨。两年前，他曾陪同马里国家元首兼总理穆萨·特拉奥雷上校参观过大寨。

今天，邓小平走下火车，环顾一下阳泉车站，感叹地对陈永贵说："这里太古旧、太古旧了！"他转身又对王谦说："不要怕别人说什么，最重要的是把领导班子整顿好。关键是用好人！"

江青怀着她个人的目的，于9月8日提前到了大寨。她带了50多名随行人员，还从北京运来四匹马、一卡车评《水浒》的印刷品和电影、电视片以及放映设备等。昔阳县委和大寨大队不得不兴师动众地为她举行了欢迎仪式。

9月12日，江青在大寨礼堂接见大寨全体干部、社员，并作了长达两个多小时的评《水浒》报告。她在讲话中对评论《水浒》的意义任意发挥。她说："《水浒》的要害是架空晁盖，现在中央就是有人架空毛主席。"

她说："不要以为评《水浒》只是一个文艺评论，同志们，不能那么讲。不是，不单纯是文艺评论，也不单纯是对历史，对当代也有现实意义。因为我们党内有十次路线错误，今后还会有的。敌人会改头换面藏在我们党内。""宋江上了梁山，篡夺了领导权。他怎么篡夺的领导权呢？同志们，他是上山以后，马上就把晁盖架空了。怎样架空的呢？他……把一些大官，大的将军、武官、文吏，统统弄到梁山上去，都占据了领导的岗位。这是他的组织路线。"她恶狠狠地叫喊："我们不仅承认阶级斗争不是熄灭了，而且要看到我们党内有两条路线的激烈的斗争。"

她还说："党内有温和派，有左派，左派领袖就是鄙人。""最近，有那么一些人，把主席批评我的一封信——江某人向政治局传达的——政治局没有讨论，给传出去了。""我这个人天天挨骂，修正主义骂我，共产党员还怕骂吗？""在北京我跟他们斗了半年多了。"

江青此番讲话的要害，是说在《水浒》这本书中，新上梁山的宋江架空了梁山农民起义的首领晁盖。江青的用意一看即知，她讲的宋江，指的就是邓小平。讲宋江架空晁盖，就是说邓小平架空毛泽东。

江青的这个讲话在大寨干部、群众中造成了很大的混乱。郭凤莲后来回忆说："我们当时听了，心都跳出来了。""这不明明是把矛头对准中央的一部分领导同志吗？"

会议还没开，就充满了浓重的火药味。

二

9 月 15 日上午 9 时，全国农业学大寨会议在昔阳县拖拉机厂新厂房正式开幕。华国锋主持会议，陈永贵致开幕词，江青、姚文元等参加了会议。

由于事先知道邓小平要在开幕式上代表党中央、国务院作重要报告，出席会议的 3 700 多位代表怀着急切的心情，想好好聆听邓小平的讲话。当华国锋宣布“现在，请中共中央副主席、国务院副总理邓小平同志向大会作重要讲话”的话音刚落，整个会场便爆发出热烈的掌声。尽管邓小平几次摆手示意大家停止鼓掌，但掌声不仅没有停止，反而愈来愈热烈，不少刚出来工作的老干部都流下了激动的泪水。

如此热烈、动情的场面使饱受磨难的邓小平也非常激动。面对台下一张张诚挚、热情的面孔，他干脆推开讲稿，开始讲话。

他说，这会议很重要，可以说是 1962 年七千人大会以后各级领导干部来得最多的一次重要会议。这次会议涉及的问题，虽然不像 1962 年的七千人大会那样全面，但就实现二十五年的目标来说，这次会议的重要性仅次于那次会议，或相当于那次会议。

1975 年的邓小平。

他进而指出：形势大好，形势逼人。我们可能争取到 5 年，或者更多一些时间，加强我们国内的建设，加强无产阶级专政的经济基础，加强我们的国防。25 年来，我们做到了农业刚够吃，这件事情不可小视，由过去旧中国的半饥饿状态达到每人占有粮食六百几十斤，这是一个伟大的成绩。在工业方面，我们也打下了一个初步的基础。我们可以自豪地说，无论在工业还是农业方面，已经有了一个进入世界前列，实现农业、工业、国防和科学技术现代化的这么一个基础。但是，我们在这一方面应该有清醒的头脑。因为我们现在尽管有了这个基础，但还很穷、很落后，不管是工业还是农业，要赶上世界先进水平还要几十年的时间。所以我们说形势好，有希望，大有希望。但是，我们的头脑要清醒，要鼓干劲，不仅路线要正确，而且要政策正确、方法正确。周总理在四届人大讲了毛主席提出的发展国民经济的任务，就是到本世纪末，全面实现农业、工业、国防和科学技术的现代化，使我国国民经济走在世界的前列。所以我们说在形势大好下面，形势逼人。25 年，从明年起，我们赌了咒，发了誓，要干这么一件伟大的工作，这真正够得上是雄心壮志。我们相信大家能够办到。但是，不要疏忽大意，不要以为轻而易举。

他说：实现四个现代化，照我个人的看法，关键是农业现代化。农业现代化、工业现代化、国防和科学技术的现代化，这四个现代化，比较起来，更加费劲的是农业现代化。总之，形势大好，形势要求我们走快一些。25 年来，总的来说，我们有相当大的发展，但是发展速度不能算快。中央要求从现在起，从明年新的五年计划起，速度要比过去快，通过第五个五年计划，在 20 年以内，一步一步更要加快。我们不能满足现状，就是第五个五年计划速度加快了，也不能满足。我们现在全国存在各方面的整顿问题。军队要整顿，是毛主席指示的。这是毛主席提出的纲。毛主席讲过，军队要整顿，地方要整顿。地方就是好多方面嘛。工业要整顿，农业要整顿，商业也要整顿，我们的文化教育也要整顿，科学技术队伍也要整顿。文艺，毛主席叫调整，实际上调整也就是整顿。

邓小平的讲话，在广大与会者中引起了强烈的反响和热烈的拥护。邓小平讲话结束后，会场响起热烈的掌声，许多代表干脆站起来高举双手鼓掌不止。

对此，“四人帮”一伙自然是心怀不满，江青是最憋不住的。在邓小平讲话的时候，她就在一旁冷言冷语地多次插话，表示不同意见。

邓小平讲话一开始，江青就无理干扰、寻衅滋事、胡乱插话，引起与会代表的义愤，当然也受到了邓小平的当场反击。

邓小平说：“这会议很重要，可以说是 1962 年七千人大会以后各级领导干部来得最多的一次重要会议。”

江青插话：“内容不一样。”

邓小平说：“重要性一样。仅次于七千人大会。”

江青说：“相当于。”

全场哗然。

当邓小平讲到部分县、地区粮食产量还不如解放初期时，江青插话：“不能那么说，那只是个别的！”

“个别的也是不得了的事呀！”邓小平提高了嗓音严肃地说：“就是个别的也值得很好注意呀。”“据 23 个省、市、自治区统计，人民公社基本核算单位农业产值按人口计算平均 124 元。最低的贵州，倒数第一，只有六十几块。”“社员有的还倒欠债。”

邓小平还没有说完，江青又抢着说：“有些债要取消了。”

邓小平当即指出：“那是政策问题，中央要另行研究。”

邓小平接着说：“四川倒数第二，九十几块，这行吗？”

江青说：“8 000 万人口。”

邓小平：“9 000 多万啰！”他故意把“啰”字的发音拖得既高又长。他接着说：“类似四川一百元左右的还有好几个省。这是讲产值，还不等于社员收入。社员收入有的很少。这种状况，我们能满意吗？”

面对邓小平义正词严的陈述，江青无言以对。

邓小平强调：学大寨，要真学，不要假学，不要半真半假地学。真学，关键在领导。

邓小平还力图打破“左”的帮派用人体系。他向在座的各级领导干部提出：要把那些思想好，联系群众，能够带头干，能够艰苦奋斗的人提起来，不管过去是这一派、那一派，不管过去犯了点什么错误。从省里到地、县、公社、队，层层都要选好人，选好人就有希望。天天空喊学大寨，是没有希望的。

这次农业学大寨的会议，实际上变成了邓小平和“四人帮”直接交战的战场。会上各讲各的，政治分歧十分明显。全国与会的各级干部，将这一切都看在了眼里。邓小平的求真务实，江青的无理取闹，给每一位代表留下了极其深刻的印象。

江青干扰邓小平讲话的企图没有得逞，自然不甘心处于下风。

邓小平讲话结束后，江青便不顾会议没有安排她讲话的程序，声称要在会上“讲几句”，并摆出非讲不可的架势。无奈之下，只好让她讲话。

江青拉开她那特有的大嗓门开始讲话。她明知各省、市、自治区第一书记不来参加会议是中央定的，却借题发挥，胡乱指责各省第一书记不来参加会议是“不重视农业”，“第一书记只来了一个内蒙古的尤太忠”。

邓小平当即指出：“各省市是按中央通知办事，主管农业的书记来了就行。”

接着江青又扯了几句农业问题，然后调子一转，把话题转到了评《水浒》问题上。她说："现在，中央就有人架空毛主席！"

江青还提出无理要求，要在大会上播放她9月12日的讲话录音。对此要求，会议没有理睬。但她并不罢休，会议一结束，她又立即提出要印发她的讲话稿。

对于江青的无理取闹，当时主管农业的副总理华国锋并没有给她正式答复，而是将她的要求报告了党中央和毛泽东。得知江青在大寨会议上的表现后，毛泽东十分气愤。他曾一而再、再而三地苦口婆心地交代、嘱咐和批评，但江青就是听而不闻，屡犯不改。毛泽东生气地斥责江青的讲话是"放屁，文不对题"。毛泽东指示："稿子不要发，录音不要放，讲话不要印。"毛泽东的这三个"不要"，又一次地支持了邓小平，又一次地打击了"四人帮"的嚣张气焰。

华国锋根据毛泽东的指示，拒绝了江青的无理要求，并指示山西省委书记王谦不要在山西播发江青的讲话。

1975年9月，邓小平在大寨虎头山上。

开幕式后，邓小平应陈永贵的邀请到了大寨，午饭后上虎头山看了看，当天回到北京。

在全国农业学大寨会议上的这场较量，邓小平占了上风。邓小平领导的全面整顿也在同"四人帮"的不断斗争中艰难地向前推进，取得了显著的成绩。

随着全面整顿的逐步深入，人们发现，全面整顿，实际上就是要系统纠正"文化大革命"的错误，这也正是毛泽东所不能接受的。

1975年的冬天，在"批邓、反击右倾翻案风"的运动中，邓小平再一次受到批判，他领导的全面整顿也被迫中断。直到1977年7月，党的十届三中全会恢复了他原来的党政军职务。

大转折关头

（1978年）

视察东北，邓小平发表“北方谈话”：实事求是，开动脑筋，要来一个革命。理论要通过实践来检验，这样的问题还要引起争论，可见思想僵化。“要解放思想，开动机器，不要当懒汉”，“包括思想懒汉”。一定要根据现在的有利条件加速发展生产力。邓小平说：“我是到处点火。”年底，党的十一届三中全会召开。

一

1978年9月13日中午，朝鲜北部重镇新义州火车站。

站台上，歌如潮，花似海，朝鲜方面举行盛大仪式，为参加完朝鲜建国30周年庆祝活动的中国党政代表团送行。“热烈欢送兄弟的中国人民的友好使者！”“朝中人民用鲜血凝成的牢不可破的友谊和团结万岁！”等大幅标语在金秋的阳光下更显光彩夺目。

代表团团长、中共中央副主席、国务院副总理邓小平，代表团副团长、中共中央政治局委员、中共上海市委第三书记彭冲，与前来送行的朝鲜平安北道、新义州市党政负责人握手作别后，登上了墨绿色的专列。

火车驰过横跨鸭绿江上的中朝友谊大桥，经过边城丹东，风驰电掣般地消逝在辽东半岛那绵延起伏的沟壑丘陵之中。

下午5时16分，专列驶进钢城本溪。中共本溪市委、市革委会负责人罗定枫等在月台上迎候邓小平一行。

红光满面的邓小平走下车厢，同市委、国务院工作组、本溪驻军和本溪钢铁公司、矿务局、铁路局的负责人见面。

罗定枫代表本溪人民向邓副主席问好。

“你们本溪多少人口?”邓小平问道。

“全市约133万人,其中城镇人口67万多,农村人口64万多。”罗定枫回答说。

邓小平说:“60多万也不少了。”

罗定枫汇报了本溪市和本溪钢铁公司的情况。

邓小平说:“不要自满,现在要比国外水平。”

罗定枫说:“本溪、本钢是个受‘四人帮’破坏的重灾区。”

“我知道。现在就是要好好向世界先进经验学习。不然老是跟着人家后面爬行。什么是爬行主义?这才是真正的爬行主义。”

罗定枫检讨说:“我们在揭批‘四人帮’斗争中联系‘批林’还不够。”

“不‘批林’,揭批‘四人帮’就搞不透。实际上,林彪和‘四人帮’是一伙的,好多事情他们很早就是一起干的。”邓小平说道。

谈到本溪工业生产情况,辽宁省委第二书记任仲夷说:“本溪搞得还是不错的。”

“我知道,你们还是比较好的。”邓小平话锋一转,“在国内你们不错,在国外与发达国家比,你们还是落后的。”

“我们本溪、本钢潜力很大。”罗定枫只得这样说。

“不仅是你们这里潜力大,全国各个地方的大大小小企业,各个方面的潜力都很大。”

“我们还很落后。”

“那就要到发达的国家去看看。过去,我们对国外的好多事情不知道,也不可能知道。知道还有罪嘛,崇洋媚外嘛。我们应当去看看人家是怎样搞的。”

到了1978年秋天,揭批“四人帮”,肃清极“左”流毒,为实现四个现代化而学习发达国家、引进国外先进技术,已经成为千百万中国人的共识。但是此时此刻,在本溪火车站的月台上,邓小平针对本溪的问题所讲的这番话,令在场的省、市负责人深感震撼,尤其是那份清醒、那份焦灼、那份紧迫感。

邓小平十分了解各地的情况,也十分了解本溪。这是一个以冶金为主的重工业城市,许多企业设备老化,工艺落后,污染严重,整个城市的环境相当差。针对这种情况,邓小平说,我们有的企业太脏,企业管理不好。日本管得好,日本有的资本家,首先抓卫生,第二是抓安全。凡是哪个工厂脏的,那个厂肯定管得不好。

罗定枫说：“我们这个地方很脏，卫生搞得不好。”

彭冲说：“冶金企业都比较脏。”

邓小平说：“你那地方干净，证明你那企业管理肯定不错。环境卫生抓得好，人的疾病少些，人一整洁，精神面貌也好了。”

停了一下，邓小平像是在作解释似的又说：资本主义国家也研究心理学，拖拖拉拉的就管不好。企业管理一抓卫生，二抓安全。抓好这两个也不容易。没有很好的秩序，就不可能抓好。一个工厂搞得干净，也不容易，你们试试看。有了好的秩序，安全也就好了。卫生搞不好，质量也搞不好。厂子的清洁，也是个综合能力的表现。

任仲夷插话说：“过去黑龙江有个副食商店，营业员戴上白手套操作，给顾客拿食物，竟被批为修正主义。”

邓小平说：“他们是越脏越革命。”

下午 5 时 32 分，开车铃声响了。邓小平与大家一一握手告别。

任仲夷表示：“我们要改变面貌。”

邓小平一边走向车门，一边回身嘱咐道：“要改变面貌，改变精神状态。”

火车启动时，这个有 100 多万人口的钢城已经亮起了点点灯火。

二

邓小平的专列经过东北工业重镇沈阳、四平、长春，在广袤的松辽平原上疾驶。

夜色沉沉，繁星点点。车轮敲打出有力的节奏，伴随着邓小平飞驰的思绪……

这已是粉碎“四人帮”后的第三个金秋，中国局势发生了天翻地覆的变化。由于叶剑英等人的推动，被打倒的邓小平第三次复出，他在中国政坛上的影响也与日俱增。但是，当时的中共中央主要负责人对时代脉搏的反应十分迟钝，继续推行毛泽东晚年贯彻的一整套“左”的思想理论，并抛出“两个凡是”的主张。中国的思想界再次感到压抑，并奋起抗争。1978 年 5 月 10 日。中共中央党校《理论动态》第 60 期发表了《实践是检验真理的唯一标准》一文，11 日，《光明日报》以特约评论员的名义公开发表。由此，引发了关于真理标准问题的全国性大讨论。

5月30日，在同几位负责人的谈话中，邓小平有针对性地亮出了自己的观点。他说：毛泽东思想最根本的、最重要的东西就是实事求是。现在发生了一个问题，连实践是检验真理的标准都成了问题，简直莫名其妙！

6月2日，邓小平在全军政治工作会议上发表讲话。他批评道："我们也有一些同志天天讲毛泽东思想，却往往忘记、抛弃甚至反对毛泽东同志的实事求是、一切从实际出发、理论与实践相结合的这样一个马克思主义的根本观点、根本方法。不但如此，有的人还认为谁要是坚持实事求是，从实际出发，理论和实际相结合，谁就是犯了弥天大罪。"话锋直指"两个凡是"。

7月21日，邓小平把当时的中宣部负责人找去，跟他讲了真理标准讨论问题的大致经过，并要求他：不要再下禁令、设禁区了，不要再把刚刚开始的生动活泼的政治局面向后拉。

到了1978年的7、8月份，这场以理论交锋牵引出的政治较量的最终结局已经露出端倪。各省、市、自治区和各大军区党委的负责人纷纷亮出自己的观点，"凡是派"全线崩溃。其中最早表态的是中共黑龙江省委第一书记杨易辰和中共辽宁省委第二书记任仲夷。

作为一位老练的政治家，邓小平没有陶醉在初战告捷的喜悦中。这次访朝归来，他要首先在组织基础较好的东北地区宣传自己的思想，巩固政治成果和舆论阵地，扩大声势，为不久将对"凡是派"发动的总攻擂起战鼓。

除此之外，邓小平还有许多事情也放心不下：东三省的"揭批查"运动进展得如何，"四人帮"的死党是否还在兴风作浪，多年积累下的冤案纠正了多少，工农业生产恢复得怎样……

9月14日凌晨2点，那一刻万籁俱寂，城市在安睡。邓小平的专列驶进吉林北部的陶赖昭火车站。等候在这里的黑龙江省委书记李力安、省委副秘书长曲绍文、大庆市委书记陈烈民等上车迎接邓小平。火车在陶赖昭稍作停留后，按照邓小平的要求，直奔大庆而去。

这是邓小平第三次视察大庆。前两次是在60年代，大庆创业初期，他亲临油田，上井架、下现场、问化工，对油田的建设倾注了极大的关怀。

十几年过后，这次来大庆，邓小平流露出了平日少见的兴奋。在火车上，他

邓小平详细询问大庆生产情况。

就向省、市委领导详细询问了油田的开发情况和产量。有关负责人告诉他：到1978年，大庆油田已经达到了年产原油5 000万吨以上，并且稳产了两年。邓小平关心地问："5 000万吨，还能稳产多久?"市委负责人回答："可以稳产到1985年。"邓小平听后高兴地嘱咐："一定要把油田管理好。"

火车在大庆车站徐徐停下。邓小平稍事休息，立即驱车前往油井一线参观。

采油一部的干部和群众在6排17号井旁等候邓小平的到来。掌声过后，党委副书记孙叶松说："邓副主席，这就是14年前您视察过的那口'光荣井'，而今它的日产量已由当初的32吨上升为63吨，我们做到了开发18年，产量翻一番。"

邓小平连声赞许："好！好！"

来到"30万吨乙烯会战"指挥部，邓小平详细询问了引进设备的情况。然后他说："引进来设备就要掌握，就要生产，要快。"当听到使用新的9套装置生产的产量中仅乙醇就可年产20万吨，在世界上也是相当大的时，邓小平说："这个好，搞起来快，多了可以出口，出口也有市场。"邓小平还提出，应用新的生产设备，要把"三废"处理好，不要造成环境污染。"乙烯会战"领导向邓小平汇报说：我们准备引进污水处理装置。邓小平说，这样上得就快了，很好嘛！他还关切地询问了整个工程投资多少，用外汇多少，什么时候建成。项目负责人回答说，一期工程1981年可以建成，二期工程1983年可以建成。邓小平高兴地说：

“好！81 年建成了我再来看。”

离开了乙烯会战指挥部，邓小平来到大庆化肥厂。这一年，大庆的石油化工已有相当的规模，化肥厂成为化工行业的排头兵。邓小平兴致勃勃地询问了化肥厂各个装置的性能和生产情况，询问了同样装置国内外用人数量的对比，肯定了化肥厂“进行专业化管理”“逐步把人员减下去”的做法。在巍峨高耸的造粒塔旁，邓小平不顾 74 岁高龄，想要上去察看，经周围人员极力劝阻，方肯止步。看着邓小平勃勃的兴致，化肥厂的干部工人大受鼓舞，他们把自己生产的尿素样品作为礼物送给邓小平，邓小平高兴地收下了。

这次邓小平到大庆，一个特别关心的问题就是大庆油田的外围与深层勘探工作的进展及可采储量的增加情况。当时，大庆人自己提出一个口号，“大庆外围找大庆，大庆底下找大庆”，形象地说明大庆油田当时的进取势头。邓小平在设计院认真听取了有关汇报，并详细询问：现在井打多深，下面有没有油？他还问及了地震多次覆盖技术和钻机、钻头的运行状态。汇报中间，邓小平站起身来，俯身在东北地区地质构造图上仔细观看。当有关负责人汇报到华北古潜山找油和新疆、四川打深井时，邓小平说，要打 7 000 米深井。当了解到有的国家 6 000 米钻机还有一些缺点时，他马上说道：“买美国的，还是它厉害。”谈话之间，邓小平三次提到要买钻机。

邓小平听取大庆党委负责人介绍大庆发展规划。

“要加快找油，加快找气，找到更多的油气田。”这是邓小平视察大庆时反反复复提的要求。他说，我们在钻井、勘探和综合利用上与国外有很大的差距，这些要早解决，搞“十来个大庆”是不容易的。面对着在场的各方面负责人，他深情地说:“我们要有5亿吨油就好了。”全场一片默然。当时大庆原油的年产量是5 000万吨。

吃午饭的时候,大庆油田的党委负责人谈到了当时进行的陆相生油理论研究。邓小平很感兴趣。“李四光说陆相能生油,有人不服气嘛。”他说,“我国地质理论上几个学派并存,搞百家争鸣嘛!不能把人家否定掉。”席间他还提出:“港口的原油计量问题要解决,要不,我们吃亏,别人笑话。”“要搞电子计算机中心。一天24小时工作,不然就是浪费。”当听到大庆当时有15万职工组织起来学习文化科学技术时,邓小平高兴地说:“这个好,今后就是要考核。”他对大庆油田党委负责人说:“你们要研究一下,以后可不可以搞6个小时工作,2个小时学习。”

油田职工的生活怎么样,是邓小平一直牵挂的。前两次视察大庆时,他曾就职工的衣食住行作过许多重要的指示,解决了不少难题。这次来到大庆,看到职工们的生活有了很大的改善,他非常高兴。但他仍忘不了要问一问职工们的生活情况。他逐一询问了大庆蔬菜、肉食供应情况。当听说企业养猪可以达到12万到15万头,平均每个职工每月可吃上2斤自产猪肉时,邓小平说:“这不错。”对蔬菜生产,邓小平说:“要搞蔬菜脱水,脱水以后贮藏、运输都方便。”当有关领导汇报到组织家属参加农业劳动,可以解决两地生活问题,可以增加生产,增加家庭收入时,他连连说:“好,你们这个办法好。”

听完汇报,邓小平又兴致勃勃地观看了大庆职工、家属自己生产的粮食、蔬菜、水果样品,并高兴地收下了拍摄油田农副生产的照片集。

邓小平还十分关心大庆职工的居住和收入情况。他询问干打垒房屋还有多少后说:“大庆贡献大,房子要盖得好一些,要盖楼房,要搞建筑材料。”当听到大庆标准工资平均44.6元时,说:“太低了,贡献大,应该高。”后来他在哈尔滨召开的黑龙江省委会议上又说:“大庆仓库那个保管员现在才40多元钱,太低了。可以是八级,至少七级,这样鼓励学习、鼓励上进。”

邓小平不仅关心大庆的石油生产,还关心大庆的农业生产。60年代他视察大庆时,对这个问题作过指示。今天他听说大庆已经搞了32万亩耕地时,高兴地说:“大庆的地,每亩100斤化肥,产玉米1 000斤,这个不简单。”他还指示:“大庆要挖土地潜力,多种树。农业搞机械化,节约下人力种树,还可以种草,发展畜牧业,草原可以改造,排水,搞条田、方田,要改造草原。”

邓小平还谈到了保护环境的问题。针对大庆油、气、化工污染严重的状况，邓小平语重心长地说:“我们的化学工业‘三废’问题都没有解决好”,“一定要把‘三废’处理好”。

邓小平在大庆油田受到采油女工的热烈欢迎。

邓小平来大庆视察的消息，迅速传遍了整个油田。广大职工、家属、学生纷纷涌上街头，涌向邓小平视察的地方。小平在视察途中，十分高兴地向路旁的群众招手致意，每到一处，都热情地与周围的群众握手。当他步入大庆机关二号院时，800多名干部、工人和家属列队欢迎。看到这热烈的场面，邓小平高兴地与大家握手。“不能都握了。”他亲切地向站在后边的人招手。之后，他特意来到失去双臂的劳动英雄耿玉亭面前，关切地说:“不容易啊，你的身体怎么样?”为了弥补不能与耿玉亭握手的遗憾，邓小平特意与耿玉亭的妻子握手并致问候。当陪同的同志提出大庆的干部群众想和邓副主席合影时，邓小平立即放下手中的茶杯说:“好！安排好了就照!”人们被邓小平的情绪感染了，纷纷过来拥在他的身边，留下了宝贵的合影。这次在大庆，邓小平先后4次与500多人合影留念。

晚饭后，邓小平乘车离开大庆，前往省城哈尔滨。在火车上，他留给大庆人一句话:“要把大庆油田建设成美丽的油田。”

从此以后，邓小平再没到过大庆。但是，小平同志“81年建成了我再来看”的话语，一直成为一种重要的精神动力，激励大庆人发扬“铁人”精神，干出惊人业绩。

9月15日上午9时，在哈尔滨市花园村宾馆会议室，邓小平听取黑龙江省委常委工作汇报。省、市党政军领导和有关方面负责人参加了汇报会。当时，省委第一书记杨易辰正率团出访欧洲，省委书记李力安主持了汇报会。

会议开始，邓小平微笑着对李力安说："你简要地说说吧。我是没有更多的好主意的，只能随便吹一吹。"一句话引来了满屋的笑声，会议室里的气氛顿时活跃起来。

李力安向邓小平汇报了黑龙江省的农业现状，并提出1978年粮食要达到300亿斤。邓小平立即询问："黑龙江粮食年产历史最高水平是多少？'文革'前是多少？"李力安回答："历史最高水平是293亿斤，'文革'前是156亿斤。因为这两年人口有所增加，去年和前年又受了灾，不得已挖了库存。"邓小平立即严肃地说："口粮不要减，减口粮伤元气，建国以来教训太多了。"

李力安汇报到黑龙江国营农场工作时，邓小平一连几次插话。他说：农场不仅要搞粮食，还要变成农工联合企业，基本上是搞农产品的加工，农业的技术改造；要通过搞种子基地、肥料工厂等办法实现农业工业化的目标。搞养鸡场，要把饲料变成工业品，按鸡配料，小鸡吃什么，半大鸡吃什么，大鸡吃什么，按科学配方。这样可以搞大养鸡场、养猪场、养牛场，然后再加工，蛋品的加工、肉制品的加工、奶制品的加工，加工后再运出去嘛。

李力安在汇报中说到这一年7、8月份工业生产下降，这里面的原因有原料问题，也有按劳分配方面的问题。

这是邓小平一直思索的问题。

按劳分配是社会主义的一个重要特征。但是，一个时期内，在我国农村，劳动者的分配采取不合理的工分制，多劳不能多得；在工矿企业，只实行计时工资制，干好干坏一个样。这种分配形式只能造成人们的生产积极性不高，劳动效率低下的后果，不利于社会生产力的发展。半年前，邓小平同国务院政治研究室的负责人谈话，在谈到按劳分配问题时说：国务院政治研究室起草的《贯彻执行按劳分配的社会主义原则》这篇文章我看了，写得好，说明了按劳分配的性质是社会主义的，不是资本主义的。我们一定要坚持按劳分配的社会主义原则。按劳分配就是按劳动的数量和质量进行分配。根据这个原则，评定职工工资级别时，主要是看他的劳动好坏、技术高低、贡献大小。

当李力安谈到按劳分配问题时，邓小平立即接过话题说，分配政策值得研究，不能搞平均主义。要把按劳分配的原则落到实处，就要实行奖励制度。对管理好的企业，为国家贡献大的人应该给予奖励，以刺激其技术水平、管理水平的提高。

吸收国外资金、引进国外设备，是发展经济、实现四个现代化的重要举措，也是邓小平此次在哈尔滨谈话的重点。邓小平说，我们要大量吸收外国的资金、新的技术、新的设备。令人担心的是我们的体制现在已经不适应这项工作，不适应现代化建设，总的来说上层建筑不适应新的需求。我们必须懂得这一点。谈到这里，邓小平加重了语气：我们国家的体制，包括机构体制等等，基本上是从苏联来的，是一种落后的东西，人浮于事，机构重叠，官僚主义发展。大庆要进口一件什么设备，本来经过党委就可以解决，可就是转圈子，定不下来，一拖就一年。所以有好多体制问题要重新考虑，既要发挥中央、地方的积极性，也要扩大基层企业的权力。邓小平指着大庆市委书记陈烈民说，比如大庆，规定它建立引进的工厂，从头到尾就都由大庆自己负责。派人考察，同外国人来往、签订合同，每项技术怎么引进，怎么学会，就都由这个企业负责。这时陈烈民插话说，现在出国考察的不管企业，管企业的不能出去考察。邓小平接着说，体制问题当然还要研究，但是不解决不行。

就提高技术水平和科学管理水平，邓小平在讲话中举了个例子：武钢的一米七轧机，是西德、日本的最新技术，现在搁在那儿不会管、不会用，迫使我们要留一点外国技术人员，包括技术工人。他语重心长地说，一个企业管理得好不好，大不一样。技术我们是落后，但人家的东西我们能不能掌握，要靠自己的努力。

当李力安汇报到领导班子建设问题时，邓小平风趣地说：年纪大的，稳重有余，冲劲不足，我们这些人也在内。要从中青年干部、技术干部中提拔一些懂行的，要把那些打砸抢分子、派性严重没有政绩的人、本领不大的人从领导班子中换掉。

随即，邓小平赞扬了大庆的领导班子。他说，大庆的班子不错，比较年轻，中青年多。现在所谓年轻，就是40出头一点的，也有30多、20多的。年轻人有的是，培养一批合格的管理人员、技术人员，这方面如果我们现在不着手，将来就来不及，后继无人。军队现在就发生了这个问题，后继无人。不加紧解决这

邓小平和中共黑龙江省委书记李力安在一起。

个问题不行。

在座的黑龙江省委常委们心里清楚，邓小平这些话是有感而发。“四人帮”被粉碎后，大批“文革”中被打倒的老干部恢复了工作，但也随之产生了干部队伍老化问题。1978 年邓小平多次谈话中已经提到了这个问题，可见此事在他心目中所占的位置。

但邓小平想得更深，也更现实。当时最打紧的是确立正确的思想路线，如果思想意识还这样禁锢，“两个凡是”得不到彻底清算，那么政治路线、立国方针就无法端正，组织路线问题、培养合适的接班人问题就成了水面上的浮萍，落不到实处。即使是毛毛雨，也应该早下，政治的提前量必须打出来。在这个场合，邓小平也只能把话说到这个程度。

午饭过后，略事休息，邓小平一行驱车南行，前往吉林长春。

三

9 月 15 日晚，邓小平到达长春之后，住在南湖宾馆 2 号楼。

这座为树林环抱的建筑落成于建国 10 周年前夕，是中共吉林省委迎接重要宾客和举行重大会议的场所。

16 日早饭后，南湖宾馆一改往日的寂静，增加了许多喧嚷和热闹。鱼贯而入的轿车惊起了群群飞鸟。此时,吉林省党政军领导干部正井然有序地向会议厅聚集。

今天,邓小平没有安排视察和参观。他感觉,昨天在哈尔滨,很多话都是针对具体问题发表的意见,有些过于具体和琐碎。这次,他要涉及一些更重大更敏感的问题,把话讲足,把“火”烧透……

上午 9 时整,邓小平步入会场。

看着他那矍铄的神情和沉稳的步履,在场的很多领导干部不禁心生感慨。早在 1958 年和 1964 年,作为中共中央总书记的邓小平两次视察长春。每次他都深入到工厂、农村、学校,与干部群众交谈,倾听意见,指导工作。“文革”中他命运多舛,两次被打倒。而他似乎生来就有一种与命运抗争的勇气,高龄复出,老当益壮,锐意进取,给中国带来的是何等的变化与生机。

省委第一书记王恩茂宣布开会,并汇报了吉林省关于揭批“四人帮”运动、整顿社会治安和工农业生产等情况。

汇报过程中,邓小平问到了吉林省的粮食产量问题、农业机械化问题、吉林西部的地下水问题,还提到了一汽的技改、霍林河煤矿的技术引进、吉林卷烟的质量问题。他甚至还询问了中科院长春光机所在“文革”中科学家的冤案……

在听取长春的拖拉机生产情况的汇报时,邓小平指出,你们要搞一些大马力的拖拉机,在东北“太小了不好用”。不光生产拖拉机,还应生产拖拉机的拖带机器。“现在全国的拖拉机都是 50 年代技术,落后得很,花的材料多,耗油量大,损害率高。”如果不改造,全国到处搞,这样下去就不行。目前修配也赶不上,这些问题要解决。大马力拖拉机不一定一个省搞,不要勉强在一个省搞,全国范围内只选几个点就够了。东北搞一个,看哪一个省好一些,集中在它的身上来改造。“比如,长春生产的拖拉机总装质量不合格,可以生产一些零件,让总装好的搞总装,采取专业化协作生产。这样又快又省,不要走小而全、中而全、大而全的道路。这是苏联的道路。”

省里的同志说,吉林省化肥不多,小化肥没搞起来,邓小平说,小化肥不经济,但很起作用,目前化肥主要还是小化肥厂生产的。“但小化肥要改造,要逐渐搞大生产嘛! 小的耗费原材料,成本高,价格贵,生产能力也不多,要改造。”要全国设计,选择一个、两个、三个型号的,不搞不行。怎么样改造小化肥,搞个全国统一的改造方案。

听到正在建设的霍林河煤矿要引进西德技术，邓小平说了一大段话：

“要引进西德的机器，就要完全保证用它的管理办法，否则就没有资格引进。”它是完全自动化的，年产 5 000 万吨只用 900 人。“要引进人家的技术，就要学习人家的管理方法。”你们这个厂子要完全按它的管理方式生产。从开始就组织一个领导班子，从头到尾负责，包括直接谈判、直接签订合同，以后根据西德技术、管理办法生产。这样的企业，“不要搞改良主义，要彻底革命”。“以后所有引进的东西，必须坚持这一点，否则我们永远落后。我们的人海战术打不赢现代化战役。”“所以要培训人才，不但管理人员要合格，要学习，就是工人也要合格的。西德、日本工人起码要高中程度，而且是比较好的，才能掌握技术。高中毕业生就叫知识分子，工人本身也要知识化呀。不能够让讲空话的人、不懂的人去搞这样的企业。”我们要“好好学习，到外国去看一看，看人家怎么管理的”。选送的人年龄不要太大。管理企业精力要非常集中，很辛苦，管 900 人比管 9 万人难。每个岗位都不能出差错，按错一个电钮损失就大了。“总是要搞革命，不搞改良，不是叫技术革命吗?！我们不一直讲我们是革命者吗?！就是要革命!”长春汽车厂准备让哪个国家改造？上海准备引进西德奔驰汽车技术，用它的牌号。奔驰汽车“在国际上也是质量好的汽车”。

在听取吉林省财政收入情况的汇报时，邓小平说：“全国财政情况都不错，但这不能反映我们的本质。如果我们自己满足这个，就危险了。”因为它“一不反映我们的技术水平提高多少，二不反映我们的管理水平提高多少”。

……

汇报进行了半个多小时。

王恩茂在汇报结束后说，现在请邓副主席作指示。

掌声中，邓小平向与会者摆摆手，然后习惯地点燃一支香烟，开始了他的讲话。

邓小平说，现在摆在我们面前的有两个问题。第一个问题是实事求是，理论联系实际，一切从实际出发。他分析道：一切从实际出发，我们的事业才有希望。不论搞农业，搞工业、搞科学研究、搞现代化，都要实事求是，老老实实。所有在一个县、一个公社、一个大队工作的同志，都要根据本地的条件，搞好工作。要鼓励哪怕是一个生产大队、一个生产队很好地思考，根据自己的条件思考怎样提高单位面积产量，提高总产量，还有技术方面、多种经营方面，哪些该搞的

邓小平和王恩茂亲切交谈。

还没有搞，怎么搞。这样发展就快了。企业管理，过去是苏联那一套，没有跳出那个圈子。那时候，苏联企业管理水平比资本主义国家落后得多，后来我们学了那个东西，有了那个东西比没有好。但现在连那个落后的东西也丢掉了，一片混乱。现在要使所有的人开动脑筋，敢于思考怎么样使生产增加、产品质量提高、成本降低、原材料消耗少、产品价格不断降低。不管大、中、小企业，搞得好的要奖励，不能搞平均主义，要鼓励先进。实践是检验真理的唯一标准，这是马克思主义，是毛主席经常讲的。在这方面，思想要解放。现在是人的思想僵化，什么东西都是上边说了就算数，华主席、哪个副主席说了就算数，自己不去思考，不去真正消化。多少年来，就是"文化大革命"以前，我们的脑筋动得也不够。毛主席总是提倡开动脑筋，开动机器。林彪、"四人帮"把我们的思想搞僵化了。思想僵化，就不可能实现四个现代化。总之，实事求是，开动脑筋，要来一个革命。

在详尽阐述了实事求是，一切从实际出发之后，邓小平把话题转到对毛泽东思想的态度问题上。他说：怎么样高举毛主席的伟大旗帜，这是个大问题。大家知道，过去有一种议论，叫做"两个凡是"，不是很出名吗？凡是毛主席圈阅过的、讲过的都不能动；凡是毛主席做过的、说过的都不能动。这是不是高举毛主席的伟大旗帜呢？不是。搞得不好，要损害毛主席。毛泽东思想的基本点就是实事求是，就是把马列主义的普遍原理同中国革命的具体实践相结合。毛主席之所以伟大，就是靠的实事求是。马克思、列宁从来没有说过"农村包围城市”，这个原理在当时世界上没有啊！毛主席的伟大，就是根据中国的具体条件，指明了革命的具体道路，用农村包围城市，最后夺取了政权。如果没有实事求是的基本思想，能提出和解决这样的问题吗？能把中国革命搞成功吗？

邓小平略微停顿了一下，吸了一口烟，接着讲道：林彪、“四人帮”搞阴谋，干坏事，说毛主席的话一句顶一万句。林彪搞的那个小本本，可是害死人哪！他搞的那个语录，不能系统地反映毛主席的思想。

邓小平又举例说，在那个小本本里，关于党的建设的语录里，就没有“惩前毖后，治病救人”“团结—批评—团结”的语录。这是毛主席关于党的建设的很重要的内容。林彪、“四人帮”一伙任意歪曲、篡改马列主义、毛泽东思想，造成思想混乱，给我们党的实际工作、理论工作、社会风气造成了极大的危害，以致我们要扫除这些垃圾还得付出长期艰巨的努力。

全场寂静无声，只有邓小平的洪亮声音在会议厅内回荡、撞击。

人们清楚地记得，在一年多以前，尚未复出的邓小平就给党中央写信，指出毛泽东思想是一个思想体系，必须准确完整地理解和掌握，表现了一位老革命家卓越的理论水平和政治勇气。从那时起，如何完整、准确地掌握毛泽东思想，成为中国政治生活中一个重大的理论课题。

现在，邓小平又一次针对这个问题作出了自己的回答：我们高举毛泽东思想的旗帜，就要在每一时期，处理各种方针政策问题时，都坚持从实际出发。我们现在要实现四个现代化，有好多条件，毛主席在世的时候没有，现在有了。中央如果不根据现在的条件思考问题、下决心，很多问题就提不出来。比如毛主席在 60 年代初就提出“给一个矿，让日本开采”，用外国的资金，开发我们的资源。但那时候没有条件，人家封锁我们。后来“四人帮”把什么都说成是“崇洋媚外”“卖国主义”，使我们同世界隔绝了。经过这几年的努力，建立了很好的国际条件，使我们有条件吸收国际先进技术，吸收他们的资金。如果说毛主席没说过的我们都不能干，现在就不能下这个决心。在这样的问题上，什么叫高举毛主席的伟大旗帜呢？就是实现毛主席提出的、周总理宣布的四个现代化的目标。这是我们要为之奋斗的目标。

邓小平端起面前的杯子，喝了口茶水，顺着飞驰的思路继续说下去，马列主义要发展，毛泽东思想也要发展，否则就会僵化嘛！所谓理论要通过实践来检验，这样的问题还要引起争论，可见思想僵化。现在世界不断变化，新的事物不断出现，我们关起门来不行，不动脑筋永远陷于落后不行。我们要完整、准确地掌握毛泽东思想，根据不断变化的情况，提出我们的任务，加速四个现代化建设。

讲话中，邓小平还针对当时农业学大寨运动中存在的形式主义提出了批评。他说：学大庆、学大寨要实事求是，学他们的基本经验，如大寨的苦干精神、科学态度。但有些东西是不能学的，比如，他们一年搞一次评工记分不能学，取消集市贸易不能学，取消自留地也不能学。现在全国调整农村经济政策，好多地方要恢复小自由，这也是实事求是。你们这里也有好的典型呀，像榆树的小乡、永吉县的阿拉底大队，你们自己的典型更可贵。就每一个专区、县来说，都有自己比较好的典型，把这些比较好的典型加以推广，大家都向他们看齐，就了不起。是不是全国所有地方都要把地搞得平平的，不完全搞平就算没完成农田基本建设？要从实际出发，要因地制宜，不要搞形式主义，不需要平整的地方就不要平整，不需要搞梯田的地方就不要搞梯田。

在谈到企业管理中存在的问题时，邓小平说，我们要坚持按劳分配的原则，不能再搞平均主义，平均主义害死人。要鼓励上进，不能吃大锅饭。要建立各方面的考核制度。不管是公社各级领导干部，还是工厂企业的领导干部都要考核，不合格的要淘汰。这样的问题，在干部中要多讲，有的过去不敢搞，现在要敢。这样的精神贯彻下去后，一两年他那个厂、那个企业没有变化，亏损照样亏损，这种人不能用。

邓小平深入浅出的论述和简洁明确的结论，像捅破了一层窗户纸，使到会者顿时感到心里无比亮堂。

在谈到实现四个现代化的精神动力时，邓小平说：我们过去打仗，要打胜仗，没有一批不怕死、敢于冲锋陷阵的人是打不了胜仗的。革命要有一批闯将。我们不是要实现四个现代化吗？要超过国际水平，没有一批超过国际水平的闯将能行吗？人才最重要，没有一批这样的闯将，跟着人家的屁股后面爬是爬不上去的。

在分析我国的经济现状时，邓小平说，现在全世界 100 多个国家中，我们的国民平均收入名列倒数二十几名，算贫困的国家之一。就是在第三世界，我们也是贫困的一部分。毛主席讲要建设社会主义，社会主义有优越性的根本表现就是高速发展社会生产力。什么叫政治挂帅？政治挂帅归根结底要表现在生产力的发展上。生产力发展的速度比资本主义慢，那就没有优越性，这是最大的政治。我们要想一想，解放这么多年，我们给人民究竟做了多少事情呢？所以，我们一定要根据现在的有利条件加速发展生产力，使人民的物质生活好一些，使人民的文化生活、精神面貌好一些。

时间过得飞快，秒针、分针仿佛在赛跑。正当人们越听越入神的时候，邓小平突然宣布："我就讲这些。"大家立即放下手中记录的笔，雷鸣般的掌声响彻整个会堂。

邓小平走下主席台，向众人频频招手，在王恩茂等省委领导的陪同下，在掌声和深情目光的护送下离开了会场。

在长春，邓小平没有作更多的停留。下午，他乘车前往辽宁。

四

9 月 17 日上午，邓小平从长春返回沈阳，在友谊宾馆听取中共辽宁省委的工作汇报。

辽宁是"一五"计划期间建设起来的重工业基地，长期以来在国民经济发展中占有举足轻重的地位。"文化大革命"期间，辽宁遭受了极为严重的破坏，短缺与浮夸、假典型与假经验充斥着辽沈大地。

会上，辽宁省委第一书记曾绍山、第二书记任仲夷向邓小平作了工作汇报，沈阳军区司令员李德生和政治局委员彭冲也一起听取了汇报。

9 月 16 日晚，邓小平抵达沈阳。第二天他在住地接见了辽宁省各级负责同志。

省委领导首先向邓小平汇报了辽宁揭批“四人帮”、开展“双打”运动、调整农业政策、发展农业生产、增加地方财力、开展各级领导班子整风、发展建筑业和教育等方面的情况。邓小平在听取汇报时，不断插话，询问他所关心的问题。

当汇报到有关干部队伍清理问题时，邓小平说，中央最近有个文件，搞打砸抢的只是少数人，动手的、搞逼供信的，全国 1 000 万。对这部分人，政治上作结论和处理要适当。这是个大政策。这些人基本上不能保持原来的工作岗位，不能作为我们干部队伍的基础。好的年轻人不少嘛。有一部分坏家伙，多数是好的。

谈到农业问题时，邓小平不断询问辽宁的耕地面积、粮食产量、农民口粮、落实农村政策情况。他指出：现在还是粮食少、肉少、油少，其他副食也少。征购任务重，是全国性的问题。

“现在没有虚假了吧？浮夸风，害死人哪！”邓小平半是询问，半是感慨地说。

接着，他又问：“你们农村政策调整得怎么样？”

任仲夷回答说：“我们搞了个‘十六条’，政策落实了一些，但落实得不够。”

“政策落实了，积极性就调动起来了。现在农业机械质量不高，成本高，化肥贵，农民买不起。”邓小平索性把话题引申开来：农业要现代化，才能适应工业的现代化。一定要把农业放到第一位，这就是工业支援农业，工业支援农业要具体化。

关于工业企业的情况，邓小平着重询问了鞍钢的发展、沈阳冶炼厂的改造、抚顺煤矿生产等问题。

任仲夷说，过去辽宁批“工业七十条”，现在看来“工业七十条”是对的。

邓小平说，1961 年庐山会议，毛主席对“七十条”是肯定的，很称赞的。现在看来，企业怎样具体管理好，怎样按经济规律来管理经济，对这些问题，原来的“七十条”也是不够的。企业要搞“几定”，责任制、岗位责任制、工程师、总工程师、经济核算等等。“七十条”是个基础，有的去掉，还要增加一些。要从新的管理体制来研究，还要搞若干条。

关于建筑行业的问题，任仲夷等人只是作了简单的汇报，主要是听邓小平讲。邓小平说：务虚会提出了三个先行嘛，建筑要先行。现在这方面有很大的浪费。建住宅，全国来说 1 平方米平均 130 元。谷牧同志他们在北京搞试点，用新型泡沫塑料搞预制件，1 平方米 60 元。就是 80 元，也可以节约几个亿嘛。邓小平伸出手指，慢悠悠地算道：我们 1 亿城市人口，平均每人只有居住面积 2 平方米，现在西德每人 30 平方米。我们如果按每人 9 平方米，比现在加 7 平方米，不算其他建筑，每平方米节约 50 元，就是 350 个亿。工厂节约的数目比这要大得多。现在是很大的浪费，而且也不漂亮，难看得很。

与会者听得入了神。邓小平接着说，建筑要机械化，装备要现代化。道理很简单。所有发达资本主义国家，所谓"三大支柱"，一个是钢铁，一个是汽车，再一个是建筑，无一例外。现在欧美建筑已经达到饱和点，我们要发达，在相当一个时期，建筑业是个支柱，搞好了，又快又省。

辽宁的同志汇报说，现在工农业用水比较缺乏。邓小平说，工业用水要采取先进办法，像日本那样，搞循环，水一下跑了，转个圈回来，这样对解决污染问题、缺水问题都有好处，还可以回收。要广泛运用这个技术，转个圈，特别是缺水地方更要这样。日本相当普遍，技术并不难。

话锋一转，邓小平又提到了农业，他肯定地说："农业要走工业化道路。"

"农业本身要搞很多新的行业。中小城市可以搞，县城可以搞。"兴奋之下，他索性把话题扯开去。"本世纪末，美国社会构成，25％工人，4％农业人口，它还要保持现在这样多的农产品，还要出口。百分之七十几的人都叫服务行业。养鸡场最先进，两个老人带两个小娃娃，小娃娃白天还要上学，晚上帮助一下，养 20 万只鸡。但是，它有条件，饲料是买的；第二是检疫，防止发生瘟疫。并不要盖那么大场子，那是落后方法，原来用的办法现在变了，要学习这种先进方法。就是要有条件，要有卫生条件。它是科学管理，拣蛋用机械，用手拣不可能。它们饲料有控制机，小鸡什么饲料，长大一点什么饲料，生蛋时又是什么饲料，配方都不同。"

在谈到解决副食品供应问题时，邓小平举了南斯拉夫的例子："南斯拉夫，有人去看了，贝尔格莱德工农联合企业，23 000 人，保证贝尔格莱德 120 万人口 90％的副食品供应，主要搞加工，每人收入 3 000 美金，每家都有汽车、电视机，富足得很。"

李德生插话道："邓副主席在哈尔滨讲了脱水蔬菜保管问题。"

邓小平说："这是个工业化问题。64 年我来你们沈阳，你们菜地 38 万亩，那时我说要统一经营，38 万亩菜地怎么不能解决 200 万人的吃菜问题？你们半年没菜。脱了水保管，它本身损耗少。不脱水，运到城市一半就烂掉了……用科学技术加工，一样吃新鲜菜。”

与会者静静地听着。大家由衷地佩服邓小平过人的记忆力、开阔的思路和他的细致与健谈。

省委工作汇报结束后，任仲夷请邓小平再作指示。邓小平就一些重大问题作总结讲话。

他说，全党全国范围的问题，昨天在长春概括地讲了一下，中心讲实事求是，理论与实际结合，从实际出发。不恢复毛主席给我们树立的实事求是的优良传统和作风，我们四个现代化没有希望。我也讲了“两个凡是”观点是不正确的，这不是毛泽东思想，毛主席在世也肯定不能同意。很简单，如果坚持“两个凡是”，我就不能出来。我能出来，说明有的是可以改的。“两个凡是”是损害毛泽东思想的。毛主席的话是针对一定时间、地点、条件讲的，有很多条件是有变化的。现在全党全国最需要的，是大家开动脑筋，敢于面对现在的问题、现在的条件来考虑我们怎样加速四个现代化建设。

邓小平强调：现在，全国人民思想开始活跃，但是还心有余悸。千万不要搞“禁区”，“禁区”的害处是使人们思想僵化。真正讲话不一定是反革命，顶多是思想错误，但框住思想害处极大。一个公社有自己的条件、有自己的情况，一个大队有自己的条件、有自己的情况。有一般，也有特殊，大量的是特殊，重要的是要根据自己的特殊情况考虑问题。东北三省情况大体相同，但也都有不同。你们辽宁省几个地委、几个市，每一个都有不同。

在这次会议上，邓小平不无沉重地又一次谈到了发展生产力的问题。他说，马克思主义就是这样，归根到底要发展生产力。我们太穷了、太落后了，老实说对不起人民。我们的人民太好了。外国人议论，中国人究竟还能忍耐多久，很值得我们注意。我们的人民是好人民，忍耐性已经够了。我们现在必须发展生产力，改善人民生活条件。他强调：要体现社会主义制度比资本主义优越，起码要表现出我们的发展速度比他们快。

最后，邓小平谈了辽宁省的领导班子整风和干部调整问题。

下午，邓小平在住处听取沈阳军区常委汇报战备工作和揭批“四人帮”情况。

会议一开始，邓小平说：“我是到处点火，在这里点了一把火，在广州点了一

邓小平和时任沈阳军区司令员的李德生在一起。

把火，在成都也点了一把火。”

在谈了批判军队中的资产阶级派性之后，邓小平着重谈了“揭批查”运动的发展趋势问题。他说：批林彪也好，批“四人帮”也好，怎样才叫搞好了，要有几条标准。第一，也是最主要的，是恢复我们军队的传统。我们的传统就是老老实实，说通俗一点，就是不看风使舵、不投机取巧，忠诚老实，忠于党、忠于人民、忠于社会主义。第二，消除派性，根除派性的影响，真正统一了。林彪、“四人帮”把军队搞分裂了，派性侵入到部队，把思想搞乱，把组织搞分裂了。第三，现在军队在地方、在人民中的印象改变了，名誉坏了。什么时候地方和老百姓看军队像老八路、老红军，这样就行了。第四，遵守纪律，一切行动听指挥。第五，干部队伍整顿好，同“四人帮”有牵连的人和事都搞清楚。你们可以研究一下，运动不能总这样搞下去吧！从去年 11 月到现在，快一年了。你们可以研究，什么叫底？永远没有彻底的事情！运动主要把班子搞好，作风搞好，如果搞得好，有半年就可以了。运动搞得时间过长，就厌倦了。有的不痛不痒，没有个目的，搞成形式主义。有的单位，搞得差不多了，就可以结束，可以抓训练，可以组织学习科学知识嘛！

关于干部提拔问题，邓小平说，提拔干部，要注意人的本质，注意思想，一定要注意干部路线。

在沈阳军区，邓小平话讲得不多。会议一结束，同与会者合影完毕，很快就回去休息了。因为按预定的日程，下一个目的地是鞍山。

9月18日，上午8时30分左右，邓小平乘专列抵达鞍山车站。鞍山市和鞍山钢铁厂的党政领导沈越、马宾、李东冶等到车站迎接。这是粉碎“四人帮”后邓小平对鞍钢的第一次视察。

同全国一样，眼下的鞍钢是大劫之后百废待兴之际。1975年，邓小平主持的整顿使鞍钢刚刚出现转机，而1976年的“批邓、反击右倾翻案风”又使鞍钢的生产秩序受到巨大的冲击。长期以来形成的封闭式内向型产品经济管理模式，使鞍钢因循守旧、故步自封，逐渐丧失了生机与活力，面临着“再不改造，鞍钢若干年后将成为一堆废铁”的绝境。此刻，邓小平的到来，给鞍钢人带来了希望。

邓小平在鞍钢向欢迎他的工人致敬和在厂区了解钢铁生产情况。

“小平同志，前年‘批邓’的时候，我也批了。”党委书记沈越在与邓小平等互道问候之后，怀着愧疚的心情说道，“想起您对鞍钢建设和发展的支持，真是太不应该。”

“不，这不是你的错。这是中央的事。”邓小平安慰他说，“你是市委第一书记，是中央要批，你能不执行吗?”在场的人都会意地笑了。

上午9时左右，邓小平一行被接到鞍钢迎宾馆，鞍钢的领导班子打算让风尘仆仆的邓小平先听汇报，然后好好休息一下。邓小平却连连摆手说：“走，下厂子看看。”

邓小平一行驱车来到鞍钢炼铁厂。顿时，厂部门前的小广场成了欢乐的海洋。人们为了更清楚地看到邓小平，都尽量往前挤，往高处站，就连小广场周围的铁架子上、煤气管道上也站上了人。

邓小平亲切地看着大家，向人们致意。他从厂长夏云志手里接过一顶柳条帽，端正地戴在头上，然后穿过人群，向 7 号高炉走去。

小广场距 7 号高炉不远，中间隔着七八组铁路线，夏云志边走边向邓小平介绍生产情况。在穿越七八组铁路线时，邓小平步履轻松，还不时用手指着空中的各种管线，询问都是干什么用的，夏云志一一作了回答。

7 号高炉是一年前由原来的 7 号、8 号两座高炉合并建成的大型高炉，容积 2 580 立方米，有效高度 29 米，是当时全国最大的高炉。听说这是鞍钢实行技术改造的产物，邓小平立刻产生了浓厚的兴趣，站在高炉旁向夏云志询问起来。

高炉旁，炉体释放出的热浪卷起灰尘扑面而来。对此，邓小平全然不顾。

“厂里现有几座高炉？年产量是多少？”

“现在共有 10 座高炉，年产 640 万吨。”夏云志边走边回答。

“哪座最大？”

“这座最大。将来我们准备继续改造，把小高炉改成大高炉，可以达到 1 000万吨钢所需要的铁产量。”

“你们怎么改的？”邓小平接着问。

“利用高炉检修期间改造，坚持改造不停产、不减产。”

邓小平赞许道：“这样好！改造不减产，老企业大有希望嘛！”

随后，邓小平又向夏云志询问了工人的生产和生活情况。由于高炉噪音大，夏云志只好放开嗓门大声作介绍。邓小平边听边点头，说道：“你们搞改造、搞生产，不容易啊！”他又对身边的鞍钢主要领导叮咛道：“要爱护职工的积极性和创造性，一定要把炼铁这个环节抓好。”

这时，高炉前面呼啦啦围上来一大群人，有本厂的，也有外厂的。工人们听说邓小平来了，都争着要目睹这位具有传奇色彩的中央领导人的风采。有的人站在外圈儿看不见，就爬上煤气管道、登上铁架子。只见邓小平身穿灰色中山装，满面红光，完全不像 74 岁高龄的人。人们向他欢呼，他也频频招手，向久违的鞍钢工人致意。

9 月 18 日下午 3 时，在鞍山胜利宾馆 8 楼会议室，邓小平重点听取沈越、孙洪志、马宾、李东冶、金锋、侯国英等鞍山市委和鞍钢的主要负责人关于鞍钢的工作汇报。

会议室宽敞、明亮，布置一新。兴致勃勃的邓小平身着白衬衣，坐在南面靠窗户的位置上，认真仔细地听取汇报，并不时插话、询问，会议室里的气氛活跃而又热烈。

沈越首先汇报提高劳动生产率、提高技术水平、提高管理水平的办法与设想。当汇报到企业要搞定员定额时，邓小平插话说："要搞五定[①]，五定不够再加一定或几定。"

当沈越汇报说鞍钢正实行单项奖励时，邓小平算了一笔账："5 项单项奖只花 6 万元，而节约价值约 660 万元，这还不算增产。这划得来。这对发展经济、发展生产、提高工人技术水平有利。"

在谈到鞍钢打算按日本的先进水平减少人员时，邓小平说："你们鞍钢用人太多。产 1 500 万吨钢，3 万人就够了。"

当沈越谈到鞍钢准备将矿山公司、基建公司等划分出去时，邓小平以赞许的口吻说："矿山公司、基建公司分出去好，成立修配公司好，大修、中修都归修配公司，小修归厂子。"

沈越说："鞍钢在进一步实行劳动力挖潜措施以后，生产人员将减到 9 万至 10 万人。减下来的人员，一部分由我们自行消化，另一些人可以支援外地。"

邓小平说："只要有技术，就不怕没地方用，商业网点需要人，饮食服务缺人，建筑业也不够用嘛。"

当汇报到鞍山城市污染的情况时，邓小平的心情十分沉重，他说："现在这种污染的环境，会把现代化仪器、仪表都搞坏了，非下大力气治理不可。"

沈越汇报结束后，由鞍钢经理马宾汇报鞍钢生产、改造的情况。马宾是全国知名的冶金专家，十年动乱中，因被罗织"走资派""反动权威""苏联特务"等罪名而受关押。1975 年邓小平来沈阳视察工作，谈起鞍钢生产时，特地向陪同的人员询问起马宾的情况。当时，马宾正被囚禁。由于邓小平的直接过问，马宾才得以重新获得自由，恢复工作。

马宾首先介绍了鞍钢生产的基本情况。接下来他说："目前鞍钢劳动生产率低，人员多，企业的负担过重。"

"美国矿山技术，年产 1 亿吨矿石，要用多少人?"邓小平问。

"不到 1 万人。"马宾说。

---

① "五定"是 20 世纪 60 年代"工业七十条"中的一项重要内容，即定产品规模、定人员和机构、定各种消耗、定固定资产和流动资金、定协作关系。

“我再加1个，1万零1个人，怎么样？引进先进技术，一定要按照他们的先进管理方法、先进经营方法、先进定额，总之按照经济规律管理经济。要减人减机构。你们有个初步设想，我看设想是好的。现代化，自动化，人多不行，管理体制不好。”

“你们矿山6万人，如果照美国的技术，只需1万人，多5万，怎么办？同样，钢铁公司引进先进技术后，只需10万人，多七八万人，怎么办？”邓小平环视全场，提出了对减人的安排问题。

“有一些可以转到别的行业，宁肯编外处理，也不要‘和稀泥’。技术越发展，越会感到劳动力不够。服务行业多得很，你们要多想办法开辟新的领域。鞍钢的修理行业也可以为其他冶金基地服务，为全国服务。还可以养猪、养牛，建立饲料公司、种子公司、肥料公司，搞综合利用。”

邓小平还讲了提高工人素质的重要性。他说，为了保证应有的技术和管理水平，工人应该起码是四级工。现在鞍钢工人平均是3.5级，在全国还不算低，可是实际上应该有大量的7、8级工。现在平均工资是58元，大庆才40元。鞍钢在全国也算最高的了。可是改造后，比如用5万人，工资平均80元。用人时不按工龄按本事，严格考核，可以刺激工人向上，努力学习，掌握新技术。工人拿到80元，就要有新的要求，向国家要供应，吃得好一点，穿得好一点，住得好一点，用得好一点。看看电影，看看戏剧，看看打球，促使国家开辟新的行业，增加服务行业。总之，穷不能发展经济。经济发展了，工人要增加收入，反过来才能促进经济的进一步发展。

邓小平问道：“鞍钢的劳动生产率什么时候最好？”

“1966年。”马宾答道。

邓小平若有所思地点了点头。

马宾说，我们要通过技术改造，改变鞍钢的落后面貌，提高产量。邓小平用探询的目光望着大家：“全国搞6 000万吨钢，你们搞多少？”

“1 200万至1 500万吨。”马宾答道。

“好，就是要搞到1 500万吨，我同意这个意见。”邓小平接着说，“矿山改造以后，精矿品质达到67％，进高炉，焦炭消耗就少了，有400公斤就够了，以后就不需要从海南岛运矿石了，运输量就减少了。”

当马宾汇报到需要尽快掌握新技术，提高产品质量时，邓小平说：“凡是不能自动化的，就不能保证质量，用眼看手摸是不行的。过去老工人就凭眼睛看，现在不行喽。”

当马宾恳切地希望中央对鞍钢的技改方案尽快确定下来时，邓小平又关切地询问道：“都准备采用哪些国家的技术？”

“矿山设备用美国的。”

“老厂呢？”

“准备用日本的。新日铁、住友都看过了。”

“你们矿山改造需要多少投资？”邓小平接着问。

“搞 1 亿吨铁矿需要 40 亿美元。”

“改造老厂需要多少？”

“20 个亿。”

“共 60 个亿。”邓小平说，“但要注意一点，鞍钢的技术改造，要以世界先进水平为起点，要革命，把先进的技术引进来。”

工作汇报结束后，邓小平应沈越、马宾的请求，即席发表了讲话。他沉吟片刻，缓缓说道：“现在摆在你们面前的问题，是鞍钢如何改造。引进技术改造企业，第一要学会，第二要提高创新。许多工作从现在起就要着手，如培训工人、培训干部，不然许多外国技术不能掌握。这方面我们是有教训的。现在抢时间很重要。全国准备引进上千个项目，凡是引进的技术设备都应该是现代化的，必须是 70 年代的。世界在发展，我们不在技术上前进，不要说超过，赶都赶不上去，那才是真正的爬行主义。我们要以世界先进的科学技术成果作为我们发展的起点。”

“我们要有这个雄心壮志！”邓小平望着大家，声音里充满了期待，“引进先进技术设备后，一定要按照国际先进的管理方法、先进的经营方法、先进的定额来管理，也就是按照经济规律管理经济。一句话，就是要革命，不要改良，不要修修补补。”

邓小平又说：“我们改造企业，为了保证应有的技术水平、管理水平，要有合格的管理人员和合格的工人。应该设想，经过技术改造，文化和技术操作水平较高的工人应当是大量的，否则不能操作新技术、新工艺和新设备。”

“不合格的作编外处理，要保证他们的生活，当然不在职的人不能享受在职的待遇。要组织他们学习，对他们进行培训，开辟新的就业领域。要下这个决心。合格的管理人员、合格的工人，应该享受比较高的待遇，真正做到按劳分配。”

“发展经济，工人要增加收入，这样反过来才能促进经济发展。农业也是一样，增加农民收入，反过来也会刺激农业发展，巩固工农联盟。社会主义要表现出它的优越性。哪能像现在这样，搞了二十多年还这么穷，那要社会主义干什么？我们要在技术上、管理上都来个革命，发展生产，增加职工收入。”

“你们除了考虑改造钢铁企业，也要综合考虑鞍山市的社会结构。世界变化的结果，生产越发展，直接从事生产的人越少，从事服务业的人越多。服务行业很多，如种子公司、建筑、修理等，这说明可以有很多办法安置劳动力。你们要注意，编制里面一定要有相当规模的科学研究机构。美国和日本的大企业，都有相当规模的科学研究机构。我们也要把科研队伍加强和扩大起来。”

“要加大地方的权力，特别是企业的权力。企业要有主动权、机动权，如用人多少，要增加点什么，减少点什么，应该有权处理。企业应该有点外汇，自己可以订货，可以同国外交流技术。有些事情，办起来老是转圈，要经过省、部、国家计委，就太慢了。现在我们有些同志做工作，只听上边讲了一些什么话，自己不敢开动脑筋。还是毛主席说的要放下包袱，开动机器。要提高我们的技术水平、管理水平，没有一点创造性不行，企业没有自己的权力和机动性不行。大大小小的干部都要开动机器，不要当懒汉，不要头脑僵化。”

说到这里，邓小平显得有些激动。他的声调也提高了，说：“现在我们的上层建筑非改不行。”

会议室里一片掌声。

邓小平满怀深情地望着大家，最后说道：“鞍钢的生产和改造，一定要搞好。我还是那句话，你们搞好了，对全国人民是个鼓舞。全国人看鞍钢啊！”

会议在不知不觉中进行了4个小时。晚上7点，会议结束。

五

9月19日上午，邓小平来到了唐山。

唐山位于河北省的东部，是一座中等的重工业城市，是国家的重要能源基地，也是享有盛名的“冀东粮仓”，在全国的经济格局中占有重要的战略地位。

两年前的7月28日，一场7.8级的大地震瞬息之间把这座有近百年历史的名城夷为一片废墟。大地震造成242 469人死亡，164 851人重伤。其中唐山市区死亡148 000人，重伤81 600人。地面建筑和设施遭到严重破坏，市区周围铁路扭曲、桥梁断塌，市内交通、供电、供水、通信全部中断，工业生产设备的损坏率达到56%，245座水库大坝塌陷、开裂，主要河道大堤沉陷断裂，62 000眼机井报废，冒沙和积水耕地120多万亩，仅可估算的直接经济损失就高达30多亿元。

那是一个多灾的岁月。唐山地震时，邓小平被"四人帮"赶下台已有几个月了。邓小平获悉唐山地震后，忧心如焚，但他却做不了什么。1977年7月他复出后，十分关注唐山的恢复生产和重建工作。

现在两年过去了，唐山的恢复生产和重建情况怎么样，人民的生活怎么样，他要亲自来看一看。

邓小平视察开滦唐山矿宿舍工地。

上午8时50分，邓小平径直抵达开滦煤矿。

这座煤矿在大地震中受损最为严重，有6 500多名矿工死亡，2 000多人重伤，30 000多台设备被砸被淹，355万平方米地面建筑被毁。供电、通讯、通风、提升、排水五大系统全部中断。

邓小平来到了设在职工浴室的临时会议室，听取了矿党委书记赵成彬关于唐山地震后煤炭生产情况的汇报。

邓小平急切地问道："你们现在恢复得和原来差不多了吧？"

“生产系统已恢复 68%。”

“你们现在生产水平是多少？震前是多少？”

陪同视察的煤炭部部长萧寒介绍说，震前日产 7 万吨，现在 6 万吨。还未达到震前水平的原因，主要是去年 9 月刚恢复开掘，欠尺 8 万米，吃老本吃了 800 万吨煤量。

邓小平说：“哦，那也不好哇，你们准备得不利索，对以后的生产不利呀！”

当汇报到完成这一年 2 250 万吨任务很艰巨时，邓小平问：“机器有进口的吧？我们自己造的行不行？今后主要要靠我们国家自己制造的好。”

“引进了 8 套采煤机器。”

邓小平说，从国外引进的 8 套采煤机器，“要集中使用，集中力量打歼灭战，便于掌握技术，便于管理。机器的修理，要做到小修在矿，中修、大修有专门厂子。要专业化，要组织专门的修理公司”。

当邓小平听到唐山矿 5257 工作面最高月产量达到 19 万吨，一套综合机械搞好了，年产可达 100 万吨时，高兴地说：“用得好，每套年产量就可增加 20 万吨。”

汇报结束后，邓小平来到了一号井绞车房视察。

一号井是唐山矿最老的竖井，经过几次改建，由原来每箕斗提升 8 吨提高到 10 吨。邓小平听后高兴地说：“好，都这样改进就好了。”

“我们别的设备也有改进。”陪同的同志介绍说。

邓小平满意地笑了。

上午 10 时许，邓小平来到唐山钢铁公司第二炼钢厂。

“唐钢在地震时的损失怎么样?”邓小平一边走一边询问唐山市委第二书记、唐钢党委书记苏锋。

“唐钢地面建筑大都被震毁，人员伤亡非常严重，但唐钢的职工不气馁、不松劲，仅用 20 多天时间，就炼出了‘志气钢’。”苏锋回答说。

邓小平接过话题，高兴地说：“很好！这就是社会主义优越性的具体体现。唐钢在这么严重的大灾难面前，很快就恢复了生产，很不容易，20 多天就炼出了钢，这是个奇迹！”

“唐钢工人阶级是地震震不垮的、困难吓不倒的队伍！”邓小平说着，声音越来越高。

邓小平问:“这个厂子规模多大?”

“3个年产30万吨转炉,设计能力90万吨,今年产钢60万吨。”苏锋说。

“还没有达到设计能力嘛。”邓小平说。

“这个厂刚改造完就发生地震,恢复生产也较晚。”苏锋解释道。

离开的时候,邓小平对在场的干部、职工说:“要发扬成绩,为祖国的钢铁事业作出更大的贡献!”

视察完开滦煤矿、唐钢后,邓小平说:现在实行新的技术考核,体力劳动逐渐减少了,主要靠脑力劳动,煤矿要改造,可省下来很多人。鞍钢22万工人,年产七八百万吨钢,经过改造最多只需要10万人,钢可以搞到1 500万吨。在西德产600万吨的煤矿,只要900人,他们都是技术骨干,体力用得很少,主要靠脑力劳动。当然新矛盾又会出来,省下来的人干什么?可以用于支援煤矿、新钢厂,但这些地方用人也很少,所以要开辟新的行业。建筑队伍也要改造,要建设机械化的施工队伍。

上午11时,邓小平来到了市委第一招待所。在这里,他观看了老市区和新区的建设规模模型,听取了新唐山建设规划的汇报。他边听边问。

邓小平说:过去的旧城区“一不整,二不洁,布局乱得很,不合理,不紧凑”。“现代化的城市,要合理布局,一环扣一环”,既便于自动化,又便于运输。唐山地震“是个大灾难”,是坏事,但是要把它转化成好事,把城市、生活区、厂区变成干净的城市、干净的生活区、干净的厂区。建设新唐山,市里、厂里都要规划好,要搞得整齐、干净,新建的城市不能脏,不能乱。今天看的厂房不干净,机器也不干净,出不了质量好的产品,马路也不平,很脏。“要解决好污染问题。”“废水、废气的污染,妨碍人民的健康,也反映了管理水平。”日本资本家每天上班就办两件事,一个是清洁卫生,一个是安全。第一是清洁卫生。现在你们这里还顾不上,建成以后,要干净才好。

邓小平端起杯子喝了一口水,继续说:“刚才说了新唐山的建筑要美观一点,要多姿多彩,不要千篇一律。搞一两个小区后,要总结一下经验,不断改进提高。”

“要在‘新’字上做文章。”陪同视察的中共中央政治局委员彭冲插话说。

邓小平接着说:“城市建设是一门学问。现在资本主义的管理,讲美学、讲心理学、讲绿化,怎么样用美观使人感到舒适。它会影响人们的积极性。这不是没有道理的。”

“一个区的建筑式样，不要搞一个样，其实这样并不多花钱。总之，你们建设新唐山，要很好规划一下，不要用50年代的观点，要用70年代的观点。”

“你们说一年准备，快过去了，要抓紧。现在你们搞的门窗太小，并且都是木头的，不好看。这是第一批，一批要比一批好，要总结经验，总的六个字：实用、美观、结实。搞一段要总结一段经验。”

“我们现在先开两个小区，搞完这两个小区就总结一下。”市委的负责同志说。

邓小平听后点点头。

“房子的周围都可以搞绿化。你们规划中的服务网点少了，普遍的少，电影院也不多。”邓小平又提出了问题。

“第二批要搞得很好，要把美观、适用、节省结合起来。”

他接着又问：“地下管道设施处理得怎么样？这个问题一定要考虑到，要搞好总体规划。地下管道的材料要合格，不要粗制滥造，粗制滥造就会加大修理费用。”

“建筑用的木料不要湿的，要经过烘干，不然一年就翘了。要用些钢材，钢材并不比木料贵，现在我们的木材很缺，你们这里还有钢厂嘛！钢窗要搞好一点。”

说到这里，邓小平指着会议室的窗子风趣地说：“你看你们这个就有缝，我就是来给你们挑岔子的。”

一句话把大家都说乐了。

“你们钢厂、煤矿的余热、废气是怎么回收利用的？”邓小平问。

有人回答说：“有规划，钢厂震前就利用余热供应生产用气和职工住宅暖气，开滦的瓦斯也准备取出来，供职工烧煤气。”

邓小平说：“取嘛！要利用，要给职工用，都要收回来。要注意解决污染问题。对‘三废’要搞综合利用，要不又是一个一个烟囱，既污染又浪费。”这是邓小平这次视察以来第三次提到防治污染问题。

邓小平十分关心居民的住宅建设问题。当听说开滦的住宅只恢复了17.9%时，便关切地问：“你们去年冬天就是勉强过来的，今年冬天呢？速度是不是可以再加快一点？”

邓小平这次来到唐山，看到沿街两旁都是简易棚，心情十分沉重和不安。为了知道更多的住宅区恢复和建设情况，他冒着酷热，来到正在施工的住宅小区凤凰楼工地。

他边听介绍边指着已建成的一座高层楼房说："房间高度 2.8 米，高了一些。要矮一点、加宽一点，扩大一些使用面积，生活就方便些。""这样，占地面积小，使用价值高。还干净卫生，节省材料"，用建四层楼房的造价可搞五层的楼房。"门窗太小太窄，要加大。窗子大了，又卫生，光线又好。""煤气管子要搞好，上下水道要搞好，还要有洗澡间和厕所。""楼前楼后要种树种花种草。"

吃过午饭后，邓小平没有休息，又在市委第一招待所会议室里和省、地、市以及开滦、唐钢的负责同志谈开了。

邓小平问："你们这个城市平均工资多少？"

"50 元。"

"井下工人的补贴都算吗？"

"都算。"

"计时工资加奖励，取消附加工资，使一些老工人的收入降低了。"开滦、唐钢的负责同志说。

萧寒说："开滦取消了附加工资，老工人抱怨说'新工人笑嘻嘻，老工人降一级'。现在开滦职工平均月工资比 1975 年降低了 5 元多，因为附加工资已经纳入老工人的生活费。"

"老工人降低收入是不行的。应该不取消附加工资，奖金照发。"邓小平说，过去升级凭手艺，现在是新技术，按掌握新技术情况，该评几级是几级。老工人可能因文化水平低，掌握新技术受些限制，这样新工人可能提得快，但矛盾也出来了。现在技术跟过去不同了，用手、用眼少了，好多都是靠仪表操作，技术要求高。机械化，自动化，用人少了。人多就乱了，反而妨碍操作。因此，要进行技术训练，宁肯把三班生产改成四班生产，每班拿出两个小时搞技术进修、训练，对他们不减工资。

六

下午，邓小平离开唐山到达天津，下榻于市委第一招待所。

晚饭后，邓小平不顾旅途劳累，在中共天津市委书记林乎加等的陪同下，来到天津市干部俱乐部大剧场，亲切接见了在那里迎候的天津市党政军领导同志。

邓小平参观天津新建的居民住宅区。

第二天上午，邓小平在第一招待所一号会议室听取中共天津市委常委林乎加、黄志刚、阎达开、范儒生、胡昭衡等关于揭批“四人帮”运动和工农业生产情况的汇报。

市委领导在汇报中说，天津是我国重要的工业基地，“文化大革命”期间受到的破坏十分严重，加上唐山大地震的影响，全市大街小巷挤满了连成片的防震棚，到处凌乱不堪，人民生活困难，安全没有保障。眼下的天津可谓大劫之后，百废待兴，百乱待治。

邓小平说：“我走了几个地方，一再讲就是要解放思想，开动机器，不要当懒汉，从实际出发。大队、小队都有特殊性，不能画框框，不能鼓励懒汉。由于林彪、‘四人帮’的干扰破坏，这些年把一些人养成懒汉，写文章是前边抄报纸，后面喊口号，中间说点事。天津搞九十几个项目，就是动了脑筋了。过去不敢进‘禁区’，谁要独立思考，就好像是同毛主席对着干。实际上毛主席是真正讲实事求是的。”“我们过去是吃大锅饭，管理水平、生活水平都提不高，鼓励懒汉，包括思想懒汉，不独立思考。”“现在不能搞平均主义。毛主席讲过，先让一部分人富裕起来。管理人员好的也应该待遇高一点，鼓励大家想办法。不合格的管理人员要刷下来。工资总额、劳动定额不能突破。”

在听到来料加工和引进技术要改革企业管理时，邓小平说，搞来料加工，引进新技术，要大批组织，经常更换花色品种。企业要能独立经营，派强的干部管理，收入要分成。从上海、天津、广东搞起，几百个、成千个带起来，搞富、搞活。为什么大家等着，等着就搞死了。“凡这样的工厂，管理要按人家的方法，这个对我们来说叫革命。”

当汇报到要处理打死人的打砸抢分子时，邓小平严肃地指出：不处理不足以平民愤，不处理不行。有多少处理多少，不处理群众心情不舒畅。这些人也是等着时机。

最后，邓小平还为天津市的发展出谋划策，他说，天津“可以搞旅游，旅游事业搞起来更好一些”。

当天晚上，邓小平回到北京。

邓小平这次东北之行发表的“北方谈话”，为已成燎原之势的全国范围的真理标准大讨论带来了一缕春风。3 个月以后，党的十一届三中全会召开，确立了实事求是的思想路线。中国进入了以改革开放为标志的社会主义现代化建设新时期。

东南行

（1979 年）

登临黄山，邓小平指点旅游业："把黄山的牌子打出去。"听了安徽凤阳小岗生产队秘密包产到户的汇报，他久久不语。谈得最多的是组织路线问题："现在要明确提出解决组织路线问题。""如何选拔接班人，这是组织路线第一位的问题。"否则，"我们见不了马克思"。"我们将来要建立退休制度。"

一

1979 年 7 月的皖南，连日经受热浪袭击。白天晴碧无云，骄阳如火。到了夜晚，山风骤起，带来一丝凉意，山民们方缓解一点难耐的暑热和日间劳作的困乏与疲倦。

7 月 11 日，邓小平一家由安徽省委第一书记万里等人陪同，由合肥驱车赶往黄山。

黄山，传说是因黄帝炼丹而得名。据北宋景祐年间《黄山图经》称：江南黟山，据得其中，云凝碧汉，气冠群山，有古木灵药，奇花异果，瀑水飞泻，汤泉香温，是轩辕黄帝"栖真之地"。

望着迎面而来、又匆匆掠过的黄山诸峰和潺潺流淌的山泉，邓小平那绷紧的神经终于松弛下来。连日来，他忙于国事，筹思萦怀，确实需要一个僻静之处休息一番。

1978 年底，在邓小平、陈云等老一辈共产党人的努力下，中共中央工作会议和十一届三中全会取得了伟大的历史性成果。会议对"文化大革命"以来的"左"倾错误进行了清算，端正了党的思想路线，并作出了全党工作重点转移的决定。

会议后，在邓小平的主持下，开始了方方面面的拨乱反正。1979 年 6 月中旬召开的五届人大二次会议，集中体现了半年来各方面的探索和成果。在邓小平的推动下，会议以改革和务实的精神讨论通过了涉及中国社会和政治生活的 6 项法律，并做好了修改《中华人民共和国宪法》的准备。与此同时，五届政协二次会议在北京举行。身为政协主席，邓小平做了大量的领导、组织工作，并在大会上作报告。

两个会议开过，邓小平在家人和医生的多次劝告下，决定外出休养一段时间，并把地点首先选择在海拔 1 800 多米的黄山。

况且，究险探奇，也的确是邓小平的一大喜好、一大乐趣。

正午时分，车队驶过黄山大门，未有停留，越过青龙岭上的白龙桥，径直驶到位于温泉景区的观瀑楼。

观瀑楼始建于 1954 年，是一幢具有徽派古建筑风格的宫殿式两层楼房，石砌外墙，砖木结构，翘角飞檐，造型别致。二楼阳台是观赏黄山人字瀑的最佳处。观瀑楼以接待党和国家领导人、外宾及港澳同胞闻名遐迩。沈钧儒、刘伯承、陈毅、董必武和胡志明等来黄山时都曾住在这里。

邓小平登黄山途中小憩。

在观瀑楼稍事休息之后，邓小平便与随行人员信步向远处的山峰走去。

“这是什么地方?”登上一座精巧别致的亭子,邓小平问道。

“这里叫桃源亭。”黄山管理处处长朱福生回答道。

“为什么叫这个名字呢？是不是指后面的桃花峰讲的?”

“是,是指桃花峰。”

游览过桃花潭、花房,邓小平一行向桃花峰走去。桃花峰迤逦十里,虽不算高,但石阶相当陡,邓小平到此,却收不住脚步,一口气攀上峰顶。

仰望对面的峰峦,轻纱漫卷,岚烟缥缈,往日峻峭挺拔的天都、莲花、玉屏诸峰,这时却陷入云遮雾绕之中,显得十分遥远而神秘。

女儿邓楠说:“山这么高,爸爸,明天咱们能上得去吗?”

邓小平听了,笑了笑说:“哎,气可鼓,不可泄,我们明天一定要上去。”

第二天早晨 7 时许,迎着清凉的晨风,邓小平与随行人员乘车来到慈光阁,准备从这里开始登山。

慈光阁古朴典雅,位于玉屏峰上山路口,是供游人憩歇的地方。黄山管理处的职工和闻讯赶来的中外游客自动迎候在这里,列队欢迎邓小平的到来。下车后,邓小平频频向热烈鼓掌欢迎的群众招手致意。他说:“谢谢同志们的鼓励,这个山,我一定要上。”

登黄山有两条路,一是从前山上,这里坡陡,行走吃力;一是从后山上,山路舒缓易行。邓小平对黄山管理处的同志说:“从前山上!”

时至 7 时半,晨曦初露。邓小平身着白衬衫,脚蹬圆口黑布鞋,手拄拐杖,开始从慈光阁徒步登山。

行行复行行,山道蜿蜒曲折,峰回路转,越来越陡峭,邓小平以 75 岁高龄,走在前面开路。磴道上,他一口气登上十几个台阶,竟把随行的亲属甩在了后面。而且,他还不时回过头去嘱咐后面的人要当心。

看着汗珠涔涔却仍毫无停步意思的邓小平,管理处的同志开始有些担心了。在黄山的游览山道上,不要说年逾古稀的老者,就是年轻人走上一个来回也得付出相当的体力。平时,为了照顾那些年老体弱的登山者,黄山管理处备有一些简易轿子(滑竿)随时调用。这次邓小平登山,有关领导安排了两顶轿子随行。这时,只见管理处处长朱福生一个手势,两顶轿子飞快地赶了上来。

“邓老,这一段山路比较陡,您是不是坐一段抬子(滑竿)?”

“哎,不要。”邓小平摆了摆手,“坐什么抬子么,爬山就是爬山么。”邓小平乐呵呵地说："这个事，你们不要教我，我比你们有经验。长征的时候，不少人都跑垮了，我还是越走越有劲。"

"爬山噢，有一条经验"，说到这里，邓小平停了下来，"把裤管一定要卷起来，卷到膝盖上边来，这样走起路来就比较利索，也不吃力。"他一边说，一边卷起裤管来，随行的保健护士也过来帮他卷。于是，工作人员也仿效他，把自己的裤管卷起来。后面的游客亦如此这般。这样，山路上行进着一支挽着裤管、奋力攀登的队伍。

邓小平不坐轿，别人亦不便坐，这就难坏了邓小平夫人卓琳。原来，同来的女儿邓榕肾脏有病，贫血，而且已怀孕三个月，登起山来非常吃力，一直坚持着蹒跚而行。卓琳看在眼里，急在心上。在立马桥上坡时，邓榕实在走不动了。管理处的同志劝她坐一段轿子，她不好意思享此"非分之福"，坚决不坐。卓琳看到女儿艰难的样子，就陪她坐了一小段路的轿子。

过了片刻，邓小平回头看到了，便说："我们走路都累得很，你们坐在轿子上，别人抬你们，能吃得消吗？"

卓琳听了这话，就吩咐轿夫停下，与邓榕下了轿，在山道上缓步前行。

中午时分，行至古色古香的半山寺。午饭小憩后，邓小平又上路了。一路上，峭壑阴森，松枫相间，五色纷披，灿若锦绣，煞是迷人。邓小平沿途纵目驰骋，兴趣盎然。他穿过"一线天"，越过"蓬莱三岛"，接着向玉屏峰进发。此时，原来在山脚下看去遮没于云雾中的山峰，渐渐显露出来，又渐渐落到了邓小平的手杖底下。

玉屏峰号称"黄山第一处"，用音乐家的语言来说，它是"黄山的主旋律"。在玉屏楼东，一株雄伟高大的千年古松破石而立，枝丫侧重于一旁，低垂远伸，扶疏葱郁，恰似在向慕名而来的客人招手致意。这就是被周恩来总理称为中国第一棵宝树的"迎客松"。山风吹过，松涛阵阵，"迎客松"似乎在用它特有的话语，欢迎着客人的到来。

在迎客松前，邓小平驻足而立，观看前海风光。在这里，他接见玉屏楼全体职工，并与他们合影留念。

邓小平一行夜宿玉屏楼。

欲穷千里目，更上一层楼。经过一夜休息，邓小平恢复了体力，于次日继续登山。

黄山无峰不石，无石不松，无松不奇。那奇特的山石、苍劲的青松、氤氲的云海，集众美于一体，引得无数文人墨客流连忘返，叹为观止。平生喜欢搜奇览胜的旅行家徐霞客两次饱览黄山秀色，毫不掩饰他对黄山的独钟之情，“五岳归来不看山，黄山归来不看岳”，为世人留下了脍炙人口的珠桂之作。文武双全的陈毅元帅曾为黄山手书“天下第一山”的匾额。

邓小平这次到黄山，可以说是复出后第一次游海内名山，前方风光无限，使得邓小平十分兴奋。很快，他和大家一起登上了光明顶。盛夏之际，正值黄山旅游高峰期，游人如织。早在登山前，邓小平就对万里等同志说，第一，不要妨碍群众游览；第二，省委同志不要来陪；第三，不准搞特殊化。尽管他再三叮咛，保卫人员为安全起见，还是想悄悄控制一下游客的人数，结果被邓小平发觉了。他严肃地说：“要让群众上山，不要搞得戒备森严。”许多来自海内外的游客，听到邓小平登黄山的消息，一传十，十传百，都盼望能在此胜地一睹邓小平的风采。一路上，遇到身后有年轻人或挑担子的老乡，邓小平连忙停到路边让路，并招呼随行的人员说：“让让，请他们先走。”然而，许多游客赶到邓小平身边，便不肯走了，同邓小平亲切地交谈起来。邓小平是那样的谦和，如同家中慈爱的长者，游客们并不感到拘束。

峰回路转，趣味无穷。拾级而上，奇峰错列，沟壑纵横，山高风巨，雾气来去无定。在这苍茫的大山里，邓小平凭着大半生修炼而成的信念与毅力，执着地攀登着，如同他的人生之旅，虽然历经坎坷，却不坠青云之志。他在与大自然作着顽强的对话。

快要到鳌鱼峰时，有一位年轻姑娘气喘吁吁地从后面跑了上来。邓小平以为她要急着赶路上山，连忙让路。但她走到跟前，却突然停了下来，上气不接下气地说：“邓伯伯，您好！”姑娘抹了一把汗水，涨得通红的脸颊散发着热气，“我是复旦大学的学生，本来已经下山了，听到您老人家在这里，我们又赶了上来。”

“哦？复旦大学什么系的呀？”邓小平关切地问，“是考进来的吗？”

“是考进来的，读的是新闻系。”姑娘回答道。

“噢，难怪消息这样灵通。”这句风趣而幽默的话，把大家都逗乐了。

这会儿，又赶来两个女青年。邓小平热情地同她们握着手：“你们好哇。”

“邓伯伯好！”那两位女青年握住邓小平的手，久久舍不得放开。姑娘们拿出她们的学生证，请邓小平签字。“你们三个人，四个学生证？”邓小平笑着，不

1979 年 7 月 12 日，邓小平在黄山和几位女大学生合影留念。

解地问道。姑娘们解释说："我们有一位男同学，发扬风格，留在下面看我们的东西，让我们三个赶上来。这个学生证是他让我们代请您签字的。"大家听了，都爽朗地笑了起来，笑声在山谷间回荡，袅袅不绝。"怪不得三个人四个学生证。"邓小平一边签字，一边慈祥地说，"女娃登山赛过男娃喽！"那亲切而为人所熟悉的四川话既朴实又自然。"谢谢邓伯伯。"姑娘们接过学生证，有些不好意思地又请求说："我们还想占用您老人家一点时间，合个影，行吗？""好哇，我们难得遇到一次嘛。"邓小平爽快地答应道。于是，这难忘的一幕被永久地摄入了镜头。

"谢谢邓伯伯，邓伯伯再见。"姑娘们要下山了，她们真诚地祝愿邓小平同志身体健康。

"再见，望你们好好学习！"邓小平挥了挥手，拄着拐杖，目送着她们远去。

在光明顶，邓小平特意到黄山气象站和 701 台，看望这里的职工，对他们坚持高山气象工作表示慰问，还询问了他们的生活、工作情况，先后与两个单位的职工合影留念。在人群中，邓小平忽然见到了一个母亲怀抱着的婴儿，就提出要单独和这个娃娃合影。见到邓小平这样喜爱孩子，气象站的职工兴奋不已，伟人与百姓的距离仿佛一下子消失了。

在光明顶，邓小平一行住宿一夜。

第三天，邓小平一行来到云海苍茫、险峻壮观的西海。陪同人员向他介绍了峥嵘突现的西海群峰和由松石构成的"仙人晒靴""仙女绣花""武松打虎""仙人踩高跷”等景致以及变幻莫测的云海风光。在排云亭前，邓小平举目望去，只见烟云时浓时淡，景致时隐时现，他一边看，一边点头称赞大自然鬼斧神工的造化之巧。

在始信峰上，陪同人员向邓小平介绍：“古代游人多从东海云谷寺登山，到这里如入画境，似幻似真，始信黄山风景奇绝，故取名始信峰。”

听完介绍，邓小平登上始信峰最险处，居高临下，极目云天，欣赏着北海群峰和“二仙下棋”“猴子观海”等奇妙景致。这时正是傍晚时分，日光斜照，只见气流在山岳间穿行，上行下跌，环流活跃，漫天的云雾和层层积云随风飘移，时而上升，时而下坠，时而回旋，时而舒展，构成了一幅奇特的千变万化的云海大观。邓小平看着这一切，连声赞叹道：“好！好！好！”

回首环顾背后那满目的绿色，邓小平不禁生出一个新的想法，他吩咐工作人员：“请万里同志上来。”

登黄山的途中，万里一直跟随着邓小平，只不过走得稍慢一些。听到邓小平有事找他，万里急急地赶上前去。

“有个想法，你们回去研究。”邓小平坐在一把木椅上，对万里说道，“黄山这么好的植被，要保护。今后凡是山的坡度在 15 度以上的，不准开荒，只准种树。”

谈话间，忽然山道上一阵热闹，人群好像有些骚动。几位保卫人员过去察看。原来，香港长城电影公司《白发魔女》剧组正在黄山拍摄外景，演职员们听说邓小平正在始信峰上，一定要面见邓小平并欲合影留念。见到这么多手持各种机器的人，保卫人员为安全起见，竭力劝阻。双方相持不下，卓琳说话了：“让他们上来照吧，他（指邓小平）的照片世界各地都有，合个影有什么关系？”于是，这批喜出望外的香港艺员们把邓小平簇拥在中间，留下了珍贵的合影。

晚上，邓小平一行在始信峰一侧的北海宾馆休息。次日，从后山步行西下，一路观赏北海景点集中区域。这里，怪石嶙峋的“麒麟送子”“石鼓”“双猫捕鼠”“象鼻石”“老僧采药”“苏武牧羊”“猴子捧桃”“介子背母”等奇景，美不胜收。在工作人员的指点下，邓小平向远方望去，见有一怪石屹立在峰巅，状如喜鹊，旁有一棵青松，形似古梅，松石糅合成景，称为“喜鹊登梅”。邓小平饶有兴致地欣赏着这只报喜的山鹊，称赞道：“很像！”

陪同人员又告诉邓小平，从侧面看去，“喜鹊登梅”可变成“仙人指路”。邓小平一听，便转身插进一条小路，走了五六十步，回头再看这块移步换形的巧石。果然，“喜鹊”变成了身穿长袍的“仙人”，似乎正举手为人们指路。这处奇景引起了邓小平的极大兴趣。他拄着拐杖，站在“喜鹊登梅”景点前，极目远眺，啧啧称赞。此刻，随行摄影师抓住时机，举起相机，记录下这一珍贵的瞬间。

当邓小平出现在云谷寺下山道口的时候，黄山管理处职工和游客共500多人正在这里迎候他。掌声中，邓小平说：“我最后一个到，成了落后分子，还受欢迎？”顿时，人们报以更热烈的掌声。人们祝贺75岁的邓小平黄山之旅的成功。

下午2时，邓小平回到了他下榻的观瀑楼。中共安徽省委全体常委在大门前列队迎候他。“邓副主席，您爬山这几天很累了吧？”省委副书记王光宇问候说。

邓小平抬头望着那高耸入云的山峰，过了一会，缓缓地说道：“黄山这一课，证明我完全合格。”

二

7月15日下午3时，邓小平在观瀑楼会议厅召开座谈会，听取安徽省委常委和徽州地委（当时黄山属徽州地区管辖）主要负责同志的工作汇报，并就开发黄山旅游资源，发展黄山旅游业和徽州山区经济等问题作了重要指示。

邓小平一边品尝着“黄山毛峰”，一边与大家随意地交谈着。

“老魏，你这个地区管哪几个县？”邓小平问徽州地委书记魏心一。

魏心一回答说：“我们地区管7县1市，有170万人口……”他接着向邓小平介绍了徽州地区的资源、物产等情况。

邓小平赞赏道：“你们这里物产很丰富，你们这个地方将是全国最富的地方。”

“我们这里产春茶19万担，春夏茶28万担。”魏心一说。

“一担多少钱？”

“170元到180元，祁红、屯绿主要是我们这里生产的。”

邓小平说：“祁红世界有名。黄山是你们发财的地方，对黄山的工作要好好整顿。主要是搞好服务工作。你们条件不好，第一是脏，这是不行的。”

说到这里，邓小平停了一下，然后加重语气说道：“这里是发展旅游的好地方，省里要有个规划。外国人到中国旅游，一般的一星期要花1 000美元，有时钱花少了还不满意。你们要很好地创造条件，把交通、住宿、设备搞好。要搞好道路，上山道路要很好地整修。”

万里插话说：“道路现在太窄，我们要很好地整修，皖赣铁路岩寺站改成黄山车站，屯溪机场要进行扩建。”

邓小平说：“可以搞小飞机。但交通还不是第一。第一是服务态度、清洁卫生。长城那个地方的问题，我们很着急，就是解决得很慢。现在我们国家有些人就是慢慢腾腾不着急，积极性不高。你们搞旅游的人，要有点外语知识。凡是服务态度好、服务质量高的，工资要高，也可以给他百把元，不好的要批评教育，不改正的还可以淘汰，这样就搞上去了。”

邓小平强调说：“服务态度、清洁卫生很重要。外国人批评我们脏。爬了山要洗温泉澡，钱可以多收。”

见大家都不说话，邓小平呷了一口茶，谈起了他的生意经：

“旅社建筑要搞古色古香的房子。像这样的房子（指观瀑楼），一家住一天可以收他 500 美元，起码 200 美元。我在美国住旅馆，最低的是 900 美元，高的有 1 200 美元。他们来旅游就是要花钱嘛。

“每个宾馆要搞小卖部。祁红、绿茶搞小包，一二两的，包装搞得漂亮些，卖他几个美金。他不是喝茶，是当纪念品。游客带回去送人，表示他到过黄山。安徽纸、墨、笔、砚，也要搞包装，卖美金。小卖部卖茶、纸、墨、笔、砚，定国际价格，大有买卖可做。特别是日本人喜欢。砚台不要搞大。我们就是不会赚钱。很多外国人特别是华侨批评我们不会赚钱。

“被单要每天换，将来要搞冷风机。伙食要很好地讲究，要适合外国人的口味，你们地方菜烧得不好，要训练这方面的人才。青岛的啤酒很有名，在美国吃饭到处看到青岛啤酒。如果把青岛啤酒拿到这里来卖，可以比别处贵三四倍。”

“芜湖铁路通到哪里？”邓小平问。

“通到景德镇。”万里说。

“有了这条铁路就好了。”

邓小平接着又谈到了治山问题，说：“在这里，我们的资本就是山。要搞些专业队治山。山上的东西多得很，你 170 万人口，搞好了许多东西可以出口，收外汇。现在这里有好多秃山，种玉米干什么？既影响水土保持，收入又少。山区建设，就是看搞什么收效快就搞什么。粮食少，用别的办法解决。要有些办法，禁止破坏山林。”

顾卓新说：“过去山区搞粮食自给，毁林、茶，改种粮，对山区破坏很严重。”

邓小平说：“山得治好，要允许他们的收入高，不要去剥削他，还要组织专业队搞。”

“现在治得好的地方，就是组织专业队搞的。”魏心一汇报说，“过去旌德养黄牛，也是出口的，现在很少了。”

邓小平说：“把这些恢复起来就好了。小黄牛的肉很好，出口很受欢迎。”

万里说：“这里过去生漆、桐油很多，现在还未恢复起来，漆基本上搞光了。”

“山区宝多得很。种柞树也很好。要搞经济林。要很好地发展竹木手工生产，搞好竹编生产，搞些好的竹编工艺品，每件收他几个美元。”邓小平说。

“还要种菜，你们的丝瓜很好。石鸡，外国人肯定喜欢，做好了，可以卖他几十个美金，很多东西稍微调制好了，价钱可以高一两倍。”

在座的省委常委们被邓小平的话深深震惊了。除了长期跟随邓小平南北征战过的省委第一书记万里，他们实在难以想象，向来抓大事、理大局，在政治上具有深邃洞察力和统帅才能的邓小平，谈起赚钱做生意的“方略”来竟如此思路开阔，如此精细、懂行，如此有板有眼。

省委书记顾卓新接上了话头，才打破了刹那间的沉寂：“我们要办这方面的学校，训练好的厨师、导游、服务员。”

服务员为邓小平续上茶。望着袅袅升腾的水汽和弥漫开来的茶香，邓小平兴致更高，他说：

“公园要卖门票，外国人一个价，中国人一个价。泰国曼谷公园本国人收二角钱，外国人收一元五角钱。温泉洗澡、游泳池也要收费，也要有区别。国内外不同，本国人和外国人收费不同。导游要有章程。

“主要是搞好服务态度、清洁卫生，这是很重要的。你让人家出钱，服务态度不好，又脏，谁来？来了也要骂娘。这方面的工作要很好地研究，人员要训练，要培养这方面的人才。一定要搞得使游客方便。”邓小平又一次强调这一点。

“你们搞几个养牛场，种草，游客来了吃鲜牛奶、奶酪。这里卖奶制品，收费可比别处高些。外国人喜欢吃小牛肉、牛排，那东西确实好吃，香得很。以前我在法国留学时是吃不上的。

“黄山要搞些好的风景照片，一套黄山风景明信片，卖他几个美金，要搞彩色的风景照片、画册，他们买回去当纪念。”

万里说：“九华山风景也很好，是佛教圣地，您没去。”

邓小平没有接万里的话头，继续说下去：“我提出旅游业到 85 年收入 50 亿美元，他们说保证不了。交通、旅游有一系列问题。翻译也不够。这怎么可以？服务员起码要学简单的外语，会讲出菜单的、外语好的服务员，工资要高。导游要训练，导游由游客雇，收入归公。”

邓小平对于发展旅游的思考早在 1978 年的下半年就开始了。

从 1978 年下半年开始，把党和国家的工作重点转移到经济建设上来，成为邓小平反复考虑的中心问题。如何实施这一重大决策，邓小平把他的眼光瞄准了旅游业。从 1978 年 10 月到 1979 年 7 月，10 个月的时间内，邓小平连续 5 次比较集中、系统地谈到发展旅游业的问题，提出了一系列有关发展旅游业的重要思想。

1978 年 10 月 9 日，邓小平会见美国泛美航空公司董事长西威尔时，对在场的旅游与民航部门的领导说：民航、旅游这两个行业很值得搞。要用管理经济的办法来管理。要抓利润，利润不是帅也是将嘛。他亲自算了一笔账：一个旅行者花费 1 000 美元，一年接待 1 000 万旅行者，就可以赚 100 亿美元，就算接待一半，也可以赚 50 亿美元。他希望民航部门和旅游部门共同研究，“以发展旅游为中心，搞一个综合方案”。

1979 年 1 月，邓小平三次着重谈到发展旅游业的问题。邓小平认为，过去工业以钢为纲，钢的“屁股”太大，它一上就要挤掉别的项目，而且资金周转很慢。要先搞资金周转快的，如轻工业、手工业、补偿贸易、旅游业等，能多换取外汇，而且可以很快提高人民生活。“旅游赚钱多，来得快，没有还不起外债的问题。”

1 月 2 日，邓小平对国家旅游总局的同志说：“搞旅游要千方百计地增加收入。既然搞这个行业，就要看看怎样有利可图。”一定要搞多赚钱的东西。邓小平把旅游摆到了经济产业的位置，明确了旅游业的发展方向，就是要增加收入。几天以后，1 月 6 日，邓小平在同国务院负责同志谈经济建设方针时指出：“旅游事业大有文章可做，要突出地搞，加快地搞。”“旅游赚了钱可以拿出一些来搞城市建设。”“要搞多赚钱的东西，可以开饭店、小卖部、酒吧间，进口一些酒、可口可乐，搞纪念画册、风景图片，还可以搞一些正当的娱乐。”

1月17日，邓小平会见胡厥文、胡子昂、荣毅仁等工商界领导人时说，我们国家地方大，名胜古迹多，如果一年接待500万人，每人花费1 000美元，就是50亿美元。要千方百计赚取外汇。我们的人民很聪明，要多想些办法，千方百计选择收效快的来搞，不要头脑僵化。比如要大力发展旅游业，可以多搞几个旅游公司。这里邓小平一连用了几个“千方百计”，可见当时他对发展旅游寄予了很大的希望。当时工商界人士落实政策后有5亿资金，邓小平希望他们把这些资金用来搞旅游业，主要是上海、天津、广东，集中投资到旅游方面。邓小平还对工商界负责人说：“旅游业你们可以推荐人当公司经理。请你们推荐人管理企业，特别是新的企业，不仅国外的，还有国内的，条件起码是爱国的、事业心强的、有能力的。如旅游业，每个地方推荐两三人。”

邓小平还提出旅游业对外开放的一些具体设想：石林很宝贵，中国有一个，意大利有一个，但我们的石林比意大利的好得多。要开辟到拉萨的旅游线路，外国人对拉萨感兴趣，到尼泊尔的游客也可以到拉萨来。为了搞好旅游这个对外开放的窗口，邓小平要求旅游局要搞一些培训班，培养翻译、导游、经营管理人员，甚至服务员。服务员也要有知识，有一点外语基础。房子要干净，伙食要适合外国人口味。要搞好旅游宣传等等。

1979年7月，邓小平和
中共安徽省委第一书记万里在黄山。

这次在黄山，邓小平再一次集中阐述了发展旅游业的思想。

座谈会在继续进行着。

话题转到如何发展徽州山区经济的问题。邓小平说：“你们徽州地区要解放思想，开动机器，广开门路，增加收入。要搞经济林。你何必种玉米？既影响水土保持，收入又少。山区建设就是让群众看看，什么收效快，就搞什么。现在我们都是吃粮食，为什么不种草养牛？中国人的食物结构要改变。

日本人每人每年吃 200 斤鱼。现在让群众多吃肉不行，实在是穷，吃不起，富裕的队可以搞，多养猪、牛、羊，多吃肉，少吃粮。”

万里说：“我们巢湖有几百万亩水面，但养鱼业发展很差。”

这时，邓小平显得很兴奋：“巢湖，我们打过长江就是在巢湖训练的水军。”稍停一下，邓小平又嘱咐道：“水面还有的是，要好好养鱼，让群众多吃点鱼，少吃点粮。我们的食物结构是长期形成的，习惯要慢慢改。你们试试，富裕队多养猪、牛、鱼，让群众逐步多吃肉，少吃粮。肉、鱼价格可以对当地人放低些。逐步地搞到少调进粮食，多吃肉，改变食物构成，这样人的健康状况肯定会改变。”

邓小平又询问了去年徽州的粮食收成和社员人均收入。

最后，邓小平鼓励安徽省委和徽州地委的负责人：“你们要有点雄心壮志，把黄山的牌子打出去。”

邓小平再一次提到：要做一系列的工作。工作人员要实行按劳分配，年终利润多还可以发奖金。9 亿人口的收入平均发展是不可能的，总是有的地区先富裕起来，一个地区总是有一部分人先富裕起来。

历时两个小时的座谈会在轻松愉快的气氛中结束。

根据日程安排，邓小平一家次日要离开黄山前往上海。

吃过简单的晚餐，邓小平余兴未尽，他在观瀑楼门前一边散步，一边眺望四周的景致。这时，地委书记魏心一来了。

“哦，屋里坐。”邓小平招呼着客人。

在客厅里坐定，魏心一让秘书拿进来两只精致的竹雕笔筒。“邓副主席”，魏心一说，“这是汤口的一位退休老工人用了一个月的时间雕刻成的，专门送给您老人家，表示对您的敬意。请邓副主席一定要收下”。

邓小平听了这番话，想了想，说道：“好，我收下。老魏，请你代我谢谢他。”

这两个竹雕笔筒一大一小，大的约有热水瓶粗，上面雕刻着“八仙过海”图案；小的约有茶杯粗，雕刻着“黄山风景”图案。

邓小平一边欣赏着这两件精美绝伦的工艺品，一边听着魏心一对徽州新安文化中木雕、砖雕、石雕、竹雕等“四雕”工艺的介绍。

“这个东西很好，要大力发展。”邓小平赞美道。

魏心一说：“徽州过去很美，山清水秀，小桥流水，现在有些被破坏了。”

邓小平马上说：“你们现在还可以搞嘛，还可以再建嘛。”

见时间不早了，邓小平又有些疲乏，魏心一遂告辞。

第二天早晨，邓小平临行前，魏心一再次来到观瀑楼，代表黄山，代表徽州人民为邓小平送行。此时，邓小平正在吃早饭，魏心一请他为黄山题字，他欣然应允。

邓小平为黄山温泉题词。

他放下饭碗，走进会客厅，拿起毛笔，蘸上墨汁，挥笔写了“天下名泉”四个大字。

上午 8 时左右，邓小平在观瀑楼与前来送行的省、地领导以及黄山管理处的干部职工一一握手话别，然后由省委第一书记万里陪同，转道乘火车前往上海。

三

在安徽前往上海的途中，万里向邓小平汇报了安徽省部分农村地区实行包产到户的情况。

1979 年初，为了改变长期以来农村的“大锅饭”现象，改变生产力低下的贫穷状况，中共凤阳县委正式宣布在全县范围内推行大包干，实行“包产到组”，联产计酬，超产奖励，受到了全县农民的普遍欢迎，农民们憔悴的脸上第一次露出了喜色。几乎与此同时，梨园公社小岗生产队 18 户社员在副队长严宏昌主持下秘密决定分地经营，包干到户，朝着更彻底的责任制迈了一步。

包产到组的形式刚刚在一些地方扎根发芽，就引起了不少人的指责和批评。至于小岗生产队和肥西县一些地方的“包产到户”，更是不敢对外公布，被认为违反宪法和十一届三中全会精神。

1978 年 12，安徽省凤阳县小岗村签订“生死契约”的农民严宏昌、严俊昌和严立学。

1979 年 6 月初，万里前往凤阳视察。县委书记陈庭元向他汇报了大包干的情况，并引用了农民的歌谣：“大包干，真正好，干部群众都想搞，只要准搞三五年，吃陈粮，烧陈草。”万里听后，当即表态：“好！我批准你们县干三五年。”随即，万里又去了肥西。他发现，凡是实行包产到户的地方，麦子都长得特别旺盛。

从农村回来不久，万里到北京参加五届全国人大二次会议。他找到邓小平，把安徽实行责任制和他在农村目睹的情况向邓小平作了汇报，也反映了各方面的压力和不同看法。邓小平听后，果断地说：“不要争论，你就这么干下去。”

万里回安徽后，以坚定的口气对地、县领导干部们说：“有人在报纸上对我们的新办法作了批评。报纸不种田，不打粮，到了秋后农民没有饭吃，可要来找我们哩。别理那一套。我们照样干。”

这次在去上海的列车上，万里更详细地向邓小平介绍了安徽省的穷困状况：1978 年，凤阳县逃荒要饭的人口由六七千人猛增到二三万人，几年内全县农村人口骤减了 10 万。被穷困压得抬不起头来的小岗生产队，1978 年打下的粮食只有1955年的三分之一。这种状况并非凤阳县仅有，在全国各地，经常可以看到拿着介绍信讨饭的安徽籍难民。1979年是个大旱年，再不允许实行新的农村政策，收成更得减产。

车轮有节奏地敲打着铁轨。邓小平听着万里的介绍，久久不语。

但是，熟知邓小平性情的万里，十分清楚邓小平的倾向性，他仔细琢磨着那天座谈会上邓小平讲的一段话。

邓小平问："你们社员收入多少？"

魏心一回答说："这里是120元，一般100元左右，也有40元、50元的，少数200元。"

邓小平说，河南产棉区有的收到270元。河南有典型材料，有一个大队村边有十几亩地，鸡、猪随便糟蹋，没有收成，后来包给三个人管理，结果收成很好。就是这个大队，以前收入很低，现在二百几十元。看来，一搞责任制，群众的劲头就来了，他就千方百计地要搞好生产。

……

万里对邓小平说，发展农业生产，调动农民的积极性，包产到户是个好形式，条件好的地区可以走你的阳关道。我们落后，独木桥不要给我们拆掉，让我们走一走。

事隔多年后，万里回忆起这段往事时，还欣慰地说，我和小平同志达成了默契。

四

7月16日下午，邓小平一家到达上海，住进了一所全国最大的花园别墅——"414"招待所。

"这一次我是来休息的，不谈工作。"邓小平对前来向他请示工作的各方面负责人说道。

"414"招待所位于上海西郊长宁区一个僻静的花园地带。这里围墙高耸，戒备森严，它作为中共上海市委、市政府直属招待所，历来只接待党和国家最高领导人。自从1967年毛泽东最后一次住过这里之后，这座偌大的别墅整整空关了十几年。

每天清晨，邓小平都要早起，在花园里散步。鸟儿啁啾的鸣叫，让邓小平感到身心舒坦，在北京景山后街的宅院里，是听不到这许多鸟叫的。

邓小平在上海居住地散步。

几天下来，邓小平走遍了“414”每一个角落。一个想法在他的脑海里慢慢地成熟了。

一天，邓小平在散步时，把市委招待处处长叫过来，亮出了这几天来的想法。他指了指“414”的院子，说：“这么大的房子，这么大的花园，管理它要花多少钱哟！专门为我们几个大老爷，一年又能住几天！”

“这么一块美景如画的黄金宝地，我看应该对外开放，让外国人来住，收取外汇，支援四化建设……”

以后的几天中，邓小平早晨散步时，就帮助陪同的市委招待处处长规划“414”对外开放后的设想。

几天后的一个下午，邓小平与中共上海市委的几位负责人有一次小范围的谈话。其间，邓小平说道：“我这次来‘414’住了十来天，天天都在谈生意经。这么大的花园别墅，给外国人住，可以收外汇嘛！”

开放“414”?！这几位负责人起初有些惊讶。把一座市属内部高级招待所向外国人开放，赚取外汇，这在当时是不可想象的事。

但看着邓小平坚毅的神色，他们似乎悟出点什么。最后，邓小平明确指示：“我给你们半年时间准备。半年以后，‘414’就对外开放。”

上海市负责同志领会到了邓小平解放思想，打破衙门作风，坚持对外开放的决心。几个月后，“414”的大门终于打开了，它接待的第一批客人是美国的林德普雷顿豪华旅游团。之后，还先后接待了英国女王伊丽莎白二世、苏联领导人戈尔巴乔夫、日本天皇等国家元首。当然，这已是几年以后的事情了。

尽管一再表明自己是来休息的，邓小平还是在7月21日上午接见了市委全体常委和几位顾问。

市委第一书记彭冲请邓小平作指示。

邓小平看到这么多常委和顾问，而且年龄又普遍较大，感到这是全国普遍存在而且迫切需要解决的一个大问题。

“大问题是接班人问题。任何地方、任何部门都有这个问题。”邓小平开宗明义地说。

“粉碎‘四人帮’以后，老同志都恢复了工作，但他们年纪都比较大了，多数有病，并不能真正顶班。即使现在能顶班，再过 5 年也不行了。要找一些年纪比较轻的人，或者年纪稍大、身体很好的人，现在就要有意识地找，这是党的战略任务、根本任务。”

这次讲话透露出了一个信号：十一届三中全会后邓小平日思夜想的一件根本大事，就是解决组织路线问题，选拔好接班人。这次邓小平离京，除了休息之外，最为关切、每次讲话必定谈到的就是这件涉及社会主义建设事业能否后继有人，党和国家的重要岗位能否掌握在坚持十一届三中全会路线方针的干部手中的重大问题。这次在上海的讲话仅仅是邓小平就这个问题发表的一系列重要讲话的一个开头。

“老家伙要有意识地一让二帮，要注意任人唯贤，选真正好的，选这么一批人当权，准备接班。不能论资排辈。”要选四五十岁左右的，下面的年轻的也可以提到地委的岗位上来。

“讲解放思想，这是最大的解放思想。如果说，三中全会解决了思想路线问题，这次就是解决组织路线问题。现在的问题，在一部分干部中，一种是崇拜西方世界，反对四个坚持；一种是利用毛主席旗帜，坚持‘两个凡是’。这个问题是大量的，这个问题不搞清楚，是非就搞不清楚。思想路线不解决，政治路线是搞不清楚的，必然是摇摇晃晃的。我们的根本问题是要搞四个现代化，提高人民生活水平。不能搞穷过渡、穷社会主义。否则你吹有什么用？思想路线解决了，政治路线才容易贯彻。归根到底，是制定正确的路线、方针、政策。所以三中全会的意义不能低估，这是根本建设，是毛主席延安路线的继续。组织路线，有党规党法问题，有组织纪律问题，但现在最迫切的是班子问题，是找接班人的问题。”

对上海市的班子，邓小平提出明确要求：市委常委这么多人就不太好，最好 7 个左右。

上海市委有 19 个常委，邓小平后来在山东、天津的讲话中都谈到上海市委的常委太多了、太老了的问题。

彭冲说，7 个人少了。

邓小平接着说，7 个人少了，那就减到 9 个人吧。如果能比现在的班子还年轻一点就好。另外，把市政府建立起来，副市长、副省长必须能干工作，厅局长一定要是壮丁。

当然，这不仅仅针对上海。

邓小平在谈话中又谈到了旅游问题。显然，这也是他此次外出考虑的重要问题之一。

他说，旅游要抓。这里的“怪房子”（指招待所的一幢小楼），收5 000元一天，加个冷风机。钓鱼台的一幢楼，一个美国资本家住一天给 6 000 元，回去后还写感谢信来。这个地方，大而不当。

彭冲插话说：“找几个工程师来设计一下。”

邓小平接着说，这几天，我常对他们招待处的干部讲生意经。要会赚钱，会做生意。搞个钓鱼的地方，有钓钩，如果钓到了鱼，可以给他加工，收多少钱。大草坪，搞个高尔夫球场，打一场，给多少钱。这里可以出广告，外国人订房间，今年订明年、后年的，但要干净，每天要换床单。

邓小平还专门谈了宝山钢铁工程建设问题。他说：“对宝钢，现在国内外议论纷纷。我们不后悔，问题是要搞好。第一要干，第二要保证干好。”他批评了宝钢建设中摆阔气、讲奢侈的现象，同时也当面嘱咐宝钢的负责人要干得快一点。

当天，邓小平还专门派万里到宝钢视察，了解宝钢的建设情况。在听取万里的汇报后，邓小平对彭冲说，宝钢建设，中央已经定了，要搞下去，作用很大。你们一定要把宝钢建设好。邓小平的这次讲话，在国人对宝钢议论纷纷之际起了重大作用，使宝钢二期工程提前两年投产。

五

7 月 26 日晚 10 时，一辆从南方开来的专列驶入海滨城市青岛。邓小平走下火车，与前来迎接的山东省、青岛市及济南军区的负责同志握手寒暄后，驱车至山海关路9号下榻。

第二天清晨，邓小平起床洗漱后在住处周围散步。省委秘书长李子超和青岛市委书记刘众前等陪着他。

站在依山傍海、绿荫如盖的八大关，远眺湛蓝如镜的海面，听着时远时近的涛声，周身沐浴着习习的海风，邓小平感到心旷神怡，他连连称赞这一带风景美丽，嘱咐要好好保护。

不远处花木簇拥中，一座座青石红瓦、各具特色的西式小楼吸引了邓小平的注意，他向陪同的同志问起了这些小楼的来历。李子超告诉他："这都是本世纪初西方列强瓜分中国时建的，他们发现这里风景雅致，纷纷霸占下来盖别墅、住宅。邓副主席您现在住的这一幢，是美国太平洋舰队的克拉克盖的，后来改为美国第七舰队司令白吉尔中将的公馆，建国后划为疗养区，周恩来总理曾在此住过。"

邓小平静静地听着介绍，点了点头。然后简短地说道："一定要好好保护，开发旅游业，可以租给外国人，让外国资本家来住，创汇创收嘛。"

他们继续向前走着。邓小平看到一些小楼里炊烟缕缕，便不解地问是怎么回事。刘众前告诉他，那是"文革"中搬进的住家，此时正在生火做早饭。邓小平略有些不满意地说，居民把家安在疗养区是不适宜的，应该搬出去，市里应给那些住户另行安排住房。

几辆在疗养区来回穿行的消防车引起了邓小平的注意，他问："这是干什么的？"市委负责同志说："青岛夏季缺水比较严重，疗养区需从外面运进水来。"邓小平听后指着干涸了的喷池水榭说："这么好的风景，没有水会把名声败坏了，条件不具备先不要开放。"

邓小平还认真询问了青岛居民饮水、工业用水等问题，市委书记刘众前一一作了回答。当他得知居民饮水困难，经常要采取定量配给措施时，心情有些沉重地说，一定要让老百姓有水吃。青岛连水都没有，搞开放、搞旅游业是不行的，无法接待外宾。要赶快解决水的问题。

听着这些批评和督促，李子超、刘众前等受到极大的震动。邓小平离开青岛后，省委、省政府和青岛市就尽快解决水的问题，研究制定了方案，决定实施"引黄济青"工程。经过全省的努力，"引黄济青"工程于1989年11月竣工。青岛市用水问题基本得到了解决。

28 日上午，晨雾初散，碧空如洗。八大关汇泉小礼堂门前，省委常委和青岛市委的主要负责人汇集在这里，等待着邓小平的到来。

这次邓小平来青岛，他仍对别人说主要是休息，什么也不干。但当时全程陪同邓小平的省委秘书长李子超后来回忆说："他哪里是来休息，只不过换换工作环境而已。"

1979 年 7 月 28 日，邓小平在青岛接见中共山东省委第一书记白如冰等。

不一会儿，身着白色短袖衫、灰色长裤的邓小平走了过来。大家欣喜地看到，在"文化大革命"中屡遭磨难的邓小平，如今身板硬朗，充满朝气，完全不像年过古稀之人。

在省委第一书记白如冰的介绍下，邓小平与大家一一握手，互致问候。之后，他被簇拥着进入会议室。

小礼堂会议室不大，中间的条桌一字摆开，上面铺着白色桌布，周围排列着几把老式藤椅，简洁而又素雅。

落座后，白如冰首先代表省委汇报工作，邓小平仔细地听着，偶尔也插几句话，对一些问题进行询问、核实。

听完汇报，白如冰请邓小平作指示。邓小平这时点着了一支烟，身体向前倾了倾，说道："山东的工农业搞得不错，不要骄傲。你们基础很好，认真地抓抓会发展很快。"

这几句属于客客气气的开场白。但白如冰等省委领导心里并没有轻松，他们知道，邓小平一些实质性的、有针对性的话还在后面。

“人口问题是个战略问题，要很好地控制。”这是邓小平针对山东提出的第一个问题。山东省的领导们心里清楚，在这个方面，他们抓得不够。

接着，邓小平一下子触及关键问题。他说：“我们解决了两个方面的问题，一个是思想路线问题，一个是政治路线问题。思想路线非常重要，没有正确的思想路线，不可能有正确的政治路线。”

邓小平这句话讲得非常缓慢，一句一顿，字字千钧，敲打着在座的每一个人的神经。全场寂静得出奇。

1977 年复出以来，邓小平在纠正“两个凡是”，重新确立马克思主义的思想路线方面花费了大量的心血。特别是他反复宣传，“到处放炮，唱对台戏”，推动了全国范围的关于真理标准的大讨论。但是，由于长期以来极“左”思潮的影响，“解放思想、实事求是”还没有完全深入人心，“两个凡是”的迷雾在不少地方，包括在山东还没有完全驱散。

邓小平直截了当地说：“思想路线，从中央来说解决了，不等于每一个地方都解决了……”

的确，山东省在较长一段时间内对思想路线问题的解决就不够得力。当时担任省委常委、宣传部部长的林萍后来回忆说，在这个问题上，山东觉悟迟、反应慢，只是在小范围内进行了讨论，没有在全省大规模展开，有一种观望情绪。李子超在后来的回忆中说，大家在小平同志讲话之前，只感到真理标准的讨论是一个理论问题，是学术界、理论界讨论的问题，思想上没有引起足够的重视。

对于山东的这种态度，邓小平是清楚的，这次借听汇报之机，他提出了深刻的批评：“真理标准的讨论，越看越重要，越看意义越大，这个问题没有完全解决好。这个问题不解决，思想不解放，实现四化的基础是不牢固的。”他指了指白如冰，十分认真地说：“刚才你说山东没有解决好，要好好解决。真理标准的讨论是基本建设。思想路线问题不解决，政治路线不能贯彻，说拥护政治路线是假的。”

邓小平的这番话，高屋建瓴，让每一个与会者都感到了一种精神上的洗礼和震撼。这次会议前，他们曾听专程到上海迎接邓小平的同志谈到，小平同志在列车上就反复讲过一个意思：我们耽误的时间太多了，必须排除一切思想障碍和束缚，轻装上阵，快速前进。两次谈话结合起来，人们明晰地感受到邓小平心底里迸发出来的巨大勇气和热情。75 岁的老人有着如此解放、如此超前的思想意识，太难能可贵、太值得敬佩了。

讲过了思想路线、政治路线之后，邓小平又谈到了组织路线问题。他说：“现在要明确提出解决组织路线问题。组织路线最根本的是选拔、培养接班人。如何选拔接班人，这是组织路线第一位的问题。”

说到这里，邓小平变得语重心长：“我们粉碎‘四人帮’后，落实了政策，把老同志请回来。这一段必须这样做，但老同志有个自然规律——岁数大了。”他停顿了一下，看了看周围的几位同志，然后对坐在自己右侧的省委书记赵林说：“我 75 岁了，你也 70 岁了。”接着又对左侧的白如冰说：“你也不小了，我们这个房子里年轻人不多。”说到这里，邓小平用力地挥动着右手大声地说：“根本的问题，百年大计的问题，对党负责的问题，最大的问题，是选择接班人。不能等，从现在开始。”

一口气说了四个“问题”，足见这件事情在邓小平心目中的分量。

这次外出休假，邓小平除了在上海谈到这个问题之外，在山东的几次谈话都把解决组织路线问题提到了前所未有的高度。

其实，早在同“四人帮”作斗争时，邓小平就充分认识到了这一问题的重要性和紧迫性。这次，他深有感触地回顾说：“1975 年我主持中央工作时，王洪文就说嘛，十年后再看。十年后，我们都老了，比不过他们呀。”“所以不要小看‘四人帮’的能量，不要看轻帮派体系，帮派思想与党性是绝对对立的。要从上到下，有意识地选一点比较年轻的人，真正坚持我们现在思想路线和政治路线的人，正派的人，党性强的人。”

望着聚精会神做笔记的省市负责人，邓小平又举了一个例子：康生这个人，你们都知道。当年喊“王明万岁”的也是他。土改时他“左”得厉害，毛主席叫他下去，在实际工作中锻炼锻炼。从此，他不满，装病。八大时成了政治局候补委员。他经常过问你们山东的事情。康生没干什么好事。

邓小平神态自若，侃侃而谈的时候，在座的都无法插话，只能默默捉摸着邓小平这些话的含义。一些曾在晋冀鲁豫工作过的同志回忆起宋任穷给他们讲过的一件事情：1948 年，中央决定将宋任穷调离晋冀鲁豫中央局，宋任穷于是去征求邓小平的意见，可否把康生要过来接替他的工作。邓小平听到宋任穷的建议后，急忙连连摆手，一连说了几个“不行”，拒绝的态度十分坚决，康生因此没能成为邓小平的部下。

细细品味起这段往事，这些有过几十年革命经历的高级干部不能不承认邓小平对干部的洞察力。此时邓小平又举出康生这个例子来，很明显是提醒省委班子，在选拔干部的问题上一定要从政治角度出发，慎之又慎。

邓小平提出目标："我想在三年内，每级里让四五十岁的人当二三把手，可搞20年，这样我们才比较放心。"

邓小平这次讲话引起了山东省委的高度重视。三天后，白如冰等在烟台召开市地委书记会议，传达讲话精神，部署在全省范围内开展关于真理标准问题的大讨论。同时，根据邓小平培养年轻干部的指示调整配备领导班子。一大批四五十岁甚至三四十岁的年轻干部走上各级领导岗位。后来担任省委书记、省长的姜春云、赵志浩、李春亭等一大批中青年干部，就是在当时被选拔、培养出来的。

会议结束了，然而邓小平的话没有完。他对陪同的省委负责人反复讲到经济问题，他表示，不赞成到处搞"以粮为纲"，主张发展生产要因地制宜。他说："增加收入，增产创收，不解放思想就解决不了。""思想不解放，好多事情遇到具体问题就会有障碍；思想一解放，好多事情都可以办到。"他说："山东的海岸线很长，产鱼不少，条件很好，可以搞现代化远洋捕捞。对虾主要产在你们这里，可以出口，可以搞冷藏。"他还举了福建的例子。福建买了两只千吨的冷藏船，直接对东南亚出口，一年就赚回来了。山东也可以这样搞嘛！

谈到渔业生产，邓小平兴致勃勃，他甚至谈起了他曾经战斗过的革命老区鲁西南。他说："金乡、鱼台一带坑坑洼洼，水面大，可以利用起来养鱼，搞养殖，收入比种庄稼多。"

邓小平的这些讲话，给省委一班人很大启发和鼓舞，为山东大力发展多种经营，以致后来实施"海上山东"和"南四湖（鲁西南微山、南阳、昭阳、独山四湖）综合开发"的战略，指明了方向。

六

7月29日上午，邓小平与在青岛休息的粟裕将军一起，来到团岛海军基地，观看了北海舰队水上飞机和直升机分队的表演。

这一天天气很闷热，观看表演的人尽管都戴着遮阳帽和墨镜，还是感到焦躁难耐，海风打着旋，格外灼人肌肤。

6 架老式苏制水上飞机，黑乎乎的机身，启动起来蹒跚迟缓，一看便知道是第二次世界大战时的产物。

表演持续了半个多小时。在整个观看过程中，邓小平神情严肃，紧抿着嘴，一句话都没有说。

前些天，邓小平路过济南时，曾谈到国防建设。他说："我们军队战士背得很重，美国、英国他们背得很轻、体积很小。"他的话使在场的人感到了一种压力。显然，他对我国国防装备的落后现状非常不满。

1979 年 7 月 29 日，邓小平视察海军某基地。

当时，海军党委常委扩大会议正在青岛召开，参加者都是海军军级以上单位的主要负责人。会议的议题一是研究如何开展关于真理标准讨论的补课，二是海军的建设规划。

在海军负责人叶飞等同志的再三要求下，邓小平于 29 日下午接见了参加会议的全体人员并与他们合影留念。起初，邓小平并没有准备讲话，后来感到有些问题也确实需要在军队谈一下，就走进会议室，作了一次非常重要的讲话。

一开始，邓小平随和地对大家说，单独和这么多海军的同志见面是第一次。他从建国初期海军建设取得的成绩，讲到林彪、"四人帮"对海军建设的破坏，又回顾了毛泽东生前关于海军工作的重要指示。他强调：我们海军的战略方针基本上是防御，是近海作战。我们不像霸权主义那样到处伸手。防御没有适当的力量也不行，但这个力量要顶用。我们不需要太多，但是要精，要真正现代化的东西。他批评了那种在海军装备工作中只讲吨位，只讲数量，不讲质量的错误倾向。

之后，邓小平又一次就真理标准的讨论，端正思想路线、政治路线、组织路线，选拔接班人等重大问题作了长篇讲话。他说：

"就全国范围来说，就大的方面来说，通过实践是检验真理唯一标准和'两个凡是'的争论，已经比较明确地解决了我们的思想路线问题，重新恢复和发展了毛泽东同志倡导的实事求是、理论联系实际、一切从实际出发的思想路线。这是很重要的。关于真理标准问题，《光明日报》登了一篇文章，一下子引起那么大的反应，说是'砍旗'，这倒进一步引起了我的兴趣和注意。最早是林彪搞乱了我们党的思想路线，他搞了那个语录本，把毛泽东思想庸俗化，搞得支离破碎，而不是让人们准确地完整地学习和运用毛泽东思想来思考问题、提出问题、解决问题。我是不赞成'两个凡是'的。'两个凡是'不是马列主义、毛泽东思想。因此我提出要准确地完整地学习和运用毛泽东思想，以后又解释什么是准确地完整地学习和运用毛泽东思想。对于实践是检验真理的唯一标准的论点，开始的时候反对的人不少，但全国绝大多数干部群众还是逐步接受了的。这个争论还没有完，海军现在考虑补课，这很重要。真理标准问题的讨论是基本建设，不解决思想路线问题，不解放思想，正确的政治路线就制定不出来，制定了也贯彻不下去。

"我们的政治路线就是搞社会主义现代化建设。'四人帮'提出'宁要穷的社会主义，不要富的资本主义'，社会主义如果老是穷的，它就站不住。我们在国际阶级斗争中要坚持马克思主义，坚持社会主义，就要表现出马克思主义的思想优越于其他的思想，社会主义制度优越于资本主义制度。不解放思想，不实事求是，不从实际出发，理论与实践不相结合，不可能有现在的一套方针、政策，不可能把人民的积极性统统调动起来，也就不可能搞好现代化建设，显示出社会主义制度的优越性。昨天，山东的同志说，有一个原来很落后的县，就是因为解放思想，因地制宜地发展生产，才由老大难变为先进。思想路线不是小问题，这是确定政治路线的基础。正确的政治路线能不能贯彻实行，关键是思想路线对不对头。所以，不要小看实践是检验真理的唯一标准的争论。这场争论的意义太大了，它的实质就在于是不是坚持马列主义、毛泽东思想。

"党的思想路线和政治路线，尽管有人不通，但总是已经确立了。现在我们还没有解决的问题是什么呢？是组织路线问题。这是一个很重要的问题。政治路线确立了，要由人来具体地贯彻执行。由什么样的人来执行，是由赞成党的政治路线的人，还是由不赞成的人，或者是由持中间态度的人来执行，结果不一样。这就提出了一个要什么人来接班的问题。

"粉碎林彪、'四人帮'以后，特别是最近一年多来，我们把许多冤案、假案、错案处理了，好多老同志回到原来的工作岗位或担负相当于原来的工作，这在前一段是必要的。但现在各级领导班子岁数太大，精力不够。军队也存在这个问题。现在摆在老同志面前的任务，就是要有意识地选拔年轻人，选一些年轻的身体好的同志来接班。要趁着我们在的时候解决这个问题，我们不在了，将来很难解决。我们现在对于人们的思想状况、政治状况比较清楚，能够看出来哪些人是拥护党的路线的，哪些人是不搞派性、讲党性的。党性也包括联系群众、艰苦朴素、实事求是等等。选干部，标准有好多条，主要是两条，一条是拥护三中全会的政治路线和思想路线，一条是讲党性，不搞派性。

“我们要注意，现在反对党的政治路线、思想路线的，还大有人在。他们基本上是林彪、‘四人帮’那样一种思想体系，认为中央现在搞的是倒退，是‘右倾机会主义’。他们打着拥护毛泽东同志的旗帜，搞‘两个凡是’，实际上是换个面貌来坚持林彪、‘四人帮’那一套。这些人大体上都是“文化大革命”中提起来的，是既得利益的。他们感到现在的一套对他们益处不大，所以对过去很留恋。经过工作，其中有些人可能转变过来，但不一定都能转过来。如果让转不过来的人掌权，这些人能听党的话吗？他们一遇机会就会出来翻腾的。1975 年我主持中央工作，王洪文就说，十年后再看。现在也有十年后再看的问题。我们对林彪、‘四人帮’的影响不能低估，不能想得太天真了。要想得远一点。一定要趁着我们在的时候挑选好接班人，把那些表现好的同志用起来，培养几年，亲自看他们成长起来。选不准的，还可以换嘛。解决组织路线问题，最大的问题，也是最难、最迫切的问题是选好接班人。当然，组织路线方面还有其他的问题，如机关臃肿怎样解决，退休制度问题怎样解决等等。庙只有那么大，菩萨只能要那么多，老的不退出来，新的进不去，这是很简单的道理。因此，老同志要有意识地退让。要从大处着眼，小道理要服从大道理，不要一涉及自己的具体问题就不通了。我们将来要建立退休制度。但是，最重要的还是选拔培养接班人。现在有些地方对选进领导班子的年轻人，还是论资排辈，发挥不了他们的作用。我们的人才是有的，关键是要解放思想，打破框框。只要我们敢于把他们提起来，让他们在其位，谋其政，经过一两年就能干起来了。我经常讲，进军西南的时候，地方干部少，有排长当县委书记的，有连指导员当县委书记的，也有营团干部当县委书记的。那些连排干部（当然都是挑选好的）经过几年锻炼，和营团干部一样胜任，都是很好的县委书记。

“组织路线是保证政治路线贯彻落实的。解决组织路线问题已经提到我们议事日程上来了。这个问题解决不了，我们见不了马克思。老同志在，问题比较好解决，如果我们不在了问题还没有解决，就要天下大乱。你们不要以为中国乱不起来，林彪、'四人帮'帮派体系的人，就是不听党的指挥，他们唯恐天下不乱。中国的稳定，四个现代化的实现，要有正确的组织路线来保证，要有真正坚持马克思列宁主义、毛泽东思想和党性强的人来接班才能保证。"

七

30 日上午，邓小平和家人来到崂山参观下清宫。他徜徉在古木参天、茂林修竹的环境中，十分惬意。三皇殿前，有一株汉代古柏，粗大的树干中，一棵碗口粗的凌霄盘绕而上，直达树顶，名曰"汉柏盘龙"。古柏树洞里还寄生着一棵五倍子，枝繁叶茂，形成了三树一根的奇观。邓小平饶有兴趣，拍了拍那硕壮的树干，仰观那遮天蔽日的树冠，说道："这个地方很好，就凭这么几棵大的古树，就可以招来很多的人。"他还要求陪同的人员："应该照原样加以修复，有条件安排开放，发展旅游事业。"

半个月前，邓小平在黄山专门讲到了发展旅游的问题。今天，他又谈及，而且一来青岛，就说过几次。

崂山胜地，在过去不仅不对游客开放，连当地人也不能一览其真面目。邓小平这次讲话后，崂山被辟为旅游景点，加以修整开放。每到旅游旺季，中外游人如潮。

在青岛，邓小平多次与当地领导谈及经济建设问题。他的语气中总是充满了一种紧迫感。他说："搞现代化建设就是要加快步伐，搞富的社会主义，不是搞穷的社会主义。""社会主义优越于资本主义，是最大的政治。有人说社会主义不如西方好，不如台湾、香港好。如果那样，你这是什么社会主义？是'四人帮'的'社会主义'。生产力不发展，有什么社会主义优越性？如果我们平均每人达到 1 000 美金，就很不错，可以吃得好，穿得好，用得好，还可以增加外援。"这些尖锐、大胆的观点令当地的干部十分震惊，也使他们有耳目一新的感觉。

在胶东半岛 11 天的日子里，邓小平的日程安排得很满。说起休息，也许游泳是他休息的一种最佳方式。

邓小平酷爱游泳，尤其喜爱在大海中搏击风浪。这次在胶东，他几乎每天下午都到海里去游泳，不管风浪多大，都坚持 1～2 个小时、1 000 多米的游程。

但是有一点邓小平交代得非常明确，那就是不能因为他去游泳而赶走群众。山东省委秘书长李子超万般无奈，便从青岛市公安局挑选了一些政治上可靠、水性又好的警卫人员换上便衣在浴场游泳。邓小平第一次来后，见有人在游泳，他很高兴。但过了一会儿，他似乎察觉出了什么，就问李子超："那些游泳的都是群众?"

李子超一时不知道怎么回答，只好含含糊糊地说："都是些可靠的人。"

从李子超的表情和语气中，邓小平已经判断出是怎么回事了。他看了李子超一眼，满脸的不高兴。

很多年以后，李子超回忆起这件事时说："小平同志一贯主张实事求是，在他面前说假话，心里都发虚。可我们也是没有办法才这么做的。"

这天午后 2 点，邓小平来到青岛第二海滨浴场。他下水后，涉过浅滩，直接向深水游去。一排排的浪涛时而将他托起，时而将他吞没，他全然不顾，间或变换一下姿势，依然奋力划水，一直向前。

离岸越远，海面越显得平静了。在浴场最远处，邓小平悠然地踩着水，指点流云飞鸥，显得非常畅快。

上岸休息时，邓小平坐在沙滩上，与青岛市委书记刘众前又谈起了青岛市淡水水源紧张的问题，探讨解决的办法。

"邓小平同志非常关心群众，处处严格要求自己。"在青岛参加过接待邓小平的同志感慨地回忆说。

邓小平来青岛，刘爱敏是服务人员之一。她回忆说："邓小平同志待我们很和气，每次见面他都主动打招呼，同我们拉家常、聊天。"

一天下午，邓小平在住所院子里散步，正好刘爱敏也在院中，于是邓小平就走过去与她攀谈起来。他问刘爱敏多大了、念过几年书、家里生活好吗? 小刘一一作了回答。邓小平还问她愿意不愿意干服务工作。刘爱敏说："愿意。"邓小平点了点头，嘱咐她好好学习，好好工作，并说："将来没有文化不行，要趁年轻多学一点东西。"

不只与刘爱敏，邓小平几乎与所有的服务员都拉过家常，而且几乎都能叫出他们的名字。邓小平特别喜欢和年轻人在一起，一有空，就把几个服务员招呼到他的客厅去玩。

服务员任志强回忆说，每次他们一进客厅，小平同志就招招手，说："来，来，随便坐。"于是他们几个年轻人就围坐在小平同志身边，或打桥牌，或下围棋。当时任志强他们对桥牌、围棋不太精通，邓小平就教他们，告诉他们这张牌该怎么出，那步棋该怎么走。

任志强回忆说："在小平同志身边，我们无拘无束，很随便，心情舒畅。那时候，我们全忘了在我们面前的是一位'大人物'，只觉得他是一位慈祥善良、和蔼可亲的长辈。"

按照日程安排，邓小平将于8月1日离开青岛。前一天，山东省和青岛市的负责人经过反复考虑，想请邓小平吃顿饭，以尽东道主之谊。因为邓小平此次来青岛，轻车简从，不吃请，不给地方添麻烦，一次也不让地方的同志陪同进餐。

李子超把省委的这个意思转告了邓小平的秘书。秘书请示回来后说："小平同志不同意。"

李子超不肯就此罢休，又说："小平同志来了好几天了，我们做东道主的，不请小平同志吃顿饭，心里过意不去啊！"于是，秘书又再次请示，把李子超的话转告给他，并反复说明情况。邓小平这才同意一起吃顿饭，但指示就在他的住处，人不要多。就这样，白如冰、李子超和刘众前三个人与邓小平一家吃了顿饭，只加了几个菜，简单而又热闹。

八

8月1日下午，邓小平一家与住处的警卫、服务人员合影、道别后，登上了去烟台的火车。除了山东省委有关负责人之外，海军第一政委叶飞、第二政委杜义德等陪同前往。

车上，叶飞、杜义德等向邓小平汇报了1979年夏海军领导实地考察西沙群岛的情况及海军的有关工作。

当汇报到海军装备建设规划时，邓小平再次强调：要顶用，有战斗能力。不顶用，就是浪费国家财产。

当汇报到落实干部政策、解决海军在"文化大革命"中遗留下来的问题时，邓小平说："'惩前毖后，治病救人'，这个好，这是得人心的。要历史地看问题，有错误的改了就好。”

8 月 2 日上午，邓小平由山东省、济南军区和北海舰队的负责同志白如冰、萧望东、饶守坤等陪同，在海军烟台基地检阅了舰艇部队。

邓小平首先检阅了“101”驱逐舰，接着登上了我国自行设计、自行制造的第一艘国产导弹驱逐舰“105”舰。在 1 号舱室，他听取了驱逐舰支队领导关于驱逐舰性能、装备和使用等方面的情况汇报，听得非常认真。

出海之前，邓小平登上舰指挥所，看望在那里工作的干部战士。在上舷梯时，水兵们都围上来要扶他，他抬头看了看陡立的舷梯，笑着说：“不用，不用，自己来，谢谢！”说着，就手扶舷梯，敏捷地登了上去。

1979 年 8 月 2 日，邓小平在海军负责人陪同下检阅“101”驱逐舰和“105”导弹驱逐舰。

上午 8 时整，军舰徐徐离开码头，开始了长达 6 个多小时的出海航行。邓小平兴致勃勃地登上舰的最高处——指挥台信号灯座，举目远望。海风阵阵，吹拂着邓小平的头发，掀起了他的衣角。北海舰队司令员饶守坤怕邓小平着凉，就让舰上送来了衣服和帽子。邓小平摆了摆手，微笑着谢绝了。

顷刻间，海上风云突变，浓雾滚滚，细雨绵绵。邓小平好像没有察觉，仍在注视着前方。风越刮越猛，雨越下越大。在同志们的劝说下，邓小平走下指挥台，回到 1 号舱室。他看到战士们都在关舷窗，就走了过去，和大家一起把舷窗关好。

坐定之后，邓小平从衣兜里拿出一盒熊猫牌香烟，递给饶守坤一支，自己也点了一支。吸完烟，邓小平起身就要出舱室。饶守坤看到他放在桌子上的香烟，就提醒说："邓副主席，您的香烟忘带了。"邓小平回头笑道："我看你也很爱抽这种香烟，那些就给你了。"

军舰破浪前进，邓小平向在身边的海军负责人叶飞、杜义德等询问海军各级领导班子的建设情况。这时，舰上一名负责人拿着题词簿走进来说："全舰官兵有个愿望，想请邓副主席题词。"邓小平爽快地答应了。他接过纸笔，挥毫写下了"建立一支强大的具有现代化战斗能力的海军"的珍贵题词。

上午10点多钟，海上雨停了，雾也散了。邓小平来到前甲板，开始对周围岛屿和海域进行详细观察。他一会儿低头看海图，一会儿站起来指着一个个岛屿询问，一会儿又举起望远镜久久地眺望。

观察了一会儿，邓小平向饶守坤问道："你们封锁渤海海峡，兵力是怎样布置的？"

饶守坤告诉他，要增加多少兵力，布置多少道水雷。

邓小平和北海舰队官兵一起冒雨视察海防。

"这些水雷需要多少枚？"

"需要上万枚。"

邓小平转过身来，问站在他身后的叶飞、杜义德："海军有这么多水雷吗？"他们俩点了点头。

邓小平接着又问了海上需要多少舰艇，都需要哪些种类的舰艇，炮弹的打法等，问得非常具体，非常细致。

饶守坤一一作了回答。邓小平连声说："你们的方案很好！"

略微沉思了一会儿，邓小平接着又问："守坤同志，万一敌人从塘沽突破，怎么办？你有什么想法？"饶守坤说："需要北京军区增加抗登陆兵力，加强拦截。"

邓小平马上又问："那时你们海军怎么办？"饶守坤说："海军可以从海上打击敌人的背后，造成水陆夹击之势，把敌人消灭。"

邓小平连连说："你的设想很好，很好！"

舰艇破浪前行，水面上泛起道道浪花。邓小平走上前甲板。几个水兵围拢过来，似乎想对邓小平说什么，又不太好意思开口。邓小平看出了大家的心思。"想照相吧？"他向官兵招了招手说，"谁要照相就来照。"听邓小平这么一说，大家一阵兴奋，朝他围了过去。见大家都过来了，他就笑着说："这地方太小，我看咱们分批照吧！"说着，他用手梳理一下被海风吹乱的头发，在前甲板的凳子上坐了下来，先和舰上的负责人合影，又分别与技术能手、立功受奖的优秀军官、水兵合影，然后同其他水兵合影。当与最后一批水兵合影完毕，邓小平在甲板上已经坐了将近一个小时。

消息传到在 1 号舱室值班的水兵盛立中那里，他为没能与邓副主席合影深感惋惜。情急之下，他想出个主意：请邓副主席签名留念。但当邓小平进来后，他又犹豫了，心想自己是一名普通水兵，邓副主席能答应我的要求吗？

盛立中犹豫不决的样子，被站在邓小平身边的杜义德政委看见了。他问道："你有什么事？"盛立中壮着胆子把自己的心愿告诉了他。

邓小平看见他俩嘀嘀咕咕，就问道："有什么事吗？"

杜义德说："他想请您签个名。"

"签个名？"邓小平笑了，对盛立中说，"好，拿本子来。"盛立中赶快把本子和笔递过去。邓小平在扉页上认真地写下了"邓小平　一九七九年八月二日"几个字，把本子还给盛立中，问道："这样写行不？"

"行！行！"盛立中接过本子，激动得不知如何是好，连给邓小平敬礼都忘了，只是看着本子嘿嘿地笑。

这次巡海，由烟台港出发，经扁担岛和芝罘岛，绕南北长山岛一周，历时 6 个多小时，直到下午 2 点多才返回。

8 月 4 日下午，邓小平踏上返京旅程之前，又来到烟台海军海水浴场游泳。

这一天风大浪急,但他仍然坚持游了近千米才上岸休息。他披上彩条浴衣,显得有点疲惫。

这时,一群孩子一边嬉水,一边打打闹闹地拥了过来。

邓小平看到此景,笑逐颜开,主动走到孩子们中间,伸出双手,抚摸着一个个可爱的小脑袋,拍打着一张张天真的脸颊,一下子就融入了孩子们欢快的气氛中。

“咔嚓”一声,邓小平的警卫秘书张宝忠摄下了这一瞬间。

九

8 月 7 日,邓小平来到天津。

第二天,他参观了天津大港油田等地。

8 月 9 日,他听取天津市委常委的工作汇报。

参加这个汇报会的市委常委有 17 位。当市委第一书记陈伟达给邓小平一一介绍时,邓小平说:“这是全国性的问题,都是队伍大,大得都成灾了。”

陈伟达等开始汇报。汇报过程中,谈到有关问题时,邓小平作了许多重要的指示。

陈伟达谈到目前天津存在的问题不少,首先提到天津市的不少轻工产品质量低,老是凑凑合合的。

邓小平说:产品质量不好,宁肯少生产,甚至可以停产整顿。质量不好,这是最大的浪费,产量增长有什么用?把风气搞坏了,把作风搞坏了。

“不少轻工产品都是老样子,群众不满意。”陈伟达说。

“你们的厂里、局里应该有科研机构,掌握情报,创造新品种。没有科研机构、不掌握经济情报不行。要搞一批人,建立研究机构,知识不够,慢慢学嘛。商业收购要严一点。要靠订货,不靠分配,哪个好要哪个,不好的就淘汰,逼着你干。过去靠分配,好坏一个样。以后改成生产订货,订合同,生产要根据市场的需要,不然还是调动不了积极性。最近有个情报说,苏联也在搞改革,匈牙利老早就在搞,偷偷摸摸搞的。可我们还是老样子,我们也要搞。”邓小平说。

“我们一轻局搞权力下放,局里不管计划,让公司管理,结果影响了生产。”陈伟达反映了一个问题。

邓小平说："建立公司的目的是用经济办法管理经济，是为了企业化，实行独立核算。现在一建就是行政机构，设好多处科，安排好多人，还是老样子，搞那个干什么？习惯势力很不容易改呀。"

"我们要搞市场调节。"陈伟达表示。

邓小平听后非常高兴。

要搞市场经济，是邓小平近来一直在思考的一个问题。今天地方工作的同志也提出了这个问题，虽然他们还没有敢提出"市场经济"这个名词，但从他们的思想上不难看出这一点。在发展经济的过程中，要强化市场的作用，看来是得人心的。三个多月后，邓小平在会见美国不列颠百科全书出版公司编委会副主席吉布尼和加拿大麦吉尔大学东亚研究所主任林达光时，有一段精彩的对话。

林达光说：您是不是认为过去中国犯了一个错误，过早地限制了非资本主义的市场经济，这方面限制得太快，现在就需要在社会主义计划经济的指引之下，扩大非资本主义的市场经济作用？

邓小平说：说市场经济只存在于资本主义社会，只有资本主义的市场经济，这肯定是不正确的。社会主义为什么不可以搞市场经济？这个不能说是资本主义。我们是计划经济为主，也结合市场经济，但这是社会主义的市场经济。虽然方法上基本和资本主义社会的相似，但也有不同，是全民所有制之间的关系，当然也有同集体所有制之间的关系，也有同外国资本主义的关系，但是归根到底是社会主义的，是社会主义社会的。市场经济不能说只是资本主义的。市场经济在封建社会时期就有了萌芽。社会主义也可以搞市场经济。同样地，学习资本主义国家某些好东西，包括经营管理方法，也不等于实行资本主义。这是社会主义利用这种方法来发展社会生产力。把这当作方法，不会影响整个社会主义，不会重新回到资本主义。

……

邓小平接过陈伟达的话题继续说：天津的市场要面向全国，而不是光面向全市。昨天在大港油田参观时看到的 20 万次电子计算机，是好的，你们要打开销路，可以发广告，全国订货嘛。

"我市生产的 130 电子计算机质量有了改进。"陈伟达介绍说。

对这种计算机，邓小平也有感性认识。8 月 8 日，邓小平在参观大港油田时，已经看到用这种计算机控制二十几口井采油，不用派工人到现场，油井的压力、温度等通过计算机，一按电钮就显示出来了。但是，邓小平仍不忘记补充了一句："不能搞一台可以用，成批生产就不行了。日本松下是搞电子工业的，最近要来，你们可以合作。"

1978 年 10 月，邓小平出访日本，参观了松下等公司，他对什么是现代化有了一个更深的了解，在他的心中，引进国外的先进技术和中外合资也已经运筹良久了。

邓小平还说，多搞一点合资经营，好处是可以拿到最好的技术。

陈伟达说，上半年市委召开了一系列会议，贯彻十一届三中全会和五届人大二次会议精神，在解决干部思想认识问题过程中，有人对十一届三中全会政治路线有不同意见。

"持反对意见的多不多？反面意见讲出来没有？"邓小平问。

"肯定有人反对，反对的人还有相当一部分。"陈伟达说。

"这种人就是要调开！"邓小平的表情很严肃，语气也很坚决。

陈伟达汇报了天津市的干部队伍存在的问题，还举了一个例子：一轻局领导班子有十几个人，有的同志身体差，真正顶着干的只有 4 个人。化工局比较好，领导班子只有 8 个人。

说到干部问题，邓小平语重心长地说，一个局有七八个人也多了。日本松下公司一个经理，五个副经理，有管财务、有管技术、有管市场交易等，一个人顶一件事，都是干实事的。工厂里也是五个副厂长，或五个副经理，董事在外，每个人必须管一件事，出了差错，由他负责。"干部搞'万金油'不行，都管都不管，我们是'万金油'干部多，'万金油'能治百病，又百病不能治。要培养专业人才。"

谈到大港油田的发展问题，邓小平说，要把大港油的利用作为专项来研究，搞个规划报上去。这里很特别，油的质量好，要充分利用起来。

当汇报到资金不足的问题时，邓小平接过话头说，国家分配资金不是好办法。今后可以搞银行贷款的办法，不搞国家投资。搞国家投资那是懒办法。贷款，要拿利息，他就精打细算了。还有，材料也是国家分配。钢材每年进口 800 多万吨，放在那里，这个部要多少，那个部要多少，不出利钱，放在仓库里积压起来。

市委的负责同志在汇报中还提到，搞补偿贸易条件太严，现在批一个项目很难。

邓小平说：你们要考虑天津的发展方向，搞一个总体规划，把大港和沿海养殖业包括进去，然后到国家几个委、财经委员会研究一下，哪些同意，哪些否定，搞活一点，搞个总体规划。把大的方针定了，就比较容易了。零零星星的、一项一项的不好批。

接着，邓小平又谈了他的设想：全国要搞几个地方，天津、北京最好搞一个统一规划，北京、天津一片；上海、江苏、浙江一片。统一规划，搞协作，搞活一点、快一点。

汇报到天津市的住宅建设时，邓小平十分关注。

他说：建筑材料怎么搞，到处都提这个问题。要搞轻型建筑材料。我们对这个问题重视不够。农民富裕起来以后，除了买几大件、买家具外，都要盖房子，也缺少建筑材料。我们这样的国家 100 年还要搞建筑材料。建筑材料很重要，要解决好。

邓小平指着会议室说：你们这所房子很漂亮，但水管漏水，锈得很厉害，质量粗糙得很。

在场的人听后，无不为邓小平的细致所感动。

汇报过程中，邓小平对天津市的工业产值明确地表示了不满意。

陈伟达说："去年我市的工业产值 160 亿，今年计划 172 亿。"

"太少了，还不如北京多。天津有一个干部反映，这些年天津始终在中下游摆动，你们条件不坏，有港口、有油田，样样都有。"邓小平说。

汇报结束后，陈伟达请邓小平作指示。

邓小平说，我要讲的还是那些，还是要解放思想。解放思想就是坚持辩证唯物主义。中央各部门需要解放思想，地方也要解放思想，解放思想能量可大了。发展生产力，不解放思想是不行的。

邓小平接着说：关键是发展生产力，增加人民收入，这样社会主义制度的优越性就体现出来了。否则讲过来讲过去，穷得很，有什么优越性？实践是检验真理的唯一标准的问题不是我提出来的。关于检验真理标准的文章，是在《光明日报》登的，开始我没有注意。后来越争论越大，引起了我的兴趣。解决了这个问题，实现四个现代化，才有真正的思想基础。

邓小平对组织路线问题进一步阐述道:组织路线包括一系列的问题,包括干部合理组成问题。现在是专业人员少,懂行的少,需要的方面没有人干。这是组织建设必须解决的问题。要培养干部,培养专业人员,还要注意组织建设中的一些制度的规定。摆在我们面前更大的问题是谁接班的问题。现在选接班人,要从40岁左右、50岁左右的人中选。标准好多条,主要是两条,一是拥护三中全会的政治路线、思想路线,一是搞党性不搞派性。新的政治机构一定要精干。不搞荣誉职务,可以搞顾问,但要能顶着干8小时。要真正把表现好的同志用起来,培养几年,亲自看他成长,选不准还可以换嘛!这是百年大计,是基本建设。我一路上讲这个问题,确实因为这是根本性的问题。

邓小平略加停顿,以总结的口吻说:总之,不要太天真了,认为十一届三中全会、五届人大二次会议以后,天下就太平了,没那回事。要注意一下思潮。一是组织上选好接班人,一是政治路线、思想路线要继续进行教育。对一些人要做好转化工作,有些人还是老框框。十一届三中全会以后,全会精神没有被很好地贯彻,实践是检验真理的唯一标准的问题没有被很好地讨论,因此,必须加强政治思想路线方面的教育。阶级斗争问题不是不提,《政府工作报告》中不是讲了吗?但政治运动要慎重,一个运动搞下来,几年恢复不起来,成灾呀!为什么说安定团结呢?团结大家理解,没有安定的条件不行。培养接班人的问题要提到自觉的高度。

会议结束时,邓小平站起身,最后说了一句话:“有人写信说天津总是在中下游摆动,当然,这里是重灾区,你们更要努力。”

多么深切的希望!

当天,邓小平回到了北京。

视察陕、川、鄂、豫

（1980 年）

看画展，《双猫图》引来无限遐想。游峨眉，“我们也是游客，人家也是游客，大路朝天，各走半边”。“办事情要有登山不止的精神。”听争论，作出结论：“轻率否定三峡不好。”在二汽，发现了一位年轻有为的干部。到河南，为“奔小康”扳着指头算账。

一

1980 年盛夏，三秦大地，暑热逼人。邓小平又一次外出视察。6 月 30 日，专列首先经停西安，邓小平下榻西安迎宾馆。出发前，邓小平指示中央警卫局通知各地：不搞迎送，不请客，外出参观、考察，不断绝交通，不坐小轿车，一律乘面包车。

7 月 1 日上午，邓小平一行乘坐一辆白色面包车，在中共陕西省委书记、陕西省省长于明涛的陪同下，来到秦始皇兵马俑博物馆参观。这是邓小平多年的夙愿。

因为刚开馆一年，博物馆接待室十分简陋，没有空调，没有电扇，76 岁高龄的邓小平不住地擦着汗。工作人员只好找来两把扇子给他扇凉，他一再谢绝。邓小平一边细听秦兵马俑的出土和建馆情况介绍，一边询问搞好文物保护的措施。在观看出土文物的时候，工作人员取出一把出土兵器中最完整、最光亮的青铜长剑给邓小平观赏，并作了详细介绍。这把剑虽然埋于地下 2 000 多年，出土时却光亮如新，没有一点锈迹。这种铸剑工艺德国于 1937 年、美国于 1950 年才先后申请专利，而中国早在 2 000 多年前的秦始皇时代就创造了类似的工艺，这真是世界冶金史上的奇迹！邓小平对这把青铜剑很感兴趣，看得特别仔细，听得特别认真。工作人员请他亲手试试这把剑，他却认真地说：“那可不行，你们都戴着手套，我手上有汗，不能拿，会损坏文物的。”工作人员给他戴上手套，他很高兴地将剑接到手中，仔细端详，并连声说：“好，好，真是太好了，我们在秦代就有这么高的科学技术，真是了不起！”

邓小平在秦始皇兵马俑博物馆观看出土的文物。

第二天清早，天下起了小雨，这给酷热多日的西安带来了一丝凉意，也更增添了邓小平探访古城历史文化遗迹的兴致，他又驱车来到西安市的碑林博物馆。

西安碑林，是我国碑石文物精华荟萃之处，其历史可追溯到唐末五代时期。它是于北宋元祐五年为保存唐《开成石经》而建，经金、元、明各代收集，规模逐渐扩大，清初始称“碑林”。新中国成立后碑林历年收集增建，收藏自汉至清代碑碣共 2 300 余件，有 7 座大型游廊和 1 个碑亭，展出碑石 1 000 多件。除书法名碑外，这里还珍藏着一批珍贵的石雕和石刻画，著名的“昭陵六骏”就陈列在这里(仅四骏，另外两骏在美国费城大学博物馆)。

20 世纪 80 年代初期，现在的陕西历史博物馆还没有建成，当时的陕西历史博物馆就设于此，相当一批国家级文物在这里展出，邓小平对这些文物兴趣十分浓厚。他在参观了“周秦汉文物展”、石刻馆和汉画像石后，来到“昭陵六骏”前参观，仔细听着一段段讲解。“昭陵六骏”是唐太宗李世民当年南征北战，削平群雄，建立唐王朝过程中所乘六匹坐骑的写真浮雕。这组珍贵的石刻，可以说是唐王朝蓬勃向上、初步呈现强盛的真实写照，也是中国古代劳动人民高超艺术和智慧的体现。1914 年，美国文化劫掠分子卑士薄假考察之名来华，勾结中国古玩奸商和地方官吏，以24万银圆盗买了六骏中最优秀的“飒露紫”和“拳毛騧”二骏。四年后，卑士薄再次来华，卑劣地把其余四骏浮雕锯成4块，装在箱里准备偷运境外，幸被昭陵所在地的礼泉县人民发现而阻止。

展室内异常安静，邓小平手中的扇子也停止了摆动，他神情严肃，一言不发。

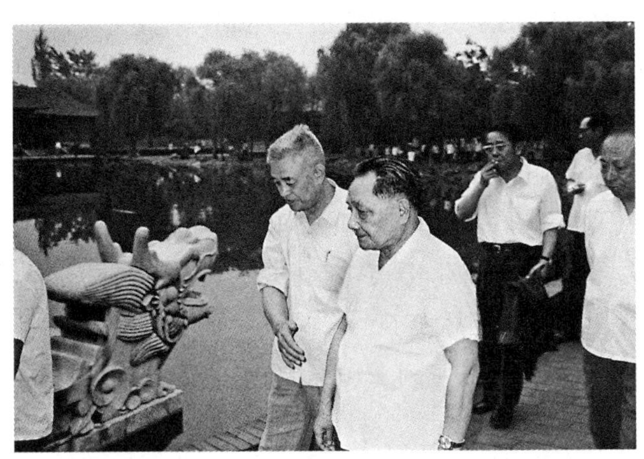

邓小平在西安华清池参观。

随后，邓小平观看了东汉《曹全碑》、唐欧阳询书《皇甫诞碑》、唐颜真卿书《多宝塔碑》、唐柳公权书《玄秘塔碑》、唐玄宗李隆基书《石台孝经》等著名书法艺术碑石，那紧锁的眉头才逐渐舒展开。他对隋唐文物很感兴趣，对唐代高度发达的政治、经济、文化和对外开放的丝绸之路等内容表现出浓厚的兴趣。邓小平在贵宾室仔细观赏了几件未展出的库藏国宝，对灿烂的历史遗存表现出极大的兴趣和敬佩之情。听着专家的讲解，他时而显出惊叹的神情，时而露出高兴的笑容，时而不住地点头。

在两天的参观中，邓小平始终把自己当作一个普通的观众，不搞前呼后拥，与陪同人员一起乘坐面包车，前面只有一辆普通的北京吉普车带路。他一再叮咛不要影响接待单位的正常工作，不要干扰群众的参观。在碑林博物馆，他还让警卫秘书专门到大门口查证是否对广大游客正常开放。

三秦的古文化风貌深深地震撼了邓小平，但是，他没有把更多的心思停留在此，他是假道陕西前往四川。

二

列车穿过秦巴山地，苍凉和荒袤被抛在后面，广阔的川西平原显露出了勃勃的生机。

7月3日，邓小平一家住进了成都金牛坝宾馆。

此时，在金牛坝宾馆，正举行着一个别开生面的画展。四川各地的一批知名画家聚集于此，挥毫泼墨，临场作画，尽显巴蜀子弟的才气。身为画家的邓家长女邓林也加入了他们的行列。邓林对他们说："你们知道，我也是四川人哟。"

过了一会儿，邓林对画家谭昌容说："你们画了这么多的画放在这里，是不是请我们家老爷子来看一看。"

画家们正求之不得。邓林去了。

过了好一阵，也没见邓小平到来，画家们有的继续作画，有的则急切地在宾馆廊道里探听动静。

但邓小平突然到来时，却谁也没有察觉到。他穿着软底拖鞋，径直走到一幅画面前，静静地看着。

人们聚拢过来，邓小平高兴地与大家打着招呼，和每位画家都握了手，然后继续看画。当他走到画家邱少秋的《双猫图》前时，显得特别兴奋。"白猫黑猫……嗯，你这幅画真有意思，这幅画真有意思嘛！"在这幅画前，邓小平驻足良久。

也许他想到了60年代初他最早提出著名的"猫论"时的情形。1962年7月，他在一次讲话中说："生产关系究竟以什么形式为最好，恐怕要采取这样一种态度，就是哪种形式在哪个地方能够比较容易比较快地恢复和发展农业生产，就采取哪种形式……刘伯承同志经常讲一句四川话：'黄猫、黑猫，只要捉住老鼠就是好猫。'"邓小平的这个说法后来被误传为"白猫黑猫论"。但是不久后，毛泽东在北戴河会议上批评了"包产到户"和"单干风"，邓小平的讲话记录稿被下令追回……

也许他想起了1975年。第二次复出后，邓小平主持中央党政全面工作，恢复和发展千疮百孔的国民经济，当他听到粮食不足，而且蔬菜、肉类奇缺，人民生活很苦时，就在一次中央召开的会议上说了这件事，并联系到全国的状况，号召大力发展生产，关心人民生活。他还提出，横下一条心，不怕第二次被打倒，把国民经济搞上去。邓小平对“文革”错误的纠正引起了毛泽东的不满。次年初，他又一次被打倒。

也许他想到了 1979 年在安徽时，万里同志汇报的小岗生产队秘密实行包产到户、分地经营的情况，惦念着那里究竟实行的效果怎么样了。

也许他还想到了距成都仅仅 40 里的广汉县刚刚发生的一切。1980 年 4 月，广汉县向阳乡率先摘下“人民公社”的牌子，将原有摊子一分为三：乡党委、乡政府、农工商总公司，成为轰动全中国乃至全世界的爆炸性新闻。

仅仅在几年前，这里还是一个出了名的穷县，外地人只需用几十斤粮票就可以换走当地的一个大姑娘。现在，广汉人以对饥饿最痛切的体验和对幸福日子执着的渴望，成为全国第一批用“包产到组”的形式种地的庄稼汉。

邓小平清楚地知道：延续了十二余年的“三级所有，队为基础”的大锅饭体制在中国农村即将寿终正寝，适应农村生产力需要的新的生产方式正在孕育生长。他十几年前所提出的“黄猫黑猫，捉住老鼠就是好猫”的口号正在成为广大农民最乐于接受、最乐于实践的思想准则。

第二天，邓小平在中共四川省委第一书记谭启龙的陪同下上峨眉山。行前，邓小平对谭启龙和接待人员说：这次上峨眉山，是参观休息，不谈工作，不要影响地方上的工作，不许封山，以免影响别的游客游览。大家都是游客，大路朝天，各走一边，互不干扰。

当时，中共四川省委正在召开工作会议，一项重要议题是研究贫困山区休养生息，陡峭山坡退耕还林的政策问题。邓小平不想让省委主要领导人陪同，但是谭启龙怕对老首长照顾不周，执意要随行。

在峨眉山负责陪同邓小平的田家乐后来详细追忆了当年的很多细节：

> 1980 年 7 月 4 日，分管峨眉山景区工作的中共乐山地委副书记刘继智同志，要我跟一位中央领导同志上山走走看看。任务很明确：一是伴游，二是将景区总体规划和实施情况作一些必要的汇报。我没有想到，这位中央领导竟然是小平同志。
>
> 7 月 5 日上午 11 时，我同中央警卫局的老滕同志一起，到了峨眉火车站。站党支部书记和站长向老滕汇报了有关迎接小平同志的准备工作。

其实也没有什么好准备的，就是将会议室收拾一下，整齐地摆上茶具。

12点15分，站长告诉我们，小平同志乘坐的专列刚刚过了双福站。我和老滕一起到站台去迎接小平同志一行的到来。

专列飘着洁白的窗帘，缓缓地停了下来，小平同志神采奕奕地站立在车门口。我的心激动得快要跳出来了。在老滕同志的引见下，我紧紧地握着小平同志的手说："峨眉山的全体职工和出家人欢迎您！"小平同志连声说："谢谢，谢谢！"原来打算请小平同志到会议室去休息一下，但小平同志说："我看时间不早了，我们上山吧！"大约12点40分，火车站乘客如云，一辆普普通通的小面包车缓缓地驶出了车站。前面没有警车开道，后面也没有车群尾随。人们没有想到，在这十分平常的面包车里，竟然坐着当代杰出的马克思主义者、建设有中国特色社会主义理论的创立者、中国改革开放的总设计师邓小平同志。老滕安排我坐在小平同志旁边，说："小平同志有话问你。"我正想将车窗关严实，卓琳同志说："老爷子从来不喜欢关着窗户。"我便顺手把窗户推开了。人们一下子看见小平同志春风满面的神采，暴风雨般的掌声和"小平同志好！""小平同志好！"的欢呼声骤然响起，汇成了沸腾的长河。坐在小平同志身后的卓琳同志高兴地嚷着："老爷子，快给大家挥挥手嘛！"小平同志的双手几乎和卓琳同志的声音同时而起。他那十分亲切的四川乡音"同志们好！同志们好！"融化在春潮般的欢呼声中。

虽然是炎热的盛夏，峨眉山却如沐春风。拂晓遍洒了一场好雨，路上没有扬尘，空气显得格外清新。小平同志兴致盎然地观赏着道旁的青山绿水。

汽车驶向"天下名山"牌坊。小平同志听说"天下名山"横额是郭沫若题写的，便仰起头来看了又看，说："郭老的字写得不错，书如其人，很潇洒。"一转弯，车进入了西南交通大学的校园，当时公路是借道校园上山的。正是午休时间，校园里人迹稀疏，整个校园似乎正安谧地甜睡着。我说："这是1965年内迁来川的原唐山铁道学院，1972年改建为西南交通大学的，开办快90年了。第一届毕业生就参加了詹天佑主持设计修建的中国第一条铁路。"小平同志说："这所学校出了不少人才。有个名叫杨杏佛的，早年参加革命，与鲁迅很好。牺牲后，鲁迅特地写诗悼念他。竺可桢也是这个学校毕业的，创立了'物候学'。还有一个桥梁专家茅以升，中国第一座现代化的钱塘江大桥就是他设计修建的。”

景区公路当时还是十分简陋的土路，坑坑洼洼，车子颠簸得厉害，车行四五里，突然熄火了。小平同志下车在红沙路上踱着步，看见路旁开满了金黄色的花，大树上挂着的藤蔓也开着许多雪白的花，随风招展，便问：“这是什么花？这么好看！”我只好坦率地说：“不认识。”虽然小平同志微笑着，但我的心里仍是忐忑不安。正在这时，四川林学院在山上实习的师生纷纷从密林中钻了出来，向小平同志问好。小平同志亲切地问道：“山上生活是艰苦的，和城市里不大一样，还习惯吗？”几个年轻人回答说：“能在这里生活一辈子，我们更高兴。”小平同志笑着说：“大自然是一本永远读不完的书啊！”

车子沿着盘山公路上了当时景区公路的终点双水井。此地位于峨眉山北坡，常常是云雾蒙蒙，十分潮湿。要上主峰金顶，还得步行10公里。前一天晚上这里下了一场大雨，道路泥泞不堪。从双水井到雷洞坪一段，是用小木棍横铺而成的，泥烂如羹，很难找到踏脚之处。同志们都劝说小平同志今天暂不登顶。

1980年7月6日，邓小平在峨眉山风景区听取风景区负责人的汇报。

乐山地区和蛾眉县的党政领导都来看望小平同志。小平同志和他们一一握手说：“你们工作很忙，请回吧！”小平同志细细地察看了《峨眉山风景区总体规划图》，听取了规划说明和实施简况的汇报。当听到第一期已退耕还林 2 500 多亩时说:“退耕还林好。还林,还什么样的林呢?”我说:“大多用当地的杉、柏、桢楠、女贞、香樟、峨眉含笑等常绿乔木混交成林。”小平同志紧接着说:“风景区造林要注意林子色彩的完美。山林就像人的穿着一样,不仅有衣衫,还要有裙子、鞋子。林子下边种茶,四季常绿,还有经济效益。”顷刻之间,一团团白云蒸腾而起,一座座苍翠的峰峦,浮荡在浩无边际的云涛之中。小平同志问道:“这里高多少?”“海拔 2 355 米。”“比黄山的主峰高多少?”在旁的邓楠同志回答说:“黄山最高处也不过 1 800 多米。峨眉山比它高出 1 200 多米哩! 就是这里,也超过黄山 500 多米了。”小平同志双手叉着腰,发出爽朗的笑声:“三年后再来,我一定要登上金顶!”

那时仅有一条由峨眉县城通向洪雅县高庙乡的峨高公路横穿景区东西,要上万年寺就得在净水乡下车登山了。小平同志走下车来,从净水河边的桂花场,踏上 4 公里的坡道。“登山不用杖,脱帽舞东风”,小平同志径向“白水秋风”的万年寺健步攀登。

在登山道上,小平同志额角上不断冒出豆粒般的汗珠,同志们一再劝小平同志歇歇再走。小平同志总是坚定地回答说:“登山不止嘛!”小平同志望着刀砍斧劈的二斗岩停住了。我说:“这是地质史上有名的‘峨眉大断层’,全长 50 多公里。”小平同志对谭启龙说:“小谭,我们一起来照一张,留个纪念。”到了万年寺,夕阳的余晖给寺边的山林抹上了一层胭脂色的霞光。古寺里射出的灯光,透过茂密的楠木林,繁星似的闪烁着。

峨眉山管理局(现为峨眉山管理委员会)的干部职工,准备了简朴而富有地方特色的便餐为小平同志一行洗尘。桌面上摆着白嫩嫩的四川豆花、红烧雪魔芋、苦笋酸菜汤、凉拌红椒嫩姜和峨眉泡菜等。小平同志举起筷子,对服务人员说:“四菜一汤好,什么也不再要了。”

7 月 6 日清晨,金灿灿的朝阳,洒落在万年寺无梁砖殿的穹隆顶。小平同志站在巍峨的大殿前迎着晨光,用洪亮的声音回答保健医生小杜的问候:“我睡得蛮好嘛!”早饭后,小平同志游览了万年寺,看了唐代诗人李白与广浚和尚弹琴和诗的明月池,宋代四大书家之一的米芾榜书的“第一山”碑,宋代太平兴国年间铸造的、通高 7 米多的金铜普贤大士像等文物之后,信步向“峨眉十景”之一的“双桥清音”走去。两地相隔 3 公里,都是苍苔满径的石级磴道。穿过城阙似的大峨楼，一股股药材的香味随着凉风迎面扑来。象牙坡两旁，山中的药农摆着一个一个药摊，出售着峨眉山特有的药材。小平同志饶有兴致地猫着腰察看着，询问着。年逾古稀的老药农张大爷，如数家珍地向小平同志介绍药名、药性、应症、验方等。小平同志高兴地和张大爷合影留念。当听到纵横 154 平方公里的峨眉山景区内，约有植物 3 200 多种，占全国拥有量的十分之一；药用植物近 1 700 种，几乎占了全国的三分之一时，小平同志环顾如画的峨眉秀色，爽朗地说："峨眉山真是一座宝库！要好好保护，合理开发，让它为子子孙孙造福。"

下象牙坡，就进入了丛楠郁郁的"古功德林"。这功德林方圆大约 1 平方公里，400 多年前一位名叫别传的老和尚带领着门徒，栽了 7 万多株桢楠、杉、柏，而今老树新枝，绿云蔽天。小平同志观赏着浓翠欲滴的树林，细听着深壑里白龙江汩汩的水声。正值旅游旺季，这里又是景区的交通枢纽，游人摩肩接踵，往来如织。"小平同志好！""老人家得佛（福）呀！"的问好声和祝福声，充斥在这游山古道。

小平同志在清音阁足足休息了两个小时。站在黑龙江和白龙江汇合处的双飞桥上，仰望着参天古树，枝柯交茂；静听着深谷碧流，淙淙如琴。下午 4 时，小平同志沿着宝砚溪走下山。走出种玉溪的幽谷，来到太平桥边，离五显冈车站还有 1 公里。这时小平同志转过身来，从天池峰、息心岭、玉笋峰直望到"金顶三峰"，层峦叠翠，横绝蓝天。山野里的佛寺建筑，或高踞于险峰之巅，或巧构于悬崖之阿，或横跨于溪涧之上，或深隐于重翠之中，与雄秀的峨眉山水浑然一体。小平同志说："峨眉山是一个文化型的风景区，是一座宝库，要好好保护。要搞好规划，合理开发，综合开发。要加强管理。办事情要有登山不止的精神。"

从万年寺下山途中，邓小平边走边看两边的庄稼和山林。他看到一些陡峭的山坡上也种植了不少玉米，长得稀稀拉拉，便关切地说："这会造成水土流失，人摔下来更不得了，不要种粮啦，种树吧。"看到路旁一些地种了中药材黄连，邓小平说："种黄连可以，不要去种那几棵玉米。"谭启龙趁便向邓小平汇报说，四川山区农民负担太重，生活穷困，省委正在讨论加快发展山区经济的政策，准备拿出 10 万吨粮食扶持山区发展生产，用于减免长期缺粮的农民的负担，不征过头粮，陡峭山坡退耕还林还草，发展多种经

邓小平在峨眉山的山道上向乡亲问候。

营,让山区人民休养生息。

邓小平点了点头。看到老百姓生活很苦,他心里很不是滋味。他对随行的省市干部说:“山区农民居住分散,生活很苦,政策要放宽,让山区尽快富裕起来。”有的农民用不上电,烧不上煤,连烧柴都困难。他还特意交代:“要因地制宜解决农村能源问题。”

在狭窄的山路上,邓小平一行遇到了一位坐在青石上休息的老阿婆,小平同志走上去与她打招呼。

“老人家,你好大年纪了?”

“77 岁,我属龙的。”阿婆摇着芭蕉扇,慢慢地说道。

“哦,那咱们是老庚(同岁)噢。今年收成怎么样?”邓小平问。

“托菩萨的福,收成还不错。”老婆婆刚刚拜完菩萨。

邓小平没再说什么,摆了摆手,继续向前走去。

据说,等老阿婆听到别人告诉她刚才说话的人是邓小平时,她冲着邓小平走的方向拜了三拜,说道:“你就是活菩萨哟。”

……

当年负责接待工作的原四川省政府机关事务管理局局长毕清林回忆说:“1980 年,小平同志来到峨眉山,我们为了他的安全起见,准备采取封山,分段封山,一段一段地封山。他知道以后,没有同意。他说:‘我们也是游客,人家也是游客,大路朝天,各走半边,不要因为我们来了把游客挡在外边。’当他住下来之后,又把我们找过去吩咐说:‘我们住下了,人家游客住下了没有,游客有饭吃没有,你们去看一看。’那个时候已经是晚上 10 点半钟了。我们下去看到群众已经吃了,睡下了,回来之后向他作了报告。他听了之后,才放心了。这件事情是我终生难忘的。”

从峨眉山归来，邓小平返回成都。7 月 7 日，在途中听取谭启龙关于四川省工作的汇报。对四川省委提出的加快山区经济发展，实行退耕还林还草，发展多种经营，让农民休养生息的政策表示赞成，并鼓励四川省解放思想，大胆地放手干。7 月 8 日，邓小平视察了成都市郊的都江堰。

邓小平视察都江堰水利工程。

都江堰是秦代李冰父子在岷江上游与中游分界处的灌县修建的著名水利工程，几千年来一直发挥着很好的社会效益，是中国古代水利史、科技史、文明史的突出成就，毛泽东和周恩来都非常珍视都江堰的成就。1958 年中共中央成都会议期间，毛泽东不仅利用休息时间借阅《华阳国志》《都江堰水利述要》《灌县志》，研究中国古代最大、最成功的水利工程——都江堰，而且怀着极大的兴趣到灌县视察了都江堰。周恩来多次向外宾介绍都江堰，夸奖它经过了2 000 年历史的检验，是成功的。1972 年 11 月 21 日，周恩来主持葛洲坝水利工程汇报时，意味深长地说：水利至少有 3 000 年的经验，这是科学的事，都江堰总算个科学，有水平，有创造！2 000 年前有水平，2 000 年后我们的水平应更高。

20 世纪 50 年代初，邓小平主持西南局工作时，曾亲自参加都江堰岁修工程的开工典礼。古代都江堰灌溉面积最大时曾达到 300 万亩。中华人民共和国建国之前，由于工程年久失修，一度下降到 200 余万亩。建国初期，在西南局领导下，经过几次岁修，都江堰的灌溉面积恢复到历史最高水平，对当地农业的恢复和发展发挥了重要作用。

这次，邓小平视察都江堰，同毛泽东、周恩来一样，是要从都江堰吸取历史的经验和智慧，是要研究、继承、发展、提高都江堰的水利成就，为治理长江，开发长江，修建举世瞩目的三峡水利工程服务。

7月9日，邓小平在谭启龙和中共成都市委第一书记杨以希的陪同下，视察了制造飞机的四川峨眉机械厂，听取了工厂负责人的汇报，观看车间的生产情况，接见参加航空表演的飞行员。

7月10日，根据四川省委书记杨超的提议，邓小平视察了成都市郊农村的沼气建设。被称为“天府之国”的成都平原，千里平畴，土肥水美，温暖潮湿，物产丰富，可是燃料匮乏，困扰民生。千里贩煤，两煤斤米；树叶竹枝，不济什一。新中国建立后，四川省政府千方百计解决成都平原农村燃料问题。1973年以后，开始在农村普遍进行沼气开发利用的教育，试制、推广沼气池及炉具、灯具。成都平原农村的沼气建设逐渐发展起来。

上午8点半，邓小平在杨超等的陪同下，乘坐旅行车来到成都市金牛区簇桥公社，首先参观公社的沼气陈列室。

杨超汇报道，四川省计划每年新建100万口沼气池，按此速度，到1990年沼气池总数可达到1 400万口。

邓小平问：“能不能搞快一些？3年实现全省沼气化行不行？”

杨超说：“3年恐怕不行。”邓小平紧钉着问：“3年不行，5年怎么样？”他强调：“四川要搞快一点，先‘化’起来，这对于指导全国农村能源建设有非常重要的意义。”

杨超提出，四川要实现全省沼气化，需要国家投资3亿元人民币。

邓小平说：“国家给你贷款2亿，你们省自己出1亿，1985年以后开始陆续偿还。”

杨超解释，3亿元是作为修建沼气池的补助款，是按每修一口池补助10元计算的。除此之外，还有小水泥厂的建设投资和技术培训费用等等。所有这些加上，将是一笔很大的费用，社员负担将比较重，国家若不投资，社员没有能力偿还贷款。

邓小平说：“沼气化了有收益嘛！沼气发展了，生产上去了，社队企业搞起来，会增加收益的。你们要把这笔账算清楚。”杨超会意地笑着点头。

上午9点半，邓小平参观完沼气陈列室后，又来到簇桥公社第五大队第三生产队。看到邓小平从旅行车上健步走下，社员们都欢呼起来："邓副主席来了！邓副主席来了！"大家迅速围拢来，热烈地鼓掌。邓小平满面笑容，向大家频频招手致意。

邓小平首先来到生产队的沼气动力房。这个动力房由4个共320立方米的沼气池为它输气。沼气池又与养猪场相连，每天猪粪源源流入池内，发酵产气。动力房用沼气做动力，白天磨面、打米，晚上发电照明。动力房的社员为邓小平做了沼气发电示范。

邓小平看到沼气发电，电灯光也很明亮，很有兴趣，很是高兴。杨超介绍，如果全省沼气化，按每口池子平均产气率计算，每年相当于生产60亿立方米的天然气。邓小平连连点头："好，好，要抓紧一点。"杨超说，全省实现沼气化，每个大队甚至生产队都修建大沼气池，解决了动力问题，社队企业就如虎添翼，那就会有一个非常广阔的前景。

邓小平说："社队企业还要因地制宜地从各方面打主意，如种植业、养殖业、多种经营、加工工业，乃至出口外贸产品等，都要在可能的条件下多搞一点。"

听说这里是就地取材，建一口沼气池只花40多元钱，邓小平说："很好，这是个方向，可以因地制宜解决农村能源问题。"

邓小平对杨超说："发展沼气要有一个规划，要有明确的奋斗目标和方向，要抓科研。沼气池也要搞三化，即标准化、系列化、通用化。不这样不好管理，也保证不了质量。"

听到公社的同志介绍，公社、大队、生产队都有兼职人员负责沼气池时，邓小平问："一个大队需要多少专业技术员？"回答说，要两个。邓小平说："那就多了，一个就行。"邓小平又问全省有多少个大队，回答说，有5万多个。

邓小平接着说："将来一个大队配上一个真正懂得技术的沼气技术员，专管建池和修池技术，这样全省要配5万个。加上沼气配套所需的各种人员又是好几万，如果安排知青，全国就可以安排100万人。这就开辟了一个就业的渠道。"

参观了沼气动力房后，邓小平又来到社员吴绍清家里参观。宽敞明亮的厨房里，柴、煤灶改成了沼气灶，大铁锅换成了铝锅，厨房里没有堆放柴草、煤炭，也没有了农村厨房常有的烟尘油垢，显得干净整洁。沼气灶燃烧时，蓝蓝的火焰，无臭无味。邓小平高兴地说："火也变了，锅也变了，干净了，卫生了，沼气把过去的土锅土灶都改掉了。”

邓小平问吴绍清:“烧一锅开水要多少时间?”

“可能半个钟头吧。”

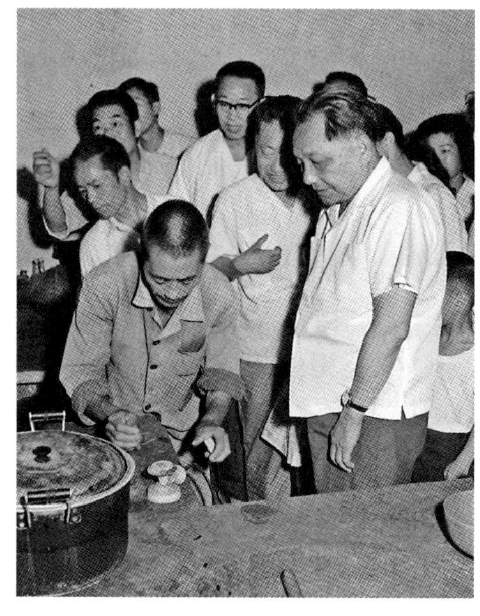

邓小平视察成都市郊的簇桥公社,了解农村沼气使用情况。

邓小平又问:“能不能炒菜?”

“能。”

邓小平突然很风趣地问:“能炒腰花吗?”意在问火力大不大。

“……少量的也能炒。”吴绍清答道。

邓小平高兴地笑了。大家都笑了。

吴绍清又点燃沼气灯让邓小平看。

邓小平说:“沼气灯和电灯一样亮,沼气的灯具炉具,你们社队企业可以生产嘛!沼气化可以带动社队各种工业的发展。”

杨超向邓小平汇报,打算搞沼气压缩气体,用它来开汽车。邓小平很赞赏这个设想,并说:“你们可以出去学习学习嘛。”

大家汇报,办沼气可以提高肥效,可以除菌灭病,可以消灭钩虫病、血吸虫病、钩端螺旋体病。邓小平很重视,说:“血防工程搞了那么多年,不彻底,反复大,血吸虫病还是消灭不了。搞沼气能消灭血吸虫病,很好。”

从吴绍清家出来,邓小平又参观了社员李家琼家。

沼气的开发利用使这个村子发生了很大的变化。全队 20 多户,家家都用沼气煮饭、照明,每户每年可节约燃料钱数十元。集体则用沼气做动力发电,磨面、打米、加工饲料。村里村外,房前屋后,干净整洁,有条有理。1979 年 8 月,联合国环境规划署和我国国务院环境保护办公室来这里办过沼气建设讲习班。1980 年 3 月 28 日,扎伊尔总统蒙博托等贵宾也来参观过。

听了这些情况介绍,邓小平很高兴,又问到四川农村农民的收入情况。杨超向他汇报,广汉等县的冒尖队、冒尖户中,已有年现金收入 200 元以上的;农业总收入与现金收入的比例，大致是 3∶1。邓小平说："这很好嘛。"

参观完毕，邓小平高兴地和干部、社员们一起在"友谊沼气池"旁的坝子里合影留念。

回宾馆的途中，邓小平兴致未减，在车上继续和杨超谈论沼气开发建设问题。邓小平对杨超说："你们要把沼气建设中存在的问题、各种经济收益的账算清楚，能养活多少人，给中央好好写个报告。"杨超又提出要求，希望国家投点资，解决沼气建设资金问题。邓小平风趣地说："杨超同志，算你把这笔生意做成了。"

回到宾馆后，邓小平在同谭启龙和四川省省长鲁大东谈话时再次强调：沼气很好，是个方向问题，可以用来发电带动加工工业，也可以解决农民的燃料问题。争取四川首先实现沼气化。杨超说这样需要 3 亿投资，我看 3 亿不多，国家可以补助一部分，银行贷款一部分，省里出一部分。沼气办好了，每年每一户人家可以增加几十元的收入。沼气可以创造就业机会。这是一件大事，大家要重视。

三

7 月 10 日晚，邓小平乘火车离开了成都，11 日抵达重庆。到重庆后，他片刻不停，很快在朝天门码头登上"东方红 32 号"轮，沿水道出川。专程前来迎接并陪同随行的有湖北省委第一书记陈丕显、四川省省长鲁大东、长江流域规划办公室副主任魏廷琤、宜昌地委书记马杰、葛洲坝工程局局长廉荣禄等。

谁也不知道这是邓小平第几次出川，可是他却清清楚楚地记得那难忘的第一次。

1920 年，16 岁的少年邓希贤（邓小平学名）自重庆留法预备学校毕业后，打点行装，辞别父母，乘船东下，前往法兰西，开始了勤工俭学、实业救国的历程。那一次他走的就是这条重庆至上海的水路，乘的是法国轮船"吉庆号"。

六十年前，16 岁的少年顺江东下，是为了冲出四川，走出国门，逐西潮，救中国。

六十年后，76 岁的老人顺江东下，是为了探求开发长江、振兴中南之路。

一路上，陪同的人们时而指点两岸的高山峻岭、名胜古迹和城邑村落，时而

邓小平乘“东方红”轮考察三峡。

讲解一个个暗礁险滩的成因与沧桑。邓小平边看边听。有时，他叫人搬来一把藤椅，摸出老花镜，翻动着女儿带来的《唐宋词一百首》中有关长江三峡的篇章，偶尔吟咏几句。

邓小平站在甲板上，望着那滔滔的江水、翻滚的浪花，陷入了沉思。探求修建三峡工程的可能性，这是他此行的主要目的。

要不要修建三峡水利工程，是一个长期有争议的问题。邓小平十分关心这个问题。根据他所掌握的材料，他也是倾向于赞成兴修这项举世瞩目的大工程的，但他一直没有能亲自进行实地考察。

中共十一届三中全会以后，一场大规模的经济建设热潮在全国蓬勃展开。兴建三峡工程问题又提上了议事日程，争论也开始一步步升温。国内外许多有识之士，对三峡工程问题进一步从不同的角度提出了赞成或反对的意见。

邓小平尽管在北京多次听到了各方面专家和有关负责人的论证和意见，但他认为事关重大，作出决策要慎重，要对 11 亿中国人民负责，对子孙后代负责。他决定亲自做一番调查研究。

船停靠万县的时候，邓小平向魏廷琤问起鄂西资源情况。魏廷琤说：“鄂西铁矿储量很大，在宜昌、恩施两个地区，储量就有 17 亿吨。经冶金部门长期研究，准备开采。但存在着地下开采难度较大、矿石含磷较多以及交通运输困难等问题。”

邓小平问：“矿石的品位如何？开采和选矿技术能不能解决？”

“含铁量约为 30%到 40%。地下开采和红矿选矿总有问题，采用先进技术可以解决。”

“那么运输问题呢？川汉铁路选了哪几条线？”

魏廷琤详细汇报了川汉铁路选线的南、中、北三个方案。

他接着汇报说，现在长江沿岸大型钢铁企业进口外矿，从长远看是不合理的，应该积极建设鄂西铁矿基地。另外，川东巫山、鄂西北郧西亦有大型或较大型铁矿，在三峡大坝太平溪坝址附近还有铬矿，川东地区还有锰矿。鄂西除铁矿外，还有大规模的磷矿可以开采，除制造磷肥外，还可提炼黄磷供国内外需要。三峡及其以上长江河谷地区，500 米高程以下适宜种植柑橘。汇报过程中，他一步步把话题引到了三峡工程上来：

“鄂西地区最为丰富的是长江水利资源，开发长江水利资源可以兴利除害。”

邓小平马上听出了魏廷琤的弦外之音，一语道破说：“你的意思是要修建三峡大坝?”

他又指着同行的另一位负责干部（万县地委负责同志）说：“而他是不赞成的。”

邓小平快人快语，一下把矛盾摆到了大家面前。

12 日早餐之后，陈丕显向邓小平介绍了宜昌地委书记马杰和荆州地委书记胡恒山。胡恒山原是新四军五师的，在大别山一带打过游击。

邓小平回忆说：“黄冈地区盛产棉花。1947 年挺进大别山时，部队穿的是单衣。在鄂东，10 天之内就收集起全军 10 多万人所需要的布匹和棉花。”

邓小平说：“反对建三峡大坝的人有一条很重要的理由，说是建了大坝以后水就变冷了，下游地区水稻和棉花都不长了，鱼也少了。有没有这回事儿?”

魏廷琤答道：“不会有这样的影响。第一，三峡水库按 200 米正常蓄水位，比原来河道水面只增加 1 000 多平方公里，分布在全长 700 公里的川江两岸，和中游平均河宽大致相近，对气候影响不大，不会有明显改变。第二，水库水温呈垂直分布，长江流量大，可以调节。第三，最重要的论据是丹江口水库。丹江口水库修起来以后，汉江中下游解除了水患，粮食、棉花连年丰收，汉江的鱼产量也并没有减少。如果说影响，就是水库蓄水之后，上游冲下来的饵米相对减少了一点。”

“噢，是这么回事啊!”邓小平点点头，他认为魏廷琤说得有道理。

船行至江流湍急处，邓小平仔细观察航行情况，看到滩多流急，航行困难。

他对魏廷琤说：“1920 年出川，去法国留学，船行到中途坏了，只好改变行程，起旱，走陆路出川，交通真是艰难啊！”

船过夔门，邓小平到船尾看瞿塘峡进口。

邓小平问：“在这里选过坝址没有？”

魏廷琤答：“这里在三峡上口，水深流急，地质条件不好，而且整个三峡段是水能比较集中的，如不加以利用，只在上口建坝，要得到同等防洪发电效果，则对四川会造成更大的淹没损失。”

魏廷琤又介绍了现在坝址的地质情况。

邓小平说：“你们不是有两个比较坝址吗？”

魏廷琤说：“两个坝址都是好坝址，各有优缺点，太平溪坝址在上游，河谷相对较窄，土石方开挖较多，约 7 000 余万立方米，混凝土工程量较少，约 2 500 万立方米；三斗坪坝土石方开挖较少，约 5 000 多万立方米，混凝土工程量较大，约 3 300 万立方米。前者土石方开挖较多，混凝土较少，但后者在施工导流方面简便一些。”

邓小平又详细询问了投资、工期、发电航运等问题。

“两个坝址工程投资都差不多，95 亿元左右，全部建完约 16 年，平均每年投资 6 亿元左右，如果利用围堰发电，从开工到第一台机组发电，约需 6 年半时间，总计投资约 70 亿元。”魏廷琤一一作了回答。

邓小平问：“围堰发电的水轮发电机前后如何衔接？”

“先用临时机组，即葛洲坝的发电机、水轮机加套，将来换装正式三峡机组，两者之间不会发生矛盾。”

邓小平问：“100 万千瓦的机组，国内能不能制造？”

魏廷琤答：“美国爱利斯·查谟公司董事长给您写的那封信转给了我们。他们表示愿意承制三峡 100 万千瓦的机组。一机部沈鸿副部长表示，100 万千瓦的机组可以造，也可以和美国人合作，共同设计，在我们工厂造。”

邓小平肯定地说：“这是个好办法，这个办法可行。”

邓小平又问：“工程投资 95 亿元，不包括移民 30 多亿元，分 16 年使用。围堰发电 6 年半开始受益，是否 1981 年开工，1987 年即可以发电？”

“是这样的。全部建成 16 年，到了 1996 年，年发电量 1 100 亿度，接近今年上半年全国发电总量。以每度 6 分计，可收入 66 亿元，这是一个很大的数字。”

邓小平说：“利益很大，要进一步好好讨论。”

“95亿元工程费中，施工机械费是多少？”邓小平问。

“9亿多元，葛洲坝工程现在购进的5亿多元施工设备中，大部分可用于三峡工程。”魏廷琤答道。

“应当予以扣除。”邓小平说，“机电设备费用占多少？”

魏廷琤答：“约20多亿元。”

接着，邓小平还询问了通航问题。

“三峡大坝建坝后，提高坝前水位130米，回水到重庆以上的合江，过坝采用船闸过坝，设双线梯级船闸，单向年通过能力达5 000万吨。”

邓小平说：“那么双向就是1亿吨。”

“现在宜昌的年货运量仅200余万吨。”

“什么原因？”邓小平问道。

“一方面是货源问题，现在下水是主要的运输流向，大宗货物为磷矿和木材，其他为石油及其加工品、土特产、钢铁、百货等，为数不多，属调剂物资；另一方面，现在航道条件不好，上游川江航道滩多流急，航道狭窄，运行周期长，成本高，坝址以下荆江河段沙滩多，枯水期航行困难，只有建成三峡大坝后，上游淹没了险滩，下游由于水库调节枯水流量，水量增加了一倍以上，长江航运条件才能得到根本改善。上次美国来的代表团由于不了解情况，说了些不正确的意见。”

船舱里，湖北、四川两省领导人陈丕显、鲁大东等也加入了这场讨论。人们各抒己见，争执不下。邓小平耐心地听，没有表态。他只是风趣地说：“四川‘反对派’，湖北‘坚决派’，你们说的意见我都听明白了。”

船到西陵峡三斗坪附近，邓小平要求减速，他要仔细看看拟议中的三峡大坝坝址——中堡岛。船舷旁，邓小平一边听魏廷琤的介绍，一边拿着望远镜认真观察这被人介绍过多次的神奇小岛。

看完中堡岛，邓小平又认真地察看了离中堡岛200余米的南岸三斗坪和离岛1 000余米的乐天溪，并询问了有关情况。

12日下午3时，船到正紧张施工的葛洲坝时，邓小平走出船舱。

“邓小平，邓小平来了！”在码头等候多时的葛洲坝工程局及宜昌地、市党政军负责人高兴万分，热情地迎上前去问候。邓小平向大家亲切地招手致意。

在陈丕显、廉荣禄的陪同下，邓小平走进葛洲坝工程电动模型室，廉荣禄向他汇报了工程进度和枢纽布置情况。邓小平凝视着工程电动模型，全神贯注地听讲解员介绍，时而点头，时而微笑，随后与人们合影留念。

紧接着，邓小平不顾炎热和旅途劳累，乘车兴致勃勃地视察了正在紧张施工的葛洲坝一期工程 2 号船闸、二江电厂厂房安装现场、三江防淤堤。在 2 号船闸下游闸首，当廉荣禄汇报大江截流后对船闸的要求时，邓小平问："是今年年底截流吧？"

廉荣禄说："这是我们的心愿！"

邓小平笑着说："好啊！"看完船闸他又说："这船闸大啊！ 1920 年，我在法国时人家就修了船闸，那时巴黎地下铁路也修了。"

在二江电厂，邓小平问："发这么多电，要多少煤？"

魏廷琤说："折合 700 万吨标准煤。"

当廉荣禄汇报完二江电厂情况后，邓小平问："发电是明年'七一'吧？"

"是。"廉荣禄回答道。

随着阵阵机器声，邓小平来到大江截流基地，只见 30 多吨的大型载重汽车来回穿梭作业，将满车的石块从南津关等地运来。

截流的"重型武器"——15 至 25 吨重的金字塔似的混凝土四面体整齐地排在大江两岸，形成两个方阵，待命动用。大江截流非同凡响，必须充分准备。邓小平望着那堆积如山的石块和波浪翻滚的长江，问廉荣禄："截流用什么方法？"廉荣禄答："从两岸同时向江中抛投石块、石渣填筑料，最后关键时刻动用混凝土四面体。"

"这么个大江，要把它截住可不容易呀！"邓小平关切地说道。

廉荣禄说："我们全局上下，万众一心，精心准备，精心组织，只许成功，不许失败。"

邓小平满意地点了点头。

视察结束临上车时，邓小平紧紧握住廉荣禄的手再一次问道："你这里是今年年底截流，明年'七一'发电啊！"

廉荣禄激动地回答："请首长放心，我们决不辜负首长的关怀和期望，一定要用横锁长江的捷报向党中央、国务院报喜。"

葛洲坝人没有辜负邓小平的厚望。1981 年 1 月 4 日，葛洲坝工程大江截流成功，历时 36 小时 23 分，比设计速度快 8 倍多。同年 7 月 10 日，葛洲坝二江电厂发电机组安装就绪，投入发电。

在葛洲坝工地视察时，行至上游围堰防淤堤，邓小平问魏廷琤："葛洲坝施工场地这样宽敞，上游大坝坝址附近窄得多，能不能布置得开呢？"

魏廷琤答："两个坝址的下游都有河滩可以利用，并且可以利用葛洲坝作为后方基地。"

"两个坝址相距多远？"邓小平问。

"约 40 公里。"魏廷琤答。

"是否修铁路？工人上班可乘火车。"

"前方建一些单身宿舍，平常不回宜昌。"廉荣禄回答说。

邓小平问："沙石料运输单靠铁路是运不了的。"

陪同的同志回答说："以水运和铁路运输相结合。"

"应以水运为主。"邓小平说。

"是这样的，并且还要利用开挖出来的新鲜岩石，轧一部分碎石料掺用。"

"这些附属工厂是否结合使用？容量够不够？"邓小平又问。

"结合使用。如机修厂、综合加工厂等。但混凝土系统等容量不够，还得增加、补充一部分。"

听到这些回答，邓小平坚定地说："应该采用先进的施工设备。"

邓小平说："葛洲坝施工的这些设备，凡是能合的，都可以用到三峡工程上，可以省很多钱。"

邓小平关注葛洲坝工程建设，也关心宜昌市的建设和发展。结束对葛洲坝的视察后，他乘面包车绕宜昌市区一圈，纵览了宜昌市容和城市建设。

天色朦胧时，邓小平又登上了"东方红 32 号"轮，继续顺长江东下，向武汉驶去。

一到武汉，他就把胡耀邦、赵紫阳、宋平、姚依林等中央和国务院的负责同志找来，到他下榻的东湖宾馆开会。会上，邓小平再次听取了有关三峡工程的汇报。

邓小平说："我建议，由国务院召开一次三峡专业会议。我听了汇报有些看法。三峡问题要考虑。"

接着他归纳了几个主要的问题："担心一个航运问题，现在了解，运的东西不多，船闸有 5 000 万吨通过能力，顾虑不大。"

看到江水滚滚东去，邓小平思绪万千。

“另一个生态变化问题，听来问题也不大。”

“三峡搞起来以后，对防洪作用很大。真的洪水来了，很多地方要倒大霉。”

“整个工程投资 95 亿元，移民费 40 亿元。”

“6 年半可以发电。发电 2 000 多万千瓦，效益很大。”

他最后的结论是：“轻率否定三峡不好。”

根据邓小平的意见，8 月，国务院召开常务会议研究三峡问题，决定由科委、建委组织水利、电力等部门的专家进行论证。

在邓小平的推动下，三峡工程的车轮加速运转起来了。

在武汉，邓小平还向中央政治局的同志介绍了成都农村开发利用沼气的情况。

邓小平说：“这次在四川看到沼气，全国普及可不得了。四川普及沼气，一年就等于 600 万吨标准煤。搞沼气可以真正消灭血吸虫。卫生条件好了，周围干干净净，好处太多了。南方要普及，要作出规划，要办专门训练班，一批批地办，不要一哄而上，要搞专业队伍，要搞专业化厂生产各种用具。要给贷款，偿还期可以长些。要解决水泥问题。”

7 月 13 日晚上七点，邓小平抵达武汉，第二天，到他弟弟邓垦家中看望。

四

7 月 15 日上午 9 时 30 分，一辆普通面包车在汉口鄱阳街 139 号八七会议会址停住。司机打开右侧车门，邓小平从车上走下。他微笑着和迎上来的人们握手，然后环视一下街景，仰望着面前这座已经分别了 53 年的小洋房。

这天，八七会议会址纪念馆和武汉市文物管理处的同志们，一大清早就接到电话通知，说有位中央首长要来参观。他们早早地就在门前迎候，见是邓小平，个个欢欣鼓舞。

53 年前的这一天（1927 年 7 月 15 日），继蒋介石在上海发动“四一二”反共政变后，汪精卫又在武汉召开了国民党中央常务委员会扩大会议，正式同中国共产党决裂，形成了宁汉合流。在蒋介石、汪精卫联手反共的叫嚣声中，成百上千的共产党员和革命群众倒在血泊里，白色恐怖笼罩着全国，不仅使轰轰烈烈的国民革命戛然沉寂，民主革命严重受挫，更将年幼的中国共产党推到了十分困难的境地。那个血腥的岁月虽已过去半个世纪，但往事仍历历在目。那时，年轻的共产党员邓希贤从苏联回国仅半年，刚到武汉党中央机关工作不久。为了摆脱敌人的魔掌，他随党中央机关从汉口搬到武昌，又从武昌搬回汉口，经常转移，顽强地与国民党反动派周旋。也就是此时，他开始改用“邓小平”这个名字。

1927 年 8 月 3 日夜，邓小平被交通员悄悄地带到汉口俄租界三教街一幢西式公寓的二楼，这里是即将举行的中央紧急会议的秘密会场。作为中央政治秘书，他最早来到这里，负责有关的会务工作。会场为相连的两个房间，还有一间侧房作厨房用，这里原是援华俄籍农民问题顾问洛卓莫夫的家。20 多天前，洛卓莫夫被汪精卫驱逐回国，房子空出后还未引起人们注意。在这个陈设简陋的房子里，邓小平逗留了 6 天。8 月的武汉，酷热异常。但为了保密，他只得整天关着门窗，不透一点风，室内闷得像蒸笼。邓小平与陆续来到的一二十名中央委员和代表都在这静候，困了就在地板上打个盹，饿了便倒杯开水吃干粮，在焦灼中等待着会议的召开。

53 年过去了。今天，邓小平重新来到会议旧址。楼梯仍然是直道式的。他进门后径直走到楼梯口，一口气登上 29 级台阶，来到二楼，缓步走进当年的会场。会场是按原样陈设复原的，但究竟符不符合原貌，纪念馆同志心里并不是很有把握，大家盼望得到邓小平的指点。

“邓副主席，您看当年是不是这样布置的？”纪念馆的同志期待着他的认可。

“我记不清楚了，基本上是的。”他环视了一下后，见会议室摆满了整整齐齐

1980 年 7 月 15 日，邓小平重访八七会议会址，
参观了由会址改成的八七会议纪念馆。

的桌椅，补充说："不过当时没有这么规矩。"纪念馆的另一位同志插话说："李维汉同志看后，也说太整齐了。"

看着眼前的一切，当年开会的情景仿佛又重新浮现在邓小平的眼前。原定 7 月 28 日举行的中共中央紧急会议，到 8 月 7 日终于召开了。年轻的中国共产党人，在这里举行了关系到中国革命前途命运的重要会议——八七会议。那张条桌，就是当时会议的主席台，开会时条桌上还摆着一些手抄的文件。瞿秋白、李维汉等分别坐在条桌两侧。各地代表，不论职务高低，一律自寻板凳坐下来。共产国际代表罗米那兹在会上作了长篇发言。他用俄语讲一段，瞿秋白翻译一段，然后代表们争先恐后地发言。他们慷慨陈词，批判把党引向歧途的陈独秀"右倾机会主义"路线。"政权是由枪杆子中取得的"这一著名论点，就是毛泽东在这次会上提出的。在党和革命的紧要关头，会议确定了武装反抗国民党反动派，进行土地革命的路线和方针。经过这次会议，继"八一"南昌起义之后，秋收起义、广州起义、百色起义、东江起义、琼崖起义、赣东北起义、湘南起义、渭华起义、黄麻起义等相继爆发，武装斗争的烈火熊熊燃烧。

1972 年 9 月 22 日，作为参加八七会议的老同志，邓小平写了关于八七会议的回忆材料，寄给中央办公厅政治部。他在回忆材料中写道："……毛主席是参加了(会议)的。还有瞿秋白、罗亦农、李维汉等人，邓中夏似乎也参加了……八七会议后参加政治局工作的有瞿秋白、罗亦农、李维汉、周恩来、张太雷等人。"

同时，邓小平在给中央办公厅政治部的信中又写道：“写的八七会议简单回忆，如有必要，请转有关询问单位。”

邓小平恢复工作后，当他得知武汉市有几位同志到北京征集有关八七会议的资料时，他非常高兴，委托邓垦捎去他对八七会议的回忆材料和对恢复八七会议会址的意见。邓小平指出：“搞这个纪念馆，就是进行革命传统教育，主要是会议解决了什么问题，完成了什么历史任务，起了什么作用……要体现当时艰苦奋斗的精神。”

1980 年 5 月 20 日，邓小平亲笔题写了“八七会议会址”六个大字送给纪念馆。

1980 年 5 月 20 日，邓小平亲笔题写“八七会议会址”。

今天，邓小平重访八七会议会址。他向大家介绍说：“当时我们二十几个人是分三天进来的，我是第一批进来的，会议开了一天一夜，24 小时。”“您是和谁一起进来的？”纪念馆的同志问道。“我记不得了，我们是陆续地进来的。当时我在这里待了 6 天，最后走的。”他边看边回忆，想起了许许多多往事。

“李维汉同志记得会议主席台的桌子靠窗户。桌子靠窗户应该是后面一间房子。”纪念馆的同志问：“会址是这间房子，还是那间房子？”

邓小平转身看了一下后面的房子说：“很可能是这间房子开的会。房子很小。”接着又指着后面的房间说：“很可能是这间房。”

看完会场复原陈列，他回到一楼图片陈列厅时，省委第一书记陈丕显正从门外进来。

“怎么样，像不像？”陈丕显笑着问。

“基本上像。”邓小平回答。

在陈列厅，邓小平首先参观了会议背景陈列。他一边观看展览，一边解答纪念馆同志提出的问题。

在八七会议召开的经过和内容这部分，邓小平仔细地看了一些版面内容，边看边谈，停留的时间比较长。当纪念馆的同志介绍说会议代表的名单排列基本上是按会议记录先后顺序时，邓小平说：“那个时候名单排列没有什么哪个在前，哪个在后。”听到这里，陈丕显也插话说：“那时不讲这些。”邓小平笑着说：“那个时候不兴那些规矩。”一句话把大家全逗乐了。

邓小平看到版面上会议代表名单第一个是李维汉，说：“不要以为那个时候主要是李维汉，不是那样，不是按照什么资历呀，什么……排列。这些人到了就是了，就是那些委员。”

“当时中央委员没有到齐。”纪念馆的同志说。

邓小平说：“就这么选了政治局委员。”

纪念馆的同志指着版面下面“邓小平”三个字说：“我们按照中国革命博物馆党史陈列，在这里写的您的职务是党中央秘书。”

“是政治秘书。”邓小平强调说。

“有人说您当时是党中央秘书长？”

邓小平说：“那时我不是党中央秘书长，1927 年底我才当党中央秘书长。这个时候我是秘书。”“那个时候，陈独秀要搞大中央，搞八大秘书，我就算一个，以后没搞齐。”

“还有谁是秘书？”纪念馆的同志问。

“还有刘伯坚，没到任，没选齐。”邓小平一边回答，一边继续往下看。

“邓副主席，八七会议以前，您住在什么地方？”

“我们住在武昌。”

“住武昌什么地方？”

“武昌三道街 1 号、11 号呀，我们党中央的地方。”“会后，武昌紧张，我们撤到汉口。”

“在汉口住哪里呢?”

邓小平说:“在汉口住在一个法国商人的酒店楼上,我同李维汉同志住在一块。”

“会议工作人员,除您以外,还有谁?”纪念馆的同志接着问道。

邓小平说:“没有什么其他工作人员,就是有个翻译,翻译是谁,记不清了,我估计是瞿秋白。”

“罗米那兹作的报告是这个翻译翻译的吗?”

“那当然。”邓小平又想了一下说,“罗米那兹作报告可能是瞿秋白做的翻译。”

“当时会议通过的文件,是会后形成的,还是会前就已形成?”

邓小平说:“那是原先准备好的。”“那个手续很简单,通过一下。”

“李维汉同志回忆八七会议《告全党同志书》是罗米那兹起草的,瞿秋白翻译的。”

邓小平点头说,“是罗米那兹”,“报告主要是瞿秋白”。

“这是八七会议的《告全党同志书》。”纪念馆的同志向邓小平介绍说。

邓小平仔细地浏览了会议通过的各种文件。

到了陈列的最后部分,纪念馆的同志介绍说:“根据八七会议精神各地举行武装起义。”

邓小平说:“还有‘八一’嘛! 这叫‘八七’。起义从‘八一’就开始了。”

纪念馆的同志指着版面介绍说:“这里讲的是毛主席领导的秋收起义,后面讲的是各地其他著名的起义,最后讲的是百色起义。”

邓小平好像没有看到陈列“八一起义”的版面,他强调说:“首先是‘八一’。”

纪念馆的同志解释道:“‘八一起义’已在前面作为会议背景讲了。”

邓小平说:“‘八一起义’在八七会议之前,但‘八一起义’也是八七会议的方针。”

“什么时间决定召开八七会议的?”纪念馆的同志想借这个机会多问些问题。

邓小平说:“决定? 那个时候只能少数人参加的,那谁知道什么时候决定的,反正很快就是了。那时政局变化很大,前几天就决定了,‘八一’以前。一部分人搞南昌起义,一部分人开这个会。”说完,他高兴地观看了讲解员操作各地武装起义的电动图表。

在介绍会议代表的陈列前，邓小平端详着与会者的照片，满含深情地对大家说："都是年轻人！"说着哈哈大笑。卓琳和陈丕显也会意地笑了。他又指着陆定一的照片说："陆定一那时 21 岁，他比我小两岁。"

走到出口，纪念馆的同志请邓小平在准备好的笔砚桌上题词留念，邓小平摆摆手，但他欣然同意和纪念馆的全体工作人员一起合影留念。

临走时，邓小平和工作人员握手告别，连声说道："劳神！劳神！"

这次视察共进行了半个小时。

五

7 月 16 日，邓小平与卓琳在湖北省委第一书记陈丕显的陪同下，来到武汉钢铁公司，视察投产后的一米七轧机生产情况。

邓小平与武钢有着不解之缘。

这是邓小平第三次视察武钢。

从湖北省政府驻地水果湖到武钢途中，陈丕显抓紧时间汇报了湖北及武钢的一些工作情况。

汽车驶入武钢所在地青山区，宽阔洁净的冶金大道，鳞次栉比的高大楼房给邓小平留下了旧貌变新颜的深刻印象。

上午 9 时 45 分，邓小平乘坐面包车来到武钢第二炼钢厂连铸车间的南大门前。虽然事先省委已传达了邓小平的意见："不组织群众欢迎仪式，一切按正常生产进行。"但是，武钢经理沈因洛和副经理张春铭在连铸车间门前迎接客人这一举动，却明显地告诉大家，将有重要人物来武钢。当有人打听到是邓小平来视察时，喜讯像电波似的迅速传开，附近的工人赶来了，过往的行人站住了，下夜班的工人不走了，自发的欢迎队伍把连铸车间南大门团团围住。当身穿白色短袖翻领衬衫、红光满面的邓小平走下汽车时，热烈的掌声和激动人心的欢呼声此起彼伏，连成一片。

邓小平一下车，边向欢迎的人群招手致意，边向第二炼钢厂的连铸车间走去。他边走边问："为什么先看连铸呀？"张春铭上前说明：从联邦德国引进的 1 600毫米板坯连续铸锭机，是一米七三个轧钢厂的前期工序，素有"粮仓"之称，钢水在这里铸成钢坯后，首先送往热轧钢厂轧成热轧卷（板），部分产品作为商品卖给用户，部分产品送到冷轧薄板厂和硅钢片厂，进行产品深加工。

听罢，邓小平点了点头，对沈因洛等人说："这里是一米七轧机的咽喉，这里的工作很重要，要抓好。"

他向前走了几步之后，又以关切的口吻问道："硅钢片厂生产怎么样，你们的矿石含铜，对钢的质量有影响吧？"

1980 年 7 月 12 日，邓小平视察武汉钢铁公司。

邓小平提出这个问题，切准了武钢生产的脉搏。武钢负责人就这个话题，就攻克含铜钢及"海比"专利的有关情况，向他作了汇报。

武钢一米七轧机工程是从日本、联邦德国引进的成套设备。合同规定："海比"硅钢片只允许含铜 0.01%，镀锡板只允许含铜 0.06%。而武钢生产的钢最低含铜量在 0.3%上下，不符合合同要求。国家花 40 个亿建成一米七轧机工程，却不能轧武钢的钢，这怎么行？邓小平和李先念、谷牧等领导人以及冶金部都很关心这个问题。武钢立刻成立了以张春铭总工程师为首的攻关队伍，广泛收集吸收国际钢铁生产先进技术，反复进行试验。在武钢第二炼钢厂工人的支持下，终于攻克了这一难关，结束了只能用进口原料生产硅钢的历史，生产出了荣获国家金、银牌奖的有取向和无取向优质硅钢。

在交谈的过程中，当听说"海比"专利是美国发明出口到日本，日本改进后又卖给美国，而中国是从日本进口时，邓小平说："武钢也要有这个志气。我们要学习国际上的先进经验，但光跟在别人后边不行，要有超世界先进水平的志气。”

1975年，第二炼钢厂曾因漏钢事故受到邓小平的严肃批评。第二炼钢厂的职工卧薪尝胆，狠抓管理，在消化、吸收引进连铸技术中勇于改革创新，终于实现全国钢厂中第一家全连铸，达到国际炼钢工业技术的新水平。今天他们能用自己的成就向邓小平汇报，心中感到无比自豪。

在热烈的气氛中，大家随邓小平边说边走，来到连铸机的出钢口。邓小平看见连铸机下B5操作室青年工人正聚精会神操作时，便走进去，热情鼓励青年工人学习掌握国际先进技术，为中国工人阶级争光。

从操作室出来，邓小平又走到连铸机尾转盘上，饶有兴趣地观看了连铸坯的输送流程。

邓小平一行从第二炼钢厂出来后，又连续视察了冷轧薄板厂、硅钢片厂和热轧钢厂。

在冷轧薄板厂，厂负责同志向邓小平介绍了冷轧工艺和生产情况，并陪同他沿着主要生产线依次参观。邓小平登上参观台观看了轧钢生产，随后又参观了镀锌、双机架平整、纵剪和镀锡线，并在镀锡线仔细地观看了工人分选成品的操作。

参观冷轧之后，邓小平来到硅钢片厂，公司和厂的负责人陪同他由西向东，参观了森吉米尔轧机、连续退火炉等主要机组。最后，邓小平来到热轧钢厂，健步登上扶梯，进入精轧操作室。邓小平坐在操作台前，透过明亮的玻璃壁，一边兴致勃勃地观看轧钢过程，一边听取公司和厂负责人介绍情况。

当邓小平听说一米七轧机产品质量好，热轧钢板经平整后误差不到半根头发丝，冷轧钢板平整后误差约一根头发丝的十六分之一时，满意地笑着说：“你们要利用先进设备和技术，搞好产品质量，多出钢材，出好钢材。”

质量是工程建设的生命，也是产品的生命。早在1975年9月28日，邓小平和其他四位副总理共同签发了关于武钢一米七连轧机组问题的批示：“我们对于武钢一米七连轧机组能否按时投产和充分发挥生产能力十分关心，也十分担心。……加强对建设基地的领导，协调各部门之间工作，逐步做到备品备件自给，特别是立即在基地指挥部内建立生产准备指挥系统，做到按时投产，并且能保证持续生产。要通过这个基地的建设和生产实践，培养出一支无产阶级政治挂帅的具有更高水平的骨干队伍，使今后国内也能制造并发展这类机组。”这个批示，对一米七轧机工程的建设和顺利投产起了重要的作用。

邓小平观看了一米七轧机产品后，又兴致勃勃地来到操作台前。通红的钢坯从加热炉方向，穿过粗、精轧机组和层流冷却系统，迅速地奔驰着。钢坯由厚变薄，由红变黑，最后卷曲成卷。邓小平问沈因洛："原来建设一米七这几个厂时，钢和钢坯打算从哪里来，是怎么设计的？武钢达到 400 万吨钢，还差多少矿石？配起套来，需要多少投资？"

沈因洛回答后，邓小平继续说："配套建设很重要，只有配起套来，一米七轧机才能发挥出效益。"

邓小平走出操作室时，不断地向坚守岗位的操作工人致意，挥手告别。

六

7 月 17 日至 20 日，邓小平在武汉期间，听取胡耀邦、赵紫阳、姚依林汇报制定"六五"计划和长远规划的一些基本设想。在谈到体制改革问题时说：国务院要取消好多个部，这是一场很大的革命，体制改革就可从这里入手。体制改革，核心是搞好专业化，搞公司。公司完全按照经济办法搞，要有独立经营权、用人权。要用经济的办法管理经济，不然就是吃大锅饭。要搞董事会，或者联合委员会，定大政方针，起监督作用。在用人问题上，要让能干的上来，不能干的淘汰。一定要让精力充沛的人干事。对干部要考核，经理不行就换人。公司经理当得好的，待遇可以高于部长，不管资历深浅。工程师也要有工程师的职权，应当由他决定的就由他点头。当上什么职务的就应给什么待遇，对年轻的也应如此。运动健将应当有运动健将的工资标准，差别可以大一些，但要规定最低不得低于多少，不如此不能鼓励上进。

在谈到立法问题时，邓小平说，要立法，要搞公司法，成立经济法庭，成立有专家参加的科学论证机构。律师队伍要扩大，企业要请自己的法律顾问。城市个体经济也要立法。

在谈到国防工业问题时，邓小平说，除二机部、七机部以外，军工企业统统改为军民结合。军队同军工厂的关系是订货关系。航空工业不应是单独的工业体系，搞几个航空公司是必要的。

在谈到引进国外技术问题时邓小平说，在引进技术方面，要学习日本的经验，引进技术自己改造。我们自信心不够，应当增强自信心。

谈到经济建设方针时，邓小平说，讲比例，不只是“农转重”比例，科学教育、住宅都要按比例。要承认不平衡，搞平均主义没有希望。一部分地区先富起来，国家才有余力帮助落后地区。不仅全国，一个省、一个社、一个队也是这样。百分之二十先富起来，会把其他的带动起来。不能什么都靠上级推动，而应当运用经济杠杆。

在谈到今后十年经济发展目标时，邓小平说，建设目标，一定要反映人民生活在哪些方面受益，不能只讲平均工资每年增加百分之几，必须把经济的发展使人民生活得到的改善反映出来。人民生活要有相当增长，人民才满意。邓小平还说：在国外搞贸易中心，这才能学会做生意，搞得死死的，有什么希望？只靠农产品出口不行，还要靠机械产品。机械工业大有可为，机械工业要改组，要引进一些新技术，提高自己的制造能力。还要好好研究一下，创造一些名牌机械产品。花上几年、十几年工夫，打开国际市场。机械委员会要抓紧工作。

在谈到今后十年的发展速度问题时，邓小平指出：要再研究一下，工农业总产值翻一番的时间能不能提前一点，这是个鼓舞人心的问题。

在谈到三峡问题时，对小平指出：修建三峡工程，对航运的影响不大，对生态环境的影响也不大，而对防洪所起的作用大，发电效益很大。因此，轻易否定三峡工程不好。

七

第二汽车制造厂位于湖北十堰市，是中国汽车制造的骨干性基地，60 年代，在三线建设的精神指导下选址定点，70 年代，集全国各方面的力量自力更生建设起来。如今二汽发展得如何？邓小平十分关心。在四川乘船来湖北的途中，途经宜昌参观葛洲坝工程时，邓小平就关心地询问：“这里离二汽多远？”随后，他向前来迎接他的湖北省委负责同志表示，这次去湖北，要到第二汽车制造厂看看。参观了武钢之后，邓小平在武汉休息了几天，与曾任湖北省副省长的二弟邓垦聊了聊家常，然后就在陈丕显的陪同下前往二汽。

7 月 22 日天刚亮，邓小平一行的专列准时抵达十堰站。早在车站等候的二汽党委第二书记、厂长黄正夏，副厂长王兆国以及专程前来迎候的河南省委第

邓小平在二汽总装厂参观。

一书记段君毅、第二书记胡立教等一起走上车去。邓小平正在吃早餐，他请大家到餐厅，热情地说："请进来嘛，可以边吃边谈。"早餐，就是油条、稀饭和两碟小菜。黄正夏汇报二汽创业史时，邓小平笑着说："早就想来二汽看看。这次来成了。"陈丕显说："邓副主席在宜昌就询问二汽，这次是自觉自愿来的。"这话引出一阵笑声。

邓小平十分关注中国的汽车工业，他关心地问二汽建设情况怎么样、今年生产多少辆汽车？

邓小平在二汽生产车间参观。

二汽的负责人边引路，边汇报情况：二汽现已建成两种车的生产基地。1975 年政治形势好，大家劲头足，基本有了建成两吨半越野车的生产能力，投入了试生产，但不久即受到“四人帮”的严重干扰。粉碎“四人帮”后即狠狠抓紧了第二种车型——五吨载重车的建设，1978 年下半年投产。这几年汽车生产能力提高得很快，1978 年生产 5 000 辆汽车。去年生产了近 1.5 万辆汽车，今年预计可生产 3 万辆汽车。去年是前年的 3 倍，今年又是去年的 2 倍，是前年的 6 倍。三年来，利润和产值也成倍地增长。1976 年，“四人帮”破坏严重时，亏损 5 066万元，1978 年即扭转了 3 200 万元的亏损，并略有盈余，1979 年盈利 6 760 多万元，今年预计盈利可超过 1 亿元。1978 年产值为 1.7 亿元，去年为 4.2 亿元，今年预计可达到 8 亿元。

邓小平听到这些情况时非常高兴，不断点头。

接着，二汽的负责人又汇报了建厂的历史和工厂的布局。二汽的厂址选址是和邓小平密切相关的。1965 年，党中央、国务院决定二汽在襄渝铁路沿线选址，当时在一机部工作的段君毅，便向在四川视察的邓小平汇报：二汽年设计产量为 10 万辆，厂址必须具备交通便利的条件，汉水距此仅 20 余公里，襄渝线也从鄂西北入川。这既符合毛主席关于三线建设的指示精神，又有水陆交通之便。

邓小平向毛主席、周总理汇报后，同意将二汽建在十堰。

二汽的布局，根据主要部件（如发动机、车桥等）和总装方便的原则，采取分片布点，按专业厂集中建设，东西长 30 公里，南北宽 7 公里。围绕专业厂配套建设居民点、生活服务及文教卫生设施，形成“工农结合，城乡结合，有利生产，方便生活”的集镇群式的新兴城市。

这时，陪同人员向邓小平介绍说，群众有个顺口溜：“十堰市真奇怪，不分城里和城外。说它是城市，种瓜又种菜；说它是农村，工厂山沟里盖。”邓小平听后说：“这很有意思。”这时，车恰恰驶过二汽配套处，进入间隔地带。这里两旁是山，山上有树，山洼有村庄菜地，邓小平笑着问道：“这是到了你们的农村了吧？工人一定有新鲜蔬菜吃。要是山上再栽很多果树，水果也就有了。”正说着，设备修造厂的厂房及宿舍楼出现在眼前。邓小平高兴地说：“啊，又到一个小城镇了！”

二汽的建设正值“文化大革命”时期，一机部的干部和技术人员，在全国的支援下，顶着逆流，下了极大决心，采取小厂包大厂、老厂包新厂的方式，把全国机械行业的“宝”都“聚”到二汽来了。他们包设备、包技术工人、包领导班子。

现有的 2 万台设备中，99%是我国自己制造的，其中 90%是好用的，经过了多年的生产考验。也进口了一些关键的、精密的、大型的设备和先进技术，但只占设备总台数的 1%，占总投资的 10%左右。这种方法今天看来是成功的。二汽总的技术水平可相当于 60 年代，部分设备水平达到了 70 年代。少数进口的和我国自制的设备，也有保持国际领先水平的。我国自制的设备，如汽缸体大拉床等，就是一个例子。这台拉床有 1 784 把刀子，一分半钟可铣削完汽缸体 6 个平面，只需 6 人操作，一台可抵需 20 人操作的十台鼓形铣床。这种机床世界上也不多。

邓小平对大拉床很感兴趣。他指着厂标说："噢，济南第二机床厂造的。"他把段君毅拉到跟前说："大拉床是我国自己造的，我们的机械工业能造这个，不错嘛。现在看，以我国自造设备为主，适当进口一些高精度设备，武装现代化工厂的道路的经验值得总结。"

陈丕显向邓小平介绍了二汽"自力更生，量入为出，分期建设，多作贡献"的办厂方针。邓小平表示赞同。他说："我看过国务院批准你们这样做的文件。"并关心地问："你们的问题解决了吧？"又问："四川大足汽车厂是不是可以照二汽的办法干？"陈丕显说："最近武钢向胡耀邦、赵紫阳、姚依林汇报工作，他们同意武钢也采用二汽这个办法，并有所发展。"

在总装厂，摆放着二汽近年来生产的各种汽车及今后计划生产的各种汽车型谱，引起邓小平的很大兴趣。他非常专注地听取中国屈指可数的汽车专家之一、二汽总工程师、副厂长孟少农等关于各种汽车性能的介绍。

邓小平亲切地同孟少农握手，并在他的陪同下观看了二汽 21 种车的型谱和准备改进的 8 种车身挂图。当听到军民结合问题时，邓小平给予了特别的关注，他说："一定要注意多品种系列化生产。汽车厂也可生产非汽车产品。二汽注意满足军用，这是好的。但从长远、从根本看，主要应搞民用。军队要车，可能第一批要得多，以后就逐渐减少。你们又搞 5 吨车，又搞 8 吨车，都是民用的，这很好。"

参观样车后，邓小平同十堰市、二汽的负责同志合影留念。

当听说工艺大楼是科学实验基地时，邓小平说："重视科学实验，这很好。"他关心地问："有多少科技人员？电子计算机用得怎么样？"并强调，电子计算机"既要搞点大型的，搞些终端机，也要搞小型的，专用机"。

爬坡表演开始了。二汽生产的供部队拉大炮用的 2.5 吨和 3.5 吨两种军用越野车，要求马力大、车速高、爬坡能力强、越野性能好。邓小平兴致勃勃地观看了这两种车爬 32 度陡坡的表演。他边看边评论：“两吨半越野车，我知道，听说在对越自卫反击战中立了功，部队很欢迎。”他高兴地说：“能爬这么陡的坡，部队当然欢迎！”

三吨半越野车的发动机是同英国合作试制的。适当加大缸径并做了一些局部改进后，马力由 135 匹提高到 165 匹，扭矩从 36 公斤米提高到 43 公斤米，最低油耗由每马力小时 240 克降到 210 克，这在当时已达到国际较好的水平。这次参加爬坡的三吨半越野车，已连续进行了三个 2.5 万公里的道路试验，没出现大的质量事故，不久即可鉴定定型，开始投入生产。这种车改为民用，就是 8 吨载重汽车。邓小平听后说：“这很好嘛！”

在总装厂，邓小平高兴地坐上新下线的 5 吨车。开车的陈桂祥说：“邓副主席十分了解我们工人的心情。随从的同志劝邓副主席年纪大了，车又太高，不坐了吧！邓副主席和颜悦色地说：‘坐一坐，坐一坐。’邓副主席坐了我们亲手装的车，大家感到特别荣幸！”

“看板生产”是二汽学习日本的管理经验，组织均衡生产的一种方法。由本生产岗位提出需要上工序供应的零件数量和时间，由上工序和仓库保证及时送到，改变过去上工序不顾下工序、盲目生产供应的状况。这就使库存零件、车间运输、流动资金大为减少。邓小平在车桥厂特意观察了这种“看板生产”后说：“这个办法好。”

随后邓小平一行又来到了锻造厂。在这里，邓小平详细观看了由西德进口的 12 000 吨锻压机组压制汽车前梁的情况。总控制室的孙学英广播说：“热烈欢迎邓副主席！”邓小平满面笑容地回答：“谢谢同志们的辛勤劳动。”孙学英又广播说：“邓副主席好！”邓小平当即说：“大家好！”这天，全二汽闻名的青年工人卢建蒙操作主机。只见他非常熟练地操作，40 秒压 1 根，分秒不差。工人们都风趣地说：“机器也在欢迎邓副主席！”

陪同人员告诉邓小平，改革开放以来，已有 13 个国家 60 批外国客人到二汽参观，都对二汽给予好评。德国奔驰汽车公司一位负责人说：“要不是亲眼看到，真不会相信中国会在大山区建成这样一个规模大、技术先进的汽车厂。”外国人从二汽建设中看到了中国人民建设社会主义现代化的决心、气魄和能力。

邓小平听后说:“中国搞四个现代化,应当有这样的信心!”

当时,二汽已同4个国家6家厂商签订了350万美元的加工合同。法国雷诺汽车厂希望用二汽的底盘装上它的柴油机和平头驾驶室,用它的名义和营业网到国际市场上销售。邓小平听后非常高兴地说:“那好啊!雷诺汽车厂我知道。20年代,我在这个厂做过工。”

说到这里,邓小平略为停顿了一会儿,思绪好像一下子回到了从前……

那是1925年的11月6日,邓小平进入雷诺汽车厂做工。1920年,邓小平来到法国勤工俭学,1922年参加中国社会主义青年团,1924年被选为旅欧党团组织的负责人,正式转为中国共产党党员。邓小平在厂里被分配在钳工车间。他的工卡上印有82409A的编号,写有邓小平的名字、出生年月日、出生地和在法国的住址。还写道:熟练工种工人,分配在76号车间,磨件单位工价一法郎五生丁。现在雷诺厂还保存有邓小平当时的这些资料。邓小平在雷诺厂工作的时间虽然不长,但在这里他学会了一些钳工技术。由于这个时候他的一切行动已经受到法国警方的密切监视,于是他在1926年的1月离开法国前往苏联莫斯科。

邓小平喝了一口茶,接着说:“从这些情况可以看出一个问题,目前资本主义各国汽车已经饱和,但还有生意可做。既然汽车可以出口,其他机械产品也应该能够出口,这说明外贸的潜力很大。只要把质量搞好,就能出口。”

二汽借改革开放的东风,率先在全国组织跨省、区的联营公司,在不改变隶属关系,不改变企业性质,不改变资金、物资供应渠道的情况下,采取多种形式自愿结合,把一些生产汽车的兄弟厂组织起来,向专业化方向发展。邓小平对此很感兴趣。他赞同地说:“这是保护竞争,促进联合啰!应当这样搞,不这样搞,不能打破‘小而全’。二汽这样的大厂应当作为中心,带动几个省搞专业厂协作,把专业公司组织起来。”

邓小平对二汽职工和十堰市老百姓的生活十分关心,一路上详细询问副食品供应怎么样,农民每人平均收入多少。

过去,各级领导机关对二汽建设注意得多,对市政建设注意得不够,而且投资少,因此欠账较多。邓小平关心地问:“有什么办法可以解决?其他城市怎么解决?”陪同的同志汇报说:“武汉、黄石和全国有些城市,都是从企业上缴利润中提成5%作市政建设费。”邓小平进一步问道:“这个办法能解决你们的问题吗?”当他听说省委已经同意,国家城建总局准备争取明年首批准许实行这个办法时,表示赞同。他提出:二汽在建厂的同时,还要建设一座工农结合、城乡结合的新型汽车工业城市,还要搞好城市绿化、美化、环境净化。

二汽建厂前后,农民收入已由日平均三四角钱,增长到目前的 1 元多。邓小平说:“提高了好几倍,工厂把农村带起来了。一个工厂能带多少农民呢?”陈丕显说:“二汽不仅带动本市的 8 个公社,对郧阳地区也有支援。二汽同郧阳地区几个厂已签订合同,扩散零配件。”邓小平说:“我知道郧阳地区比较穷。大工厂带动附近的县办工厂,很好。”

邓小平对工人的工作环境和生活情况也十分关心。在铸造一厂,他感慨地说:“一般铸造车间都很脏,这里却比较干净,温度也适宜。这不仅对工人健康有好处,而且和铸件质量也有密切关系。”他问一汽铸造厂是不是也这样。他还询问了工人的吃住情况、上班远近、生产情况、文化水平。

随后,二汽的负责同志向邓小平汇报了培养中青年干部的问题,介绍了陪同的王兆国。王兆国,今年 39 岁,哈尔滨工业大学毕业,开始当技术员、团委书记,1974 年提拔为二汽党委常委,1975 年调任车厢厂党委第一书记,1976 年坚决抵制“四人帮”的干扰破坏,带领党委一班人把车厢厂建成二汽第一个大庆式企业,1978 年提拔为二汽主管生产的副厂长之一。在发动机厂,二汽的负责同志又向邓小平介绍了这个厂 32 岁的党委副书记叶炎章。邓小平听后非常满意,几次对陈丕显说,二汽注意培养青年干部,很好。有个副厂长,还有个分厂的副书记,都很年轻,一个 39 岁,一个 32 岁,又有多年的领导经验,而且有文化,有专业知识,表现也不错。看到我们党有人才、有干部,很高兴。

邓小平这次一共参观了二汽的 6 个项目。中央主要领导人一次参观 6 个项目,可能算是最多的了,由此可见邓小平对二汽、对我国汽车工业的重视。他说:“看了二汽,说明我们中国的机械工业是不错的嘛!有许多设备可以造,汽车还能过关嘛。机械工业行,别的方面也行嘛。”

一直陪同邓小平视察二汽的陈丕显回忆说:“邓副主席这次视察二汽,非常高兴。他还勉励说:‘二汽生产好,管理也不错,留下很深的印象。’”

二汽的广大职工和家属以及十堰市的工农群众对邓小平千里迢迢,专程到山沟里来视察和看望他们,深为感动。很多上晚班的工人,早该下班了,但为了能见到邓副主席,从早上 6 点一直等到中午 11 点多。有的工人早早赶来,把昨天早已打扫得干干净净的车间又打扫一遍。总装厂工人连夜调整车间几百平方米的地板，一寸一寸地冲洗抹干。工人们说："一定让邓副主席看得舒适，看出我们工人的精神面貌。"锻造厂有的工人下班了，但他们仍不愿离开，在太阳底下等了两个多小时。

邓小平关心群众，群众热爱邓小平。大家看到邓副主席身体非常健康，特别高兴。

总装厂邸世昌说："原来想，邓副主席年纪大了，不知身体怎样，这次看到他身体很好，至少可以带领我们再大干十年八年，我的信心更足了，劲头更大了。"

锻造厂王秀纹说："看到邓副主席，我心都要跳出来了！邓副主席身体非常健康，我感到太幸福了！"

有的工人说：我是有生以来第一次亲眼看到党和国家的领导人。天这么热，邓副主席年纪又这么大，不是顺道而是专程来看望我们。我们只有把生产搞好，早日达到 10 万辆生产水平，让国家领导人放心。

有的职工说：过去在北京也见过邓副主席，但这次在山沟里见到，心情不一样。这说明党中央关怀二汽职工，也说明二汽在实现四化和国民经济发展中的地位。作为二汽工人，我们感到自豪！

210 分钟的视察是短暂的，但是二汽给邓小平留下的印象是深刻的。邓小平的到来也给二汽的干部和职工留下了终生难忘的记忆。

八

7 月 22 日晚，邓小平一行在段君毅、胡立教陪同下，乘专列离开二汽前往郑州。邓小平，这位当年指挥刘邓大军千里挺进大别山，在推翻三座大山中屡建奇功的中原局第一书记，如今作为中国改革开放和现代化建设的总设计师，又在这块当年烈士鲜血染红的土地上，为中原人民如何尽快摆脱贫穷落后状态，早日实现经济发展、生活富裕的"小康"蓝图而殚精竭虑。

还在湖北视察二汽时，邓小平就对段君毅、胡立教说过，这次出来到几个省看看，最感兴趣的是两个问题：一个是如何实现农村奔小康，达到人均 1 000 美元，一个是选拔青年干部。

当段君毅等汇报了十一届三中全会以来河南农村的发展变化和各项主要

经济指标后，邓小平问道：“你们这是怎么算出来的？”

段君毅回答：“我们在火车上算了一笔账，河南农业按照每年增长8%递增，就可以提前两年达到人均1 000美元。”

接着，段君毅、胡立教以河南新乡县七里营乡的刘庄村为例，就农村经济发展中农业、乡镇工业、副业在农业总产值中所占的比重和具体数字，向邓小平算了河南农村何时达到小康水平这本“账”。

邓小平听后，提了一些问题，又让他们反复核算一下，再三要求一定要实事求是地算准确。他说：如何实现农村奔小康，达到人均1 000美元，我做了一些调查，让江苏、广东、山东、湖北、东北三省等省，一个省一个省“算账”。我对这件事最感兴趣，8亿人口能够达到小康水平，是一件很了不起的事。每当谈到一个具体问题时，他总是饶有兴趣地扳着指头，从现实数字到发展远景，一项一项地算账。

在谈到农民住房问题时，邓小平指出，过去对于发展建材工业不重视，把盖房子不当生产，只当消费，是不对的。四川的老太太有了钱，一是娶媳妇，一是盖房子。建筑工业大有发展前途，包括城市和农村。发展建材生产只搞砖瓦不行，要搞现代的、轻型的。为了实现小康目标，要敢想、敢干，敞开思想，找门路。

在谈到农民的燃料问题时，邓小平指出，农村发展沼气要列入计划，使用沼气不仅节约能源、节约时间，而且减少疾病，又清洁卫生。20天发酵，消灭血吸虫，还能秸秆还田，提高肥效。但是发展沼气一哄而起不行，要有计划、有步骤，一批一批地搞。

7月23日清晨6时零6分，邓小平乘坐的专列，沿着铁路专用线缓缓驶入郑州市区北面一个绿树环绕、环境幽静的大院。这里就是省委第三招待所。

当邓小平稳步走下火车的时候，早已等候在这里的省委常务书记、省长刘杰和其他省委常委立即迎上前去，代表全省人民向邓小平表示热烈的欢迎。

早饭后，段君毅、胡立教、刘杰就河南当前的主要工作向邓小平作了简要汇报。

汇报结束，省委负责同志请邓小平讲话。

邓小平说，关于提拔青年干部，这次出来看，有的是人才。政治上，经过“文化大革命”分清楚了，标准就是不是“四人帮”体系的人。现在取消“终身制”是个大问题，干部终身制，老当第一书记谁敢提意见。提拔青年，光靠推荐不行，要下去发现人才。干部要考核，两年一考核，不称职就下来。厂长工资待遇要提高，教授不一定比校长地位低。

他说，四川的政策连老太太都高兴，赞成联产责任制。政策威力大，有了正确的农村政策，农业生产就发展得快，但科学种田问题还没有很好解决。

上午 10 时左右，邓小平提出要出去走走，去看看黄河花园口。

昔日经常泛滥成灾的黄河水被人民群众治服后，正在变害为利，源源不断地流往沿岸千百万亩农田和众多自来水厂，滋润着辽阔广袤的中原大地。

邓小平和段君毅等省委负责人边走边谈。在黄河大堤上，邓小平问起了黄河现在的汛期流量和防洪措施等具体情况，有关负责同志一一作了详细汇报。邓小平走下大堤，一直走到黄河主航道旁，仔细观看了黄河主流的流量，询问黄河泥沙的情况和防止泥沙淤积的措施。

在返回住地的途中，邓小平说，维持黄河的现状，仍有相当大一部分地区和人口在特大洪水出现时有危险，因此，还是要搞小浪底水库，解决黄河中下游的汛期防洪问题。他还幽默地说："花园口不可不看，但看一次就够了。"

回到省委三所后，段君毅、胡立教、刘杰等省委负责同志与邓小平共进午餐。在品尝著名的黄河鲤鱼时，邓小平说："陈老总（指陈毅）是既会吃又会做（菜），我是只会吃不会做，毛主席是不会吃也不会做。"这些幽默风趣的谈话，使得席上气氛十分轻松。

下午 3 时 30 分，邓小平乘专列离开郑州，北上返京。

西出阳关

（1981年）

途经甘肃敦煌："一定要想方设法保护好。"在新疆："生产建设兵团把沙漠建设得这样美，不容易啊，我想多待一会儿。"临别话语：新疆稳定是大局，不允许搞分裂。新疆生产建设兵团要恢复。

一

1981年8月5日晚，邓小平和夫人卓琳在王震、王任重等中央领导人的陪同下，离开盛夏的北京，西出阳关，到新疆视察。

8月7日凌晨，邓小平一行的专列经宁夏进入甘肃。8日上午9时，专列抵达柳园火车站。邓小平要在这里作短暂的停留，想借此机会游览一下世界闻名的敦煌莫高窟。

列车刚一停稳，早已在车站迎候的兰州军区和省地县的负责人就走上列车，向小平同志问候。兰州军区政委萧华、省委书记冯纪新向邓小平一一介绍在场的同志。邓小平简单地询问了在场同志的情况后，说："这次去新疆，路过看看中外驰名的敦煌千佛洞，就不必汇报了。"

早在7月下旬，省委就接到了邓小平要来甘肃的通知。邓小平办公室明确告诉省委有关部门，这次首长到甘肃主要是休息，不谈工作。省领导工作很忙，不必到车站迎送。就连有关伙食结算标准、不睡弹簧床之类，都作了具体规定。因此，省里的一切接待工作都只好从简了。

对于甘肃，邓小平并不陌生，从1926年到1966年，他曾先后来过7次，当年或因战争年代军务在身，或因新中国成立后为国事操劳，对于早已驰名中外的敦煌莫高窟，却一直无暇去亲眼看一下。其中1966年3月23日至25日，他在酒泉地区视察，也没能抽身到敦煌莫高窟一游。正如邓小平所说的，他这次去新疆，主要是休假，顺道来敦煌看看。

谈笑间，邓小平一行乘坐的面包车已到达宾馆。这时时针已指向 11 点钟了。

邓小平健步走下车来，同迎接的有关人员一一握手。

中午就餐时，邓小平心情格外愉快。他一边吃饭，一边亲切地对陪同的负责人说：“我早就想来敦煌。这次去新疆路过这里，特地停留下来看看，也算了了我的心愿。”

8 月，夏末秋初，正是甘肃最美的季节，这里天远云舒，惠风和畅，绿树成荫，瓜果飘香。下午，邓小平一行兴致勃勃地前往敦煌莫高窟游览。

早已迎候在那里的著名敦煌学专家常书鸿、敦煌文物研究所所长段文杰及研究所的全体工作人员，热烈欢迎邓小平一行的到来。莫高窟前洋溢着一片欢乐。

莫高窟，也叫“千佛洞”，位于甘肃敦煌东南。相传前秦建元二年（东晋太和元年）开始凿窟造像。历经隋唐以至元代，均有所修建。现尚存有壁画和雕塑作品的共有 492 窟。清光绪二十五年发现藏经洞后，窟内历史文物和艺术品遭到帝国主义的严重破坏，斯坦因、伯希和、华尔纳、鄂登堡等人曾盗窃大量的珍贵文物。1943 年设立敦煌艺术研究所，进行修复、保管和研究工作。新中国成立后，研究所改名敦煌文物研究所。

1981 年 8 月 8 日，邓小平参观敦煌千佛洞。

在敦煌文物研究所大厅，段文杰向邓小平简要汇报了莫高窟的沧桑变迁、文化价值、研究保护等种种情况。

邓小平听完段文杰的介绍，关切地问：“你们还有什么困难？”

段文杰如实地向邓小平反映了敦煌文物研究经费不足的问题。

邓小平听后严肃地点了点头。他关注敦煌的历史文化价值，更关心这一名胜古迹的保护和利用价值。他当即回头对身边的王任重说：“任重，经费你给考虑一下。”

60 年代，周恩来总理曾拨 100 万元专款保护敦煌文物，现在，邓小平又当场答应解决实际困难。听了邓小平的这句话，常书鸿、段文杰他们顿时觉得有一股暖流在心头涌动，望着眼前慈祥可敬的小平同志，他们一时竟不知说什么好。

随后，在常书鸿、段文杰的陪同下，邓小平一行参观了 20 多个洞窟。听着段文杰专业水准的讲解，面对精美绝伦的彩塑、壁画，邓小平被博大精深的敦煌艺术所感染。他不时地问这问那，并语重心长地一再叮嘱说：“敦煌文物天下闻名，是祖国文化的遗产，一定要想方设法保护好。”嘱托中蕴含着对敦煌文物的一片深情。

参观完毕，邓小平、王震、王任重等分别在留言簿上签了名，并同大家合影留念。

由于当时敦煌对外开放不久，为了安全，当地政府对邓小平的行踪严格保密。但邓小平到县城后，特别是参观莫高窟时，被一些群众见到了。“小平来敦煌了”的消息便不胫而走，敦煌的人民群众都很想见见小平同志。当工作人员把这一情况告诉邓小平后，他非常理解敦煌人民的心愿，欣然答应。

8 月 9 日上午，人们早早就聚集在十字街头，只见一辆面包车驶出宾馆大门，朝东大街缓缓而来。邓小平面带微笑，频频向大家招手致意。

邓小平临走时，一再叮嘱当地的负责人：“敦煌是件事，还是件大事。”

邓小平一行告别了热情好客的敦煌人民后，乘车前往乌鲁木齐。

时隔不久，敦煌文物研究所收到了国家文物局拨来的 300 万元专项经费。敦煌人用这笔专款，进行了莫高窟南北窟区加固工程等各项建设，修建了办公新区和职工宿舍楼，并由此发展成为敦煌研究院，还在兰州成立了分院。

二

8 月 10 日，邓小平乘坐的火车驶入了乌鲁木齐车站，这是邓小平第一次到新疆。

邓小平在王震、王任重等中央负责人的陪同下走下火车。早已等候在车站的自治区党委第二书记兼乌鲁木齐军区政委谷景生和党政军其他负责人肖全夫、司马义·艾买提、铁木尔·达瓦买提、谭友林等在这里迎接邓小平。

邓小平一下火车，就叮嘱前来迎接他的自治区负责人："我这次偕王震、王任重同志是借假期来新疆的，不要宣传，一切从简，切不可兴师动众。""我们明天就到石河子垦区去看看。"

在去宾馆的路上，邓小平关切地向坐在车内、前两天才从北京赶回的谷景生询问起中宣部在首都主持召开的思想战线问题座谈会的情况。邓小平之所以最先问到这个问题，是有原因的。

80 年代初，是刚刚开始实行改革开放后的中国不寻常的阶段，也是新疆历史上不寻常的一段时期。当时，国际风云变幻，国内资产阶级自由化思潮泛起，社会主义面临新的严峻的考验。与此相呼应，在新疆，民族分裂主义势力抬头，南疆喀什、叶城等地先后出现了极少数民族分裂主义分子利用宗教煽动群众闹事的事件。自治区的个别负责人在执行民族区域政策上也产生了某些偏差，有人甚至错误地提出要大批汉族干部退回内地，一些不利于民族团结的错误言论也流传起来，一时人心浮动，全区形势出现了新的波动。就在这紧要的历史关头，中央决定调谷景生到新疆就任自治区党委第二书记兼乌鲁木齐军区政委。在党中央、中央军委的领导下，区党委、各级干部、广大群众齐心协力，努力工作，使局势渐趋稳定，各项工作进入正常轨道。

邓小平对新疆情况的熟悉和关心，无疑给新疆新的领导班子极大鼓舞。

8 月 11 日，邓小平一行来到石河子，住进了石河子第一招待所。视察石河子，是邓小平此行的主要目的。

石河子位于准噶尔盆地的南缘，是在万古荒原和沼泽上建起来的。1950 年，进军新疆的解放军和起义部队，在王震将军的率领下，发扬"南泥湾"精神，拉开了军垦第一犁，战士们硬是用双手和肩臂拓出了 275 万亩良田，建设了一批国营农场和一批工厂，奠定了新疆现代农业和现代工业的基础。

1954 年 10 月 7 日，驻疆中国人民解放军遵照毛主席、中央军委、总参谋部的命令和决定，将王震将军率领进疆的中国人民解放军第一兵团二、六两军的一部分，陶峙岳将军率领的起义部队的全部和民族军的大部分合并，成立了新疆军区生产建设兵团，担负屯垦戍边的历史使命。后来，国家又从湖南、山东、河南、北京、上海、天津等省、市动员了一批批支边青年，从各部队动员了一批批复员转业军人，每年从应届大专院校毕业生中动员分配了一批批青年知识分子来到新疆生产建设兵团。

实践证明，在新疆这样幅员辽阔、资源丰富、战略地位十分重要的边疆地区，创建生产建设兵团，屯垦戍边，发展农垦事业，对于自治区各民族经济文化建设、保卫祖国边疆，都有着十分重要的意义。然而，由于种种原因，1975 年 3 月，生产建设兵团被撤销了，取而代之的是新疆农垦总局。

粉碎“四人帮”后，恢复新疆生产建设兵团的呼声越来越高。1978 年 2 月，国家农垦总局派出工作组来到新疆，对新疆农垦管理体制进行调查，向中央郑重提出恢复新疆生产建设兵团的意见。1981 年 1 月，王震来到新疆，重点考察了解农垦管理体制的种种不利因素，参观石河子垦区、奎屯垦区，走访了原新疆生产建设兵团部分老干部，接见了上海支边青年代表。王震在自治区党委召开的厅局级以上干部会议上的讲话中明确指出：“解散新疆生产建设兵团是错误的。”

1981 年 7 月 1 日，邓小平在王震写给中央建议恢复新疆生产建设兵团的信上批示：“请王震同志牵头，约集有关部门领导同志对恢复生产建设兵团的必要性，作一系统的报告，代为中央拟一决议，以凭决定。”

但兵团撤了再恢复，毕竟不是件小事。邓小平过去因为工作繁忙，一直没有机会到新疆。他认真考虑王震的建议，与王震、王任重相约利用假期亲自到新疆看看。

在宾馆稍事休息后，邓小平便在谷景生等的陪同下乘坐面包车游览石河子市容。

初秋的石河子垦区，一派丰收景象。面包车在市区平坦洁净的路面上行驶着，从教学区到工业区，从文化区到生活区，邓小平认真听着石河子地委书记刘炳正的介绍，不时点着头。经过几十年奋斗，石河子已变成了一座融农工商为一体的美丽的城市，诗人艾青称其为“年轻的城”。它犹如一颗璀璨的明珠镶嵌在天山北部的原野上，是军垦战士艰苦创业、开拓进取的缩影。

看着这座年轻美丽的新城，邓小平异常兴奋，他关切地询问起石河子的发展历史。还没等刘炳正开口，坐在一旁的王震就兴致勃勃地讲了起来：1950 年 7 月 28 日是石河子城定点的日子，这天，王震和陶峙岳、张仲瀚等人策马踏勘北疆玛纳斯河流域几百里，最后选择在这块没有人烟只有沼泽和荒滩的石河子建城，王震当时曾豪迈果断地说：“我们就在这儿开基始祖，建一座新城，留给后世。”

讲的人动情，听的人入神。邓小平望着眼前这位性情率直、敢说敢为的老战友，似乎又看到了当年他艰苦创业的英姿。

中午，邓小平和一群“老军垦”围坐在一起用餐。军垦战士拿出了他们最好的饭菜来招待远道而来的贵客。可不知是因为旅途劳累还是胃口不好，上了好几道菜，邓小平都没怎么吃，旁人再劝，也只是尝一点，或者干脆谢绝。这可急坏了在座的自治区副主席、新疆农垦总局局长谢高忠。这位参加过南泥湾大生产的老战士灵机一动，忙叫厨师上了两道“小吃”：一道是嫩玉米棒子，一道是蒸土豆。此时只见邓小平眉开眼笑，连声说：“这个好吃，这个好吃。”“玉米、土豆，是难得的好东西，在北京是吃不上的。”说着，他一连吃了两节玉米棒子和两个大土豆。他还想再吃，保健医生急忙过来劝阻，在场的同志都开怀大笑起来。吃着全部用军垦战士种植生产的东西做成的饭菜，听着这些“老军垦”们畅谈石河子 30 年来的变化，邓小平仿佛回到了战争年代的战友中间。

一天的所见所闻，邓小平感到余兴未尽。听说农科所搞了棉花种植试验，一分场 3 连采用了当时较先进的地膜覆盖栽培技术，他觉得有必要再到工厂和团场去看看，于是决定再多待几天。

三

8 月 13 日，邓小平乘坐面包车前往农科所。

沿途绿洲阡陌相连，林带如网，渠水潺潺，一排排翠绿挺拔的穿天杨在车窗外掠过。邓小平望着窗外，不时地向刘炳正和石河子农工商联合企业副经理任友志问这问那，刘炳正和任友志及时指点着窗外路过的每一个地方，一一向他作介绍。

“我过去看过反映你们的电影，我记得一部是《军垦战歌》，还有一部叫《绿色的田野》，周总理、陈毅副总理也向我讲起过你们开发准噶尔、塔里木的动人情景，不过还是那句老话‘百闻不如一见’哟，这次来的确不虚此行！”邓小平缓缓地讲着，一边注视着车窗外面的景色，一边客气地用手向司机示意：“开慢一点，请开慢一点。”自进入石河子垦区以来，他已经不止一次这么招呼给他开车的司机了。

汽车开到农科所的棉花试验田旁停下，邓小平走下面包车。他身穿白色短袖衬衫，健步走在田埂上。农科所的负责人和科研人员迎上来，邓小平紧紧握着他们的手，朗声向他们打招呼：“科技人员辛苦了，科技人员好！”听到这亲切的问候，这些从五六十年代起就在这里工作的大学毕业生紧握着邓小平的手，不知说什么好。

邓小平蹲在试验田一株棉花前，亲自数了数，有 50 多个桃子和花蕾。他翻来覆去地看，一边看一边问：“桃子都这样多吗？”

1981 年 8 月 14 日，邓小平视察石河子垦区棉花。

农科所负责人赵守义急忙回答说：“平均 30 个左右。”

“一亩地能产多少？”

“皮棉 300 斤上下。”

“能达到吗？”

“奋斗目标。”

邓小平听后想了想，轻轻地“哦”了一声。

看罢农科所，邓小平一行又乘车向总场和 145 团 1 营 3 连进发。

原生产建设兵团农八师 145 团 1 营 3 连是有名的先进连队，成立 20 多年来从未亏损过，每年上缴利润大都超过 10 万元，最高达到近 30 万元。从 70 年代初起，2 000 多亩地的小麦，一季平均亩产五六百斤，最高的亩产达到 900 斤。这在全疆堪称首创。

汽车还没到 3 连的住地，只见 145 团的军垦战士、家属、教师和小学生在路边排成的长龙就已经沸腾起来了。车一停，邓小平走出面包车，向欢迎他的群众频频招手致意。队伍中，有的人欢呼着，有的人激动地涌出了热泪，还有的人拼命地往前挤，为的是能握一握小平同志的手。

这时，3 连连长兼指导员殷延福来到了邓小平的身边，刘炳正把这位精干的连长介绍给邓小平。

殷延福握着邓小平的手，激动地说：“邓主席好！”

邓小平一面点头说：“同志们好！”一面与他紧紧握手，他笑着问殷延福：“你这连队多少人？”

“1 078 人。”

邓小平侧着身，仔细地听着。他耳朵有点背，殷延福马上意识到了，提高嗓门又重复了一遍。

邓小平听后竖起右手食指向王震和王任重比画着，高声说：“哦，有一个团的人。”他指的是过去红军时期的一个团。

刘炳正连忙解释说：“他说的是全连人口，包括家属。”

这时候，邓小平忽然出神地仰望蓝天，似乎想到了已经久远的红军连队。他想考察一下，现在的生产连队与过去部队的连队编制有何区别，便又问：

“职工多少？”

“387 人。”

邓小平听后笑了，风趣地高声说道：“好，好，有一个营的人。”

这时，白发苍苍、手持黑色拐杖的王震，也向邓小平这边走过来。从北京陪同一起来的水利部副部长望着公路北面说：“咱们到林带里去吧。”

这是一条遮天蔽日、浓荫如墨的林带。说起这条林带，也真不简单，它凝聚了军垦战士们几代人的心血。当年，原生产建设兵团石河子垦区在林带里接待过柬埔寨西哈努克亲王，接待过周总理和陈毅副总理等中央领导人，现在，这条林带又迎来了邓小平一行。为此，军垦战士们把它打扫得干干净净，不但地整平了，而且连一丁点干枝腐叶都没有，4 张铺着白布的大条桌上面摆着颜色鲜嫩、晶莹剔透的葡萄，红红绿绿的大苹果和那切开的一瓣一瓣红瓤西瓜，芳香扑鼻。这些都是军垦战士从自己种的瓜果园里摘来的。

不一会儿，大家都坐下了，邓小平坐在面向棉田的桌子边的一把椅子上。殷延福站在一旁。这时，坐在对面的陈实招呼着："小殷，你也坐嘛。"

邓小平同志一听，忙转过脸来，像想起了什么大事情似的站起来，拉着殷延福的右手，又拍了拍他的肩膀，连声说："来，来，殷连长，坐下，坐下，坐在我这里。"并拿过一块西瓜递到殷延福的手上。殷延福腼腆地挨着邓小平坐下之后，谷景生问：

"殷连长，你们连的耕地有多大面积？"

"8 200 亩。"

邓小平有点吃力地侧着左耳听。殷延福再次提醒自己，回话声音要大一点。

谷景生又问：

"粮食作物占多少？"

"4 800 亩地。"殷延福的声音提高了很多。

"棉花面积多少？"

"500 亩。"

殷延福每讲一句，侧着左耳倾听的邓小平都要点一点头。他听得十分认真。

谷景生又问："地膜棉花多少？"殷延福回答说 400 亩，并说明是在没有铺膜机械，全靠人工操作的情况下进行的。

人工地膜植棉一般连队搞 100 亩就到了顶啦，因为还有小麦、玉米、甜菜、杂粮等其他作物。3 连搞 400 亩，在旁边站着的记者和懂行的干部们听了为之一惊，都向这位连长投以敬佩的目光。

邓小平全神贯注地瞅着这个小伙子，问道："地膜植棉比一般植棉的优越性，你认为在哪里？"

殷延福流利地回答道："一、耕地铺上地膜温度高，在普通植棉播种的时候已经出苗了，赢得了时间；二、因为提高了地温，土壤里的稀有元素，如氮、磷等容易被作物吸收，棉花长势好，结铃多，产量就高；三、霜前花多，棉花质量好，职工也避免冰天雪地剥棉桃之苦。”

刘炳正介绍说：“地膜覆盖植棉技术是经王震同志倡导从国外引进的，今年3连率先在大田试种，估计大面积地膜棉可达亩产皮棉95公斤。”小平同志直起腰高兴地说：“好办法，好方式，好，好！”回头又对王震说：“你在新疆抓地膜棉花种植，这个办法不错，要大力推广。”

邓小平看着眼前这片挺拔参天、绿荫如盖、别具一格的防护林，不由追忆起杳无人迹的昔日的大漠，想到了“西出阳关无故人”“恶风卷地吹黄沙”的诗句，想到了我国历史上“人进沙退”的规模最大的开拓壮举。他扭头看了看站在他左侧的王震，若有所思又不失风趣地说：“王胡子，你当年率部来新疆的时候，带了多少兵？”

虽然年逾古稀，面容瘦削，却依然精神矍铄，不失当年威风的王震，晃了晃手上的拐杖说：“我带了10万人。”“先遣部队7 500人。”

邓小平又问：“当时国民党军队是多少人？”

“10万多人。”王震同志说。

“在这个地方是你带的几军？”

王震微仰着头陷入了沉思。

这时，坐在对面的农垦总局局长谢高忠说，这里是起义部队二十二兵团的底子，从二、六两军派来一些干部。比如145团的第一任政委李光，一分场政委王国柱，都是三五九旅的。但是，后来新增加的成分很多。

邓小平一听三五九旅，就想到了南泥湾，想到了它在抗日战争最艰苦的年代所作的贡献。

邓小平继续说：“你1950年剿匪，干得不错。”

王震精神一振，拐杖在地上捣得咚咚响：“地方民族主义叛乱头子乌——乌什么，叫我给抓住杀掉了！”

坐在后面的司马义·艾买提补充道：“叫乌斯满。”

邓小平赞许地说：“王胡子，你干得好。”这时，谷景生站起来说：“邓主席，这是我们农场栽培的瓜果，您尝一尝吧。”

邓小平笑着点头：“好。能吃上准噶尔的瓜果，不容易啊！”

坐了一会儿，谷景生站起来，请邓小平参观棉田。王震也兴致勃勃地说："走，我们到地里看看。"

邓小平走在前面。展现在他眼前的，是那浓绿欲滴的齐崭崭的棉株。棉田平整如毯，无边无际，恰似平静的大海。所不同的是累累的棉铃和黄花紫蕾参差其间，点缀得绚丽多彩，令人赏心悦目，同时展现在他眼前的还有齐整的林带。

原来，这林带不但公路边有，而且条田周围也有。那一丛接一丛的繁枝密叶，连接起来护卫着条田，戈壁滩上那灼热的阳光，给绿云镶了一道炫目的银光，把林梢都染白了。这一切都出现在亘古以荒凉干旱闻名的准噶尔大沙漠，怎么不叫人为之惊叹呢！

面对眼前这片400多亩绿油油的棉田，邓小平轻轻地舒了一口气："好大一片地哟！"他接过警卫人员递过来的一顶扎有黑绸边的小草帽，戴在头上，遮挡住准噶尔强烈的阳光。

这时，人们相继走入棉田。邓小平踩着聚氯乙烯塑料薄膜压在泥土里的边沿，走进茂密的棉田，弯下腰，用手拨开棉株，全神贯注地观察棉花的长势。他的视力很好，观察棉花长势很仔细。

他侧过脸问身旁的殷延福："你这个棉花是几时种的？"

"4月24日。"

"你这块地的面积有多大？"环视了棉田半圈后，他又问。

"400亩。"

"你这个面积，比农科所的大得多嘛！"

因为邓小平是在视察了石河子农科所之后来到这个军垦连队的。他想把这里的棉田与农科所的小面积棉花种植进行对比。

有人向他解释说，这是大田生产，而农科所是小畦试验。邓小平一面会意地点点头，一面拨开棉株，看到密枝浓叶中的累累棉桃，格外高兴。这大概就是地膜植棉优点的显示。

谷景生也被邓小平浓厚的兴趣所感染，问站在一旁的殷延福："你的单产预计多少？"

"皮棉180斤。"

邓小平闻声转过头来，有点遗憾地对他说："哎呀，比那边的（指农科所小畦丰产试验,预产皮棉每亩 300 斤),要低得多哟。”

殷延福解释道:“我们是第一次试种,条件差,也没有经验,我们要加强后期管理,争取今年达到 200 斤皮棉。”

经验丰富的任友志插话说:咱们这儿是纬度 45 度以北,历来认为不能种棉花。部队进疆以后,为了解决人民和部队穿衣问题,王震司令员吸取我国在抗日战争边区最困难时期的经验,自力更生抓棉花生产。他与当时来我国工作的苏联植棉专家迪托夫教授和陶峙岳将军签订了《石河子棉花丰产协议》,要款给款,要人给人,还创办了部队第一所高等学府——八一农学院,并在迪托夫教授的帮助下,大办植棉人员短训班,采取了一系列科学措施。1951 年,从土地板结、棉花不能出苗发展到亩产皮棉二三十斤;1953 年,在准噶尔南缘的玛纳斯河流域,解放军种的 3 万多亩棉花,平均亩产皮棉 100 多斤。《人民日报》为此发了头条新闻。这是新疆有史以来第一次大丰收,是一个伟大的创举,它破除了这儿不能植棉的旧传统。

邓小平对任友志的介绍很满意,向他点点头,并与他握手。然后回过头来对殷延福说:“那好,那好。这么说,你们的产量已经翻了好几番,也就可观了。”

邓小平带着愉快的心情走出棉田。他用手扒开浓密的棉枝,高高地抬腿跨过棉行,生怕踩坏棉株。

回到林带,邓小平望着远处的绿野,深吸了一口带有芬芳气味的新鲜空气。他以钦佩的目光,环视着他身边和眼前创造了奇迹的殷连长和那依然伫立在公路南边的军垦战士的队列,对大家说:“生产建设兵团把沙漠建设得这样美,不容易啊,我想多待一会儿。”他的身心已完全陶醉在这如画的美景中了。

这时,太阳西斜。原来那一丛一丛涌起的绿云似的林梢上,不知什么时候抹上了一层淡淡的玫瑰色。下午 6 点钟了,该走了。邓小平恋恋不舍地站起身来,穿上蓝色的中山装上衣,过了水渠上的小桥,到了公路上又转过身来,与送行的殷延福等握手告别。

邓小平对边关、对军垦战士、对撤销了的生产建设兵团这样关心,殷延福眼角挂着激动的泪花,喉咙有点哽咽地说:

“小平同志,我们工作做得很差……”

邓小平很认真地打量着这位大漠上的军垦战士,用浓郁的四川口音连声说:

“很好，很好，了不得咧！”

说完，邓小平和其他领导同志就要离开农场了。3连全体同志和连队小学的师生们，站在公路边列队欢送邓小平一行，邓小平与连队领导一一握手告别。队列整齐的“红领巾”用脆嫩的童音齐声高喊：“邓爷爷好，邓爷爷再见！”邓小平下车步行100多米，频频向群众招手，依依惜别。

回到北京后不久，邓小平在中南海召开的一次中央会议上强调说：“新疆生产建设兵团恢复起来确有必要，组织形式与军垦农场不同，任务还是党、政、军结合。”10月，他在同王恩茂谈话时说：“新疆生产建设兵团，就是现在的农垦部队，是稳定新疆的核心，新疆生产建设兵团要恢复。”同年12月，中共中央、国务院、中央军委作出了《关于恢复新疆生产建设兵团的决定》。

四

8月15日，邓小平一行返回乌鲁木齐，到乌鲁木齐县南山牧区视察。

沙尔达坂，绿草青青，牛羊成群。

邓小平走进毡房，按照牧民的习惯，盘腿坐在哈萨克帐篷中。他把沙尔达坂公社50多岁的支部书记哈斯木拉在身旁，亲切地问哈斯木：生活怎么样？还有什么困难？附近的哈萨克族牧民穿着节日的盛装骑马奔来，他们簇拥着邓小平，以牧民特有的豪情和礼仪欢迎自己爱戴的领袖。在沙尔达坂公社一块广阔平坦的牧场上，牧民们特意为邓小平安排了赛马、叼羊、“姑娘追”等精彩演出。

1981年8月15日，邓小平视察乌鲁木齐南山牧场。

看着牧民矫健的身姿，听着姑娘呼呼带响的鞭声，邓小平高兴地仰首畅笑：“真打呀？真打呢！”

临行前，邓小平向村里的牧民们赠送了布匹、茶叶和方块糖。

在天池，邓小平像一位普通的游客一样向迎面过来的人们打招呼。看到一位来自美国的青年，他走过去握手问好。邓小平走后，这位美国大学生坐在一块石头上久久不愿离开，他激动地说：“我太高兴了，想不到在新疆见到了中国当代最伟大的人物邓小平先生，新疆太好了！”

远处的塔松青山笼罩着一层梦幻般的云纱，邓小平静静地伫立湖畔，深情地远眺着耸立在云烟上的博格达雪峰和眼前一泓碧水，对身边陪同的同志说：“风景不错，要保护好。要发展旅游。”

8 月 16 日上午，乌鲁木齐延安宾馆。谷景生正在向邓小平汇报新疆的工作，邓小平听得十分专注。听完汇报，他对新疆工作谈了自己的看法。两个人深谈了 1 个多小时。看得出，在这次轻松的休假期间，邓小平的大脑一刻也没有停止过思考。他的谈话是经过深思熟虑的。

他说，新疆的根本性问题是搞共和国还是搞自治区的问题。我们和苏联不同，我们是自治区。要把我国实行的民族区域自治制度用法律形式规定下来，要从法律上解决这个问题，要有民族区域自治法。新疆稳定是大局，新疆一定要稳定，不稳定一切事情都办不成。不允许搞分裂，谁搞分裂就处理谁。

他说，新疆生产建设兵团要恢复。新疆生产建设兵团是稳定的一支重要力量。生产建设兵团恢复确有必要，组织形式同军垦农场不同，党、政、军结合。

他说，要树立一个选拔民族干部的标准，注意培养和选拔少数民族干部。干部问题具有极端重要性，少数民族地区工作能不能搞好，关键是干部问题。对思想作风正派，坚决维护祖国统一和民族团结，又有突出工作表现和一定资历的同志要大胆提上来，甚至放到很高的领导位置上来。前一段新疆出了点事，责任主要在领导。选拔干部主要看德才，年龄要考虑；考虑年龄不要忽视德才，要讲德、讲才。干部选拔不能只靠组织部门，那样有很多事情你就不知道，或者不明确，必须考察干部的实绩，实实在在的政绩、实际工作情况，考察群众拥护不拥护。要有这两个条件，就不会出大的问题。要建立一个制度，干部的培养、选拔、使用、提升、培训等都要有章可循、有法可依，避免个人主观因素的干扰。要有一个好的机制。这都是很原则性的问题，能保证建设好干部队伍。

他说，干部终身制要解决，再不解决就要误党、误军、误国，并表示将来要带个头。

他说，组织部、宣传部要加强。工作要有耐心，要有一个明确的计划，一步一步地解决问题，事情不是一下子都能解决的。中心还是选拔干部，要通过一些同志、一些事件、一些谈话发现干部，靠几个人不行。

邓小平最后强调："工农业生产和经济工作要按照已定的计划去做。关于新疆这方面的问题，最近中央专门开了会，发了文件，要按文件去做。新疆最近民族团结出现了好的局面，工作有进步，一定要继续努力。"

五

8 月 19 日下午，邓小平不顾多日奔波的疲劳，马不停蹄地同王震、王任重等驱车 160 公里，来到著名的"火洲"吐鲁番。

8 月，依然是吐鲁番最热的时节，透蓝的天空一丝云彩也不见，热风像烧热的水一样迎面泼来。

第二天一大早，邓小平一行就上路了。在去吐鲁番市亚尔乡察看坎儿井和防沙林带途中，车队离开绿洲，拐入一条乡间土路，阳光透过树叶，在车窗上撒下斑驳的树影。汽车在一排农家小院前停下来。在这里，邓小平一行顺便走访了吐外克亚村一户普通的维吾尔族农民吾守尔·扎义尔家。

70 多岁的吾守尔·扎义尔老人闻讯和队长米提力甫·提力瓦尔地一起迎过来，邓小平上前亲切地拍着两人的肩膀说："你们好，你们好！"主人喜不自禁，争相扶着邓小平的胳膊走进绿树掩映的农家院落。司马义·艾买提亲自当上了翻译，热情向邓小平作介绍。邓小平的夫人卓琳揽着扎义尔的小孙女喜爱地看了又看。

坐在炕头上，邓小平同主人拉起了家常："土地承包后，怎么样?"

提力瓦尔地抢先答道："农民很高兴，积极性可高啦！不分白天、晚上都有人干活。生活比以前强多了！"

邓小平听后欣慰地笑了。

这时，扎义尔老人挑了两个新摘的大甜瓜，双手抱着送给邓小平，要他尝尝。邓小平接过甜瓜风趣地说："好，我带回去吃！"

邓小平在吐鲁番市葡萄沟乡同维吾尔族老人亲切交谈。

接着，邓小平又来到了村外。他了解到，亚尔乡五道林位于风沙前沿，十几年来，吐鲁番各族人民奋发图强，在这里栽种了千百万棵沙拐枣、白杨、红柳和榆树，使这儿成了一片林海。

在林带中，邓小平接见了吐鲁番地区的党政负责人。他指着郁郁葱葱、充满生机的树木，语重心长地说："要发展水利，要带领群众多种树，改善生产、生活环境。"

看罢防沙林和坎儿井，邓小平和中央及自治区负责人旋即来到葡萄公社幸福大队。一时间，邓小平到来的喜讯像长了翅膀一样迅速传遍了葡萄沟，乡亲们纷纷从家里出来，迎接邓小平。

吐鲁番天更蓝，水更清，葡萄更甜了。

在西坎里克葡萄园，园旁池塘里的鸭子悠然地戏着水。邓小平弯腰走进葡萄园，饶有兴趣地绕园转了一圈，在清凉的葡萄架下坐了下来。他尝着主人递过来的葡萄，连声说："很甜，很甜！"然后亲切地招呼被誉为"永不褪色的老党员"的村支部书记艾外都·杜尕木和两位百岁老人，同他们一起合影留念。

葡萄架下，吐鲁番地委书记简要地向邓小平一行汇报了工作。邓小平点了点头，对身边负责人和村干部说："吐鲁番的葡萄很好，要大力发展，增加栽种面积，你们的规划很好。一定要依靠科学发展农业。粮食生产也不能放松。吐鲁番矿产资源丰富，可以向国家申请进行勘探开发，要让人民尽快富起来。"

这时，乐声响起来了，吐鲁番地区的文艺工作者涌进葡萄园，为邓小平等表演了精湛的民族歌舞。一时间，欢歌笑语伴着葡萄沟清冽的流水，传得很远很远。

8月19日，邓小平结束了在新疆的视察，就要返回北京了。自治区和吐鲁番地区的负责人到车站依依送别。

白云悠悠，群山含情。列车渐渐远去了，送行的人却不愿离去，邓小平还在车窗口挥着手……

20日，邓小平在从新疆返京途中再次来到甘肃，在兰州作了短暂的停留。当天，邓小平一行即向天水进发，打算顺道再看看麦积山石窟。

21日下午3时，邓小平乘坐的专列驶入天水车站。当时天下着大雨，通往麦积山的道路洪水暴涨，陇海铁路宝天段也多处塌方，游览麦积山石窟的计划只好搁浅。

下午5时，邓小平的专列离开天水，返回兰州。当晚，邓小平一行停宿在市郊车站。

22日上午8时，邓小平一行改乘专机离兰返京。

成都之旅

（1982年）

十二大闭幕，“我们打开了一条一心一意搞建设的新路”。陪同金日成视察家乡。“要搞现代化，没有大的骨干项目办不到”。“不要徘徊，一徘徊，一年两年就过去了”。

1982年9月1日至11日，中国共产党在北京召开了第十二次全国代表大会。这是全党工作重点转到经济建设上来后召开的第一次党的全国代表大会，会议提出了党在新时期全面开创社会主义现代化建设新局面的宏伟纲领。在这次大会上，党中央提出，到2000年实现全国工农业总产值在1980年的基础上翻两番，使我国人民的物质文化生活达到小康水平。

十二大闭幕后不久的9月18日，一列从北京开往成都的专列风驰电掣般地奔驰在中原大地上。车厢内，坐着邓小平和朝鲜民主主义人民共和国主席金日成，邓小平此行是陪金日成到四川参观访问。

邓小平和金日成可以说是老朋友了，用邓小平的话说：“我们之间相互了解是最深的。”

1953年11月金日成访问中国时，在机场第一次见到了邓小平，这时邓小平从中共中央西南局第一书记调到中央担任政务院副总理也才一年多。后来，金日成多次访问中国，邓小平作为中国共产党第一代领导集体中的重要成员，和金日成的接触自然也不少。他们两人之间的亲密关系开始于1975年。

1975年的4月，金日成主席访问中国。

毛泽东在4月18日下午5时于中南海会见了金日成，陪同会见的有邓小平。这时的邓小平已经被毛泽东提名担任中共中央副主席、国务院副总理、中央军委副主席、中国人民解放军总参谋长，主持党、政府、军队的日常工作。

毛泽东对金日成说：“我今年82了，快不行了，靠你们了。”说着，用他那指点江山的大手指了指在座的金日成和邓小平。

1975 年 4 月，在金日成访问中国期间，邓小平陪同金日成参观了南京。

毛泽东又介绍说："我们 Premier（总理）有病，一年里开过三次刀。"

"邓副主席讲过这个事。"金日成说。

"我不谈政治，由他来跟你谈。"毛泽东一边说着，一边笑着指邓小平说，"此人叫邓小平。"

金日成主席说："我们很早就认识了，他做过很多工作，是老朋友、老同志了。"

"他会打仗。"毛泽东又指了指邓小平。

话音刚落，金日成就接过话头补充说："不但会打仗，而且会做政治工作，进行思想斗争。"

"还会反修正主义。"毛泽东始终忘不了邓小平在中苏论战中的贡献。

谈到这里，金日成感慨地说："是啊，我们很清楚他。我和邓副主席 10 年没见了。"

毛泽东接着说："红卫兵整他，现在没事了。那个时候打倒了好几年，现在又起来了。"

"很好，我们欢迎。"金日成说。

毛泽东说："我们要他。"口气十分坚定。

毛泽东把邓小平介绍给金日成："今后有事你就找小平谈。"这也算是当时毛泽东的一种政治交代吧。

“你们去谈话，我不谈了。”说完，毛泽东和金日成的会见就算结束了。下面的会谈就在邓小平和金日成之间进行了。

就在这一次金日成访华期间，邓小平专程陪同金日成参观了北京和南京的一些工厂、人民公社和名胜古迹。在南京，邓小平陪同金日成主席参观了南京长江大桥、南京无线电厂，游览了中山陵等，还陪同观看了文艺演出。

1978 年 9 月，邓小平访问朝鲜时，他表示，欢迎金日成主席访问中国，“到时我陪主席去你没有去过的地方”。金日成主席当时提到了成都、重庆。

这次金日成到中国访问，邓小平履行诺言，陪同金日成去成都参观访问。

专列沿着京广线南下，经河南郑州，再转陇海线，向着成都的方向疾驶。

邓小平在火车上和金日成的谈话开始了。

金日成主席说：您年事已高，工作又十分繁忙，还亲自陪我去四川，可不要影响了您的健康。

邓小平说，不会的，几年没去四川了。

金日成说：我很感谢。我相信，在中共十二大路线指引下，中国的革命和建设一定会搞得更好。

十几天前，中国共产党召开了第十二次全国代表大会。邓小平在大会上致开幕词。他指出：我们的现代化建设，必须从中国的实际出发。无论是革命还是建设，都要注意学习和借鉴外国经验。但是，照抄照搬别国经验、别国模式，从来不能得到成功。这方面我们有过不少教训。把马克思主义的普遍真理同我国的具体实际结合起来，走自己的道路，建设有中国特色的社会主义，这就是我们总结长期历史经验得出的基本结论。这次大会鉴于我国的拨乱反正任务已经基本完成的形势，根据建设有中国特色的社会主义的指导思想，制定了全面开创社会主义现代化建设新局面的纲领和方针政策，确定了从 1981 年到本世纪末的二十年，争取工农业总产值翻两番的战略目标和具体步骤。

这次金日成来访，自然和这次会议有着密切的关系，中朝两党将就此互相交换一下情况。邓小平说：“我们刚刚召开了党的十二次全国代表大会。十二大以后，我国政治形势更加稳定，可以更好地一心一意搞建设了。”

“十二大提出的奋斗目标，是二十年翻两番。二十年是从 1981 年算起，到本世纪末。大体上分两步走，前十年打好基础，后十年高速发展。”

在谈到中国经济发展的战略重点时，邓小平说："战略重点，一是农业，二是能源和交通，三是教育和科学。搞好教育和科学工作，我看这是关键。没有人才不行，没有知识不行，'文化大革命'的一个大错误是耽误了10年人才的培养。现在要抓紧发展教育事业。"

谈到同"两个凡是"的斗争，邓小平说："粉碎'四人帮'后，当时主持中央工作的同志坚持'左'的政治路线，又提出了错误的思想路线，叫作'两个凡是'。我说过，如果毛主席在世，他也不会承认'两个凡是'，因为那不是马列主义、毛泽东思想。如果按照'两个凡是'，我就不能出来工作，更不用谈别的问题了。我是在粉碎'四人帮'之后9个月，即1977年7月才出来工作的，到那时我才能参加中央的会议。我出来以后，提出毛泽东思想的精髓是实事求是，从此开始了实践是检验真理的唯一标准问题的讨论。当时有一些人抵制这个讨论。1978年6月我在全军政治工作会议上讲了一篇话。以后我从你们那里访问回来，在东北三省沿途又讲这个思想路线问题。经过差不多一年的讨论，到1978年底我们召开了十一届三中全会，批评了'两个凡是'，提出了'解放思想，开动脑筋'的口号，提倡理论联系实际，一切从实际出发，肯定了实践是检验真理的唯一标准，重新确定了实事求是的思想路线。只有解决好思想路线问题，才能提出新的正确政策，首先是工作重点的转移，还有农村政策、对外关系政策，以及相应的一整套建设社会主义的政策。"

一路上，邓小平谈兴甚浓。他向金日成介绍了1978年党的十一届三中全会以后，中国共产党人在总结过去历史经验的基础上对社会主义建设道路所进行的开拓和探索。他说："我在东北三省到处说，要一心一意搞建设，国家这么大、这么穷，不努力发展生产，日子怎么过？我们人民的生活如此困难，怎么体现出社会主义的优越性？'四人帮'叫嚷要搞'穷社会主义''穷共产主义'，胡说共产主义主要是精神方面的，简直是荒谬至极！我们说，社会主义是共产主义的第一阶段。落后国家建设社会主义，在开始的一段很长时间内生产力水平不如发达的资本主义国家，不可能完全消灭贫穷。所以，社会主义必须大力发展生产力，逐步消灭贫穷，不断提高人民的生活水平。否则，社会主义怎么能战胜资本主义？到了第二阶段，即共产主义高级阶段，经济高度发展了，物资极大丰富了，才能做到各尽所能，按需分配。不努力搞生产，经济如何发展？社会主义、共产主义的优越性如何体现？我们干革命几十年，搞社会主义三十多年，截至1978年，工人的月平均工资只有四五十元，农村的大多数地区仍处于贫困状态，这叫什么社会主义优越性？因此，我强调提出，要迅速地、坚决地把工作重点转移到经济建设上来。十一届三中全会解决了这个问题，这是一个重要的转折。从以后的实践看，这条路线是对的，全国面貌大不相同了。从十一届三中全会到十二大，我们打开了一条一心一意搞建设的新路。”

邓小平还专门谈到了十二大的人事安排问题。他说：“十二大对过去犯了错误的同志做了比较审慎的处理。”

变动比较大的有华国锋、汪东兴。十二大上华国锋未能进入政治局，只当选为中央委员；汪东兴当选为候补中央委员，这都是做了不少工作的。

20日上午，金日成在邓小平和当地的党政军负责人鲁大东、尤太忠等陪同下参观了成都峨眉机械厂。

1982年9月20日上午，邓小平陪同金日成参观成都峨眉机械厂。

这是成都市一座著名的大型工厂。当金日成主席乘车到达工厂时，聚集在厂门口的工人们挥动着中朝两国国旗和花束，敲锣打鼓，热烈欢迎朝鲜贵宾。

金日成观看了工人们的操作，询问了产品的性能，并同工人们亲切握手。

工厂负责人谢明代表全厂职工向金日成赠送了产品模型。他说，中朝两国人民和两国工人有着深厚的战斗友谊。金主席前来工厂参观，是我们的莫大荣誉，也是对我们的巨大鼓舞。

金日成主席在讲话中祝贺工人们发扬自力更生精神，在生产中取得了新的成就。

参观结束时，金日成等贵宾以朝鲜劳动党中央委员会和朝鲜民主主义人民共和国中央人民委员会的名义向工厂赠送了锦旗，锦旗上写着：“朝鲜人民和中国人民之间的永恒的战斗友谊万岁!”

从工厂返回宾馆的途中,金日成等朝鲜贵宾还游览了杜甫草堂。

金日成和邓小平在盆景园合影留念。

下午,金日成同志和其他朝鲜贵宾由邓小平、谭启龙等同志陪同参观了都江堰水利工程。

晚上,中共四川省委、四川省人民政府在成都金牛坝宾馆举行宴会,热烈欢迎金日成主席和其他朝鲜贵宾。

1982 年,9 月 20 日下午,邓小平陪同金日成参观四川都江堰。

晚上 7 时许,金日成和邓小平、谭启龙一起在欢快的乐曲声中进入宴会厅。

谭启龙在宴会上首先祝酒。他指出,金日成主席长期以来为中朝人民的友谊作出了巨大贡献。四川人民对金日成主席非常尊敬,对中朝两国人民的友谊无比珍视,对朝鲜人民在社会主义建设和争取自主和平统一祖国大业中的每一个成就,都感到由衷的高兴。他祝愿中朝人民的友谊万古长青。

朝鲜劳动党中央政治局常委吴振宇在祝酒时说:“我受敬爱的领袖金日成同志的委托,衷心地感谢尊敬的邓小平同志不辞路途遥远,亲切地陪同我们。衷心地感谢四川省的干部和人民对我们的盛情款待。”

“我们来到历史悠久的印有中国革命光荣足迹的这个地方,也深深地感受到了中国人民对朝鲜人民始终不渝的深厚的兄弟友情和战斗的团结精神,同时看到了四川省和成都人民遵照中国共产党的路线和政策,在社会主义革命和社会主义建设中所取得的成就。”

“朝鲜党和政府将为进一步巩固和发展朝中友谊而作出一切努力。”

席间，中朝两国同志亲切交谈，频频举杯，祝两国人民的战斗友谊与日俱增。乐队演奏了《我们的生活充满阳光》《祖国的金达莱》等中朝乐曲。

四川党政军其他负责同志鲁大东、尤太忠、钟汉华、杜心源、任白戈等出席了宴会。出席宴会的还有乔石、韩念龙等。

21日上午，细雨霏霏，金日成在邓小平和四川省委第一书记谭启龙的陪同下，乘车来到成都市郊的双流县白家公社顺风大队第二生产队。1980年邓小平在成都视察时，这里农村沼气的开发建设以及沼气利用给农村带来的变化，在他心中留下了深刻的印象。这次陪同金日成参观，邓小平有心让金日成等朝鲜客人也看一看农村的沼气开发利用。邓小平对金日成说：“今天请你看看农村的沼气。”

顺风大队第二生产队位于成都市的南郊，整个村子掩映在一片竹林丛中。当邓小平、金日成的专车开到村口的时候，早已迎候在这里的全村数百名男女老幼，挥动着中朝两国国旗和鲜花，高呼：“欢迎！欢迎！欢迎金日成主席！”

邓小平陪同金日成等首先来到队长曹德昌的家参观。这是一幢用红砖、水泥砌造的2层小楼，共8间房，住房面积有200多平方米。全家7口人高高兴兴地把贵宾引进宽敞的厨房。邓小平站在镶着瓷砖、干干净净的灶台前，兴致勃勃地亲自给金日成介绍沼气开发利用的情况。

1982年，9月21日，邓小平陪金日成在四川省双流县白家公社顺风大队参观农村的沼气。

沼气灯点亮后，金日成说：“这个东西很好！”

邓小平说：“这东西很简单，可解决了农村的大问题。光这个省，每年就可以节省煤炭600多万吨。”

听到这里，金日成转身把随行的平壤市党委责任书记徐允锡叫到面前，要他仔细看看，并说：“这个东西的确很简单。”

从曹德昌家出来，工作人员考虑到年迈的邓小平一直在讲解，一定很累了，便请邓小平坐一坐，休息一下，邓小平笑着摆摆手说："不坐，不坐。"他接着对金日成说："再看看沼气池。"

没作任何停留，邓小平和金日成等来到社员周道根家楼后边的一口沼气池旁。当周道根打开池盖后，陪同的四川省委第一书记谭启龙告诉金日成："这里面是人粪、猪粪和草，发酵以后就可以产生沼气。"

邓小平说："沼气能煮饭，还能发电。一家搞一个池子能煮饭照明，几家联合起来就能发电。搞沼气还能改善环境卫生，提高肥效。"

金日成听后高兴地说："这个很好。我们朝鲜有条件，有人粪、牛粪，还有草，我们也可以搞。"接着，他还详细地询问了沼气池的造价等情况。

参观完周道根家，邓小平和金日成等又来到社员贾崇林家。这位远近闻名的拖拉机手听说中央首长要来家里参观，激动得不知说什么好。他连忙带邓小平和金日成一行来到楼下的仓室，让他们分享他丰收的喜悦。看到堆满仓室的新稻，金日成好奇地问："怎么家家都有这么多的稻谷？"邓小平兴奋地说："我们搞了家庭联产承包，包产到户，农民都有粮食了。"说完，中朝两国领导人都发出了会心的微笑。

这个生产队共有 27 户人家，以往每户人家每年要烧 1 吨煤。现在全队建有沼气池 54 口，家家都用沼气煮饭、照明，节约了燃料，也节省了开支。沼气的建设既改善了环境卫生，增加了有机肥并提高了有机肥的肥效，又促进了粮食增产。1981 年，全队粮食平均亩产 1 274 斤，1982 年的收成又胜过上一年。听了这些情况介绍，邓小平和金日成等朝鲜贵宾都很高兴。在离开这个村时，金日成握着双流县委书记王知深的手，兴致很高地说："看到了你们很好的宝贝。谢谢你们的经验。我们农村要好好推广。"

王知深感谢金日成对社员们的鼓励。他说，我们也要学习朝鲜人民的好经验。

9 月 21 日下午，成都市各界群众 3 000 多人在锦江礼堂隆重集会，盛情欢迎朝鲜劳动党中央委员会总书记、朝鲜民主主义人民共和国主席金日成同志。

下午 4 时整，金日成由邓小平、谭启龙等陪同走上主席台。

这时，全场响起热烈的掌声。一群少先队员跑上主席台向金日成主席和朝鲜其他党政领导人献花。

乐队奏朝中两国国歌后，金日成和邓小平先后讲话。

金日成在讲话中说：

“我们这次访问亲密的邻邦和战友的国家中华人民共和国，同中国的党政领导干部进行了意义深远的会晤，所到之处都受到了中国人民热烈的欢迎和盛情的款待。”

“尽管邓小平同志贯彻党代表大会决议的各项工作十分繁忙，仍然不顾路途遥远，专程陪同我们来到成都，今天，成都市各界人民又举行如此隆重的群众大会，像亲兄弟一样热烈地欢迎我们，对此，我向你们表示深切的谢意。”

“你们对我们的热烈欢迎和亲切款待，清楚地表明了中国人民对朝鲜人民的战斗友谊和兄弟般的信赖之情是多么火热，多么深厚。”

“朝中两国的党和人民有着特殊的友好关系，朝中友谊具有悠久的传统。”

“过去，祖国解放战争时期，四川省人民同全中国人民一道，诚心诚意地支持和声援了朝鲜人民的斗争。在中国人民志愿军官兵当中，有黄继光英雄等许多来自四川省的年轻勇士，他们为反对美帝国主义侵略者，进行了英勇的斗争。”

“这次，我们通过参观中国各地，更加清楚地看到了社会主义新中国蓬勃发展的新面貌。无论走到哪里，都可以看到中国各族人民安定团结、朝气蓬勃地为完成中国共产党提出的革命任务而进行积极的斗争。”

“我们高兴地看到远离首都的四川省也由于正确贯彻执行了中国共产党的路线和政策，一切都发生了新的变化，正在建设成为一个人民生活幸福美满的地方。”

“中国所发生的这一切胜利的变革，是中国共产党把马克思列宁主义的普遍原理创造性地运用于中国革命的具体实际而取得的光辉成果。”

“前不久召开的中国共产党第十二次全国代表大会，总结了中国共产党和中国人民在革命和建设中取得的宝贵的成就和经验，为社会主义、共产主义建设而提出了新的斗争纲领。”

“正如邓小平同志指出的那样，如果说中国共产党第七次全国代表大会是一次把中国革命引向胜利的大会，那么，中国共产党第十二次全国代表大会就将是一次把中国的社会主义建设引向新胜利的历史性的大会。”

“我们衷心祝愿四川省人民和全中国人民遵照中国共产党第十二次全国代

表大会的决议，大力推进新的进军，光辉地实现社会主义现代化建设的宏伟纲领。”

金日成最后高呼：“朝鲜人民和中国人民之间牢不可破的兄弟般的友谊和团结万岁！”

金日成讲话后，邓小平同他热情拥抱、握手，感谢他充满友谊和激情的讲话。

邓小平在大会上也发表了热情洋溢的讲话：

“今天，成都市人民在这里举行隆重的群众大会，热烈欢迎金日成主席。我陪同金日成主席来四川访问，有机会同金日成主席一道参加这个大会，感到十分高兴。这个大会充分表达了成都市和四川省人民对兄弟的朝鲜人民的真挚情谊，表达了他们对朝鲜人民的伟大领袖、中国人民的亲密朋友金日成主席的高度尊敬和热爱。这个大会也是全中国人民衷心欢迎金日成主席访问我国的生动体现。刚才，金日成同志发表了一篇非常好的讲话，表达了朝鲜人民对中国人民的深情厚谊，对我们的工作和十二大给了很高的评价和鼓励。让我们热烈鼓掌向他表示感谢。”

“金日成主席是朝鲜无产阶级革命家的杰出代表。几十年来，他领导朝鲜人民进行艰苦卓绝的斗争，反对外来侵略，争取民族解放，捍卫革命成果，建设社会主义，取得了伟大的胜利和光辉的成就。在国际上，他坚持独立自主，主持正义，反对外来干涉，致力于发展各国人民之间的友好关系，为加强第三世界团结，维护世界和平和安全，作出了重要的贡献。”

“金日成主席同中国有着特别亲密的关系。早年他曾以自己的革命活动支援了中国的革命。新中国诞生后，他又多次访问我国，同毛泽东主席、周恩来总理以及我们党和国家许多其他领导人，结下了十分珍贵的友谊。我们两国人民在长期共同斗争中建立的友好关系，也是在两党、两国领导人的密切交往中，不断得到巩固和发展的。我们十分感谢金日成主席为发展中朝关系作出的宝贵贡献。”

“金日成主席多次访华，但来四川还是第一次，这对四川人民来说，是一个莫大的荣誉，也是一个巨大的鼓舞。四川是我国的一个重要省份，十一届三中全会以后认真贯彻党中央的各项政策，较早地实现了安定团结，工农业生产取得了可喜的成绩。因此，我曾不止一次建议金日成主席来这里看一看。金主席这次光临，对四川人民发扬长处，克服缺点，将是一个推动力量。大家知道，朝鲜人民勤劳勇敢，坚毅顽强，富有严格的组织纪律性和不屈不挠的斗争精神，在社会主义建设中取得了很大的成就，得到各国人民的赞赏。我希望四川人民很好地学习朝鲜人民的这些优良品质，充分发挥‘天府之国’的优势，在各项工作中争取更上一层楼。”

“中朝关系不同一般，它有着悠久的传统，深深扎根于两国人民的心坎。多年来，我们在反对共同敌人和建设社会主义的斗争中，一向互相鼓舞，互相学习，互相支援。我们感谢朝鲜人民支持我们争取台湾回归祖国的斗争。中国人民也将一如既往，坚决支持朝鲜人民争取祖国自主和平统一的斗争，支持金日成主席提出的建立高丽民主联邦共和国的统一方案。我们这种战斗的友好关系经受了疾风暴雨的考验，是任何力量也破坏不了的。我们深信，金日成主席的这次访问，将为进一步加强和发展两党、两国的关系作出新的贡献。”

邓小平最后高呼：“中朝两党、两国、两国人民用鲜血凝成的伟大友谊和战斗团结万岁！”

大会在乐队高奏《国际歌》声中结束。

因邓小平要在北京会见来访的英国首相玛格丽特·撒切尔夫人，中共中央总书记胡耀邦接替邓小平，陪同金日成在四川继续访问，邓小平先期回北京。

9 月 22 日，邓小平在从成都返回北京途中，在听取有关方面负责人汇报关于建设二滩水电站问题时说：“建设二滩水电站，已经讲了很久了，我赞成。不只二滩水电站，还有一批项目要上。要搞现代化，没有大的骨干项目办不到，没有骨干工程，小项目再多也顶不了事。这些项目，包括鞍钢的改造，都需要很长的建设周期，应该早一点动手。不要徘徊，一徘徊，一年两年就过去了。”

下苏杭，看上海，上东北

（1983年）

听数字、访民居、问措施，“翻两番”信心十足，一路喜气洋洋。“看来，四个现代化希望很大。”在北戴河作出“严打”决策：坚决扭转坏人不怕法、好人怕坏人的异常治安形势。“严厉打击刑事犯罪活动是一件大快人心的事。”

一

1983年2月5日，邓小平离开北京，踏上南下的列车。此行的目的地，他选择在经济比较发达的苏州和杭州。

选择苏州和杭州，邓小平有他的考虑。

1983年2月，邓小平南下江苏、浙江、上海视察。

十二大开过以后，“翻两番”“奔小康”成为全党和全国人民议论的中心话题。这个目标切不切合实际，到底能不能达到，会不会成为一个空的口号，人们都在议论。党的高层领导人也在思考。

十二大选举产生了中央顾问委员会，邓小平当选为主任。在中央顾问委员会第一次全体会议上，邓小平号召顾问委员会的成员要联系实际，认真调查研究，学习各地的实际经验，深入了解情况，宣传党在各个时期的方针政策。

中国是一个农业大国，特点是人口多、底子薄。“翻两番”的目标能不能实现，主要在农村。

邓小平最关注的就是农村。他说："中国有80%的人口在农村，中国的社会是不是安定，中国的经济能不能发展，首先要看农村能不能发展，农民生活是不是好起来。翻两番，首先要看这80%的人口能不能达到。"

1982年12月1日，邓小平在同国家计委负责人宋平谈话时曾说，本世纪翻两番的目标靠不靠得住？党的十二大说靠得住，我也相信是靠得住的，但究竟靠不靠得住，还要看今后的工作。

邓小平心中装着"翻两番""奔小康"的问题，在北京坐不住了。春节将至，他想到实际生活中去获取"翻两番"的第一手资料。此时，他把目光投向了经济发展较快的苏杭地区。

俗话说："上有天堂，下有苏杭。"苏杭地区地处长江三角洲，背靠上海，历来比较富庶，近几年经济发展尤为迅速。特别是苏州，人均国民生产总值已经超过了800美元，像这样的地方能不能在2000年再翻两番？如果能，到那时的社会又将会是什么样？

带着这样的思考，邓小平第一站就直奔苏州。

2月6日下午2时31分，一辆乳白色丰田面包车驶进古城苏州，来到位于城南的南园宾馆。邓小平和夫人卓琳就下榻在宾馆的新平房。

2月的江南，春意盎然，宾馆的庭院内垂柳已经吐丝，迎春花含苞欲放。邓小平的到来又给这里增添了新的融融春意。

这是邓小平第二次来苏州。

20多年前，他曾来过这里，那是三年困难时期。

时过境迁，苏州已今非昔比。整洁的街道、琳琅满目的商品，特别是喜气洋洋的人群，再加上新春佳节前的祥和气氛，这一切确实令这位年近八十的老人心旷神怡。

原苏州地委书记戴心思回忆说："小平同志到苏州的时候，正好是我们党的十二大开过不久。那个时候，苏州和全国一样，大家都在议论'翻两番、奔小康'的问题。那个时候一谈就是这个问题，因为十二大刚刚开过。小平同志对苏州这个地方，最关心的问题就是能不能翻两番，什么时候能够奔上小康。他问，现在苏州农村的现状究竟是什么样子？你们对翻两番有没有信心？因为当时有一种议论，好像基础差的地方翻番比较容易，因为基数低，翻番比较容易。基础好的地方，好像块头大，翻番比较难。当时江苏省委的一些领导同志和我们苏州市呀、地区呀，我们的一致看法，就觉得不一定。可能基础好的地方翻番比较快。因此当时我们就估计，苏州这个地方翻两番肯定不要到2000年。”

邓小平一到苏州，便急于了解当地的情况。

2月7日下午，江苏省委的领导和苏州地委的领导来到南园宾馆新平房的会客室。

邓小平同江苏省委负责人谈“翻两番”。

邓小平习惯性地点燃了一支熊猫牌香烟，听取江苏的同志的汇报。

邓小平首先问：“到2000年，江苏能不能实现翻两番？”

江苏的同志回答说：“从江苏经济发展的历史看，自1976年至1982年，6年时间，全省工农业总产值就翻了一番。照这样的增长速度，就全省而言，用不了20年时间，就有把握实现翻两番。”

一问一答。问话直奔主题，回答简单明了。

“苏州有没有信心，有没有可能？”邓小平又问。

苏州工农业生产的基数较高，是江苏省经济最发达的地方，在国内经济水平较为发达的地区中具有代表性。

当时，正值苏州地区和苏州市合并前夕，按照新的区划，苏州市将下辖吴县、吴江、昆山、太仓、常熟、沙洲（今张家港市）6个县。1978年，6个县的工农业总产值为65.592 8亿元。到1982年底，工农业总产值增加到104.881 3亿元，人均超过800美元。4年间，工农业总产值以12.65%的年平均速度递增，这一递增速度高于全省的平均水平。按这样的发展势头，苏州实现翻一番的奋斗目标有5到6年就已经足够，再翻一番，用10年时间也就差不多了。留点余地，到1995年一定能够实现翻两番的目标。

“像苏州这样的地方，我们准备提前5年实现党中央提出的奋斗目标。”江苏的同志回答说。

听到这里，邓小平十分满意地点了点头，脸上露出了充满信心的微笑。

原来预定的会见时间已经到了，工作人员来到门口，看到邓小平又点燃了一支烟，谈话还要继续下去。

邓小平说："人均 800 美元，达到这样的水平，社会上是一个什么面貌？发展前景是什么样子？"

十一届三中全会以来，苏州地区广大农村抓住经济建设这个中心不动摇，抓住有利的国际环境这个机遇不放松，全面实行联产承包，迅速发展社队企业，经济一直迅速增长，人民生活显著改善，农村面貌发生了巨大变化。1982 年，苏州地区有近 20 个公社、60 个大队以及一批生产队人均工农业产值超过 800 美元，经济和社会发展水平上了一个新的台阶，成为苏州农村奔小康的典型。

江苏的同志汇报说，人均达到 800 美元的这些单位，人民的物质文化生活水平有了显著的提高，具体表现在：

——人民吃、穿、用问题解决了，物质生活在一个较高的水平上有了保障。

——住房问题解决了，人均居住面积达到 20 平方米。

——就业问题解决了，农副工三业协调发展，人人得到妥善安排，本地劳动力不外流，相反开始吸收外地劳动力做工务农。

——教育、文化等事业经费有了保障，中小学教育得到普及，各种文体设施及其他社会福利事业普遍建立起来。

——人民的精神面貌显著变化，观念更新，旧俗收敛，新风光大，犯罪活动减少，社会治安明显好转。

——一批初步繁荣富庶、文明昌盛、安定祥和的社会主义新农村已经和正在不断涌现出来。

邓小平听得十分仔细，几乎每一条都熟记于心，后来回到北京后，他曾先后同中央负责同志和中顾委的同志反复讲到这几条，说："这几条就了不起呀！"

"苏州农村的发展采取的是什么方法？走的是什么路子？"邓小平对他所关注的事紧追不放。

江苏的同志回答说："江苏，特别是苏州，历来是经济比较发达的地区。十一届三中全会以来，苏州农村经济得以出现新的飞跃，主要靠两条。一条是重视知识分子的作用，依靠技术进步。苏州农村劳动力原来文化素质较高，为了发展生产，各地还吸收了不少上海、苏州、无锡等城市的退休人员和科技人员，充分发挥他们的技术和知识的作用。有些老工人很有本事,请来工作所费不多,只是给点工资,解决点房子,就很乐意干,在生产上发挥了很好的作用。往往是请来一位能人,就能建起或激活一个工厂。另一条是发展了集体所有制,也就是发展了中小企业。在农村,就是大力发展社队工业。”

听到这里,邓小平眼睛一亮,他对发展社队工业产生了浓厚的兴趣。

在计划经济体制下,苏州社队工业的初创阶段十分艰难,曾经经历过“千方百计找门路,千言万语求原料,千山万水跑供销,千辛万苦创基业”的过程。这一过程给这个地区带来了巨大变化。1982 年,常熟、沙洲等 6 县社队工业总产值已达 28.18 亿元,占工业总产值的 40. 35%,成为农村经济的重要支柱和农民收入的主要来源。社队工业的发展又反过来为农副业的发展提供了资金、技术、装备等物质条件,这就是“以工补农”“以工建农”,农副工三业协调发展。

对社队工业,江苏的同志总结说:“归根结底,凭借的是灵活的经营机制,实行的是市场经济体制。从原材料的获得、资金的来源,到产品的销售,完全靠市场。因此可以说,是市场哺育了社队工业。”

老百姓从实际工作中领悟到了市场经济的作用,这使邓小平非常兴奋,市场经济这个问题,是他思考已久的一个问题。

1979 年 11 月,邓小平在会见美国不列颠百科全书出版公司编委会副主席吉布尼和加拿大麦吉尔大学东亚研究所主任林达光等人时就说过这样一句结论性的话:

“社会主义也可以搞市场经济。”

如今,苏州的实践也已经充分证明了这一点。

“看来,市场经济很重要。”邓小平再一次作了肯定。

不知不觉中,几个小时过去了,这位老人没有一丝疲倦,兴奋之情溢于言表。此时,天色已晚,工作人员第三次来到会客室门口,对邓小平说,晚饭已经准备好了。邓小平这才说了声:“好吧,今天就谈到这里。”

2 月 8 日,江苏省委的同志请邓小平到无锡太湖游览。

上午 9 时 55 分,邓小平一行乘车抵达无锡。在江苏省委负责同志的陪同下,兴致勃勃地游览了太湖、鼋头渚公园。游览中,邓小平询问了太湖的保护和水产情况。谈到“文化大革命”中无锡在太湖“围湖造田”一事时他说:浙江对你们有意见,你们围湖造田,湖面缩小,影响了平衡。邓小平还询问了太湖周围的工业对太湖水质的影响情况，指出：太湖要注意保护好，不要弄坏了。中午邓小平一行在小箕山楠木厅休息。

下午 3 时，邓小平乘车返回苏州。

当天晚上，江苏省委、苏州地委和市委的负责人再一次去看望邓小平，邓小平又一次由衷地称赞江苏以及苏州的工作搞得好。

江苏的同志说："苏州地区的社队工业虽然起步较早，现在已略具规模，但总的来说，还只能算是打基础阶段，潜力还很大。只要政策允许，完全是有可能进一步发展的，而且完全可能发展得更快一点！"

邓小平这一次在苏州对社队工业有了感性认识，后来他多次讲到，社队工业也就是乡镇企业。第二年，中共中央专门为加快社队工业的发展下发了正式文件，为这一新生事物正名。这一举措为全国范围社队工业的崛起铺平了道路。

邓小平后来曾经说过："农村改革中，我们完全没有预料到的最大的收获，就是乡镇企业发展起来了，突然冒出搞多种行业、搞商品经济、搞各种小型企业的，异军突起。这不是我们中央的功绩。""如果说在这个问题上中央有点功绩的话，就是中央制定的搞活政策是对头的。"

2 月 9 日，江苏的同志请邓小平游览苏州园林。

邓小平游览苏州园林。

这一天，天公特别作美，风和日丽。

苏州园林，名甲天下。邓小平一行来到了留园和虎丘。

虎丘，有"吴中第一名胜"的美称。这里虽说还是早春，但已是游人如织。

邓小平在先前一再叮嘱，他来游览时园林要像往常一样开放，不要禁园。他要像一位普通游客一样，置身于群众之中。在虎丘致爽阁前，一对青年夫妇抱着孩子在游览，邓小平走上前去，同他们聊了起来。当这对年轻夫妇认出眼前这位慈祥的老人就是邓小平时，他们激动地说："小平同志，您老人家好！"邓小平关切地问他们日子过得怎么样，小夫妻俩抢着回答："在您老人家的领导下，我们的生活过得很好，越来越好！"邓小平笑了。看到邓小平慈祥的笑容，小孩也喊道："爷爷您好！"邓小平更加开心了，用手抚摸着孩子苹果似的脸蛋说："对对对，是该叫爷爷喽。"说着，便同他们合影留念。

有一批老华侨在盆景园得悉邓小平来游园，急忙赶至致爽阁前，见到邓小平后十分高兴。他们说，我们来过国内多次，从未见过中央领导人，这次能遇上，这是我们的幸运。

有几位上海游客看到邓小平后，激动地说，小平同志身体好，我们国家四化有保障，这是我国人民的幸福。

一群四川游人在这里见到邓小平格外高兴，纷纷围上前去问候。"他乡遇老乡"，邓小平亲切地向老乡们招手致意。

虎丘旁边的万景山庄是一座盆景园。邓小平来到一株巨大的雀梅旁边，陪同人员介绍说，这株雀梅已有400多年历史了，寿命这么长，长得这样大，堪称"雀梅王"，在全国也可数一数二，可以说是万景山庄的镇园之宝。邓小平细看了一番，并高兴地在它前面留了影。

在参观游览的过程中，邓小平对苏州的同志说，苏州园林是老祖宗留给我们的宝贵遗产，一定要好好加以保护。苏州作为风景旅游城市，一定要重视绿化工作，要制定绿化规划，扩大绿地面积，发动干部群众义务植树，每年每个市民要植树20株。在参观市容市貌时，邓小平一再嘱咐：要保护好这座古城，不要破坏古城风貌，否则，它的优势也就消失了。要处理好保护和改造的关系，做到既保护古城，又搞好市政建设。

中午，江苏省委的领导和苏州地委书记戴心思以及南京军区司令员向守志陪同邓小平用午餐。

2月9日下午，邓小平结束在苏州的考察活动。临行前，他同省、地、市领导同志合影，还和参加接待工作的同志合了影。

下午3时25分，邓小平离开苏州，前往浙江杭州视察。

二

2月9日晚，邓小平来到杭州，住进位于杭州西湖边上的刘庄宾馆一号楼。这是粉碎"四人帮"以后邓小平第一次到杭州。

一辆黑色红旗轿车缓缓停下，邓小平从车上下来，他伸出手来与前来迎接的省委书记铁瑛、省长李丰平等一一握手。铁瑛想，小平同志已经是年近80岁的老人了，旅途劳顿，于是他提出请小平同志先休息几天。一听这话，邓小平连连摇手说："我不累，大家进屋里一块谈谈。"

邓小平在杭州听取中共浙江省委负责人的汇报。

进屋后大家刚一坐定，邓小平便兴致勃勃先说开了。看得出，他心里很高兴，也很急迫。

他说，我这次在苏州，与江苏同志主要谈到2000年是不是可以翻两番，达到小康水平的问题。现在苏州工农业总产值人均已接近800美元。苏州同志谈，他们共解决了六个方面问题：第一，人民吃穿问题解决了，基本生活有了保障；第二，住房问题解决了，人均面积20平方米，因为土地不足，向空中发展，小城镇和农村二三层小楼已经不少了；第三，就业问题解决了，城镇基本上没有待业劳动者了；第四，农村人口不外流，农村人总想往城市跑的情况改变了；第五，中小学教育普及，教育、文化、体育和其他公共事业有能力安排了；第六，人民精神面貌变化了，犯罪率下降了。苏州的同志感到，达到800美元后有这些表现。江苏从1976年至1982年的6年间，工农业总产值翻了一番，依这样的发展，到1988年就可以再翻一番！

邓小平点了一支烟，深深地吸了一口，又接着说：我问江苏的同志，你们的路子是怎样走的？他们说，主要是两条，一条是依靠上海的技术力量，还有一条是发展了集体所有制，也就是中小企业、乡镇企业。

接着，他迫不及待地向在场的浙江省的负责人重复着在苏州提出的问题："你们考虑，到了800美元，社会上是个什么面貌呢？发展前景是什么样子呢？"他好像自问自答："吃穿没有问题，用也基本上没有问题；文化有了很大发展，教师的待遇也不低。"

于是，铁瑛开始汇报。当他讲完省领导班子调整的情况后，邓小平说：有没有四十几岁的？班子如果可以再年轻一些，11个常委中有两个50岁以下的同志就更好了，下一步还得调整。调整班子是好事，这次还不够，还得一步一步来。

接着，铁瑛开始汇报浙江工农业生产情况："全省工农业总产值已经人均600美元，我们分析了全省工农业发展情况，到2000年翻两番半或三番是可能的。"

听到这里，邓小平问："你们看，翻两番是不是靠得住？现在是多少？"

铁瑛回答："按工农业产值，人均920元，国民收入490元。"

邓小平又问："到2000年是多少？"

回答是大约1 200美元。

邓小平紧接着问道："你们的收入在全国占第几位？"

李丰平回答说："这两年浙江的发展势头很好。1982年农业获得了建国以来的最好收成，比上年增长15%，全省工农业总产值比上年增长10%，人均达到了500多美元，名列全国第七位。"

邓小平说：北京、上海、天津三个市可以除外，你们是第四位。辽宁、黑龙江的重工业产值高，人民生活水平不如江浙。生活好了，人就不愿往外走。江苏、浙江，还有山东，这两年也上得快。鲁西北这两年生活也好了，人也不往外走了。苏州，现在已到了或者接近每人800美元的水平。他们已经解决了知识青年的就业问题。江苏基本上解决了这个问题。

邓小平又问："江苏从1976年到1982年的6年时间里，工农业总产值翻了一番。照此下去，到1988年前后可以达到翻两番的目标。你们呢，你们能不能实现这个目标？"

“如果顺利的话，翻两番不成问题。”铁瑛接过话茬，颇有信心地说。李丰平也点了点头。

看到浙江的负责人信心十足，邓小平笑着说：“你们浙江能否多翻一点呢？像宁夏、甘肃要翻两番就难了。”

李丰平回答说：“1980 年浙江人均 330 美元，预计 1990 年可以达到人均 660 美元，到 2000 年达到 1 300 多美元，通过努力，争取翻三番。”

“噢?！你们有信心能翻两番半到三番?”邓小平面带微笑，很认真地反问道：“你们有什么措施作保证吗?”

“有的。”铁瑛接着汇报了省委目前采取的 5 项措施：解放思想；抓改革；抓科技和教育；抓浙江轻工业的特点和优势；发展乡镇企业和农业。

当铁瑛汇报到科技、教育问题时，邓小平说，现在大学招生，增加一倍的学生也可以，教师有，就是要盖房子。干部、职工要轮训，文化水平要提高。

从纲到目，汇报进行了近两小时。邓小平全神贯注地听着，看不出丝毫的疲惫和倦意。

听完浙江同志的汇报，邓小平脸上呈现出满意的微笑，他说：“你们是沿海发展比较快的一个省，你们的工作不错，我很高兴！是呀，到 2000 年，江苏、浙江是应该多翻一点，不然青海、甘肃这些基础落后的省可能会有困难，江浙多翻一点，可以拉一拉，保证达到全国翻两番的目标。”

铁瑛说：“我们工作做得还不够，还有些缺点。”

邓小平笑着说：“工作中怎么会没有缺点呢？注意了就行嘛。”

政治家也有轻松的时候，更何况是在举世闻名的旅游胜地杭州，在刚刚走上富裕之路的全国人民喜迎新春的时候。

“水光潋滟晴方好，山色空蒙雨亦奇。欲把西湖比西子，淡妆浓抹总相宜。”美丽的西湖，不仅是浙江人民的骄傲，也是中华民族的瑰宝。

对于西湖，邓小平十分关注和偏爱，从他这次来杭州短暂的日程表上可以看出他对西湖山水的那份钟爱。当时正值年根岁尾，西子湖畔弥漫着春节的气息，大街小巷不时响起一阵阵爆竹声。

2 月 11 日上午 9 时，邓小平坐着面包车，以普通游客身份出现在灵隐寺。

邓小平刚一出现，不少游客就认出了他，人群中立即爆发出一阵热烈的掌声和欢呼声。邓小平向人们挥手致意，还不时地握握游客的手。当他看见一位

邓小平在灵隐寺和小朋友在一起。

小女孩在大人的怀抱中拍着可爱的小手欢迎他时，就笑着用手摸了摸孩子的小脸说："这娃娃长得好胖啊！叫什么名字？"从南京来杭探亲的孩子父母激动得满脸通红，一个劲地教孩子快叫"邓爷爷好"。两岁的孩子乖巧地叫了声"邓爷爷好！"小平同志高兴地笑着说："好！好！"

第二天，2 月 12 日上午 10 时，邓小平乘船游览三潭印月。在这里，他又碰到了这位小女孩。邓小平高兴地招呼只有一面之交的小女孩。小女孩亲热地大声喊道："邓爷爷好！"并张开双臂扑向邓爷爷的怀抱。邓小平用他那温暖的手抚摸着孩子，亲昵地说："来，跟爷爷亲亲！"孩子高兴地在邓小平的脸上亲着，邓小平亲切地搂着她，和孩子的小脸紧紧地贴在一起。在场的摄影记者拍下了这珍贵的镜头。不久，《浙江日报》以"亲亲邓爷爷"为题刊登了其中的一幅照片。

在三潭印月，还留下了邓小平让一位青年工人拍照的故事。当时，一位来自宁波的青年工人正在三潭印月游玩，当他看到邓小平一行人向他缓步走来时，便端起相机对着小平同志按下了快门。见到有人拍照，邓小平赶忙停下脚步，非常和蔼地与这位青年攀谈了起来，问他是哪里人，做什么工作，是不是坐火车来的等等。当得知这位青年是宁波人时，邓小平风趣地说："宁波不错，很大嘛。"这位青年拍摄的照片，后来在报上发表，在全国引起了强烈的反响。

下午 4 时，当杭州人民忙着做年夜饭时，邓小平和女儿、外孙、外孙女一起来到栖霞岭下的岳庙。岳庙，是民族英雄岳飞被害后的长眠之地，长期以来，成了人们瞻仰这位民族英雄、砥砺民族气节的一个圣地。

岳飞，是南宋时抗金的主要将领。在金兵大举进犯之时，岳飞坚决主战。他联合各地抗金力量，屡败金兵，收复了大片失地，最后却被皇帝赵构和以权奸秦桧为首的投降派以“莫须有”的罪名杀害。岳庙是后人为纪念岳飞所建。进入岳庙，迎面便是忠烈祠正殿，檐中间挂有“心昭天日”的巨幅横匾，这是1979年叶剑英同志所题。题词的出处是根据岳飞临刑前挥笔在狱案上写下的八个大字：“天日昭昭！天日昭昭！”邓小平十分敬重岳飞，他在这里留了影。随后，邓小平来到北碑廊，这里陈列着岳飞的奏折、诗词、手书的刻石。在岳飞手书的《满江红》前，邓小平笑着说：“我小时候就会唱《满江红》呢！”说罢，情不自禁地吟了起来：“怒发冲冠，凭栏处，潇潇雨歇……”邓小平还在岳飞手书的诸葛亮的前后《出师表》碑文前留步，诵读碑文。

随后，邓小平来到了南碑廊。这里陈列着元、明、清以来后人拜谒岳庙时写的诗词和重修记事刻石。其中有一块明朝江南四大才子之一文徵明的诗词碑，是由三块拼合成的，邓小平问陪同人员这是怎么回事。陪同人员说：“这块碑是原碑，内容中指出杀害岳飞的罪魁祸首主要是赵构皇帝，不是秦桧，因而很有价值。以后我们想重修一块完整的。”

邓小平说：“有条件再修一块。”

邓小平在岳飞墓前指着秦桧等几个奸臣的跪像给外孙和外孙女讲述岳飞被害的故事。

沿着碑廊，邓小平来到岳坟。这是南宋皇帝孝宗为岳飞昭雪冤案，以礼改葬之地。墓碑上刻“宋岳鄂王墓”，左侧有其子继忠侯岳云附葬墓碑。邓小平手拉着外孙萌萌绕着墓走了一圈后，站在碑前，用手指了指整座岳墓问道：

“岳墓是不是原物？”

陪同人员说：“岳墓建成以来，历尽沧桑，‘文革’期间，又被作为‘四旧’，遭到肆意破坏。岳飞塑像被砸烂，墓穴被平毁。”“现在的岳墓、岳庙是1979年重修的。为了恢复历史原貌，我们还在坟头上重新种上了草。”

邓小平听后点了点头，继续往前走去。这时，两侧铁栅里的秦桧夫妇、张俊、万俟卨四个陷害岳飞的奸臣跪像前已挤满了游客，有人还指指点点，以表憎恶。邓小平把孙辈们拉到跪像前，用手指着几个奸臣跪像说：“英雄为后人所纪念，坏人为后人所唾弃。”他还望着门柱上的对联继续说：“‘青山有幸埋忠骨，白铁无辜铸佞臣。’很对呀！你们要像岳飞一样精忠报国才是。”走出岳庙的大门，道路边早已挤满了游客和群众。人群中爆发出掌声和欢呼声，邓小平停住脚步，微笑着频频向人们招手致意。

这天晚上，邓小平在刘庄和省委领导、卫士、服务员一起吃了顿年夜饭，度过辞旧迎新的除夕夜。

2月13日，是中国的传统节日春节。邓小平出席了浙江省委、省政府举行的春节团拜会。这是在杭州饭店的小礼堂举行的。这里张灯结彩，气氛热烈。上午10时，邓小平、彭真、江华等在铁瑛、李丰平、王芳、薛驹等人的陪同下，来到这里与来自浙江全省各地的干部、知识分子、英雄模范的代表一起，共贺新春佳节。

邓小平一边看戏，一边与坐在身旁的铁瑛交谈。

邓小平问道：“铁瑛同志，浙江主要有哪些剧种？”

“浙江地方剧种不少，主要有越剧、绍剧、甬剧、婺剧和瓯剧等十多种。昆剧、京剧也有。”铁瑛回答说。

“你看过四川戏不？”邓小平问。

“看过几个川戏，但印象不深了。”铁瑛说。

演出结束时，邓小平等人走上舞台，同演员们一一握手，合影留念。

2月14日是大年初二。和往常一样，邓小平起得很早，在刘庄的院子里散步。他对浙江省公安厅厅长张秀夫说：“上有天堂，下有苏杭。杭州真是个好地方，去看看西湖春色吧。”

“好啊，去南线，钱塘江大桥、六和塔、九溪十八涧一带。”张秀夫高兴地回答说。

邓小平点了点头。

路上，邓小平对陪同的铁瑛说："你们省哪个地方收入高些？"

铁瑛回答说："宁波市高些。"

听到这个回答，邓小平也深有同感地说："我在公园遇到几位宁波人，他们的服装是香港式的。"

轿车继续往前疾驶。邓小平看着窗外，突然侧过头对身边的铁瑛说："浙江是沿海经济发达地区。一般来说，经济发达的地方，生活越好，越会控制生育。经济发展了，案件也少些。"

铁瑛专注地看着邓小平，听他接着说：

"西方那些国家，不搞计划生育，但也会自动控制人口，因为他们不要人口多，多了影响生活。"

在游龙井和九溪时，邓小平对铁瑛说："杭州的绿化不错，给美丽的西湖风景添色。你们一定要保护好西湖名胜，发展旅游业啊！"在此前后，杭州的负责人和老同志曾不止一次地聆听过邓小平的谆谆教诲："杭州这样的风景旅游城市，在世界上可是不多的"，"要把杭州的旅游业好好发展起来"。"上有天堂，下有苏杭，杭州真是个好地方。要把西湖保护好，建设好！"

在九溪十八涧，邓小平沿着竹林间蜿蜒上行的小路一步一步向上攀登，有时坡缓路平，有时坡陡路险，他都不在意，也不停步，只是向前，向前，再向前。

走到一个好看的景点，小平同志还主动招呼大家："我们一起照个相吧！"

车向南走，来到钱塘江大桥旁边的六和塔，邓小平称赞路边成片的水杉真漂亮。他叫司机将车停在路边，走下车来，用手指了指不远处的水杉树说："你们这里的水杉树很好看，笔直。"说罢，健步朝杉树林走去。

"水杉树好，既经济，又绿化了环境。长粗了，还可以派用处，有推广价值。"他停在一株挺拔的杉树前端详片刻，用手指着树干说。

邓小平看到不远处有几株泡桐树，立刻招呼铁瑛和正在一边交谈的随行人员："快来看泡桐。"

"泡桐树，也是一种经济树木。你们浙江种得多不多？"他问铁瑛。

"浙江泡桐树种得不多，杭州更少，金华、绍兴等地有一些。"铁瑛回答说。

"泡桐树长得快啊，板料又好。"邓小平随手点燃了一支烟，吸了一口继续说："泡桐树用来做箱子没缝，很好的，日本人可喜欢啦。""我看，水杉和泡桐，这两种树江南都应该提倡。"一路上，邓小平精神抖擞，思路敏捷，谈锋很健，他的这种情绪也感染着周围的每一个人。一路陪同的浙江省的负责同志，都用敬佩的目光看着小平同志。

2 月 15 日，邓小平又漫步苏堤。其间，还到了平湖秋月等景点参观。

三

2 月 18 日，邓小平从浙江返京路过上海时，在这个中国人口最多的城市作短暂的停留。

2 月 21 日上午，邓小平在中共上海市委第二书记胡立教、市长汪道涵、副市长杨堤等负责人的陪同下，视察了上海静安区胶州路农贸市场。

邓小平参观上海静安区胶州路农贸市场。

胶州路农贸市场建于 1979 年 10 月 15 日，地处静安寺闹市区附近。市场全长 150 米，设有摊位 50～60 个。市场两边是居民区，还有 3 个国营和集体单位。在这种环境中，他们见缝插针，分类设摊，做到整齐清洁，使市场管理不断完善，得到了市、区领导的好评。对于城市经济改革中出现的个体经济、集市贸易，世界各国表示了极大的关注和兴趣，纷纷前来参观和访问。胶州路市场，从 1980 年起，先后接待了美国教育旅游团、日本民社党代表团等，还有日本、澳大利亚、法国、瑞典的记者。

邓小平下车后，首先到市场门口的水果摊看了看，并且问了随行人员一些问题。听了随行人员的解释后，邓小平随即走进待业青年办的知青合作社。

他问里面的工作人员："你们是属于什么性质的？"

工作人员回答说："我们属于街道办的知青合作社。"

接着，邓小平又来到个体户刘洪珍的摊位前，他问刘洪珍："鲫鱼多少钱一斤呀？"

刘洪珍回答说："2.8 元一斤。"

邓小平又看了几个摊位，最后来到了个体户姜安如的摊位前，他指着冬笋问："多少钱一斤？"

"7 角一斤。"

姜安如抬头一看原来是小平同志，便激动地连连拍手叫了起来："邓伯伯、邓伯伯，您好，您身体好吗？"

邓小平回答说："你好。"

邓小平的视察，极大地鼓舞了这个市场全体工作人员的工作热情，这个市场后来连年被评为市、区的先进市场。

9 时 15 分，邓小平离开市场，前往曲阳新村视察。

曲阳新村是 70 年代末期，市政府筹划建造的 13 个新村小区中的一个，其规模仅次于浦东的潍坊新村。当时曲阳新村的建设速度最快，至 1982 年底，曲阳新村的西南小区已经建成，小区配套设施齐全。

9 时 50 分，两辆乳白色的面包车驶进了新村，在新村的菜市场门口停下。邓小平从第二辆车里走了出来。他身着一套深灰色的中山装，迈着稳健的步子，脸上带着微笑，神采奕奕。

他首先走进了曲阳菜场。这时早市已过，一些柜台仍在营业。

"是国营的吗？"邓小平走上前去问道。

"这是知青办的合作菜场。"虹口区委书记沈敏康回答说。

邓小平高兴地朝青年营业员们点点头，说："知青办得好嘛！"

在蔬菜柜台前，邓小平问两个营业员："你们在这里做好不好？"

两个营业员激动得说不出话来，只是一个劲地点头。

在猪肉柜台前，邓小平又问一个青年女营业员："你斩肉斩得动吗？"

"还可以。"营业员点点头。

邓小平等一行接着来到了新建的百货商场。这也是一家知青办的合作企业。邓小平仔细地观看了橱窗里和货架上陈列的商品，关切地询问："居民需要的东西都有得卖吗？"

当听到回答说"居民日常生活用品都有供应"以后，他开心地笑了。

邓小平参观上海曲阳新村知青餐厅。

赶来看望邓小平的人越来越多，许多人都想靠得近一些。邓小平连声问："新村的文明设施跟上去了没有？""这里的住宅是哪一位工程师设计的？"大家看到邓小平身体健康，精神很好，都感到十分高兴。

邓小平走进了曲阳酒家。陪同人员告诉邓小平："这里是川扬菜。"

"川扬菜好嘛！"邓小平的话音一落，人群中发出了一阵阵笑声。

这时有两位年过半百的老人挤出人群，操着四川口音，激动地说："楼上还有，请邓副主席到楼上看看。"

酒店的经理向邓小平介绍说："这两位是知青酒家聘请来的老师傅。"

邓小平一边健步登上二楼，一边用家乡的口音同两位四川老乡交谈，称赞这个酒家办得不错，并鼓励青年人好好干。

邓小平一行接着来到大连西路250弄22号一户居民家里。这家女主人姚凤兰，是上海服装二厂的退休工人，正手拿抹布在揩桌子。她看到有客人来了，连声说："请进，请进。"

她的丈夫和儿子都上班去了，只有新过门的儿媳妇还在家里。

邓小平随着陪同的同志先走进了姚凤兰儿子的新房。新媳妇小丁一下子认出了邓小平，一时呆住了，激动得话也说不出来。邓小平听说她是去年 12 月结的婚，热情地同她握手，亲切地说："祝你们幸福！"小丁有点腼腆地点点头，激动地说："邓副主席好！"

邓小平环顾了新房里的摆设，电视机、洗衣机、电冰箱等家电齐全，高兴地说："哟，这儿不错嘛，挺现代化的。"

接着，又来到姚凤兰的房间，一边亲切地同她握手，一边问道："你们生活好吗？"

姚凤兰说："我们生活得很好。"

汪道涵指着五斗橱上和床边橱上两只用红色绒布套套住的机子问："这是两台电视机？"

姚凤兰说："是的，我们原来有一台 9 英寸的，儿子结婚，又买了一台 14 英寸的。"

邓小平听到她的回答，满意地说："你们生活好，我就高兴！"

邓小平接着问道："这住房有洗澡间吗？"

姚凤兰说："有！还是瓷砖铺的哩。"

邓小平走到卫生间门口，朝里面仔细看了看，然后向主人热情告别。

这时，周围站满了居民群众，四周的窗口也挤满了人头，大家招手向小平同志问好。邓小平先举起右手，然后又用双手合抱，向大家致意。

2 月 26 日，邓小平离开上海返京。

回到北京之后，3 月 2 日，邓小平约请几位中央负责同志谈话。他说："这次，我经江苏到浙江，再从浙江到上海，一路上看到的情况很好，人们喜气洋洋，新房子盖得很多，市场物资丰富，干部信心很足。"他如数家珍般地介绍了苏州农村出现的六大变化后充满信心地说："看来，四个现代化希望很大。"他要求："到本世纪末实现翻两番，要有全盘的、更具体的规划，各个省、自治区、直辖市也都要有自己的具体的规划，做到心中有数。我们要帮助各省、自治区、直辖市解决各自突出的问题，帮他们创造条件，使他们的具体规划落到实处。"

四

5 月 27 日，邓小平的心情格外轻松。

这一天，他来到了位于河北遵化县的清东陵参观游览。

1983 年 5 月，邓小平到河北遵化县游览清东陵。

清东陵位于河北省遵化县西北部的马兰峪，距北京 125 公里，始建于清顺治十八年，是我国古代帝王后妃陵墓群中规模最大、体系最完整的一个，共有帝、后、妃陵寝 15 座，占地面积 48 平方公里。

1961 年，国务院把东陵定为全国第一批重点文物保护单位。陵园经过多次修缮清理，并开放了裕陵和慈禧陵的地宫，供游人参观。地面建筑也得到了保护和修缮，又补种了大面积的松柏林，逐步恢复了原来“翠海”的风貌。

进入夏季，清东陵便铺开广阔的绿色世界。偌大的古建筑群，尽在绿荫中掩映丰姿，在碧海中荡漾如画。这片风水宝地所托举的一切，都显得十分地和谐美妙。陵寝胜迹，规模宏伟，布局严谨，体系完整，营造精美，自然与人文景观相得益彰。它吸引中外游客络绎而来，流连忘返。

这时，立夏已过，正值清东陵的旅游旺季。绿的世界里游人如云。

上午 8 时 45 分，几辆轿车停在清东陵文物保管所门前。邓小平跨出车门，举目环视这历史上的皇家禁地，显得十分兴奋。他亲切地同前来迎接的遵化县委主要负责人一一握手。谈话中，得知为了中央领导人的安全，河北省公安厅加派了警戒时，陪同前来的万里说：“县里负责就行了嘛，不要到处设岗设卡，这影响不好。不要清场，人们从远地来了，不让看，多不好！”邓小平连连点头表示赞许。

9 时许，邓小平一行由文物保管所副所长、清史专家于善浦引导，登上慈禧陵前的三孔神路桥。于善浦侃侃而谈："过去，皇帝谒陵只能走东平桥，朝官们谒陵只能走西平桥，三孔神路桥是律定禁行的。如今，那种上管君、下管臣的封建等级制度绝对管不住我们了！"

饶有风趣的掌故介绍，激发了邓小平一行的兴致。跨进隆恩门，迎面看到的是富丽堂皇的隆恩殿和东西配殿。这三座殿始建于同治十二年，仅慈禧一陵即耗银 227 万多两。但这并未使慈禧心满意足，为显示她独特的"尊贵"，她竟于光绪廿一年以所谓年久失修为借口，不顾当时正值中日甲午战争后割地赔款，国库空虚，全国严重旱灾、民不聊生的景况，悍然传旨将三殿拆除重建。工程又延续 14 年之久，直至"老佛爷"命终才算告竣。重修后的三殿，工艺之高超，材质之精良，装修之豪华，耗资之巨大，连清朝盛世君主乾隆陵也难以相比。

此时，邓小平第一个走向隆恩殿，刚要拾级而上，突然停下脚步，他显然是被眼前斜铺的陛阶石吸引住了。清代帝后陵的陛阶石皆为浮雕，龙凤并列。慈禧陵则采用透雕法，凤在上，龙在下，构成"凤引龙"的图案。再看其他栏板、望柱，同样如此。凤龙透雕，贴金彩绘，金丝楠木构件，称为慈禧陵"三绝"，把西太后的权欲熏心、穷奢极侈都充分地显示出来。

回顾清朝 200 多年的历史，邓小平对大家说："清代有 3 个人物统治时间最长，一个是康熙，一是乾隆，另一个就是慈禧了。"

在隆恩殿内，邓小平参观了慈禧地宫被盗后遗留下来的衣物。当介绍慈禧棺椁内的葬宝时，邓小平仔细看过陈列柜中慈禧入葬时穿的衣服，已经褪色；还有一双鞋，上边满缀的珍珠全被拆去。邓小平说："慈禧穿的那双鞋十分珍贵。"

进入陵寝门，从古洞门入地宫。在金券内，面对慈禧的金棺，邓小平专心听了慈禧陵被盗始末的介绍。

从军阀混战的 1925 年至全国解放的 1949 年，兵匪把罪恶的魔爪伸入清东陵，一些地宫被挖开，无数随葬品被掠净，陵区几百万棵苍松古柏尽遭砍伐、盗卖，陵寝的建筑也遭到严重破坏，不少殿宇的门窗木器被拆毁，围墙的砖石都被拆下来廉价出售。闻名世界的历史文物蒙受灾难。

1928 年 7 月发生的轰动海内外的孙殿英盗陵案，最为骇人听闻。流氓军阀头子孙殿英，竟动用两个团的兵力，于 7 日之内，将乾隆皇帝的裕陵和慈禧太后的定东陵地宫炸开，劈棺扬尸，价值连城的奇珍异宝被洗劫一空。

对于这个东陵大盗，邓小平早已熟知，此时自然唤起他的很多追忆。

“军阀孙殿英，我们都知道，他叫孙老殿，在河南汤阴战役中被我军活捉，不久就死在监狱了。”

登上明楼，邓小平在慈禧陵的宝顶(坟头)上眺望了陵区的建筑布局和山川形势。脚下的宝顶是由三合土夯实的，邓小平对身边陪同的人说：“三合土内还要加江米米汤，这样抹上才特别结实。”

于善浦在一旁介绍说：“过去，这宝顶不仅不准寻常百姓登上，即使皇帝清明节来祭陵，脚上也要穿起黄缎袜套，跪着往上爬。如今，中央领导来参观，却毫无忌讳地站到‘老佛爷’头上了。”听了这番介绍，大家一阵哄笑。

邓小平笑着问道：“康熙陵在哪里?”

导游回答：“在顺治帝的孝陵东边，就是雷电击毁碑楼的那座景陵。”

步出隆恩门，邓小平深有感触地说：“我在六几年，来过这里，那时的东陵破烂不堪。现在，变化太大了!”

邓小平一行走过神路桥，进入神厨库，在接待室稍事休息。邓小平点燃一支香烟，望着墙壁上的东陵全景图。他对东陵的整体布局非常赞赏，认为东陵比西陵好。他问陪同人员：“东陵最先入葬的是哪个皇帝?”

陪同人员回答说：“最先入葬的是顺治皇帝，他是火化的。”满族人原为游牧民族，不忍与亲人的遗体分离，骨灰可以随身迁徙携带。后来到了康熙皇帝才禁令火化，仿汉人风俗棺葬。

这一故事邓小平是第一次听说。

离开接待室，邓小平一行准备乘车继续参观，周围的游人一下子认出了邓小平，情不自禁地鼓起掌来。邓小平向游人频频挥手致意。

汽车驶进停车场。邓小平等人穿过平桥，步入裕妃园寝的宫门。听罢介绍，邓小平颇有兴致地仔细观看了“香妃展”。过去被史学家誉为“贞节烈女”“民族英雄”的香妃，原来是一位维护民族团结和祖国统一的维吾尔族女子。

邓小平问道：“香妃在宫中的赐号是什么?”

“赐号容妃。”于善浦告诉他。这个“香妃展”正是于善浦多年潜心研究的成果，他揭开了清宫历史上的一个“谜”。邓小平对有关香妃的考证予以了肯定的评价。

参观过香妃地宫，了解到皇妃等级的地宫建制后，邓小平走出明楼，行至裕妃园寝宫门外。临上车时，邓小平再次向游人招手，掌声、问候声，在青山翠谷中回荡。

最后参观的是裕陵。裕陵是清乾隆皇帝的陵寝。乾隆掌权 64 年，光修建裕陵便用了 57 年，地宫由九穴四宫组成。邓小平一行仔细欣赏了这“石雕宝窟、地下佛堂”，临离去时，仍赞不绝口。

在裕陵神厨库接待室休息时，邓小平又询问了文物保管所的设置和陵寝开放情况。文物保管所的负责人告诉他，东陵文物保管所成立于 1952 年，距他此次参观已长达 31 年之久。1978 年开放裕陵，1979 年开放慈禧、慈安陵，1983 年开放裕妃园寝。

邓小平接着问道：“这里常有外宾来吗？”

听说常有外宾来旅游，邓小平又问：“外宾有住处吗？”

得到的回答是：这里有招待所，只住内宾，外宾到遵化城里的宾馆住。邓小平听后满意地笑了。

时间一晃已过了近 3 个小时。临近中午 11 点半钟，邓小平一行离开东陵。见邓小平要走，游客们拥上前去，目送轿车绕过林荫路，驶出陵区。

五

进入 7 月，邓小平来到了北戴河。说是休息，但他并没有休息。

1983 年的上半年，全国的治安形势比较严峻，连续发生了多起影响极坏的恶性案件。公安部部长刘复之后来曾撰文写道：“党的十一届三中全会以后，各条战线拨乱反正、正本清源。在大好形势下，社会治安不好，成为公安司法工作面临的突出问题。1980 年至 1982 年，在党中央领导下，依照《刑法》《刑事诉讼法》，连续开展了打击刑事犯罪活动的斗争。但由于对刑事犯罪的危害性认识不完全一致，实行依法从重从快惩处的方针思想不够统一，对刑事犯罪分子心慈手软，打打停停，摇摇摆摆，零打碎敲，软弱无力，从而出现了‘坏人不怕法，好人怕坏人’的不正常状况，导致刑事犯罪活动越来越猖狂。”

面对这种情况，公安部党组于 7 月 16 日向党中央、国务院报送了《关于发挥专政职能改善公安装备的报告》，提出他们认为亟待解决的一些紧迫问题。

7 月 19 日上午 9 时，邓小平约公安部部长刘复之到他在北戴河的住处谈话。彭真和夫人张洁清也应约前往。

谈话一开始，邓小平手里拿着公安部写的报告，开门见山地说，你们这个报告不解决问题。刑事案件、恶性案件大幅度增长，这种情况很不得人心。为什么打击刑事犯罪搞不起来？

邓小平批评说，这样四平八稳，解决不了问题。稳稳当当的，就不能解决问题。

邓小平接着指出：

“几年了，这股风不但没有压下去，反而发展了。原因在哪里？主要是下不了手，对犯罪分子打击不严、不快，判得很轻。对经济犯罪活动是这样，对抢劫、杀人等犯罪活动也是这样。

“为什么不可以组织一次、两次、三次严厉打击刑事犯罪活动的战役？每个大、中城市，都要在三年内组织几次战役。比如说北京市，流氓犯罪集团到底有多少，有哪些人，是不难搞清楚的。像彭真同志讲的，找老民警当顾问，调查调查，情况就清楚了，就可以组织战役了。一次战役打击他一大批，就这么干下去。我们说过不搞运动，但集中打击严重刑事犯罪活动还必须发动群众。动员全市人民参加，这本身对人民是教育，同时能挽救很多人，挽救很多青年。发动群众，声势大，有的罪犯会闻风跑掉，那也不要紧，还有第二次战役可以追回来。

“最近有的城市抓了一批犯罪分子，形势有好转。当然，这还只是一时的现象。那些犯罪分子在看风向，看你下一步怎么办。如果还是软弱无力，处理不严，坏人的气势还会长上来。

“对严重刑事犯罪分子，包括杀人犯、抢劫犯、流氓犯罪团伙分子、教唆犯、在劳改劳教中传授犯罪技术的惯犯，以及人贩子、老鸨儿等，必须坚决逮捕、判刑，组织劳动改造，给予严厉的法律制裁。必须依法杀一批，有些要长期关起来。还要不断地打击，冒出一批抓一批。不然的话，犯罪的人无所畏惧，十年二十年也解决不了问题。1975 年处理铁路问题时，对帮派分子，我说现在不抓人，把他们调开，‘四人帮’说不行。我说凡是帮派头子，有一个调开一个，再出一个再调开，一天调一个，一年调三百六十五个。这个话传下去以后，铁路上的秩序马上就好了。解决这方面的问题，不采取这样的办法不行。

“解决刑事犯罪问题，是长期的斗争，需要从各方面做工作。现在是非常状态，必须依法从重从快集中打击，严才能治住。搞得不疼不痒，不得人心。我们说加强人民民主专政，这就是人民民主专政。要讲人道主义，我们保护最大多数人的安全，这就是最大的人道主义！严厉打击刑事犯罪活动是一件大快人心的事。先从北京开始，然后上海、天津，以至其他城市。只要坚持这么干，情况一定能好转。”

对邓小平提出的“严打”战役的决策，彭真非常赞成。他认为这个决策能够从根本上扭转软弱涣散的被动局面。

根据邓小平的指示，公安部于 7 月 20 日立即在北戴河召开部分省市的公安和政法领导干部会议。刘复之传达了邓小平的重要谈话和彭真的指示，组织大家学习并研究“严打”战役的方案。经党中央批准，8 月 2 日，陈丕显主持召开全国政法工作会议。经过大会的充分讨论，大家一致拥护邓小平的指示，决心雷厉风行地贯彻执行。8 月 25 日，中共中央政治局作出了《关于严厉打击刑事犯罪活动的决定》。9 月 2 日，全国人大常委会通过了《关于严惩严重危害社会治安的犯罪分子的决定》和《关于迅速审判严重危害社会治安的犯罪分子的程序的决定》。从 8 月到年底实施了“第一战役”的第一仗，各省、自治区、直辖市，各大中城市，或先或后地陆续统一行动，集中打击。社会治安取得了明显的好转。

六

7 月 31 日，邓小平来到了美丽的港口城市——秦皇岛。

1983 年 7 月，邓小平视察秦皇岛。

秦皇岛，是一座历史悠久而又年轻的港口城市。它不仅拥有我国第一大能源输出港，有我国最大的浮法玻璃生产基地，而且是驰名中外的旅游避暑胜地。

邓小平非常关心秦皇岛港口的建设与发展。因为它的发展前景，不仅关系到港口本身，关系到秦皇岛市建设步伐，更主要的是关系到国家能源出口和南方一些省市的能源保障。

上午9时20分，邓小平乘坐一辆中型旅游车，在一辆小轿车的引导下徐徐开进了海港。车到了老港1号码头停下，秦皇岛港务局的领导及有关人员早已在这里迎候。

邓小平身着浅米黄色短袖上衣，绿军裤，黑皮鞋，精神矍铄，步履稳健，在人们的簇拥下，来到"引水2号"船旁，登上舷梯，走上甲板平台。他沿港区航线视察了5、6、7号老码头，14、15号杂货码头，8、9号煤码头和正在施工建设中的丙、丁码头。此时海面4级风浪，船舶颠簸前进，年近八十高龄的邓小平精神饱满，和大家谈笑风生。沿港各线，人声鼎沸，汽笛长鸣，码头上一派装卸货物的繁忙景象。邓小平看得很兴奋，很有兴趣。他看着一箱箱货物整齐地摆放在船上，关切地问："压船问题严重不严重？"身旁的同志说，秦皇岛煤和油基本不存在压船问题。杂货因泊位较少，变化因素较多，压船现象有时存在，但在沿海诸港中是比较少的。邓小平听后放心地点了点头。

"引水2号"船驶过丙、丁码头，调转船头，向东加速行驶。邓小平视察了油码头后，在航5工作码头下船，乘车来到新煤区，在煤一期工程区域中部下了车。他停下脚步，抬头眺望，视察了煤一期、煤二期工程。看着工人们热火朝天的劳动场面和气势壮观的工程景象，他兴奋地说，随着煤一期、煤二期工程的竣工投产，秦皇岛港的面貌一定不同了！港务局的负责人说，到那时，全港的吞吐能力将由现在全国第三位上升到全国第二位。

"秦皇岛港运送煤炭的来源怎么样？"邓小平紧接着问。

有关人员回答说："全国最大煤矿——山西大同矿、河北开滦矿的煤炭主要流经这里。"

邓小平又问："秦皇岛港运送煤炭的流向主要是哪儿？"

"除担负外贸煤炭出口外，主要担负我国沿海6省市的工业用煤。"

邓小平听后说："你们的贡献对全国的建设关系重大啊！"话语中充满信任和期望。

1 个小时 40 分钟的视察，邓小平没有丝毫倦意。在返回之前，他好像又想起了重要事情，亲切地问："你们的领导班子怎么样啊？"

港务局代局长黄振东指着在场的几位同志说："这就是我们港务局新领导班子在家的全体同志了。"

邓小平仔细地端详着这些年富力强的中年干部，欣慰地笑了笑说："正确的路线决定之后，干部就是决定的因素。秦皇岛港的发展，关键在于你们，你们肩上的担子不轻啊！"

七

8 月 6 日，邓小平来到黑龙江省。

他专程到引进国外设备搞现代化农业示范的友谊农场视察。邓小平在视察中，详细了解农场的生产、管理和荒地的开垦情况。在二分场观看机械作业、听取垦区情况介绍后指出：你们不仅要做商品粮基地，还要大力发展畜牧业、饲料工业，不然的话，搞那么多粮食，运输也难。随后，邓小平又来到农场五分场，即著名的"韩丁农场"视察，兴致勃勃地观看了大型先进农业机械的作业表演，详细询问了科学种田的技术问题。这些与他后来讲到的"将来农业问题的出路，最终要由生物工程来解决，要靠尖端技术"的重要思想是一致的。当看到农场试种的西德玉米长势好于本地玉米时说：特别要下决心，自己繁育良种，不要光靠买外国的种子，要引进繁育良种的技术。有了种子公司还要立个种子法。你们省农场这么多，基础又好，要把全省的力量组织起来，下决心三五年内把种子工作搞好，这是增产最经济的措施。

邓小平游览了镜泊湖。

这时正是镜泊湖的旅游旺季，来此参观游览的人很多。邓小平特意叮嘱黑龙江省委的同志：第一，不要妨碍群众游览；第二，不准搞特殊化。他心里时刻想的是群众，装的是人民。路上，见到游客，邓小平总是主动地站在路边，让游人先走。有的游客见到他就不走了，停下来与他攀谈。有几位前来旅游的朝鲜族妇女希望能和他照张相，留个纪念。邓小平愉快地答应了她们的要求，和大家一同合影。

邓小平还挥笔题下"镜泊胜景"四个字。

1983年8月，邓小平与同游镜泊湖的群众合影。

八

8月13日，邓小平来到了吉林长白山。

这是长白山最美的季节。浩瀚无垠的林海苍翠碧绿，漫山遍野的山花争奇斗妍。延边各族人民团结奋斗、建设边疆的火热生活引发了邓小平的浓厚兴趣。

早在登山之前，邓小平就对吉林省委的负责人约法三章：第一，不要妨碍群众游览；第二，不准搞特殊化；第三，轻车简从，不要省委同志来陪。

许多来自海内外的游客，得知邓小平来到长白山的消息，都欣喜若狂，盼望着能在此和他见上一面。当时在延边参加全国计划生育工作会议的30多位代表，都盼望能和小平同志照张相，留个纪念。邓小平得知后，马上来到代表们中间，与大家合影留念。在群众中，他是那样地谦和、慈祥，像一位亲切的长辈，给代表们留下了深刻的印象。

在长白山天池气象站，邓小平亲切地慰问了气象工作人员。他对高山气象工作人员不畏风雪严寒，常年坚守工作岗位的无私奉献精神大加赞许。他说，吉林省是农业省，而农业受自然条件影响很大，所以，搞好天气预报很重要。他说，气象工作人员们的工作很有意义，希望他们为防灾减灾当好参谋。这亲切的话语，给气象工作人员以极大的鼓舞。

“会当凌绝顶，一览众山小。”当邓小平来到长白山顶峰，眺望茫茫无际的林海，俯瞰清澈碧蓝的一池天水时，开怀地笑了。祖国大好河山的雄伟壮丽使他畅怀遐想。他和家人在天池合影留念。

1983年8月，邓小平在长白山天池。

回到岳桦宾馆，他欣然命笔，为延边各族人民庆祝自治州成立31周年写下了“把延边朝鲜族自治州建设得更快些更好些”18个苍劲有力的大字。

九

8月中旬，邓小平结束了在东北和华北一些地区的视察之后，来到大连市延伸到黄海之滨的棒棰岛休假。

岛上绿荫覆盖，景色宜人，岛外白浪滔天，气势壮阔。

邓小平喜爱游泳，尤其喜爱到大海中游泳。水阔天舒，波涛起伏，方显出击水者的云水襟怀和刚毅本色。他经常对友人说：“我能游泳，特别喜欢在大海中游泳，证明我身体还行。”

在棒棰岛的7天，除了一天因海上漂浮油污没有下海外，邓小平每天上午都投入大海，与风浪为伍，极目苍天，心旷神怡。

一下海，邓小平便从容地向海中游去。他头部露出水面，侧游着。墨绿的海洋，那样浩瀚，那样深沉。有时，一个浪花接着一个浪花，借助风势，向他扑来。在他身旁看护的游泳好手们劝他上岸，他从不听从这些好意的劝告，继续搏浪前进。

邓小平每次游泳都达 30 多分钟。大海拂弄着他的身躯，海浪吹打着他的肌肤，他没有丝毫倦意。看他游泳的人一定都很难相信，他已近 80 岁了。

他上岸后，先换好衣服，然后稳坐在藤椅上晒太阳，休息。有时，他和外孙、外孙女嬉戏。有时，他招呼坐着轮椅的大儿子朴方。有时，他和女儿聊上几句。

邓小平话不多，从来不喜欢多话、啰唆。他的女儿这样描述他：我的父亲为人性格内向，沉默寡言，几十年的革命生涯，使他养成了临危不惧、遇喜不亢的作风，特别是在对待个人命运上，相当达观。

邓小平不喜好形式上的东西。在棒棰岛，有关领导机关来请他接见、讲话，邓小平都婉言谢绝，他说："我来休假，就是休假嘛！"

但他又是朴素、容易接近的。在离开棒棰岛之前，他欣然同意和这些天同他在一起的工作人员分别照相留念。一位摄影记者在同他合影时身上挂着多架照相机，不愿取下来，邓小平幽默地说："噢，这是为了向大家表明你的身份吧？"

十

8 月 22 日，邓小平一行乘专列从大连来到承德，下榻在驻军 52831 部队招待所。

对于承德，邓小平并不陌生。早在 1964 年 10 月，邓小平就曾到这里来过。时隔 20 年，邓小平又一次来到了这里。

23 日，邓小平在北京军区司令员秦基伟、河北省委书记高扬、承德地委书记胡广义、承德市委书记张唤群等人的陪同下，开始了抵达承德后的第一天的参观游览。来承德，首先要看的就是避暑山庄了。

承德避暑山庄，俗称"承德离宫""热河行宫"，建于清康熙四十二年至乾隆五十五年，占地面积约 564 万平方米，是我国现存最大的皇家宫苑。

上午 8 时，雨后初霁，邓小平乘中型面包车首先来到博物馆。

博物馆建在避暑山庄宫殿区，原为清廷统治者处理政务和生活的场所。它的平面呈南北长方形，主殿为金丝楠木结构的澹泊敬诚殿，俗称"楠木殿"。解放后，这里被辟为博物馆，收藏和展出着许多珍贵文物。

邓小平仔细观看了博物馆的每一件文物，认真听取了承德市文物局副局长田野关于文物情况和清朝嘉庆、咸丰二帝死在烟波致爽殿、叶赫那拉氏在这里策划宫廷政变等历史事件的介绍。邓小平对一些文物和一些展品很是赞赏。

随后，邓小平沿假山台阶拾级而上，登上了云山胜地楼，凭栏远眺"一望无极"的"林峦烟水"景观。休息中，他听取了田野关于山庄湖区景点的介绍，并关心地问及山庄文物的保护工作。

上午 10 时左右，邓小平出岫云门，下御林坡，上了停在坡下的中型面包车。

这时，田野向邓小平汇报说："避暑山庄建庄 280 周年学术讨论会正在烟雨楼召开，有全国一些大学和研究单位的专家、学者到会，还有日本旅游访问团一行 8 人参加。"

邓小平听后当即决定去看望与会人员。

汽车驶抵烟雨楼后，邓小平来到学术会的会场。他绕场一周，亲切地向全体与会人员招手致意，并与几位国内的著名专家、学者及日本访问团全体成员握手。

离开会场前，邓小平大声地对与会代表说："预祝会议圆满成功！"会场上爆发出一阵热烈的掌声。

邓小平的意外到会，给会议增添了光彩，也使大家深受感动，备受鼓舞。

事后，日本访问团的一名成员激动地说："我到过许多国家，但从来没有与哪个国家的元首握过手。在承德，邓小平先生到会，我握着邓先生的手，心情非常激动，我很荣幸，终生难忘。"

邓小平离开烟雨楼后，穿过楼前湖上的曲桥，抵达桥前的平地，从东月门进入避暑山庄的"园中园"——沧浪屿，观赏了这里的假山和睡莲。

24 日上午，邓小平在秦基伟、高扬、胡广义、张唤群等人的陪同下参观游览了坐落在武烈河东岸磬锤峰（俗称"棒槌山"）下的普乐寺。

普乐寺是清政府平定新疆上层人物叛乱后，特为厄鲁特蒙古杜尔伯特部及哈萨克、布鲁特等少数民族来承德朝见而建，是一座颇具特色的汉式建筑。整个建筑的中轴线往东，可见雄伟挺拔的磬锤峰；往西，可观赏绚丽多姿的山庄景色；往西北，可眺望狮子沟山麓雄伟辉煌的寺庙群。视野十分开阔，景色极为壮观。

邓小平兴致很高。他长时间伫立远眺，仔细观赏了四周的景观，又听了田

1983 年 8 月 22～25 日，邓小平到河北承德休息考察。

野关于外八庙布局、建设情况以及各庙建筑特点与用途的介绍。

两个小时后，邓小平步出普乐寺山门。这时，一位东北来的女游客一眼认出了他，立即让她的孩子问“邓爷爷好”，孩子冲着邓小平喊了声：“邓爷爷好！”邓小平十分高兴，他俯下身来，深情地摸了摸孩子的头。

其他游人听到孩子的喊声，发现邓小平后，也纷纷围拢上来。邓小平向身旁的游客问道：“你们都从哪里来？避暑山庄好不好玩？”

游客们有的回答是从东北来的，有的回答是从北京来的，都说：“这里风景很好，玩得很开心。”.

邓小平对大家的回答显得很高兴。随后，他向游客们招了招手，乘车返回了住地。

24 日下午，邓小平参观游览普宁寺。

普宁寺是清政府专为纪念平定新疆准噶尔达瓦齐部叛乱而修建的，融汉藏建筑艺术精华于一体，规模宏伟，风格独特。邓小平在这里先是细致参观了经过修葺的碑亭、配殿、大雄宝殿，又登上大红台参观了喇嘛塔、白台等喇嘛教建筑，尔后到大红台东休息室作短时间休息。

休息中，田野提纲挈领地向邓小平汇报了避暑山庄和外八庙的保护与修复及国家专款的拨付与使用等情况。邓小平全神贯注地倾听着，并不时微微点头，显现出对所汇报的情况较为满意。

这时，秦基伟从门外走了进来，对邓小平说：

“承德有个军分区驻在承德离宫的一个角上，要搬迁。搬迁需要花钱。要搬迁又没有地方。”

这是秦基伟根据事先得到的关于承德军分区在搬迁中与地方上产生分歧的情况，还有邓小平在大连帮助解决了部队占用公园用地问题的信息，代承德有关方面所作的汇报。

邓小平听后说：“搬迁要花钱，跟财政上说一说，帮助解决一下。搬迁没地方就不好搬了，地盘还是可以解决的吧?!”

邓小平的这番话，推动了避暑山庄内搬迁工作的进行。

休息过后，邓小平继续参观，他观赏了耸立在大乘阁内的中国现存的最大木质佛像——千手千眼菩萨像。观赏中，他询问了佛像的修复、加固及用款情况，田野一一作了回答。

邓小平还在大红台上远眺了东南山麓挺立的磬锤峰和静卧的蛤蟆石，听了田野关于棒槌山传说的讲解。当他听到关于棒槌山腰老桑树的传说介绍时，会心地笑了。

25日上午10时左右，邓小平乘车从万树园门进山庄，直奔御林坡，沿西峪游览线路上了四面云山亭。

四面云山是山庄的最高点。田野向邓小平介绍了山庄周围的天然景观，又讲了当年康熙帝亲笔题写的四面云山亭诗联：“山高先得月，岭峻自来风。”邓小平饶有兴趣地听了介绍，并不时地问一些问题。

“山庄里都有哪些树种?”邓小平问。

陪同的同志回答说：“山庄里的树种很多，比如梨树峪有梨树，松林峪、松云峡有松树，榛子峪有榛子树，亭下的山坡上有水杉等等。”

邓小平听后说：“很好，水杉很好，这里可以多种一些。”

田野向邓小平介绍说，新中国成立后承德山庄内仅存130棵古松，其余的树木全部被毁，现有的树木全为新中国成立后所栽种，仅1948年至1972年的20余年间，承德人民就在山庄内植树305万株。邓小平听后满意地点了点头。随后说：“山庄里的树还少，还要多栽树!”

他又对陪同的部队和地方的负责人说：“军队可以帮助搞绿化，划出区来，由军队负责。还可以再动员市民、军队搞义务劳动，让他们不但负责植树，还要保活,负责到底。”

邓小平离开四面云山亭,又乘车沿山路奔西北门,随即登上了北宫墙。在这里,他观赏了被游人称道的避暑山庄“小八达岭”,俯瞰了宫墙外狮子沟北山麓的寺庙群,听取了田野关于山庄宫墙长度、占地面积、景点数目以及山庄外面几座庙宇的介绍。

一个多小时后,邓小平从广元宫西边的山道上走下来。这时,山上的游客发现了他,他们动情地喊:“小平同志,您好!”一声声蕴含深情的问候,峰回谷荡,天应地和。邓小平听到喊声,欣然止步,他抬头向山上望去,同时举起右手,深情地向游客们招手致意。此时,随行的摄影记者、围上来的游客迅速地按下了手中照相机的快门,抢拍下了这领袖与人民水乳交融的动人镜头。

25 日上午,进山庄参观游览之前,邓小平在住地礼堂前接见了部队的官兵。部队的机关干部战士列队迎候在路旁,见邓小平走来,大家齐声问候:“首长好!”邓小平边鼓掌、招手,边答道:“同志们好! 同志们辛苦了!”

接见仪式结束后,邓小平与 52831 部队师职以上干部合影留念。

随后,他又接见了承德地、市新老班子的全体成员,与大家合影留念。

25 日中午 1 时许,邓小平结束了在承德的参观游览活动,乘车前往火车站。沿途有数以万计的群众自发地聚集在路旁,为邓小平送行,争睹小平同志的风采。

秦基伟、高扬、胡广义、张唤群、姚保钱、蔡别文等负责人,代表承德军民一直把邓小平送上专列。

专列开动了。邓小平站在车窗前,向送行的人们频频挥手告别。

第一次视察南方

（1984年）

邓小平视察经济特区："你们讲的我装在脑壳里，不发表意见。"深思熟虑的结论石破天惊，横扫一切疑云："深圳的发展和经验证明，我们建立经济特区的政策是正确的。"明确指出：实行开放的政策，指导思想不是收，而是放。

一

1984年1月24日，中共中央政治局常委、中央顾问委员会主任邓小平，离开正值隆冬的北京，在中央政治局委员王震、杨尚昆的陪同下，乘专列来到了鲜花盛开、春意盎然的南疆。

1月24日上午10时，专列经广州站时作短暂停留。广东省委负责人、广州军区的负责人到车上看望邓小平。他深情地对广东省省长梁灵光说："经济特区是我的提议，中央的决定。5年了，到底怎么样，我要来看看。"

中午，专列驶进了深圳车站。在深圳特区诞生后的第5个春天，邓小平迈着轻快稳健的步伐，踏上了中国改革开放的前沿地带。邓小平的到来，给南粤沃土增添了浓郁的春色，也带来了几分企盼。深圳人此时此刻正怀着兴奋和忐忑不安的心情期待着……

还是在1979年1月，邓小平在一份香港厂商要求回广州开设工厂的《内部情况摘报》上批示："这件事我看广东可以放手干。"随后在4月召开的中央工作会议上，广东省的负责人就如何发挥广东优势，吸引爱国华侨、港澳同胞和外商来投资办企业问题，向中央常委汇报了在邻近港澳和沿海地区划出一些地方，设置类似海外的出口加工区的设想。向中央常委汇报后，省委书记习仲勋又带着这个意见向邓小平汇报，提出广东要实行特殊政策和灵活措施。邓小平听完

邓小平在广州到深圳的列车上听取中共广东省委负责同志的汇报。

汇报后，郑重地说："还是办特区好，过去陕甘宁就是特区。中央没有钱，你们自己去搞，杀出一条血路来。"也就是在这次会议上，中央授权广东在对外经济活动中，实行特殊政策和灵活措施。据广东省委副书记王全国回忆："会后，中共中央、国务院根据邓小平的倡议，5月，派国务院副总理谷牧率领一个由中央有关部委组成的工作组到广东帮助起草文件，一直工作到6月6日。然后到福建，福建就根据广东的报告，也起草了报告。谷牧把两省的报告带到北京，中央很快就批了。这就是中发〔1979〕50号文件。"文件指出："出口特区"先在深圳、珠海两市试办，待取得经验后，再考虑在汕头、厦门设置。1980年3月，中共中央在广州召开广东、福建两省会议，将"出口特区"定名为"经济特区"。5月，中共中央和国务院发出文件，要求将深圳特区建成兼营工业、商业、农牧业、住宅、旅游等项事业的综合性经济特区。8月，全国人大常委会第十五次会议批准《广东省经济特区条例》。深圳经济特区正式宣告成立。

与香港一河之隔的深圳，从正式宣告经济特区诞生之日起，就开始了风风火火、热火朝天的日子。一支支建设大军从祖国四面八方开到深圳河畔，一群群年轻的打工仔、打工妹从各地涌来。深圳，这个边陲小镇，一下子沸腾起来了。这里，到处响着推土机、挖掘机、起重机的隆隆声，到处可见步履匆匆的行人，领导和打工仔一同住进低矮、潮热的工棚，一同起早贪黑在工地上，一同出大力、流大汗。

没有钱，深圳人四处奔走，靠借贷，滚雪球似的支撑起一座座大厦，铺设成一条条马路。“五通一平”的基础设施初具规模后，外商纷至沓来，合作、合资、独资企业与日俱增。经过几年建设，一座新兴的现代化城市的雏形已经形成。

深圳的名声大振，一方面引起了国内外各阶层人士的广泛关注和热情赞扬，一方面也招来了党内外一些不同意见者对深圳改革开放的怀疑和指责。有的说，深圳已改变了颜色，走上了复辟资本主义的道路；有的说，特区已变成了新的“租界”；有的说，特区黑市货币流行，违纪违法活动横行，大搞倒卖“洋货”，“搞错了”；还有的说，特区之所以有今天，是靠优惠政策，“剥削”内地，赚内地的钱等等。广东省省长梁灵光回忆说：“我到广东的时候，改革开放才开始，那时全国对改革开放，有人赞成有人不赞成。不赞成的不单有省、市领导，包括中央里也有人赞成，有人不赞成。有一次我到中央开中央工作会议，会上发了个参考材料，有篇文章我看了很受刺激，感到不对头。文章的题目是《旧中国租界的由来》，这是中央政策研究室印发的参考材料。当时我们正在讨论中央方针政策啊！讨论改革开放啊！弄出了那么一个材料来，我估计可能是当时有人风言风语，有争议问题呀，提出深圳是不是新的租界呀，我觉得很有问题。那时候，西部一个省的副省长来广东参观考察，他在广东看了一圈，回到宾馆大哭了一场，他想不通，认为革命了几十年，现在变了。还有，西南来的一个考察组，到广东来，临行时省委办公厅交代，你们到了广东不许一个人外出。特别是 1982 年中央发出打击走私犯罪的紧急通知后，广东成了过街老鼠，人人喊打。广东搞改革开放以来，的确有人搞走私，搞投机倒把。所以，那时对广东的改革开放压力很大。特区搞得对不对，搞特殊政策对不对，也有各种议论。”

外界的议论不足为奇。5 年来，深圳人顶住了种种非议和压力。他们深知，一个新生事物的诞生，必然会引起人们的关注和议论，这一切，对于这些勇于第一个“吃蟹”的创业者来说，算不了什么。但是，特区的倡议者邓小平是怎么看待特区的，对深圳特区几年来的发展，是肯定还是否定？深圳特区实行的一系列改革开放政策对了还是错了，特区还要不要办下去？在这关系深圳特区能否继续前进和全国改革开放能否继续深入下去的关键时刻，深圳的“拓荒牛”们无不翘首以盼，他们盼望有一天特区的倡导者、改革开放的总设计师邓小平能亲自来看一看深圳的发展，听一听他们的声音，为深圳人和每一个关心深圳乃至全国改革开放前途和命运的人排忧解难、指点迷津。这一天，他们终于等到了。

此时此刻，初到深圳的邓小平心情一样迫切。

中午12时30分，邓小平身穿涤卡灰色中山装，脚穿黑色皮鞋，步履稳健地走下火车，同迎候在车站月台上的深圳市委、市政府的主要负责人梁湘、周鼎等人一一握手。

随后，邓小平一行在深圳市委、市政府负责人的陪同下乘车前往迎宾馆。

汽车驶向深圳迎宾馆桂园别墅。这时，距农历春节还有7天的时间。紫荆在特区的路旁已绽开紫红色的花朵，象征吉祥喜庆的盆盆金橘摆上了特区人居室的阳台。路上，邓小平按捺不住急切的心情，几次轻轻拨开车窗的纱帘，注视着一掠而过的楼群、工地、人流。自深圳经济特区建立之日起，邓小平就一直关注着深圳这棵改革开放幼苗的成长。一晃5年过去了，深圳究竟是什么样子，成功不成功，对特区的种种指责、怀疑对不对？

坐在后面一辆轿车中的深圳市委负责人，兴奋之余不免又有些紧张。他们清楚地知道，小平同志倡议建立深圳经济特区5年来，深圳发展的每一步都倾注着邓小平的心血：1981年，国家处于国民经济的调整期，拿不出钱来支持特区。邓小平在这年的中央工作会议期间，语重心长地对广东省的负责人说："经济特区要坚持原定方针，步子可以放慢些。""放慢些"，是出于对国家经济暂时困难的考虑，但是原定的方针不能变，特区要坚定不移地干下去，这是最根本的。1982年初，深圳蛇口工业区拟聘请外籍人士当企业经理，遭到一些人的责难。邓小平得知这一情况，立即拍板：可以聘请外国人当经理，这不是卖国。5年来，他们只是按照建设的需要去做，这样行吗？这次，邓小平是会肯定还是否定，他们心里也没有底。

汽车驶入桂园别墅。一进别墅门，老人的外孙就嚷着："外公，这儿好漂亮，在这儿照相。"

邓小平招呼家人："喂，喂，命令照相呢，好，照！"

"咔嚓"——邓小平笑了。

几个紧随其后的深圳官员看到这一幕，悄悄议论："小平同志好像心情不错。"

下午3点，邓小平在他下榻的迎宾馆6号楼会议室，听取深圳市委书记、市长梁湘的工作汇报。

"开始吧。"邓小平手里拿着市委常委的名单说。

这时，梁湘站在特区规划示意图前，开始介绍深圳特区的自然环境，5年来引进外资、基本建设以及改革推进的情况。

梁湘说，办特区后，执行了党中央的政策，深圳的情况发生了很大的变化。到目前为止，共与外商签订协议 2 378 项，协议投资 118 亿港元，引进了 15 000 多台(套)设备，其中不少是 70 年代的先进产品，新修建了上百间工厂，开始进行了人事、工资、体制等方面的改革，生产效率和经济效益大大提高。几年来特区工农业产值、财政收入增长很快，特别是工业产值，1982 年达到 3.6 亿元，1983 年达到 7.2 亿元。

“那就是一年翻一番喽?”邓小平插话说。

梁湘说:“是翻了一番，比办特区前的 1978 年增长了 10 倍多。财政收入也比 4 年前增长了 10 倍，去年达到 3 亿多元。”

邓小平满意地点点头。

汇报中，梁湘提出深圳希望发行新货币。

听到这里，邓小平关切地问:“对人民币究竟影响有多大?”

梁湘说，深圳当前流通三种货币:人民币、外汇券、港币。

邓小平问:“港币为主?”

梁湘说:“估计农民手里有一亿港币，事实上港币占主要市场。”

邓小平问:“发行一个货币对人民币打击程度怎样?”又问:“土地收税，是否与香港一样? 最近一个美国学者讲，应收土地税，否则以后吃大亏，你们研究一下。”

邓小平接着说:“核电站要搞。”“华裔朋友(指陈济棠的儿子)提出在深圳办一所大学，以美国的办学方法，设管理系、电子专业，教员请外边著名学者兼课，管理请华人当校长，规模大得很。”

梁湘说:“我们觉得，我们取得的成绩是不少的，但问题同样存在不少。尤其是离小平同志对我们的希望相差甚远……大家早就盼望您来看一看，今天总算盼到了。”

一时，整个会议室鸦雀无声，大家都把目光集中到这位十分硬朗的老人身上。

邓小平坐在沙发上一口一口地吸着烟……

“我们请小平同志给我们作指示!”梁湘再也憋不住了。

“你们讲，我听。”邓小平说。接着他又说:“这地方正在发展中”，“你们讲的我装在脑壳里，不发表意见”。

嘀嗒、嘀嗒……时间一分一秒地过去了，大家都能听得见窗外法国梧桐树叶迎风摇曳发出的沙沙声。

“那么，散会吧。”梁湘宣布。

邓小平为什么不表态呢？

听完汇报，邓小平在省委、市委负责人的陪同下乘坐旅行车观看市容。一路上，邓小平目不暇接地望着窗外热火朝天的建设工地，不停地询问这是什么工地、那座高楼是准备用来干什么的。梁湘等人一一作答。

下午 4 时 50 分，邓小平等乘车来到正在兴建的罗湖商业区中刚刚竣工开业的国际商业大厦，忙于采购年货的人发现了穿深灰色便服的邓小平，喜出望外，热烈鼓掌欢迎。邓小平向他们挥挥手，并亲切地向他们问好。

随后，邓小平乘电梯登上国商大厦的天台。当时，天气还很冷，80 岁高龄的邓小平全然不顾，兴致勃勃地顺着这座高层大厦天台的围墙，从东面走到北面，又从北面走到西面、南面，时而凭栏远眺，时而俯瞰近景，尽情地饱览深圳特区的建设风貌，俯瞰深圳全景。在这里，近处的深圳全景、蜿蜒的深圳河、远处隐藏在雾气中的香港，尽收眼底。

邓小平在深圳国商大厦楼顶俯瞰建设中的深圳全貌。

国际商业大厦脚下两平方公里是正在建设中的罗湖新城区，在特区的规划图中，这里将成为深圳特区未来的商业金融中心，也是香港从新界跨进社会主义经济特区的门槛。这里将大部分引进外资，兴建 198 幢 18～48 层高的高楼大厦。在邓小平的面前，矗立着已经建成和正在施工的 60 多幢 18 层以上的高楼群。通信、供水、供电、供气、防洪和污水处理等设施初具规模。在这里，邓小平看到了一个现代化的新兴城市正在崛起。

这时，邓小平的目光又落在马路对面正在施工的国贸大厦上。这座后来被誉为“神州第一楼”、高 53 层的现代化建筑，此时正以“三天一层楼”的速度升腾。特区的建设者在国内率先采用大面积滑模的先进施工工艺，在这儿创造了蜚声中外的“深圳速度”。

天色已近黄昏，气温明显下降。随行人员中，有人取出一件大衣，邓小平摆摆手，依然扶着栏杆，望着晚霞映照着的生机勃勃的特区。最后，他远望南方的香港，陷入了深思……

过了很久，邓小平对身旁的人说：“看见了，我都看清楚了。”

邓小平一行从天台下来的时候，大厦门前已经聚集了一大批闻讯赶来的人群。看到邓小平，人群中爆发出欢呼声和掌声，经久不息，直到邓小平一行上车离开，人们才渐渐散去。

25 日上午 9 时，邓小平一行来到上步工业区中国航空技术进出口服务公司深圳工贸中心的电脑工厂和电脑软件厂参观。这个公司是一家合资企业，建立于 1982 年 8 月，是深圳市首家从事电脑引进开发、推广服务的电脑公司，主要生产微型电脑、电脑软件和电脑外壳等。邓小平一到厂里，就被这里有趣的电脑应用技术表演和工程师的生动介绍吸引住了，原定安排 15 分钟的参观时间，延长到整整 40 分钟。

副总工程师王兆全向邓小平介绍了他们是如何根据特区的特殊政策，从发达资本主义国家引进先进的电脑技术，然后又是怎样自己制造出功能、质量完全达到先进水平的电脑设备来，既少花外汇，又赢得了时间。邓小平听了高兴地连连点头。

当王兆全汇报到国外对电脑软件的生产如何重视、如何供不应求，而我们中国人多，只要通过引进样机，然后加以学习、消化，是完全有条件大量生产软件，进行智力输出时，邓小平不断点头表示同意，他说：搞软件生产，咱们中国有这个条件。有一位美籍华人学者告诉我，美国搞电脑软件编制的都是一批娃娃、学生，他还建议我们要积极培训青少年哩！邓小平望望大家，充满信心地说：“全中国有那么多娃娃、学生，搞软件是完全有条件的。电脑教育要从娃娃抓起。”

上午 10 时 30 分，邓小平来到全省农村的首富村——深圳河畔的渔民村。听说小平同志要来，村党支部书记吴伯森早早便来到村口等候。看见自己盼望已久的小平同志终于来了，吴伯森高兴得热泪盈眶，立即迎上前扶住小平同志说：“邓伯伯好！欢迎您，欢迎您！”

渔民村是深圳特区几年来迅速富裕起来的一个先进典型。他们利用与香港新界一河之隔的优越地理条件，依靠党的十一届三中全会以来制定的对外开放、对内搞活的经济政策，大力发展养鱼业、运输业和来料加工业，1979 年人均收入达 1 900 多元，居全省农村之冠。1981 年，全村户户收入过万元，成为深圳特区第一个万元户村。1982 年，35 户农户全部住进了村里统一新盖的双层小楼。1983 年又刷新纪录，人均收入达到 2 800 多元。饮水思源，老支书一再向邓小平表达对党中央的感激之情，并高兴地陪同邓小平参观了配有空调设备的文化馆。接着，他特意请邓小平到他家做客，邓小平欣然答应。

邓小平参观渔民村渔民新居。

新春将至，吴伯森的家里一派喜庆景象。陈设精致的客厅里，两盆果实累累的金橘，增添了很多欢乐的气氛。1983 年 2 月胡耀邦到吴伯森家里做客时，看到老吴穿着旧唐装，脚踏凉鞋，曾对他说：“你也应当穿漂亮一点。”所以今天吴伯森特意穿上崭新的呢大衣，皮鞋也叫老伴给擦得乌黑发亮。

邓小平同吴伯森一起坐在客厅里的沙发上，吴伯森如数家珍地点着家里的冰箱、彩电、洗衣机等新式家用电器，心里异常激动，他说：“我们穷苦的渔民能过上今天这样幸福的日子，真是过去做梦也没想到，感谢邓伯伯！是党中央和您为我们制定了好政策！"

邓小平说："应该感谢党中央。"

接着，邓小平又询问了吴伯森家里几口人，收入多少。吴伯森告诉他，这个村 1983 年人均年收入 2 800 多元，家家是万元户。吴伯森一家，平均每人月收入四五百元。

邓小平听后高兴地对随行人员说："比我的工资还高啊！"

走出客厅，邓小平参观了老支书家里的卧室，走进厨房观看了那全套不锈钢炊具、电子煤气炉以及院子里的各种花卉，并愉快地同老支书一起站在门口，让摄影记者拍照留念。

当走出渔民村口时，梁湘问："像渔民村这样的居住条件和生产水平，全国人民达到要多少年？"

邓小平说："大约需要 100 年。"

梁湘说："不要那么长吧？"

邓小平说："至少也要 70 年，到本世纪末，再加 50 年。"

后来，人们听到邓小平在北京向全世界宣布，要在下世纪中叶，使中国人民的生活达到中等发达国家的水平。回想邓小平在渔民村说的"再加 50 年"，那不正是下世纪中叶吗？显然，这不是巧合，而是早已在他心中酝酿的一个伟大的战略目标。只不过一向注重实际的邓小平更重视从实际出发，从 1979 年起就开始从理论上、从实践中论证这一伟大战略目标的可行性。从 1983 年江浙之行对小康目标的论证，到这次的南方视察，他无时无刻不在思考着这个宏伟的目标。他曾经说过：也许我们活不到下个世纪，但有责任提出下个世纪的奋斗目标……

深夜，桂园别墅楼上的灯光还亮着。深圳的许多干部群众还站在宾馆外，远远地望着那窗口亮着的灯光。他们在想：邓小平此刻在思考什么？深圳，在他心中是怎样的一个印象？

局外人也许很难理解此刻深圳人的心情。因为明天邓小平将要去蛇口，据说随后要去珠海，然后经过广州回北京。在深圳的这两天时间里，他看了不少地方，但每到一个地方，都是只看不说。如果他对深圳一句话也没说，如果几年来深圳人一切"大胆的尝试"都得不到肯定，结果将如何？深圳人都期待着邓小平能对深圳有个“说法”，但直到第二天离开，邓小平一直没有打破这个“沉默”。

1月26日上午8时30分，当汽车的马达声响起，邓小平乘坐的小轿车缓缓滑过桂园别墅的林荫道驶向蛇口时，邓小平也许不会想到，他此时留给深圳人的是一串沉重的问号……

1个小时后，车到蛇口，邓小平一行来到濒临深圳湾海滨的招商局蛇口工业区。这里是香港招商局主办的一个新兴工业城，只有4年多的历史。宽阔的道路绿树成行，现代化的标准厂房鳞次栉比，已建成的47个独资和合资企业中，30个已开工生产。

在工业区办公大楼7楼会议室，工业区董事长、总指挥袁庚向邓小平汇报蛇口工业区的建设情况。他说，1979年，蛇口是一片荒滩，路面坑坑洼洼，连像样的厕所都没有，如今道路四通八达，厂房林立，一个现代化工业区已初具规模。建成这样一个初具规模的现代化工业区，共花去人民币1.5亿元，但却没要国家投资一分钱，完全靠自己筹资或贷款解决问题。可见中央的改革开放政策在蛇口确实发挥了巨大威力。

邓小平听取深圳蛇口工业区负责人袁庚介绍情况。

袁庚谈到这里，觉得邓小平年事已高，听汇报时间不宜过长，便说：“再谈5分钟结束汇报。”

邓小平说：“没关系。”

袁庚又继续讲了20多分钟。他说，这几年蛇口工业区冒了点风险，进行了一系列的改革，如人事劳动制度实行了招聘制和合同制，工业区领导班子实行民主选举和企业经理聘用制。除此之外还实行了工资、住房和体制等方面的改革。他说，工业区有很大的自主权，办事不需左请示右请示，看准了就可以拍板定案。想当厂长、经理的人也没有什么后门可走，全部实行招聘制，靠本事吃饭，靠群众民主选举产生。说着，袁庚把 36 岁自学成才的工业区党委副书记乔胜利介绍给邓小平，邓小平高兴地要乔胜利坐到他身旁，问他的学历、年龄、工资收入和生活等情况。邓小平说，现代化没有年轻人不行，要鼓励年轻人挑起重担，多干工作。

听完汇报，邓小平走到窗前，指着一派繁忙景象的蛇口港码头，问袁庚：码头是什么时候建成的？能停多少吨位的船？袁庚一一作了回答。邓小平称赞道："你们搞了个港口，很好。"

接着，邓小平参观了蛇口工业区的一家中外合资企业华益铝材厂。在轧制铝薄板的机器前，厂长指着一批包装好的产品说，这是准备发运美国的铝薄板。邓小平听了，走上前去，仔细地看了看木箱上的英文字，又拿起自动冲床刚冲压出来的圆片称赞说："很薄，很光。"

结束对铝材厂的视察，邓小平一行登上微波山视察微波通讯站，并从山顶俯瞰整个蛇口工业区。他还向企业负责人了解了资金和设备引进、产品销路、职工收入和人才培训等情况。

10 时 30 分，袁庚请邓小平到即将在春节期间开业的"海上世界"做客。这是由一艘退役海轮改建而成的服务设施，这艘海轮在法国建造，戴高乐总统曾经乘坐过，后来被中国远洋总公司购进。

登上九层高的"明华轮"，大家都有点累了，陪同人员劝邓小平到房间休息，可邓小平的精神特别好，在女儿毛毛的陪同下，来到顶层甲板上。邓小平时而望望蛇口工业区，时而转身远眺碧波荡漾的深圳湾景色，时而又移眸伶仃洋海面上的艘艘快艇，脸上不时浮现出舒心的微笑。

午宴上，邓小平特别高兴，连饮三杯茅台酒。应"明华轮"主人的请求，邓小平挥毫题写了"海上世界"四个苍劲有力的大字。

邓小平离开"海上世界"时，自发来欢送的人群热烈地鼓掌，并以深情的目光注视着邓小平一行的车队朝港口驶去。

车上，梁湘问邓小平："您还有什么指示？"

邓小平说："没有什么，就是绿化还不够。"

梁湘回答说："今后我们一定按您的指示，尽快把深圳绿化好。"

下午2时45分，邓小平结束了对深圳的视察，乘坐海军炮艇朝着珠海经济特区驶去。

邓小平满意地离开了深圳。但是，这"满意"是人们仅仅从他的笑脸上感觉到的。因为在深圳的这几天里，他自始至终没有说多少话，特别是没说一句结论性的话。

二

26日下午，邓小平乘炮艇渡过伶仃洋到达珠海，入住中山温泉宾馆。邓小平要在这里休息三天，然后再到珠海市去看看。

27日，邓小平和家人正在宾馆散步。忽然，听到对面的游人向他高喊："邓伯伯好！""小平同志好！""邓爷爷好！"他马上停了下来。走在最前面的是广州荔湾区宝盛沙地小学的吴慧明一家三口，见到邓小平后介绍说：我们是广州来的教师，是来旅游的。邓小平听后高兴地笑了。

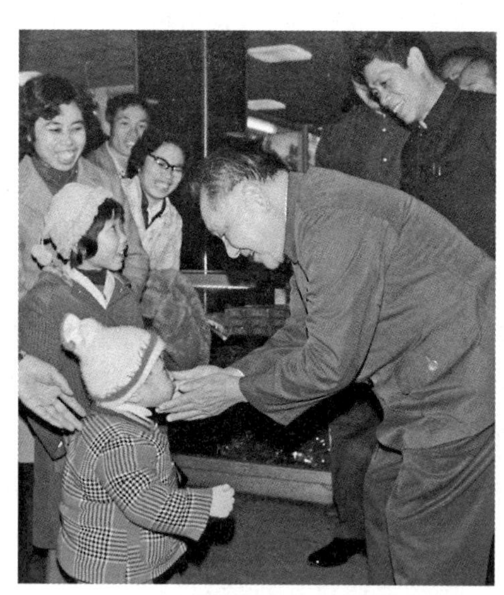

在中山温泉宾馆商场柜台前，邓小平高兴地抚摸小朋友。

稍后，邓小平在参观宾馆的商场时，又一次与吴老师一家邂逅。这一次，吴老师8岁的女儿谭志颖挣开妈妈的手，蹦蹦跳跳地跑到邓小平跟前，立正、鞠躬，然后甜甜地叫道："邓爷爷好！"

邓小平弯下腰，和蔼地与小姑娘交谈起来。小姑娘告诉邓爷爷，她是广州荔湾少年宫学书法的学生，作品还拿到国外展出过，很想送幅字给邓爷爷。邓小平认真地问："你写什么字呢？"小姑娘不假思索地说："我祝您长寿，就写'长寿'两字好吗？"邓小平听后笑着连说："好，好，好！"接着又弯腰亲吻了另一位老师带着的小男孩,才向他们挥手道别。

温泉宾馆背靠罗三妹山。28日上午9时,邓小平到山上散步,一直登上山顶。下山时,道路崎岖不平,警卫人员建议原路返回,邓小平斩钉截铁地说:“我从来不走回头路。”说完继续向前走去。

随后,他在宾馆会见了港澳知名人士霍英东、马万祺和澳门南光公司总经理柯正平等人。

邓小平说:“办特区是我倡议的,不晓得成功不成功?”

霍英东说:“这政策是对头的。”

邓小平说:“看来路子走对了。”

29日上午,珠海市委书记吴健民和市长梁广大等来到中山温泉宾馆,接邓小平到珠海市参观。

途中,邓小平一边观看市容,一边听取市委负责人的工作汇报。吴健民知道邓小平的耳朵有点背,所以一直是靠在他耳边向他介绍情况。邓小平极少插话,只是仔细地听着。

当吴健民谈到珠海经济特区创办5年间引进的投资项目时,邓小平问:“为什么在特区的项目那么少?”

“因为特区的范围划得小,才15平方公里多一点。开始引进的项目,多放在各个公社中去了。”

“嗯……”邓小平听后,仿佛在思索着什么。但他没有发表意见。

车子很快就驶进了拱北,先后经过了拱北工业区、通澳门的口岸、珠海度假村、九洲港口、直升飞机场和南山工业区。邓小平虽然没有下车,但在车上看得很仔细、很认真,有时还向坐在他身边的吴健民了解有关情况。一路上,邓小平看到的是纵横交错的大道,鳞次栉比的高楼大厦、厂房,川流不息的车辆,看到这些,邓小平欣慰地笑了。他对珠海的规划格局表示满意。

不一会儿,车子开到了香洲毛纺厂。年轻的厂长黄国明是珠海人,改革的洪流把他从一名普通的渔家子弟推到了中国第一批补偿贸易型中外合资企业的经营者岗位上。1978年冬,香洲毛纺厂正式签订了中外合作办企业的合同。这是我国步入改革开放历程后签订的第一批中外合资办企业的合同。这个厂从基建到投产前后不到一年。

邓小平参观了该厂的洗毛、混合、梳毛、走锭、纺纱、合股、成件、包装各个工序。

“这些设备是哪里的?”邓小平看得十分认真,边看边向黄国明提问。黄国明按每个工序的运作作了简要的介绍。

“是从联邦德国、瑞士、日本引进的。”

“原料是哪里的?”

“是从澳大利亚进口的。”

“产品销往哪里?”

“全部出口。我们是一家‘三来一补’的企业。”

“三来一补”,这是中国实行对外开放后出现在工业经济辞典中的一个新名词。尽管这是一种比较低层次的吸引和利用外资的经营模式,但对工业基础几乎是空白的珠海经济特区而言是一个良好的开端。由“三来一补”创造原始积累的财富,继而向自主经营的外向型企业方向发展,香洲毛纺厂“借鸡生蛋”,已成为由中方独立经营的外向型企业。

在香洲毛纺厂看了20分钟之后,邓小平一行乘车来到了狮山电子厂。这是一家珠海市自行设计、生产收录机及音响的替代进口型企业。见前来接待他的厂长李振是个年轻人,邓小平高兴地同他握手。

接着,李振向邓小平汇报了建厂的情况。他带着邓小平沿着整条作业线,一边走,一边看,一边作详细的介绍。珠海工业几乎是从一片空白起步,在这么短时间里就能生产出自己设计的收录机、音响等电子产品,这毕竟是一个可喜的变化。

临别前,邓小平兴致勃勃地观看了电子厂的产品展出橱柜,认真地听着介绍,然后他打量着这位年轻的厂长,问:“你是哪个学校出来的?”

“我是自己学习的。”李振回答说。

邓小平显然没有听清楚,侧耳问身边的人。女儿毛毛说:“他是自学的。”

邓小平笑着说:“是自学成才的啊。好!”

这时,吴健民插话说:“我们大胆使用这批年轻的干部。”

邓小平问李振:“你多大年纪了?”当这位厂长回答“28岁”时,邓小平连声说道:“好!好!年轻人管理工厂好,年轻人办事好!”

上午10时左右,邓小平到刚刚落成的珠海宾馆休息,宾馆总经理张倩玲陪着邓小平一行参观了宾馆。邓小平说:“这里发展旅游的条件比深圳好。”

中午，邓小平在珠海宾馆用午餐。席间，吴健民对邓小平说："中国兴办特区，同时充分利用港澳，是难以分开的一个统一的问题。深圳和珠海，感受尤深。这也许算是中国的特色。"邓小平微笑着点点头。突然，他问吴健民是不是大学生。吴健民回答说："我没有上过大学，1956年8月至1957年12月，我曾到中央高级党校学习，与卓琳同志是同一期的同学，我年纪大了，已决定退下来。"邓小平听后略转过头去，用慈祥赞许的目光望着吴健民。

按照接待方案，考虑邓小平第一次到珠海来，机会难得，珠海特区希望他能给珠海题词。总经理张倩玲请示了梁广大后，特意准备好桌子和笔墨纸砚，摆在邓小平用餐后的休息室里。

待邓小平用完餐并稍事休息后，张倩玲走过来，怀着企盼的心情对邓小平说道："请您给题词留念，好吗？"心情愉悦的邓小平欣然接受。他在人们的簇拥下，站起身来向桌子走去，拿起笔蘸了蘸墨汁，问道："写什么呢？"只见他沉思片刻，十分果断地挥笔题下了令珠海人民永远难忘的七个大字："珠海经济特区好！"

这是他到广东后首次题词赞扬特区。这不由又一次使人们联想到：他在深圳为什么既不明确表态，又不挥毫题词呢？当深圳人得知邓小平为珠海题词的消息后，心情变得更为复杂了。深圳市领导经过商量，决定派市接待处处长张荣赶往广州，请求邓小平题词。市领导的这一决定，实质上是想通过这一方法请小平同志给深圳打个"分"，看"及格不及格"。这何尝不是深圳人的共同想法呢？

1月29日下午，邓小平乘车离开珠海前往广州，路经顺德时，邓小平下车参观。在清晖园，顺德县委书记欧广源向邓小平简要汇报了党的十一届三中全会以来顺德发展商品经济的情况。他说，顺德人养鱼、种蔗、种花，发展商品生产，正逐步富裕起来。

在听取汇报时，邓小平插话说："塘鱼产量高，值钱，各种糠皮可以喂，我在泰国看到很便宜。""日本人一个人有100斤鱼，所以体质好。""山和水能解决大问题，我们的山利用得还可以，水不行。"

到达广州后，邓小平下榻广州珠岛宾馆。

此时，邓小平还不知道，深圳的同志已赶到广州，在等待他的题词。

张荣接受任务后，即于30日一早赶到广州。他通过有关方面将深圳人的请求向邓小平作了汇报。邓小平说，回北京再题吧。

第二天是农历的大年二十九，深圳人还在焦急地盼望着……

梁湘对纷纷前来问讯的人们说：“这说明我们的工作离党中央的要求还有距离，珠海题了，好，应当向别人学习，气不能泄！”

1月31日，邓小平参观了白天鹅宾馆，称赞这是搞得较好、赚钱的大饭店。邓小平在看了总统房后说，美国宾馆的总统房比这里的差得远了。就那么几个房子，要900多美元。他问宾馆的负责人：“这个多少钱？合美元是多少？”听完报价，邓小平说：“按这么算，这里的总统房值3 000美元。”

2月1日，时间已到了大年三十，人人都准备过年了。羊城的太阳分外明媚，花城的“花市”已经开了几天了，到处花气袭人。早饭后，邓小平领着外孙在珠岛宾馆内的小花园散步。

邓小平的女儿邓楠看到迟迟不肯回去过年的张荣，想了想说：“那，就这样吧，将他一军，我们把纸、笔都准备好了，他一回来，我就同他说。”

邓小平散步回来，看见桌上摆着纸、笔，连墨都研好了，便问：“啥子事？”

邓楠把张荣介绍给他：“这是深圳来的张荣同志。”

邓小平笑笑说：“认识，认识。还没回去过年？”

邓楠说：“你没给题词，人家哪有心思过年！”

邓小平听后笑了笑说：“这么严重，还要等着过年？”

接着，邓小平在沙发上坐下来，问道：“你们说，写什么好呢？”

张荣赶忙递上几个准备好的字条，有“深圳特区好”，“总结成绩和经验，把深圳经济特区办得更好”等，邓小平拿起字条念了一下，随手搁到一边，然后拿起笔，在砚中蘸上墨，几乎是不假思索地俯下身去，在纸上一字一字地题写：

“深圳的发展和经验证明，我们建立经济特区的政策是正确的。邓小平。一九八四年一月二十六日。”

题词刚写完，墨迹还未干透，张荣已抑制不住内心的激动和喜悦，赶忙上前将题词折叠起来，匆匆走出一号院。他兴奋得完全忘记了和邓小平及其家人道别的礼节。

大年三十中午时分，电话铃声响起——广州长途！一直守候在电话旁的深圳市副市长邹尔康拿起听筒。

“题了！题了！”听筒中传出的是张荣激动的声音。

邓小平为深圳经济特区题词。

“题了些什么？喂，你说慢点！”邹尔康尽量控制着激动的心情急切地问。

张荣说：“好，比我们想象的要好得多。他题的是：‘深圳的发展和经验证明，我们建立经济特区的政策是正确的。邓小平。一九八四年一月二十六日。’”

值得说明的是，细心的邓小平在落款时，没有落在广州下笔时的时间，而是把时间稍稍提前了一点，落的是他离开深圳的日子，也就是说，他对深圳的结论是在实地考察时就形成了的。也许，当他踏上深圳土地的第一分钟，就已经在考虑如何评价深圳了。但是，他并未说出来，而是在心中反复酝酿，最后才下结论。

深思熟虑，不露声色，而作出的决定往往出乎常人的预料。这，就是邓小平！

1984年春节，凌晨。当欢乐的爆竹呼啸着在深圳的夜空中炸响时，全城沉浸在一片喜庆和欢乐之中。杜鹃开得格外火红，金橘黄得格外耀眼。许多人见面的第一句话，竟不是“拜年”“恭喜”，而是兴奋地说：“题了，他题了！”

这个春节，有了邓小平这份厚重的礼物，深圳人过得何等快乐，何等踏实，心里又是何等喜悦啊！

三

2月7日，邓小平在王震的陪同下，从广州乘专列来到了厦门。这一天，是农历的大年初六，人们还沉浸在欢乐的新春佳节的气氛之中。

中共福建省委第一书记项南、福州军区司令员江拥辉、福建省省长胡平、中共厦门市委书记陆自奋、厦门市市长邹尔君等省市党政军领导到车站迎接。邓小平一行下榻在厦门宾馆5号楼。

厦门有“海上花园”之称。厦门春暖花开，阳光明媚，木棉、玫瑰、茶花、蔷薇争芳斗艳。鹭岛一派生机。

8日上午，邓小平和王震在省市有关负责人的陪同下来到已建成投产的东渡港5万吨位码头1号泊位。邓小平身着银灰色中山装，神采奕奕，迈着稳健的步伐朝驳岸走去，他关心地询问工程负责人：“工程进展好吗?”

工程负责人答道：“首期4个泊位已经建成，现在正抓紧储运仓库和港区道路建设。”

“好！好！”邓小平连声说道。

接着，他又了解了泊位的堆场建设情况，当他听说1号泊位已由杂货码头改为集装箱码头时，赞许地说：“要得，这一步有远见嘛。”

工人们正在安装集装箱装卸桥吊。邓小平几次手搭凉棚仰首观看，频频挥手向工人们致意。当他向2号、3号泊位走去时，看到数台10吨级龙门吊一字排开，他微笑着对身旁的有关领导说：“就是要按现代化港口标准来建设。”当他得知这样规模的岸式杂货码头当时是国内最大时，脸上露出喜悦的神情，他对陪同的有关负责人说：“发展经济特区，一定要基础设施先行。”

当邓小平同港区的同志们挥手道别时，深情地望了望东渡港区，嘱咐大家：“形势很好呀，希望你们扎实干，干得更好些。”

离开东渡港，邓小平登上了“鹭江号”游艇，项南坐在他身边。邓小平一边游览海上风光，一边听取项南汇报工作。

项南把一张厦门市区图在邓小平的面前摊开，指着地图对邓小平说：“厦门特区现在实际上只有2.5平方公里，应当扩大到全岛131平方公里。”

“为什么?”邓小平问。

项南回答说："2.5 平方公里面积实在太小了，太束缚手脚了，即使很快全部建成也没有多大意思。"

邓小平一边听汇报一边看着地图，听项南汇报到这里，他扭头看了看身边的王震，问道："你说行不行？"

邓小平乘"鹭江号"游艇游览厦门海上风光，听取中共福建省委书记项南的汇报。

王震说："我完全同意。"

邓小平肯定地说："我看可以，这没得啥子问题嘛。"

在场的省市负责人听了这番话，都露出了兴奋的微笑。

接着，项南又说，厦门岛四面是海，是天然的隔离带。厦门全岛建成特区，这对开展对台工作也有利。厦门离金门最近的距离只有 1 000 多米，一开放，再搞一个落地签证，"三通"不通也通了。所以厦门工作做好了，对将来祖国统一也有利。

听到这里，邓小平赞许地点着头说："对了，就是应该这样考虑问题嘛。"

项南又说："现在台胞到大陆，都不是直来直去，而要从香港或日本绕道来，这太麻烦了。如果把厦门特区变成自由港，这对海峡两岸人民的交往会起很大的促进作用。"

王震插话说："应该考虑这个问题。"

邓小平说："可以考虑。"并关切地问："自由港实行哪些政策？"

项南回答说："可以参考香港的做法，一是货物自由进出，二是人员自由往来，三是货币自由兑换。"

邓小平听后，静静地抽着烟，望着窗外的大海，仔细地思考了一会儿，说：

“前两条还可以，可后一条不容易，但没关系，在这个问题没解决之前，可以实行自由港的某些政策。”

在游艇上，项南建议把正在建设的厦门机场改称“厦门国际机场”。项南说：“建厦门机场就是为了飞新加坡和东南亚一些国家和地区，将来还可以飞台湾。叫‘国际机场’有利于对外开放。”

邓小平对项南的考虑极表赞同地说：“就是应当飞出去嘛！就用‘国际机场’这个名字。”

游艇环鼓浪屿一周后，邓小平一行登上了鼓浪屿码头。时值春节，鼓浪屿和厦门岛一样喜气洋洋，鼓浪屿码头游人如织。

忽然，鼓浪屿从未有过地欢腾起来了，拥挤的人群自然而然地让出一条路。举国上下无人不识的小平同志出现在人们面前，群众欢呼着，用劲地鼓掌，人们争先恐后地奔走相告，用敬佩的目光注视着眼前这位给他们带来好日子的慈祥的老人。

邓小平一路走也一路鼓掌，不时向人们挥手致意。不少人向他伸出手，他微笑着一一握着。当邓小平满面笑容地来到一群小朋友身旁时，一个个奶声奶气的声音向他传来：“邓爷爷好！”邓小平慈爱地走上前去摸摸他们的头，拉拉他们的手，拍拍他们的小脸蛋。

在音乐厅路口，一位妇女抱着一个小男孩站在那里，邓小平停下来，伸手摸摸小孩的脸腮，抱过小孩，在他脸上亲了亲。80 岁高龄的邓小平用这些无言的举动对祖国的花朵、对特区未来的建设者们表达了无限的深情。

随后，邓小平缓步登上了日光岩，领略鼓浪屿的自然风光。他情不自禁地对随行人员说：“这里风景好，我们合影留念吧。”

接着，邓小平接见了鼓浪屿好八连和厦门水警区官兵代表，并分别和他们合影留念。

2 月 9 日上午，邓小平到厦门大学视察。厦大的各级负责人、著名教授、先进工作者和学生代表 200 多人怀着激动喜悦的心情，早早地汇集在建南大礼堂。上午 9 时左右，邓小平乘坐的面包车驶入厦大的校园，师生们以热烈的掌声欢迎邓小平的到来。厦大的几位负责人迎上前去，邓小平亲切地同他们一边握手一边说：“同志们好！”并在师生的簇拥下走到礼堂前，同他们合影留念。其他没有参加会见的学生们闻讯也赶来了，邓小平频频向他们招手致意，并连连说："同学们好！同学们好！"学生们兴奋得直鼓掌。

带着对这座著名海滨学府的美好印象，邓小平又匆匆地前往正在建设中的湖里工业区。

来到湖里工业区的建设工地，举目望去，除了特区管委会办公综合楼外，区内的建筑物只有一座印华地砖厂的厂房和两座通用厂房，印华地砖厂也未正式投产。

邹尔君后来回忆说："中央是 1980 年批准办特区的，但湖里到 1981 年还是一片荒地，没有动工。那时我们心里很着急。因为深圳、珠海进展都很快，而我们还在同土打交道，解决基础设施问题。"

市委书记陆自奋也说："厦门真正地动起来，是在 1982 年以后，这样在时间上差距就比较大。小平同志就是在这样的一个情况下到了厦门。"

在这里，邓小平看到了厦门特区与深圳特区的明显距离。在特区管委会接待室，邓小平站在厦门特区远景规划模型旁边，一边认真听取厦门市市长兼特区管委会主任邹尔君关于厦门特区建设情况的汇报和讲解，一边陷入了沉思。厦门是我国天然良港和东南门户，与台湾隔海相望，金门近在咫尺，厦门具有独特的区位和人文优势。厦门经济特区的发展，对发展我国东南沿海地区的经济，对发展海峡两岸关系、促进祖国统一将发挥不可替代的重要作用。厦门经济特区必须上得快一些，应当办得好一些。邹尔君回忆说："小平同志 1984 年来的时候，我向他汇报说，我们比较慢，我们现在才抓这些事情。他只讲了一句话：'对头。'"邹尔君还回忆说："当时最苦恼的就是两个问题。一是特区太小，只有 2.5 平方公里，一眼就望穿了，要求扩大到全岛；二是在经济特区方面，赋予自由港政策。当时我向他汇报时，他点头微笑不答复。后来，他告诉我一句话，就是：'你的要求，我转告第一线的领导同志，让他们去作决定。'"

当邹尔君汇报完毕后恳请小平同志题词时，他欣然应允，在铺开的宣纸上满怀深情地写下了"把经济特区办得更快更好些"的题词。

当天，邓小平还视察了厦门国际机场和陈嘉庚先生生前倾资创办的集美学村。

在集美学村，邓小平怀着对被毛泽东同志誉为"华侨旗帜，民族光辉"的陈嘉庚先生的敬意，先后参观了集美鳌园、陈嘉庚故居和归来园，并在归来堂听取了集美校委会负责人关于集美学村发展过程和今后规划的汇报。邓小平赞扬

邓小平为厦门经济特区题词。

广大华侨支持祖国四化建设的爱国爱乡精神，并指示有关领导要进一步贯彻好侨务政策。

在厦门的几天里，邓小平每天都外出视察。不外出时，就在下榻的宾馆接见党政军领导干部、民主党派代表、台胞代表、华侨人士和港澳人士。在同原台湾成功大学教授、1981 年回大陆定居的厦大物理系教授沈持衡交谈时，邓小平还详细询问了他的生活和工作情况。

2 月 10 日，邓小平一行结束视察工作，将要离开厦门。临走之前的计划是在厦门种下几棵树。

想不到前一天还是阳光灿烂，这天一大早雨却沙沙地下个不停。省市负责人建议取消这一活动。可邓小平——这位全民义务植树的倡导者却坚定地说："下这点小雨怕什么，上山吧！"

大约上午 10 点来钟，邓小平和王震乘车来到万岩公园后山上。他们一下车，就冒着绵绵细雨，踩着泥泞的草地，步入植树区，抡起铁锹干了起来。邓小平种下了一棵大叶樟，项南说这是一种千年树，南国佳木。王震则选择了一棵南洋杉。不多久，邓小平、王震和省市负责人就种下了 12 棵樟树和南洋杉。

临近中午，雨又沙沙地下了起来，邓小平望着灰蒙蒙的天空说，这棵树这一下保活了。种完了树，邓小平的鞋子还沾着泥巴，就同王震等人一起，直接到火车站，登上了北去的专列。

四

2 月 15 日上午 9 时 30 分，一辆乳白色的面包车徐徐驶进上海宝山宾馆。邓小平在王震和中共上海市委第一书记陈国栋、第二书记胡立教等负责人的陪同下，健步走下车来。冶金部副部长、宝钢工程总指挥黎明以及宝钢总厂的领导迎上前去，邓小平同他们一一握手。

在休息室里，黎明首先向邓小平汇报了宝钢一期工程的进展情况，同时，简要汇报了宝钢二期工程前期准备的情况，并说已做了大量工作，需要抓紧时间尽快决策。

这时，陈国栋插话说："看来宝钢二期非上不可。"

"宝钢二期上是肯定要上，问题是什么时候上。"邓小平说。

接着，邓小平向在座的宝钢工程指挥部和宝钢总厂的主要负责人详细询问了如果决定立即上宝钢二期工程，哪一年可以干完，1984 年、1985 年两年行不行，每年要多少投资，投资高峰在哪一年。

宝钢的同志一一作了回答。

听了宝钢的同志的汇报，邓小平心里有底了。他说："原来国家计委考虑宝钢二期工程在'七五'期间上，如果 1985 年只要 2 亿元，还可以上得快一些，不要耽误时间。"

王震也接着说："对，还是要争取时间。"

邓小平在详细听取了宝钢同志的汇报后，十分高兴地为宝钢集团亲笔题词："掌握新技术，要善于学习，更要善于创新。"并和宝钢工程指挥部、宝钢总厂的主要领导干部及劳动模范代表合影留念。

随后，邓小平在黎明等人的陪同下兴致盎然地驱车巡视了宝钢纵横 13 平方公里的厂区。在延伸到江中 1 600 米的宝钢主原料码头上，邓小平眺望着滚滚东流的浩瀚江水，关切地询问了码头水深、航道疏浚、能停泊几万吨级的货轮等情况，并饶有兴致地观看了卸船机的高效率工作。邓小平边看边与陪同的宝钢领导同志交谈说："我们要把日本的技术都学过来。"

在高炉工地，邓小平指着从日本引进的 4 063 立方米大高炉，详细询问目前世界上最大的高炉是多少立方米，在哪个国家。他还关切地询问在场施工的职工是哪个省市、哪个建筑公司的。当听说承建高炉的冶金部第十九冶金建设公司许多职工是四川人时，邓小平慈祥地笑了，并亲切地说："是我们家乡的，同志们辛苦了。"邓小平亲切的乡音激起了工人们经久不息的热烈掌声。他还频频招手向广大建设者们致意。

在宝钢自备电厂视察时，邓小平登上了12米高的中央控制室，通过电视屏幕图像观看了两台35万千瓦发电机组的正常运转情况。他询问这两台机组发的电，宝钢自己够不够用。当他了解到电厂年发电量是49亿度，宝钢每年自用只需36亿度，多余的电都输入华东电网时，他非常满意地点了点头。

在观看电子计算机自动控制的仪表时，邓小平询问正在操作电子计算机的职工是什么文化程度，陪同的电厂厂长介绍说，几位上岗操作的同志都是大专毕业，邓小平微笑着说："掌握电子计算机的应该是大学生。"

邓小平一行还参观了微电子技术及其应用汇报展览。在参观时，曾在上海市少年计算机程序设计竞赛中获一等奖的初中学生李劲和小学生丛霖，用自己编制的程序，在电子计算机上为邓小平、王震等表演了机器人唱歌、眨眼睛、下棋。邓小平问了两个孩子的年龄，对在场的上海市干部说："计算机的普及要从娃娃做起。"

邓小平在上海微电子技术及其应用汇报展览会上。

16日上午，邓小平亲切会见了探索高等教育管理改革取得显著成效的上海交通大学的主要领导干部和部分教授。

回到北京后，2月24日，邓小平同几位中央负责同志谈话说：最近，我专门到广东、福建,跑了三个经济特区,有了点感性认识。我们建立经济特区,实行开放的政策,有个指导思想要明确,就是不是收,而是放。

对于深圳,邓小平的印象是“一片兴旺发达。深圳的建设速度相当快,盖房子几天就是一层,一幢大楼没有多少天就盖起来了。那里的施工队伍还是内地去的,效率高的一个原因是搞了承包制,赏罚分明。深圳的蛇口工业区更快,原因是给了他们一点权力。500 万美元以下的开支可以自己做主。他们的口号是‘时间就是金钱,效率就是生命’”。

邓小平说:“特区是个窗口,是技术的窗口,管理的窗口,知识的窗口,也是对外开放的窗口。”

在邓小平的倡议下,3 月 26 日,中共中央、国务院召开了沿海部分城市座谈会。会议根据邓小平的建议,提出将厦门特区扩大到全岛,并实行某些自由港的政策。会议建议:进一步开放大连、秦皇岛、天津、烟台、青岛、连云港、南通、上海、宁波、温州、福州、广州、湛江、北海 14 个沿海港口城市。5 月 4 日,中共中央、国务院在批转这次座谈会《纪要》的通知中强调:“邓小平同志 2 月 24 日关于对外开放和特区工作的重要谈话,以及沿海部分城市座谈会就此提出的贯彻落实的意见,是发挥沿海大中港口城市的优势,开创利用外资、引进先进技术的新局面,加速社会主义现代化建设的一个重要步骤;是关系到争取时间,较快地克服经济、技术和管理落后的状况,实现党的十二大确定的奋斗目标的一项大政策。”

邓小平的这次特区之行,对全国的对外开放工作起到了十分重要的推动作用,对特区的建设和发展也产生了重要影响。

5 月 31 日,六届全国人大二次会议通过《关于海南行政区建置的决定》,决定设立海南行政区,海南经济特区的筹建工作也开始了;

6 月 9 日,国务院宣布,批准深圳赤湾码头正式对外开放;

7 月 4 日,国务院宣布,批准将珠海市湾仔码头辟为向澳门开放的客运口岸;

11 月 2 日,国务院宣布,将沙头角辟为深圳经济特区口岸;

11 月 29 日,国务院批准将汕头特区的面积调整为 52.6 平方公里。

要进一步加快开放

（1985年）

江苏、上海、广东之行，邓小平关注的是长江三角洲、珠江三角洲的进一步开放。“再加上闽南三角洲”，“沿海连成一片了”。

俗话说：“一年之计在于春。”也就是说在每年新春开始的时候，人们总是少不了要为这一年好好筹划一下。

邓小平，这位81岁的老人在1985年新春来到的时候，又在为我们的国家和人民，为改革开放的大业筹划着，为下一步的战略目标筹划着。

这位老人已是成竹在胸。

他在北京坐不住了，他仍然把这次外出选择在南方。

这已经是邓小平连续三年的南方之行：

1983年的春节，他视察了江苏、浙江、上海，用他自己的话说，一路上喜气洋洋。他对“翻两番、奔小康”的目标心里有了底。

1984年的春节，他视察了深圳、珠海、厦门、上海，在经济特区承受来自方方面面巨大压力的时候，他肯定了建立经济特区的政策是正确的，明确了实现开放政策的指导思想：不是收，而是放，并且提出了沿海开放的大思路。

这一次的南方之行，老人又在想些什么呢？

一

1月31日，老人乘坐的专列离开了北京。

这次随同邓小平外出的还有中共中央政治局委员王震。

十几个小时后，也就是2月1日的11时30分，老人乘坐的专列稳稳地停在南京车站。

中共江苏省委书记韩培信、副书记沈达人，南京军区司令员向守志、政治委员郭林祥在车站迎候。

江苏省省长顾秀莲正值在京参加会议刚结束，她也同车返宁。

邓小平走下火车，与前来迎接的省委和南京军区领导一一握手。然后由韩培信、沈达人、向守志、郭林祥陪同乘坐面包车，前往位于南京东郊的中山陵 5 号下榻。

中央顾问委员会副主任许世友在中山陵 5 号的大门口迎接邓小平。

邓小平与许世友亲切握手，互致问候。

稍事休息后，邓小平和许世友、韩培信、向守志、郭林祥、沈达人、顾秀莲等共进午餐。

2 月 2 日上午 9 时，邓小平、王震在韩培信、沈达人、顾秀莲等的陪同下，游览南京著名的玄武湖公园。

玄武湖三面环山，一面临城，“五洲”星罗，堤桥相接，湖光山色，风景优美。

邓小平乘坐面包车从住地出发，经过四方城，进中山门来到市区，经中山东路、大行宫，从太平北路到北京东路再到鼓楼广场，沿途老人始终注视着窗外，看着这个城市的变化，他脸上总是充满微笑，心情也特别好。

汽车经玄武门驶入玄武湖公园，从环洲到樱洲再到梁洲，绕道一圈。在梁洲的停车场，邓小平健步走下车。

在玄武湖的“五洲”之中，以梁洲风景最佳。洲上有览胜楼、展览馆、牡丹园、闻鸡亭等。

邓小平步行绕梁洲一周。

正在游览的群众见到邓小平十分激动，报以热烈的掌声。邓小平也向群众频频招手致意。

半个小时过去了。邓小平离开玄武湖，前往南京长江大桥参观。

南京长江大桥位于南京城下关和浦口之间，是我国自行设计、自行施工的跨越长江的现代化双层铁路公路两用桥。

上午 10 时 30 分，邓小平在大桥的南堡下车，乘电梯到二层铁路桥面视察，然后再乘电梯直上四层的南堡平台。在平台上，邓小平极目远眺大江南北，并在此照相留念。

参观大约进行了 20 多分钟。

上午 11 时 10 分，邓小平来到当时南京的最高建筑金陵饭店参观。

饭店的负责人周鸿猷等早已在饭店门口迎接。

邓小平和王震步入大厅后乘电梯直上 32 层，参观了单间、套间、特套间和总统套间。

周鸿猷向邓小平、王震汇报了他们学习国外现代化饭店管理经验，通过改革试图走出一条具有中国特色的饭店经营管理道路。

邓小平听后赞许地说，对的，很好。一定要在改革上下功夫，把饭店管理好。他在签名留念时，风趣地说："噢，今天是 2 月 2 日，是个好日子啊！"

随后，邓小平乘电梯来到顶层的旋宫，早已在那里等候的有在宁的中顾委委员江渭清、惠浴宇、聂凤智、杜平、萧望东、唐亮和中共江苏省委副书记孙颔、省顾问委员会主任柳林，邓小平和大家一一握手，并共进午餐。

2 月 3 日是一个星期天。邓小平在韩培信、向守志、郭林祥、沈达人、顾秀莲等的陪同下前往灵谷寺、中山陵、中山植物园和紫金山天文台参观。

邓小平在南京中山陵和游览的群众亲切交谈。

上午 9 时 20 分，邓小平来到中山陵。他刚一下车，游览的群众便不约而同地汇集过来，热烈鼓掌。邓小平向大家挥手致意。群众自觉让出一条道，邓小平拾级而上。这时有四位年轻姑娘带了一个小男孩挤出人群，围着邓小平激动地喊道："邓爷爷好！""邓爷爷好！"还有一位四十开外的妇女挥手让十几岁的女儿来到邓小平面前，邓小平同她们一一握手。人群中爆发出一阵阵掌声。

离开中山陵，邓小平又来到了中山植物园的温室参观。

本来安排邓小平首先参观药物园。可是，邓小平在有关人员的陪同下，径直来到温室前。当他们走进温室时，植物园的同志还未到。邓小平一边等待，一边观赏千姿百态、姹紫嫣红的盆景。不一会儿，研究所副所长杨志斌赶到了。他双手紧紧握住邓小平的手，欢迎邓小平的到来。邓小平也非常高兴，连声称赞这里风景很美。

不知是太兴奋了，还是太紧张了，一时间杨志斌连客气话也不会说了，竟情不自禁地脱口说道："小平同志，多亏您批了八个大字，我们才能够回到这里来！"不知是邓小平没听清楚，还是话题太突然，邓小平似乎没有听懂。在一旁的江苏省省长顾秀莲对杨志斌说："小平同志耳朵不太好，你声音说大点。"于是，杨志斌又大声重复了一遍。邓小平听懂了，他回忆了一下说："对！是有这回事，一晃都过去十年啦！"

事情发生在十年动乱期间。

1974 年，起因是江苏省植物研究所全体科研人员和职工给邓小平写了一封信，反映他们研究所面临的困境。

南京中山植物园，其前身是 1929 年建立的"孙中山先生纪念植物园"。1954 年，在"孙中山先生纪念植物园"旧址上重建了中国科学院南京中山植物园。到"文化大革命"开始时，该园已建立起苗圃试验区、药用植物园、材用树种园、松柏园、树木园和分类系统园共 700 余亩，试验温室 2 000 多平方米，科研大楼拥有植物标本 40 余万份，还与 40 多个国家的 300 多个植物园建立过种子苗木交换关系，引进了油橄榄、速生松等植物。"文化大革命"开始后，中山植物园的厄运接踵而来：全所人员被"下放锻炼"，研究所被并入其他单位，研究基地被不相干的单位占用，大批名贵树种被砍伐，苗圃与温室被辟为水稻田、菜园。

1972 年夏，英国皇家科学院院士、《中国科学史》一书作者、八十高龄的李约瑟先生来到南京，指名要看看中山植物园。接待人员只好以"植物园人员外出斗批改"为托词而婉言谢绝。李约瑟说："我研究中国科学史数十年，早就想亲眼看一看世界闻名的中山植物园。人员去斗批改了，植物不去斗批改，能不能让我去看看植物？"结果还是遭到拒绝，他只好遗憾地离开南京。

林彪反革命集团被揭露后，植物研究所的领导、科研人员和职工多次向上级有关部门打报告，要求归还被占用的房屋和园地。可是，一个个报告如石沉大海，杳无音讯。植物研究所从领导到员工由气愤变成了气馁，由失望变成了绝望。

1973年3月，邓小平恢复了国务院副总理的职务。植物研究所的干部并不了解当时复杂的政治斗争内情，可是，他们凭着直觉，认定邓小平是值得信赖的，于是鼓起勇气，抱着最后一线希望，给邓小平写了一封长达5 000余字的信，并在研究所发起了签名活动。当发起人拿着这封信到处找人签名时，有的人边签名边叹息道："又来签名了，有什么用啊！"发起人则坚定地说："有用！这次一定有用！"

1974年6月中旬，这封寄托着植物研究所干部群众对邓小平无限信赖的信终于发出了，并很快到了邓小平的手中。

看着这封群众来信，邓小平陷入了沉思。他清楚地记得，1949年4月南京解放后，为了做好城市接收工作，避免破坏，他曾专门在南京待了一个星期的时间。而如今，在极"左"思潮的影响下，这样一座世界闻名的植物园，竟然遭到破坏，名存实亡，这是他不能容忍的。

邓小平看完信后很快就写了如下批示：

> 军队占用地方房屋，凡能腾出的都应归还。此件转给南京军区处理（如来信属实，应坚决归还），并向军委报告。
>
> 邓小平　六、廿五

邓小平作出这个批示的当天下午3时40分，国务院值班室即向江苏省委打电话，查问有关江苏省植物研究所的情况，要求省委及时上报。随后，南京军区也接到中央军委办公厅转来的邓小平的批示和江苏省植物研究所给邓小平的信的复制件，要求迅速查处上报。

这样，归还中山植物园的问题很快解决了。

当归还植物园的喜讯传来时，植物研究所的干部群众几乎不敢相信这是真的。直到他们带着幸存的几十万份植物标本和成箱成捆的研究资料重返阔别数年的故园时，这才兴奋得手舞足蹈，不能自已。

兴奋之余，植物研究所的负责人想搞清楚，究竟是什么原因这么快就落实了政策，经多方询问，他们得知是邓小平作了大意是"如属确实，坚决归还"的八字批示。尽管他们并没有亲眼看到邓小平的批示，可是，他们坚信不疑地向干部群众传达说，多亏邓小平作了这八个字的批示，才能够这么顺当地重返植物园。一传十，十传百，人们争相传诵着邓小平给植物研究所的八字批示。

了解了这段历史，人们对杨志斌见到邓小平时所表现出来的发自内心的异常感激之情也就可以理解了。所以，在 10 年之后，在植物研究所的大批研究人员经过十年浩劫重新回到研究所之后，在植物研究所乘改革开放的春风获得大发展的今天，听说邓小平来了，研究所的工作人员都赶来了。

所长贺善安向邓小平介绍了研究所的概况，介绍了改革开放以来研究所为经济建设服务和加强国际科技合作等方面的情况。邓小平认真地听着，不住地点头。

在参观时，当邓小平看到一盆标名“峨眉海棠”的植物时，问道：“这真是峨眉山的?”

邓小平在南京中山植物园仔细听取工作人员讲解仙人掌的生长习性。

“这是在峨眉山发现的，而且是在野外环境下偶然发生的一个自然变异，是海棠属科中很难得的珍品。”贺所长回答说。

邓小平听了高兴地说：“哦，这是我们四川峨眉山的东西。”

啊，这是多么真切的一位普通老人的乡情。

中山植物园是以研究培育仙人掌类植物著称于世的。在人们印象中，仙人掌只不过是沙漠中长着刺的块茎状植物，大不了再在顶端开几朵花。可是，在中山植物园仙人掌类植物展室里，呈现在邓小平眼前的竟是数百个品种的仙人掌植物，小的可置于掌心，大的如同粗壮的“狼牙棒”，五光十色，争奇斗妍。邓小平兴致盎然地观赏着。当看到有株巨大的仙人掌一直长到房顶时，他很感兴趣地问道：“再长高怎么办呢？”

贺善安回答说：“为了不影响它生长，我们就把它锯掉一截子，让它缩回来再长。”

邓小平听后说：“噢，这是个办法。”

接着，他又风趣地说：“你们应该把房子接上一层嘛！”

一句话，引得在场的同志全都笑了起来。

原定参观的时间已经到了。这时贺善安向邓小平提出了题词的要求，邓小平看了一下身边的工作人员，然后和蔼地说：“这样吧，我就不题词了，我给你们签个名吧。”他在签名簿上写道：“邓小平　二月三日”。

这时，一位女同志向邓小平献上了一束鲜花。邓小平跟植物园的同志一一握手告别。

上午10时30分，邓小平来到了紫金山天文台。

紫金山天文台位于南京紫金山第三峰上，建有大赤道仪室、小赤道仪室、子午仪室等。大赤道仪室中有大口径的天文观测望远镜。

紫金山天文台是世界著名的天文台之一。它对小行星的观测与研究处于世界前列，已发现并被国际统一编号的小行星有120多颗。中国科学院学部委员、紫金山天文台名誉台长张钰哲，1928年11月22日在美国发现的一颗小行星，国际编号为1125，张钰哲将它命名为“中华星”。这是中国人，也是亚洲人发现的第一颗小行星。

我国是天文学发展最早的国家之一，很早就发明了观测天文的仪器。现在紫金山天文台还保存着中国古时的天文仪器，如浑仪、简仪、天体仪、地平经纬仪、圭表及漏壶等。这些都是世界上现存的最古老的天文仪器，是中国人民创造智慧和科学才能的结晶。

邓小平一到天文台，全台的专家、科研人员都聚集在主台下，欢迎小平同志。

在休息室里，张钰哲向邓小平汇报了我国天文学家在探索自然和宇宙规律，为经济建设和国防建设服务方面取得的成就。在汇报中张钰哲提到，1986年可以在澳大利亚观察到哈雷彗星，他希望能有机会去考察。后经小平同志关心，张钰哲获准去澳大利亚考察。

随后，邓小平参观了主台和古天文仪器。当讲解员说到，民间传说“牛郎”“织女”每年农历七月初七鹊桥相会，其实，这两个星座相隔 17 光年，“牛郎”与“织女”永远不可能相会时，邓小平笑了。

邓小平参观南京紫金山天文台。

中午 11 时，邓小平与天文台的 100 多位专家、科研人员合影留念。

2 月 4 日上午 9 时 30 分，邓小平与王震来到中山陵 5 号宾馆大厅，接见了江苏省和南京军区的领导同志及部分老同志，并和他们合影留念。邓小平还分别和宾馆工作人员、警卫人员、新闻记者一起照了相。

中午 11 时 35 分，专列徐徐开动，邓小平向大家挥手致意，前往上海。

二

2 月 4 日下午，邓小平乘坐的专列抵达上海。中共上海市委领导陈国栋、胡立教、阮崇武、王鉴、黄菊等前往车站迎接。

中共中央书记处书记陈丕显也到车站迎接。

邓小平下榻在上海西郊宾馆。

随同邓小平一起抵沪的王震一行住在虹桥宾馆。

2 月 7 日上午，邓小平听取了上海市委领导同志陈国栋、胡立教、杨堤、汪道涵、阮崇武、吴邦国、黄菊等的工作汇报。

王震、陈丕显出席。

阮崇武在汇报中说，1984 年上海工农业总产值达到 786 亿元，比 1983 年增长 9.3％。地方财政收入完成 159.6 亿元，比 1983 年增长 4.2％。

邓小平问："平均能搞到 7.2%吗?"

阮崇武汇报说，1984 年上海第三产业的产值占国民生产总值的 21%。邓小平很有感触地说："外国人说我们潜力最大的是第三产业，第三产业是个缺门的东西，基本上没有动。第三产业在发达国家占国民总值的 50%到 60%，你们是 21%，全国根本说不上。美国的一个研究所说，到本世纪末，中国的国民生产总值将达到 1.5 万亿美金。我们不是要达到 1 万亿嘛？我们应该是 1.5 万亿。很有道理。他就是讲第三产业问题，第三产业是个缺门，潜力很大。"

这时，陈丕显插话说："很难讲我们到本世纪末第三产业与国民生产总值的比例就达不到 50%到 60%。最近，我去了南通、常熟、沙洲、宁波等四个地方走了一圈，都是'七五'期间就可以翻两番，速度快得很。到 1990 年，距本世纪末还有 10 年时间呢！当然我去的 4 个地方都是最好的地方。"

阮崇武说，1984 年有 6 000 批、两万人次外商来上海谈生意。邓小平听后非常高兴，他说："外商兴趣比较高的是上海，愿意到上海来。他们愿意到上海来投资。"

陈国栋接着说，永安集团在上海开店，同时搞食品工业，以探索外汇平衡方法，邓小平说："这就是了，路子要走得宽一些。"

当阮崇武汇报到上海的市政建设问题时，邓小平问道："地铁问题解决了吗?"

"解决了，我们准备与外商合资。"阮崇武回答说。

"你们准备找谁合作?"

"我们正在与日本、香港等厂商谈判，还准备引进一些设备。"

"这就是了。"邓小平说道。

邓小平还特别提到要改善上海的投资环境，指出环境好了，"这样人家就来投资了"。

关于上海的道路建设，阮崇武汇报说，我们准备搞 5 条高速公路，第 1 条已经开工，高速公路每公里造价需要 1 000 万元。

邓小平问："就是在你们上海市的范围内？你们上海的街道也窄。"

陈丕显对上海市委的领导说："你们要算一本账，交通堵塞造成停车的损失，一样影响资金的利用率，否则 1 000 万元 1 公里要把别人吓坏。"

说到上海的自来水改造工程，邓小平提出了批评意见，说："你们的水也不干净。”

在汇报到上海的高层建筑的建设情况时，邓小平连连表示：“要快一点。”

阮崇武在汇报中还谈到了上海港口的一个情况，引起了邓小平的高度重视。

阮崇武说，1984年上海港口年吞吐量突破1亿吨，但压船罚款一年就达7 000万美元。

邓小平说：“你们现在还罚款？港口条件差，要综合利用。利用宁波、张家港这两个港口。包玉刚说，如果在宁波建立这个宝钢，成本要降低30%，一船可装20多万吨，你们一船只装几万吨。现在宁波我就委托包玉刚牵头，把宁波发展起来，包给他。他投资5 000万美元，办一个大学，还办一个钢铁厂。”

当阮崇武说到上海外汇留成3亿美元，实际需要进口原料就要8亿美元，而进口原料后，生产的产品要供应全国时，邓小平说：“提点价嘛。质量搞得好一点嘛！优质的提点价嘛。上海有这个本事。就是这么个出路，没有别的出路。高档产品可以立即解决这个问题。尽可能搞好一点，还要奋斗几年。”

接着，汪道涵汇报说，上海现有四个机场，江湾、龙华机场已不能使用，影响了上海的发展。建议国务院、中央军委和上海市组织一个小组，对机场的整个发展搞一个计划，邓小平点头同意说：“搞个计划嘛！”

邓小平还饶有兴趣地问到上海和美国道格拉斯合作生产飞机的有关情况。

汪道涵说，现在空港分离，地方建立航空公司遇到了矛盾。邓小平听后表示：国务院要搞出一个方案来。

谈到上海的马路拓宽问题，邓小平问道：“一个交通，一个通讯，这两个东西你们几年可以解决？”

陈国栋回答说：“5年。”

当汪道涵汇报到对外开放、对内搞活急需培养人才时，邓小平说：“这种人，上海最容易上，搞点速成的学校，半年为期。上海人脑筋活。”

陈国栋说：“要培养年轻人。”

邓小平表示赞同，并说：“就是要年轻一点，老的当顾问，帮帮忙。他们有这个条件，一上来就能干二三十年。老脑筋再强顶多能干5年。”

陈国栋和胡立教在汇报中说，上海对翻两番有信心，1990年有可能翻一番。邓小平听后极为兴奋，他十分高兴地说：“1990年办得到？上海能办到，全国肯定能办到，别的地方都可以提前，因为它本来就低嘛。”

王震也插话说：“其他省市基数低。”

随后，胡立教汇报了上海的治安情况和核查“三种人”的情况。

陈丕显说，一年半以来通过打击刑事犯罪活动，治安情况有了好转。

说到这里，邓小平接过话题，说：“真正的治安好转，是 800 美金，翻两番。真正好转是那个时候。但是你不压这股风啊，它发展得可快哩，特别是经过‘文化大革命’的‘锻炼’，‘培养’了一批人出来。”

听了上海市委领导的汇报，邓小平更加了解了上海，在他的心里，上海是他运筹已久、将要投放到改革开放大格局的一枚十分重要的战略性棋子。

2 月 13 日晚，邓小平同王震一起离开上海前往广州。

三

2 月 19 日是农历除夕，下午 6 时 55 分，邓小平在王震、邓颖超等人陪同下来到广州白天鹅宾馆，同广东省、广州军区的负责同志以及各界群众 600 多人一起参加广东省春节联欢会。

2 月 23 日，也就是农历大年初四，邓小平在白天鹅宾馆接见了霍英东和他的儿子霍震霆，并和他们共进晚餐。

邓小平在广州参观白天鹅宾馆并签名。

霍英东，香港著名爱国人士，和邓小平相识已久。早在 1964 年国庆 15 周年时,他作为港澳地区观礼团的成员,在北京人民大会堂的国宴上,受到了邓小平的接见。1977年7月26日他率领香港足球队来北京参加亚非拉国际足球邀请赛时,邓小平又接见了他。说来也巧,那是邓小平第三次复出后第一次公开露面。改革开放以后,霍英东积极支持内地的建设,最早到内地投资,1980年在广东中山投资建设了中山温泉宾馆,1983年在广州建成白天鹅宾馆。白天鹅宾馆开业后,一些做法遭到了一些非议,但邓小平对他表示了支持。1984年邓小平第一次南方视察时,在中山就住在温泉宾馆。这一次,他在参观白天鹅宾馆时肯定地说:"'白天鹅'好。"回到北京后,他在一些会上也多次肯定了"白天鹅"的经营管理经验。

这次邓小平专门会见并宴请霍英东的一个重要原因是霍英东是广东人,比较熟悉珠江三角洲的情况,他想听听霍英东对开放珠江三角洲的意见。

席间,邓小平还多次提到了"三个三角洲"的开放问题。

这个问题早在年初中央就提出来了。

负责这项工作的国务委员谷牧后来回忆说:"到了1984年年底,根据沿海14个城市开放的进展,党中央、国务院领导同志研究进一步扩展沿海开放地区,即把长江三角洲和珠江三角洲的一些市、县,开辟为沿海经济开放区,比照实行沿海开放城市的政策,以扩大出口贸易为导向,发展工农业生产,繁荣经济。参与酝酿决策的领导同志认为,这两个地区有较好的工业加工技术基础,乡镇企业发达,农业商品率高,实行开放后,加上扩展外贸、利用外资的牵动,将会促进改革,加快经济发展,先行富庶起来,成为沿海开放城市依托的坚强腹地。这样做十分有利、可行。从这两个三角洲取得经验后,可在适当时机扩大到北方的胶东半岛和辽东半岛。

"在研究此事的过程中,1985年1月4日,应小平同志之召,我前往汇报。我先向他讲了沿海14个城市开放8个多月来的主要进展情况,小平同志听了之后说,看起来大有希望。接着又谈到珠江三角洲和长江三角洲的开放问题,他说,'这很好嘛!沿海连成一片了'。这时,我把在国务院讨论时我提的一项建议向小平同志作了汇报,即把条件与上述两个三角洲大致差不多的福建南部的厦门、漳州、泉州一带的沿海市、县也列为沿海经济开放区。我说,这既有利于福建的改革开放和经济发展,又有利于加强对台工作。小平同志说:'好嘛,再加上闽南三角洲。'

“开放珠江、长江三角洲和闽南厦漳泉三角地区这件事，中央、国务院让我组织有关部门和地区拟订具体政策措施，进行部署和贯彻。我于1985年1月14日到16日，先约请有关地区一些熟悉情况、有政策水平和思考能力的同志，开了小型调查会，共同理出了政策构架，向中央书记处和国务院常务会议作了汇报，得到赞同。1月25日至31日，受中央和国务院的委托，我在北京召开珠江、长江三角洲和闽南厦漳泉三角地区座谈会，经过讨论，形成了会议纪要。2月18日，中央、国务院以中发〔1985〕3号文件下发全国。在对外开放进程中，继经济特区、沿海开放城市之后，又产生了沿海经济开放区这个新的开放层次，有59个市、县纳入了这一序列。”

对于邓小平席间多次提出的“三个三角洲”开放问题，霍英东后来说：“这次听了小平先生的谈话，使我进一步开阔了眼界，从改革开放的全局进一步认识到珠江三角洲优越的地理位置和重要的经济地位。我正是在这一思想的指导下，近年来集中个人的力量投资开发番禺南沙，以此建设番禺，联结香港，支持珠江三角洲及广东的经济发展。”

邓小平的这次江苏、上海、广东之行，实际上是和长江三角洲、珠江三角洲以及闽南厦漳泉三角地区的开放密切联系在一起的。

开发区大有希望

（1986 年）

游漓江："漓江的水变清了。"破例追忆斗争经历，百色起义浮现脑海。在成都过春节："今天终于见到我的'父母官'了。"视察天津："对外开放还是要放，不放就不活，不存在收的问题。"为天津经济技术开发区欣然命笔："开发区大有希望。"

一

1986 年 1 月 26 日，邓小平一家在王震的陪同下乘专列抵达了广西桂林火车南站。

站台上，中共广西壮族自治区党委书记陈辉光、自治区政府主席韦纯束、自治区党委秘书长钟家佐和桂林市委的领导同志王仁武等在此迎候。

邓小平、王震走下列车，与陈辉光等一一握手。随后，乘坐一辆中型面包车驶向位于市中心的榕湖饭店。

榕湖饭店，解放初期是个政府招待所，后来改建成桂林的"钓鱼台国宾馆"。这里曾接待过几十个国家的元首和政府首脑。美国前总统尼克松和夫人就曾下榻在饭店的 3 号楼；柬埔寨国家元首西哈努克亲王和夫人在 2 号楼居住过；1 号楼接待过越南劳动党总书记黎笋；饭店的 7 号楼是后来改建的"国宾楼"，邓小平这次就住在这里。

邓小平一行到达饭店时，饭店负责人和服务人员在大楼门前列队，鼓掌欢迎。邓小平微笑着向大家招手致意。饭店负责人对邓小平说："您好，小平同志！欢迎您来到这里！"邓小平没有听清楚说的什么，这时他的小女儿邓榕（毛毛）在他的耳边大声重复说："大家欢迎您来到这里！"邓小平微笑着用浓厚的四川话说："谢谢！谢谢同志们！"

一进7号楼，邓小平就对自治区的负责人说："73年陪同加拿大总理特鲁多就住在这里吧。"大家都对他惊人的记忆力感到惊叹。

因为担心他旅途劳累，韦纯束说："您先休息，明天我们再向您汇报工作。"邓小平说："我这次是来休息的，多年不到广西了，想来看看桂林风光，不必专门给我汇报工作。"

邓小平还说，这次到广西的时间很短，就不去其他地方了，我到了桂林，也等于到了广西，请代向广西各族人民问好。

随后，陪同邓小平来的王震把韦纯束叫到他的房间谈话，一是交代这次的日程安排，吩咐不要设宴招待，一切从简，各自分开吃饭。二是着重强调，"小平同志过去一直强调不要宣传他，但党中央最近决定要宣传他啦"。韦纯束说："正好！我们要拍一部《百色起义》的电影。"王震说："宣传百色起义，很有意义，要搞好。事前应将剧本送中央宣传部审查。"

"我们一定照办。"韦纯束说。

不大一会儿，邓小平便拉着外孙、外孙女的手走到庭院里散步。

这个院子很大，高大的桂花树根深叶茂，虽然不是开花季节，那绿油油的树叶却也着实招人喜欢。几栋别墅式的小楼与院内湖边的小桥、流水，构成了一幅幅山水画卷，别具南国情调。这位82岁的老人漫步在庭院中，与家人边说边笑，其乐融融。

这是邓小平第二次来桂林。

13年前，1973年的10月15日，邓小平陪同加拿大总理特鲁多从河南郑州乘飞机抵达桂林访问。

1978年10月9日，邓小平在会见美国泛美航空公司董事长西威尔前后，同民航总局、旅游总局负责人谈话时，说到发展旅游的问题，提到桂林漓江的污染。他说："桂林漓江的水污染得很厉害，要下决心把它治理好。造成水污染的工厂要关掉。'桂林山水甲天下'，水不干净怎么行？"

邓小平这次来到桂林，要看看这个城市，看看漓江现在怎么样。

1月27日，邓小平在自治区领导陈辉光、韦纯束、钟家佐等和桂林市委书记王仁武的陪同下乘船游览漓江。

因为漓江水浅，邓小平不能像13年前一样在桂林码头上船，只得坐汽车到杨堤上船。

每年的1月，都是桂林缺雨的月份。漓江水位下降，游船行驶困难很大。1986年的1月，情况似乎更加严重。经测定，当时漓江的水位最浅只有0.4米，大的游船很难通航。按照过去的做法，在特殊情况下，如果不影响农田灌溉，可以适当地从水库放水，以提高漓江水位，便于行船。但是这一年青狮潭水库存水量很少，如果放水，一来解决不了大问题，提高不了多少水位；二来从水库放水，势必影响农田灌溉，要是邓小平知道的话，肯定不会同意。因此，只能先乘车至杨堤码头，然后上船，那里的江水比较深。同时游船也只好改大船为小船，用只能容纳60人的小游船。

1986年1月，邓小平游览漓江。

邓小平一家和王震一家同坐一条游船。

在从桂林到阳朔的江面上，游船顺流而下，漓水盈盈，碧波荡漾，两岸奇峰，层层托出，景景相连。

迷人的漓江无私地、毫无保留地袒露着自己秀丽的姿容，让中外游客尽情领略其“江作青罗带，山如碧玉篸”的奇妙意境，给人们留下无尽的美感与回味。这是桂林山水的精华。

船上，邓小平和王震静坐览胜，他们怡情放眼两岸那如诗如画、千姿百态的景色。

邓小平神情安然地一边抽着烟，一边望着船舱内嬉戏的孩子们和外面秀美的漓江山水。

在未进入主要景点前，邓小平和陪同的自治区领导同志聊起了家常。

“你们都是广西人吗？是壮族吗？”邓小平问。

广西的同志一一作了回答。

邓小平的随和，使得谈话变得十分轻松和无拘无束，气氛也变得热烈起来。

“小平同志，1973年您来过桂林，这次是‘故地重游’，欢迎您今后常来广西看看。”自治区的领导同志说。

一句话，打开了老人的思绪。

邓小平深吸了一口烟，像是想起了什么似的，然后声音低缓地说："我对广西很熟悉。"

像所有的老人一样，回忆往事总是让人兴奋的，更何况，邓小平要回忆的这段历史与人民军队的历史、中国革命的历史联系得是那么的紧。

这时，坐在他身后的二女儿邓楠似乎看出了他的心思，很想了解父亲此时的感受。因为在家里，父亲很少说话，对于自己的过去也很少提及。她觉得这是一个机会。于是，就有了下面这段难得的对话，也可以说是引子吧。

邓楠："爸，你什么时候第一次见到胡子叔叔(指王震)的？在中央苏区？"

邓小平："记不得了。"

王震："全苏大会(全国苏维埃代表大会)的时候。"

邓小平："噢，全苏大会，知道了。"

记忆的闸门打开了。

邓小平情不自禁地讲起了1929年受党中央委派来广西创建红七军、红八军和领导发动百色、龙州起义的经历。受到他的感染，陪同人员也都活跃起来，不断询问他当年的一些事情。

那是一段血雨腥风的岁月。

1929年4月，蒋桂战争以新桂系李宗仁、白崇禧的失败而告终。广西左派军人俞作柏、李明瑞利用蒋介石的力量，于同年6月掌握了广西的军政大权。由于他们在广西的根基比较薄弱，加之他们也深知蒋介石是靠不住的，于是，他们听取了俞作柏的弟弟中共党员俞作豫的建议，要求中共派干部到广西协助其工作，以巩固其地位。

1929年7月，邓小平化名邓斌，以中共中央代表的身份来到广西，做国民党广西上层人士的工作，同时也领导党在广西的全面工作，任中共广西前敌委员会书记。那时，邓小平的公开身份是广西省政府秘书。

1929年12月，邓小平与张云逸、韦拔群等发动百色起义，创建了红七军和右江根据地。次年2月，他又和李明瑞发动龙州起义，创建了红八军和左江根据地，邓小平出任红七军、红八军政治委员和前敌委员会书记。在邓小平等人的领导下，在4个多月的时间里，红军发展到7 000多人，广西的红色区域扩展到20多个县，拥有100多万人口，成为当时较大的革命根据地之一。

韦纯束说了一句：“我们广西兵很能打仗。”

邓楠问道：“比四川的呢？比一下嘛！”

“川军不能打，四川军战斗力最差。云南兵能打。那个时候他们（滇军）打广西，分两路，卢汉（滇军总指挥）带两个师往龙州那条路，他（滇军师长张冲）就带一个师往百色这个路，三个师就要打广西啊。”邓小平回答。

王震问：“二十几岁，那时候你呢？”

邓小平说：“哪个？”

这时，邓楠贴着邓小平的耳朵说：“胡子叔叔问你那时候二十几岁？”

邓小平说：“二十几岁？25 岁。”

王震：“你 25 岁就任那么多职务了！”

邓小平说：“所以看不起年轻人怎么行！”

“那个时候中央提出三个口号：‘打到柳州去！打到桂林去！打到广州去！’红七军、红八军不得不执行中央的决定，他们打仗很勇敢。但是，敌强我弱，红八军最后拼到只剩下七八十个人的一个团了……”

“特别是李明瑞。不仅勇敢能吃苦，又会带兵打仗。七军北上开往江西的时候，李明瑞从来没有骑过马。我和他带一个先遣连，一直走在队伍前面。李明瑞是个艰苦奋斗的人。”

提起李明瑞，邓小平的语气中透出些许伤感。他沉浸在追忆之中。

“我同李明瑞第一次见面，我是从百色到龙州，他们驻龙州，八军。那个时候还没有打红旗啊，那个时候见面……”

红七军、红八军总指挥李明瑞。

李明瑞，北伐军中的著名将领。蒋桂战争后，任广西编遣特派员、国民党第四编遣分区主任。他思想开明，同情革命，对蒋介石十分不满。他比邓小平大十多岁。邓小平与李明瑞虽然相遇不久，但却相知甚深。在百色粤东会馆，邓小平和李明瑞彻夜长谈，争取了李明瑞在龙州发动起义，跟着共产党，走革命的路。

1929 年底，中央电令邓小平回上海汇报工作。

邓小平向中央建议，吸收李明瑞加入中国共产党。但是，由于受“左”倾错误的影响，当时中央的一些领导人却认为，对李明瑞不能存“丝毫的幻想”。邓小平说，我们主要的工作是发动下层群众，但是我们不能忽视我们开展工作的上层线索。不久，中央决定由李明瑞任红七军、红八军总指挥，邓小平任总政治委员。邓小平还主持了李明瑞的入党仪式。

百色、龙州起义后，邓小平和李明瑞顶住“立三路线”的巨大压力，率领起义部队南征北战，历经11个月，行程数千里，终于把这支被毛泽东誉为“特别能打仗”的部队带到了江西中央苏区，为革命作出了巨大的贡献。

在中央苏区，邓小平和李明瑞同时遭到王明“左”倾错误路线的迫害。不久，李明瑞被打成“改组派”首要分子，惨遭枪杀。对于李明瑞的牺牲，邓小平十分悲痛，他多次向毛泽东力陈：“李明瑞是错杀的。”1945年，在中共七大上，党中央终于为李明瑞公开平反昭雪，追认他为革命烈士。

几十年过去了，邓小平仍念念不忘这位战友，提起他时心情总是激动难平。

韦纯束说：“我们广西电影制片厂要拍一部《百色起义》电影。”

邓小平说：“不要宣传我，要多宣传李明瑞，他英勇善战，北伐时期已会指挥打胜仗。”

这时，毛毛在一旁开玩笑地说：“人家李明瑞带广西兵打胜仗，你们川军光打败仗，是不是？”

邓小平也以幽默相对：“李明瑞总指挥能打仗，我是政委，和他在一起的呀！”

接着邓小平又关切地问起李明瑞家属的情况，他对自治区的负责人说：“李明瑞健在的亲属，你们要多多关照他们。”

韦纯束说：“李明瑞的女儿在政协工作，我亲自过问解决了她的住房问题。”

谈到这里，邓小平又回忆说：“百色起义后，红七军在平果附近和滇军张冲打过一仗，相当激烈。”

韦纯束问：“云南的军队，一人两枝‘枪’（一枝是抽鸦片的烟枪），不堪一击吧！”

邓小平说：“抽鸦片是抽鸦片，滇军冲锋起来也蛮厉害。”

兴致所至，邓小平还讲起了他当年在百色发动武装起义时鲜为人知的故事：在百色、龙州起义过程中，有一天他在百色地区活动，在一条偏僻的小山路上遇到几个拦路抢劫的土匪。土匪拔出尖刀顶住他的额头，把他的头皮刺出了血。后来，抢走了他20块光洋，他才幸能脱险，顺利到达目的地。

韦纯束对邓小平说：“您曾到过韦拔群的家乡东兰武篆，在魁星楼住宿和办公，希望您有时间回东兰看看。”

邓小平说：“我很想去，但现在不能去了，因为百色、东兰没有火车，又不让我坐直升飞机。这次我到桂林也等于到了百色，到了东兰，请代我向广西各族人民问好！”

说起韦拔群，邓小平也几多思念：“广西右江地区，是一个比较有群众基础的地区，这里有韦拔群同志那样优秀的、很有威信的农民群众的领袖。东兰、凤山地区是韦拔群同志长期工作的地区，是很好的革命根据地，这给红七军的建立与活动以很大的便利。”

韦拔群，广西东兰壮族的一位贫苦农民，早年曾参加讨袁的护国运动和孙中山领导的民主革命。1924年在广州农民运动讲习所学习后回到广西发动农民运动，1927年在右江地区组织农民自卫军进行武装割据。

邓小平和韦拔群曾一起在东兰发动农民，开展土地革命的调查研究和试点工作，一起搞了“共耕社”。当时邓小平就住在韦拔群的家乡东兰武篆的魁星楼。红七军主力北上后，韦拔群坚持在右江地区打游击，不幸于1932年10月被叛徒杀害。

在拍摄大型电视文献片《邓小平》时，摄制组曾采访了韦拔群的弟媳黄美伦，她回忆说：“1929年，邓小平到南宁不久，就约见了韦拔群。邓小平和我们一样叫他‘拔哥’，并称他是了不起的农民领袖。百色起义时，邓小平住在右江，常和拔哥在魁星楼开会。邓小平听说拔哥曾兴办过农民讲习班，很高兴，让他再办起来。1930年4月，拔哥就首先办起了党员训练班，第一课就是请邓政委讲的。1930年中央南方局代表邓岗到百色来传达中央命令，要红七军北上攻打柳州、桂林，邓政委和拔哥都不同意。后来，红七军主力被迫北上。为保存根据地，邓政委让拔哥留下来坚持武装斗争。分别时，两个人真是依依惜别。”

邓小平对韦拔群一生都充满着深厚的战友情谊。1962年，在韦拔群牺牲30周年之际，邓小平为他写了一篇题词。

1989年，在纪念百色起义60周年时，邓小平为耸立在南宁的李明瑞、韦拔群纪念碑题了词。

几十年来，邓小平常常以各种方式追思牺牲的战友。

1962年，他为龙州红八军纪念碑题词："革命胜利的果实，是用烈士们的鲜血凝成的。红八军和人民革命先烈们的丰功伟绩，永远活在我们的记忆里。"

1963年，他为《广西革命回忆录》续集题词："用革命的事迹来教育我们的子孙万代：像我们前辈那样，像我们的先烈那样，永远当一个革命者，永远当一个为人民大众的集体事业服务的社会主义者，永远当一个共产主义者。"

1972年6月20日，他在身处逆境的情况下，还为红八军的有关历史情况写了证明材料。

1985年6月20日，他通过办公室给中共广西百色地委党史征集办公室回函，答复关于百色起义和红七军史料中的几个问题。

邓小平谈到的还有许许多多的红七军、红八军的战友们。在场的人无不为之感动。

事后王震说："过去小平同志从不愿谈自己的斗争经历，而这次谈得最多，是一个破例。"

游船缓缓而行，两岸风景如画。

掠过冠岩、绣山、半边渡等风景点，来到九马画山前，游船停泊在江心。

这时，导游小姐胡林请邓小平和其他领导同志登上船顶平台欣赏这漓江风光的"代表作"。她娓娓讲述了九马画山的神奇传说，然后背诵了一首当地的民谣："看马郎，看马郎，问你神马有几双？看出七匹中榜眼，看出九匹状元郎。"大家听了都很感兴趣，都朝着导游指的方向聚精会神地看去，看看谁能看出九匹马来。

由于天气不太好，大家都没法看清崖壁上九马的神态。邓小平也看了一会儿，他对导游说："我看不出有几多匹马，所以我既不能当状元，又不能当榜眼。"小女儿毛毛接着开玩笑地说："爸爸，你一匹马都看不出来，连秀才也不如呢！"说得大家都笑了起来。

回到船舱，大家对漓江的风景又议论起来。邓小平说，漓江两岸的山峰确实很美，在别的地方看不到。要保护好水，也要保护好山。

卓琳说，漓江两岸的竹子很多，很好看，但是绿化还不够，要多种一些树。

王震提出，漓江的水不但不能污染，而且还应该多养些鱼，这样水更好看，还有鱼吃。

游船离开九马画山后,又见一山拔岸耸立,形似朝板,故名朝板山。游船在此稍作停泊。

邓小平对身边的王仁武说:“1973年,我陪加拿大客人来桂林的时候,漓江的水比现在大。当时我看到有一条黑色的江水,不知道现在漓江污染的问题解决了没有?”

王仁武汇报说:“1973年您来桂林时,作了重要讲话,我们市委很重视,下决心治理漓江污染。经过十多年的努力,漓江的水质好多了。不过据化验,江水中仍有一些大肠杆菌和其他细菌,治污工作还需继续进行。”

自治区政府主席韦纯束说,广西和桂林十分重视小平同志的指示,认真贯彻执行。为了保护环境,治理漓江,调整了工业布局,关、停、并、转、迁了27个严重污染环境的工厂、车间,撤掉了20个铸造点和22个电镀点。

邓小平以肯定的语气说:“就是要关嘛!”

韦纯束接着说:“我们兴建了81项治理环境污染的工程,改造了170多台锅炉,还制定实施了排污管理条例,并专门下发文件规定,不准在桂林再新建污染环境的工厂。这些措施的实施,改变了过去的工厂冒黑烟、漓江有浊流的状况。现在漓江水的变清,这要感谢您的批评。”

“就要这样!”邓小平满意地点了点头。

看到漓江两岸种有许多竹子,邓小平又站起来观看。

韦纯束说:“我们自治区政府每年都拨款绿化漓江两岸。”

邓小平连声称赞:“好,好,做得对!”

一向务实的他还要亲眼看一看,他说:“我们到船舱外面看看好吗?”

邓小平登上了二层平台,当他看到漓江水很清时,特别兴奋地说:“连水中的石头都看得见了!”

回到船舱后,邓小平很满意地对王仁武说:“这次游漓江,看见的(指水中的石头)和看不见的(指细菌)都知道了,这就好了。漓江的水变清了。”他还强调说:“桂林山水,就要讲这个‘水’字,有水才能看见倒影嘛!”

漓江的水虽然清了,但漓江的治理还有许多工作要做。邓小平看到江水很浅,游船非常吃力地往前开,问道:“水位有多深?”

韦纯束介绍说,现在的水位只有0.4米,流量只有10个立方米,水位应该提到0.8米,流量达到20个立方米,才能保证顺利通航。

"如果提到20个立方米的流量,这样的游船每小时可以走多少公里?"停了一下,邓小平又问,"洪水季节,游船每小时可以走多少公里?"

韦纯束作了回答。

邓小平说,你们应该采取措施,提高水位才行。

王震也说,一定要达到20个立方米的流量。

邓小平说,游漓江是桂林旅游的一项重要内容。漓江的水位这么低,是不是可以想点办法。他建议:现在乘的都是比较大的游船,是不是可以改一改,不一定乘大船,也可以乘帆板船。把帆板船改造一下,做旅游船用,这种船吃水浅。

卓琳也说,游漓江还是坐小船好,人数少,可以慢慢看。

看着变化了的漓江,想着将来美丽的漓江,邓小平笑了,而且笑得是那样地开心。

邓小平非常关心广西的经济建设。在船上,自治区的负责人利用一些空隙时间,向邓小平汇报了广西经济建设的有关情况。

当他们汇报到"红水河已修了几座水电站,通云南的铁路还得要动工,平果铝也很想上马,希望中央能够支持"时,王震插话说:"你们广西有两大富矿,一是河池大厂锡矿,二是平果的铝矿,都应该开发。"

邓小平点头表示赞成,说:"平果铝要上!"

游船在不知不觉中到了阳朔码头。

一路上,邓小平对胡林的导游非常满意,夸奖她:"女娃子能干。"后来邓小平离开桂林前接见全体公安人员、接待人员和服务人员时,特地把胡林叫到跟前,连声说:"这女娃子是京片子(意思是说北京话说得好),好!好!"然后让胡林在他的右侧半蹲下来,一起合影留念。

邓小平走出游船,人们自发地组织起来欢迎小平同志。城门楼上和街道两旁,老老少少,都热烈地鼓掌。邓小平满面笑容地向大家招手致意。

1月28日,天气十分晴朗。早春的南国虽仍有几分寒意,但公园里人流如织。

邓小平来到了芦笛岩参观。当他来到芦笛岩洞口附近时,中外游客都纷纷为小平同志鼓掌。在岩洞里,邓小平拉着小外孙的手,一边走,一边抬头欣赏洞内奇特的钟乳石、石花、石笋、石幔。那形态逼真的钟乳石,有的像瓜果,有的像动物，有的像森林，美不胜收。邓小平一边欣赏，一边仔细地听导游讲述那生动离奇的故事，不时地发出笑声。他听得认真，看得仔细，还不时地对小外孙、小外孙女说：“你们看，阿姨讲得像不像啊？”有时调皮的孙辈大声叫喊起来，大声说话，影响讲解，邓小平还批评他们说：“莫吵，听阿姨讲解！”来到“石琴”一景时，导游用一块小石片轻轻敲击中间空心的钟乳石，发出悦耳的音乐声。邓小平听后诙谐地说：“你瞎敲吧？”一句话把大家都逗笑了。

走出洞口后，邓小平碰上了一群外国游客。他们有的用生硬的中国话说：“你好！邓小平先生。”有的说着英语：“Hello，Mr Deng！”有的还想挤过来和邓小平握手。邓小平向他们微笑点头，招手致意。

来到了芦笛岩贵宾室，邓小平刚坐下来休息一会儿，公园的同志就走过来请邓小平题字，邓小平走到写字桌前，笑着说：“写啥？”公园的同志说：“随便写吧，什么都行。”这时，邓小平的小外孙拉住他的衣角叫着：“写‘到此一游’。”邓小平笑着拍着小外孙的肩膀说：“就依你！”于是，欣然提笔写道：“一九八六年一月二十八日到此一游　邓小平”。大家报以热烈的掌声。这时公园的同志又走到王震面前，请王震题字。王震说：“小平同志已经写了，我就不写了吧。”公园的同志恳切地说：“请您也写个吧。”王震在邓小平的名字后面写了“陪随者王震”。大家也同样报以热烈的掌声。

29日上午，邓小平参观了甑皮岩洞穴遗址陈列馆和洞穴遗址。

前天游漓江回来后，邓小平就对陪同的负责人说：“还有个洞呢？”陪同的人都知道他指的是甑皮岩。

这是近年桂林发现的史前人类洞穴遗址。邓小平在看完甑皮岩洞穴遗址陈列馆后说：“这是研究华南古代民族起源的珍贵资料，要保护好。”

随后，邓小平又来到伏波山。在伏波山还珠洞口，群众认出了邓小平，大家欢呼雀跃，向邓小平热烈鼓掌，表示敬意。

走进还珠洞，只见山洞濒临江水，玲珑剔透，洞中有石刻数十件，有摩崖造像200多尊，均为唐代作品。邓小平极有兴致地一边走一边看，认真听导游员讲解，照了不少照片。

邓小平爬上高坡，穿过岩洞，然后从后门出来，在骆驼山下又很高兴地拍照留念，随后前往七星公园盆景园参观。他称赞桂林真是山水甲天下。

邓小平向盆景园走去。

这时，在人群中有一位女学生，正巧与同伴们一起在公园游玩。当她一眼看到了邓小平时，便不顾一切地向小平身边跑去。一位保卫人员挡了她一下。邓小平听到声音，回过头来看到了她，问道："有什么事?"然后招手叫她走过去。这位女学生走到小平面前，鞠了一个躬说："邓伯伯，请您给我签个名好吗?"邓小平高兴地接过她递来的笔记本，笑着说："好，好，我就给你签个名。"说着，在笔记本的一页白纸上签上了"邓小平"三个字。这位女学生连声说"谢谢、谢谢"，随后高兴地走开了。

在七星公园，一位叫赖桂玉的导游为邓小平讲述了骆驼山的故事。在盆景园，她介绍了各种盆景的制作、加工和特点。在七星岩洞的入口处，她还讲述了石雕"龟与蛇"的传说……邓小平听得十分投入。

邓小平和这位导游13年前就有过一面之交。那时他陪同加拿大客人来这里参观时，赖桂玉就是一名导游员。

赖桂玉向邓小平介绍了陈毅同志写的诗句。陈毅同志在游览桂林时，曾写过著名诗句："愿作桂林人，不愿作神仙。"也就是说神仙看了桂林的秀丽景色，宁肯不回天宫，也要赖在桂林不走。当邓小平听说她名叫"赖桂玉"时，就风趣地对她说："你就是赖在桂林的那块玉啊。"

邓小平在桂林只有4天，但留给人们的印象却很深。

负责邓小平一家饮食的服务员肖燕讲述了这么一个故事：

当接到为小平同志一家服务的任务后，她心中既高兴又紧张，怕搞不好工作，影响小平同志的生活，也影响饭店的声誉。可是，当她第一次见到小平同志和他家人来到小餐厅时，她发现她的担心是多余的，因为她看见小平同志一家人有说有笑，那么和睦，那么平易近人，紧张的心情一下子都消失了。小平同志还亲切地与她交谈，询问她是哪里人、工作了几年、家里还有什么人等等，她感觉到小平同志就像一位慈祥的长辈，关心她，爱护她。

她说："小平同志一家喜欢吃桂林师傅做的饭菜。有一次，厨师用荔浦芋头做了一道菜，小平同志一家都爱吃。后来，厨师每顿都另做一样，如芋头盒、芋头汤、芋头羹等，一家人都说'好吃'。为了安排好小平同志一家的生活，我几次征求意见，问他们喜欢吃什么、希望做什么菜等等，小平同志一家很随和，做什么菜，吃什么菜，从不提意见。小平同志曾对随行的工作人员讲过，'来到桂林，不要提任何要求，不要给桂林的同志添麻烦'。"

二

1 月 29 日晚，邓小平乘坐专列离开桂林经贵州前往四川。

1 月 31 日早晨 7 时 55 分，专列到达重庆邮亭铺车站。邓小平、王震等换乘汽车去大足县参观石刻。

宝顶山在大足县东北，古时佛徒朝山进香，有“上朝峨眉，下朝宝顶”之说。宝顶山上有石刻 13 处，造像数以万计，以大佛湾和小佛湾规模为最大。据考证，宝顶山石刻是南宋淳熙二年由教徒赵智凤在山顶建圣寿寺时开凿的，工程一直延续了 70 多年，所以主要是宋代风格。内容大都是佛教故事，颇有趣味，保存完整。

在参观过程中，邓小平拉着小外孙女，认真听取导游的讲解，对古代人民的雕刻艺术水平赞赏有加。

当天晚上 7 时，邓小平一行到达成都，下榻在金牛坝宾馆。

一住进金牛坝宾馆，邓小平就高兴地对身边的工作人员和接待人员说：“我回到家了！”

邓小平对家乡的一切总是充满了深情，特别是对家乡的饮食情有独钟，他尤其爱吃四川的蔬菜。他在吃豌豆尖时，还饶有兴致地给接待人员讲了一个故事。原来桂林的豌豆尖不像四川那样只选豌豆苗的嫩尖，而是把豌豆苗的茎也掐下一大截，因而比较老，不好吃。邓小平讲完后风趣地说：“回到四川，回到家乡，才能吃上真正的豌豆尖。”后来他离开成都回京时，还专门买了一大包他最喜欢的蔬菜——蒜薹、青菜、豌豆尖等。回到北京后还把这些蔬菜分了些给老帅们共享。

在成都，邓小平参观了武侯祠、杜甫草堂和新都县的宝光寺，游览了南郊公园、望江公园，情绪非常饱满。

春节就要到了，到处都呈现出一派喜气洋洋的景象。邓小平在家乡过春节，心里的感受格外不一样。

他，16 岁离开广安老家，再也没有回去过。对他来说，到了四川就是到了家。

2 月 8 日是农历的除夕。这天一大早，成都西郊金牛坝宾馆内彩灯高挂，春意满园，600 多名干部和群众代表，喜气洋洋来到这里，参加省委、省政府举办的春节团拜会。

9 时 15 分，邓小平和王震在四川省委书记杨汝岱、成都军区政治委员万海峰的陪同下，从住处来到客厅，接见了四川党政负责人、各民主党派负责人以及解放军、教师、工人、农民和学生代表。

他们当中有：成都市的淘粪工、省劳动模范罗有彬，从老山前线胜利归来的战斗英雄齐迎新、庞启明，有“番茄大王”之称的省劳动模范、农民张文康，建筑工人、省劳动模范钟俊芳，小学教师、省劳动模范匡静惠等等。

82 岁的邓小平，红光满面，精神矍铄，步履稳健地走到每个代表面前，和大家一一握手。中午 11 时，春节团拜会在欢乐、热烈的气氛中结束。

邓小平这次回到家乡，很想见见他的亲舅舅淡以兴。

1986 年 1 月，邓小平和夫人卓琳在成都同舅舅淡以兴和舅母合影。

这是他在广安老家的唯一直系亲属。

淡以兴，是邓小平的母亲淡氏的弟弟，与邓小平同岁，也是私塾的同学，少时的感情很好。毛毛在《我的父亲邓小平》上卷中写道：“他为人忠厚，心地善良，但却一辈子愚弱寡智，无能无才。年轻的时候抽鸦片烟，把家产都卖光了，连孩子都差点卖给了别人。老婆带着孩子走了，他一个人寄居到了他姐姐家，也就是我们邓家。解放后，我的母亲每个月给他寄一些生活费用，他常常拿来就约上几个好友，一顿喝光。‘文革’开始后，我们就不知道他的下落了。直到

‘文革’结束，我们才惊奇地听说，他居然还在！真不知十年动乱之中，他究竟怎么活过来的。后来县里面照顾他，让他当了个县政协委员，每月发点生活费。我们也照旧给他寄些零用。”

淡以兴在“文革”中曾被扣上“漏网地主”帽子，遭过揪斗、游街示众。1973年邓小平重新恢复工作后，淡以兴才被宣布摘掉“地主分子”的帽子。

1978年2月2日，邓小平在阔别故乡58年后，在成都第一次接见来自广安的故乡人。当县委办公室主任邓欲治汇报到淡以兴老人近况时，卓琳说：“我们年年都给幺舅舅寄钱，每月10元，他好喝酒，寄多了就浪费了。你们在生活上不要给他什么，教他好好遵守党和国家的政策法令。”

1979年淡以兴给卓琳写信请求能否给仍是农村户口的孙子、孙女解决就业，得到的是婉言谢绝。后来，邓小平的幺舅母还带上孙子去北京“要工作”。在北京住了几天后被劝回家。

这次邓小平在成都过春节，把舅舅、舅母接到成都，请他们吃饭并合影留念。

这是舅甥之间最后一次相见。

这就是老人的一片乡情、一片亲情。

2月13日，正月初五，在金牛坝宾馆东楼前，中共四川广安县委书记罗国兴、副县长王洪峻带着家乡人民的深情厚谊，在这里等候着看望邓小平和王震。

上午10时过后，邓小平和王震走过来了。这两位老人的步伐迈得是那样的坚定，大家报以热烈的掌声。

邓小平笑容满面，十分高兴，风趣地说：“好啊！今天终于见到我的‘父母官’了！”在和大家一一握手时，邓小平问起了他们的姓名，回头看了看罗国兴和王洪峻，连声说：“好啊，你们年轻，有文化，有希望。”并语重心长地嘱咐他们：“你们要把广安建设好。”

邓小平高兴地和大家合影留念。

合影结束后，卓琳热情接待了罗国兴、王洪峻，仔细地询问了广安家乡近几年来建设的情况。在得知罗国兴、王洪峻两人都只有33岁、具有大学文化水平后，卓琳高兴地说，年轻人正是干事情的时候。小平同志经常讲，要给年轻人压担子，对年轻人要放手、放心。小平同志当红七军政委的时候，也才二十几岁嘛。你们年轻，干劲大，这几年党的政策好，一定要发挥当地的优势，把广安建设好，尽快使广安人民富裕起来。

罗国兴、王洪峻谈到了邓小平旧居的保护问题。卓琳向大家转达了邓小平的意见。她说，小平同志讲过，共产党人活着就是要为人民服务，钱要用在人民的事业上。她对县委准备在邓小平旧居周围多植树表示满意，并鼓励家乡多栽树，把环境绿化好。

当罗国兴代表家乡人民请邓小平和卓琳回广安视察时，卓琳回答说："回到四川，就算回到了家乡，请你们代向家乡人民问好。"

邓小平这次在成都金牛坝宾馆住了十多天时间。

成都金牛坝宾馆，主要是用于接待中央首长和外国来宾的。邓小平对四川省政府接待处处长陈志华说："作为后勤接待工作，你们也要改革，也要开放，逐步实现管理职能和服务职能的分离，以服务职能为主，管理职能为辅，后勤管理工作才有生机。"他还说："金牛坝宾馆要逐步实现对外开放，不能还是老样子，一味搞封闭式服务。"从这以后，金牛坝宾馆才逐步向社会开放。对金牛坝宾馆的基本建设，邓小平也提出了积极建议，他说，要有文化味，不要搞得太古板。他还说，川菜是中国的四大菜系之一，你们要研究如何将川菜推向市场，走向全国，让川菜的名气更响。

邓小平的生活也很节俭、朴素。在金牛坝宾馆，他每顿一般是三菜或四菜一汤，菜也就是粉蒸肉、回锅肉、青菜、豌豆尖之类的家常菜，汤一般是酸菜粉丝汤或酸菜肉丝汤。让服务人员特别感动的是，他决不浪费一丝一毫。有一天中午，厨师给他做了一个清炖蹄花，一共只有两小节。他吃了一节后，对服务员说："这节猪脚吃不了，搁到下顿吃吧。"到了晚上，厨师只好把剩下的这节猪蹄热了端上桌。

让接待人员感触最深的是，邓小平没有一点"大官架子"。当时，从接待人员到服务人员，都想和他照个相以作纪念，所以，在陪他散步时，有的人就悄悄照相。邓小平知道缘由后，不但没责怪他们，还笑着对大家说："都是老乡，大家一起照嘛！"然后和他们一起手拉手地照了许多相。

2 月 14 日，邓小平离开成都回北京。

三

这年的夏天，邓小平照例去了北戴河。

8月19日晚，邓小平从北戴河乘专列来到天津。一到迎宾馆，他就对天津市市长李瑞环说："我这次来天津，要看看你们的开发区，看看市容，还要到港口看一看。"在迎宾馆听取了李瑞环等人的汇报。当汇报到他们请了日本神户的港口专家团搞了一年，情况不错时，邓小平说，就是要请人，请外国人最节省，花不了多少钱。实际上引进人才也引进了技术。

第二天上午，雨后天晴，碧空如洗。邓小平来到刚刚落成不久的天津市区交通大动脉——"中环线"视察，"中环线"以它雄伟壮丽的英姿迎接邓小平的到来。

这条环状长街是天津第一通衢大道，它的建成给天津增添了一道耀眼的光环。邓小平驱车视察了全线，看到宽阔的道路沿线修整一新的建筑、点缀其间的雕塑艺术品、成行的绿树、芬芳的花草，令人心旷神怡。与8年前的1978年他来天津时相比，市容大为改观。邓小平露出微笑，称赞道："天津这几年变化确实很大。"

邓小平视察天津市区交通大动脉中环线。

天津要在现代化的建设中重新塑造自己的形象不是那么容易的。历史上形成的弯曲、狭窄、拥挤的街道，是天津建设成现代化城市的不利因素。群众中曾经流传着这样一句顺口溜："天津市一大怪，汽车没有自行车快。"原因就是天津没有通畅宽敞的道路。为适应对外开放、对内搞活的要求，1985 年天津市委、市政府提出了城市总体建设规划，把改善道路状况列为重要建设项目来抓，要求尽快形成由内、中、外 3 条环线和 14 条射线组成的干道系统。邓小平视察的这条中环线正是先期落成的主要环线。环线全长 34.5 公里，沿线与 14 条放射干道相交，路面全宽为 50 米，设计车速为每小时 60 公里，是天津市一条快速车道。这项工程共铺设排水管道 69.5 公里，修筑路面 140.78 万平方米，新建泵站 9 座、桥梁 7 座、立交桥 8 座，还有电力、电信、路灯、煤气、自来水、交通信号、园林绿化等各种综合配套工程。沿线拆迁面积共计 20 余万平方米。工程规模之大，技术要求之复杂，需用人力物力之多，时间之紧，在天津市城市建设史上是空前的。

邓小平站在位于中环线西半环的八里台立交桥上，俯瞰街景，兴致很高。李瑞环介绍说："中环线工程用了 10 个月的时间，完全是靠我们自己的力量完成的，其速度之快，质量之优，效益之好，国内专家给予了很高的评价。许多外国人看了之后，不能不感到惊奇，他们认为达到了国际上也难以达到的水平。当然，也有的人摇头，觉得就中国目前的施工技术和设备，这个速度不可理解。"

邓小平对李瑞环和在场的市政工程局的同志们说，改革，现代化科学技术，加上我们讲政治，威力就大多了。到什么时候都得讲政治，外国人就是不理解后边这一条。对一些对我们社会主义制度没有深刻研究的外国人，这确实是难以理解的，因为他们经常看到的多是我们的劣势。我们承认存在着技术落后、设备陈旧的问题，正因为如此，我们才实行对外开放的政策，吸收和引进国外的先进技术和经验。但是，我们也确有一些发达国家所没有的优势。在我们的国家里，大家都有一个共同的目标，这个目标反映了全体人民的共同利益。当我们把这个目标喊响，使广大人民群众明确之后，就能把群众动员起来。

当李瑞环继续讲到在中环线建设中经常组织义务劳动时，邓小平肯定地说："你们经常搞义务劳动，这也是政治嘛。"

邓小平问："中环线搞得这么快，是不是搞了承包？"李瑞环回答说："是。"

邓小平说："就是要搞改革，搞承包，分段、分级承包，实行责任制。"

在中环线东半环的蝶式立交桥上，邓小平下车仔细地进行了察看，他夸奖大桥建得好。李瑞环把这个大桥的设计者胡习华介绍给他。邓小平握着胡习华的手，连声称赞他“干得好”，并高兴地问：“你叫什么名字？多大了？什么学校毕业？”胡习华一一作了回答，并向邓小平汇报了这座大桥设计的特点。李瑞环补充说：“这座大桥设计得很巧妙，老专家评价很高，很有创造性。他现在是技术员，刚满30岁，我们想破格提升他为工程师，可又不到晋升年限，不知该不该提升？”邓小平认真地说：“应该，应该。这也是改革呀！”邓小平说完，再次拉着胡习华的手说：“你为人民办了件大好事，谢谢你，这座立交桥确实很漂亮。要好好学习，争取多为中国建设作贡献呀！”

在视察中环线后，邓小平又视察了居民小区。

邓小平视察天津居民小区。

来到红桥区咸阳北路居民小区的楼间花园里，邓小平见到一群天真活泼的孩子嬉戏在绿草花丛间，他高兴地俯下身去亲吻孩子们。孩子们纷纷聚拢起来高喊：“邓小平爷爷好！”邓小平高兴地向孩子们招手。

河西区体院北居民区的园林小品引起了邓小平的浓厚兴趣，他漫步在假山、水榭、亭阁之间。附近的居民听说邓小平来了，跑到阳台上，拥到庭院里，热烈鼓掌，向邓小平致意。看到群众个个喜笑颜开，邓小平高兴地说：“建设居民小区，老百姓有了好的环境，看到了变化，就有信心，就高兴，事情也就好办了。”

21日上午，邓小平兴致勃勃地视察了天津经济技术开发区，详细听取了开发区管委会的汇报，并接见了合资企业中外方经理，还参观了丹华公司的车间和试生产出的摩托车。

天津经济技术开发区，是继深圳、珠海、厦门、汕头四个经济特区取得成功经验后，根据党中央和国务院进一步开放大连、天津、上海、广州等 14 个沿海港口城市的决策，于 1984 年创建的。它位于渤海之滨，距天津市区 50 多公里，占地面积 33 平方公里。这里原是长芦盐场的晒盐池和大片盐碱荒滩，但它具有背靠天津港，紧连京津塘高速公路，贴近京(北京)山(山海关)铁路和天津机场等优越的地缘条件。1984 年的深秋，一批富有理想、抱负的建设者，带着时代赋予的使命、党和人民的重托，来到这荒凉的滩涂，开始了艰难的耕耘。难忘的日日夜夜，伴随着建设者的不是彩旗、鲜花，而是刺骨的海风、没膝的盐卤。建设者们用自己勤劳智慧的双手，疏松了板结的观念，犁开了历史的冻土，终于结出了丰硕的开发区之果。

当邓小平来这里视察时，开发区还不满两周岁。然而，昔日的荒凉已经不见了，代之出现的是先期开发的 4.2 平方公里起步区，以其崭新的面貌呈现在邓小平的面前。这里道路纵横交错，幢幢建筑物鳞次栉比，厂房林立，车辆川流不息，一派生机。开发区管委会主任向邓小平汇报说，我们按照您“对外开放不是要收，而是要放”的指示精神，艰苦创业，只靠国家 3.7 亿元贷款，本着开发一片、建设一片、投资一片、获益一片的建设方针，一面建设，一面招商引资，走上了滚动开发、良性循环的自我发展之路。现在我们已和外商签订了 35 项合同，有 11 个国家和地区在这里投资，年底将有 20 个企业投产。这么短的时间，取得这么好的成果，邓小平听后十分欣喜。他说：“天津开发区很好嘛，已经创出了牌子，投资环境有所改善，外国人到这里投资就比较放心了。对外开放还是要放，不放就不活，不存在收的问题。”李瑞环在一旁插话：“市里对他们的原则是放权，让他们自己搞，这个班子很年轻。”

望着这些朝气蓬勃的开发区人，邓小平信心十足地说：“把年轻干部放到第一线压担子，这个路子对，不能只靠人家扶着。他们受到了锻炼，提上来别人也会服气。”说完，他亲切地逐一询问着开发区管委会成员的年龄、文化程度、专业特长。他那慈祥的目光、和蔼可亲的微笑，饱含了深切的期望和嘱托。

应李瑞环的要求，邓小平挥毫题写了“开发区大有希望”七个苍劲洒脱的大字。

邓小平放下笔，幽默地说：“就这个容易，别的都不容易哟。”

21 日上午，邓小平一行还来到天津港。

天津港作为我国重要的国际贸易港口已有近 200 年的历史，一直被誉为渤海湾上的一颗明珠。它是首都北京的海上门户、天津市发展的重要依托、我国“三北”(东北、西北、华北)地区物资集散和出口贸易的重要基地。改革开放的春风吹绿了这块土地,使古老的天津港重新焕发青春。1984年5月,中共中央、国务院批准天津港实行体制改革试点,要求天津港在改革过程中“实行以收抵支、以港养港的管理体制。积极采用先进技术、设备和管理方法,尽快地把天津港建设成为现代化的港口”。从此,天津港实行了以天津市为主,天津市、交通部双重领导的管理体制,发挥中央和地方的两个积极性,从而迈出了改革管理体制的第一步。当邓小平视察天津港时,港口的管理工作正由传统模式向标准化、现代化转变,先进设备和先进技术的采用使管理水平明显提高。天津港在国际国内的声誉斐然。

在视察天津港的路上,邓小平看到天津的临海地区有大片的滩涂荒地,对陪同的李瑞环说:“你们在港口和市区之间有这么多荒地,这是个很大的优势,我看你们潜力很大。可以胆子大点,发展快点。你们这里有些基础设施比上海好,有些事办起来可能容易些。”

天津港务局局长向邓小平汇报说,两年来港口经济效益提高60%,吞吐量增长22%,解决了长期存在的压船问题,外商反映良好。邓小平听了十分高兴,感慨地说:“人还是这些人,地还是这块地,一改革,效益就上来了。这无非是给了你们权,其中最重要的是人权。你们有了权,有了钱,情况就发生了很大变化。”

邓小平视察了港口的集装箱码头和颇具现代化水平的装卸设备,浏览了广阔而布局合理的港口全貌,每到一处,脸上都不时露出笑容。

在天津,邓小平还观看了从联邦德国、日本引进设备和技术制造的摩托车和轿车。邓小平说:“我们要自己解决小汽车的问题。你们要研究出几种新的汽车型号,外形要经常换,像商品的包装一样。”在参观天津部分轻工业产品陈列时,他特别询问了轻工业产品的品种、花色和质量情况,他强调指出:“质量问题是最重要的。”

邓小平还参观了古文化街,游览了天津市容,他兴奋地说:“天津这几年变化确实很大,比以前漂亮多了。古文化街很有特点,对外国人一定有吸引力。”

邓小平对引滦入津工程一直十分关心,曾对参加这项工程建设的人民解放军给予高度评价。20日,他还为引滦入津工程纪念碑题写了碑名。

第一次在上海过春节

（1988年）

对于沿海地区的对外开放和经济发展，“特别是放胆地干，加速步伐，千万不要贻误时机”。在浙江：“五年之间，一个浙江变成三个浙江。”第一次在上海过春节，带给上海的是新的腾飞。视察高能物理研究所，指出下一个世纪是高科技发展的世纪，中国必须在世界高科技领域占有一席之地。

一

1988年1月29日，邓小平来到了杭州。

5年前，他曾在这里和浙江省的领导同志谈“翻两番”的问题。5年后的今天，他要亲眼看一看浙江发生了哪些变化，“翻两番”的目标到底能不能实现。

邓小平一行下榻在西子湖畔的汪庄。

中共浙江省委书记薛驹、省长沈祖伦陪同邓小平到达住地。

薛驹汇报说，过去的5年中，浙江的工农业总产值增长了一倍多，城乡人民的收入水平也翻了一番多。

邓小平听后非常高兴，他说：“五年之间，一个浙江变成三个浙江。”

“我们浙江经济的发展首先得益于乡镇企业的大发展，在全省的工业产值中，乡镇企业已经是‘三分天下有其二’。”薛驹继续说。

邓小平接过话头说，这是我们没有预料到的，是农民自己的创造。他进一步说，乡镇企业很重要，要进一步发展和提高。

当薛驹汇报到浙江的商品市场、农贸市场发展得很快，这也是农民和基层干部的创造时，邓小平肯定地说：把市场当作一种手段，也可以搞社会主义经济嘛！

在随后的谈话中，邓小平对宁波的对外开放十分关心。他问到宁波北仑港的建设情况，问到包玉刚先生投资办宁波大学的情况，还问到包玉刚先生投资办钢厂的进展情况。

宁波是浙江省的沿海城市，在历史上也曾是我国最为发达的港口城市之一，商品经济和现代工业起步较早。在上海成为全国最大的工商城市后，许多宁波工商界人士又从宁波转到了上海发展，后来又从上海转到海外继续发展。经过近百年的艰苦创业，逐步形成了一个有强大经济实力和管理人才队伍的海外“宁波帮”，分散在60多个国家和地区，总人数约30万人左右，其中有许多是工商巨头、文化教育科技名人和社团领袖。1984年，香港10大富豪中就有4位是宁波籍人士。针对宁波在海外的知名人士多的情况，邓小平在与中央负责同志谈话和会见海外宁波籍知名人士时，多次指示，要把全世界的“宁波帮”都动员起来建设宁波。

1984年8月1日，邓小平在北戴河与中央负责同志谈话时说：“宁波的民用机场要解决，附近的军用机场可以拿出来，交地方使用；要派卢绪章（原外经贸部副部长）去宁波，帮助那里搞对外开放，把全世界的‘宁波帮’都动员起来建设宁波。”两个多月后，经国务院批准，设立了宁波经济技术开发区。同年，宁波还被国务院列为首批14个沿海开放城市之一。

1985年1月4日，邓小平在与谷牧的谈话中说，关于宁波的对外开放工作，先解决宁波的机场问题，军民合用。“办宁波大学包玉刚愿意出钱，这是一件好事，我答应给题校名。你们应该督促有关方面把这件事办好。”此后不久，邓小平在与三位中央主要负责同志的谈话中，着重谈了宁波方面与外资合作的情况。邓小平还热情支持包玉刚先生利用宁波港的优势，与外商合资在北仑港区建设大型钢厂，发展重化工业的倡议。邓小平说：“包玉刚先生说，宁波可以进25万吨的轮船，是个少有的理想港口，25万吨轮船运输成本可以降低30%。所以发展金三角，如果把上海、宁波连起来，就可以解决上海的许多问题。”“凡是搞这类投资的人，我们都要使他们有利可图。”“如果有风险，国家要与投资者分担。”

也就在这一年，国务院正式把北仑港确定为全国建设的4个国际中转港之一。

邓小平亲自和“宁波帮”的知名人士交朋友，时常会见宁波籍知名人士，亲自做各地“宁波帮”上层人士的工作。邓小平关于把全世界“宁波帮”都动员起来建设宁波的指示，在各地“宁波帮”中也引起了强烈的反响。在香港的包玉刚、邵逸夫、陈廷骅，在台湾的应昌期，在日本的孙中利，在美国的应行久等宁波籍人士，都纷纷回到家乡，探亲访友，捐资投资，支援家乡建设。

包玉刚先生就是邓小平多次会见过的海外“宁波帮”的人士之一。

1981 年 7 月 6 日，邓小平副主席在人民大会堂会见包玉刚和他的父亲包兆龙以及包氏环球航运集团一行。同年 12 月 8 日，在钓鱼台国宾馆会见包玉刚和他的父亲包兆龙。

1982 年 9 月 14 日，邓小平以中共中央顾问委员会主任的身份在人民大会堂福建厅会见包玉刚。

1984 年 5 月 28 日，邓小平再次在人民大会堂会见包玉刚。同年 12 月 18 日，包玉刚作为港澳 101 人代表团成员，前往北京机场迎接前来签署《中英关于香港问题的联合声明》的英国首相撒切尔夫人。19 日，包玉刚也出席了联合声明签字仪式。在仪式结束时，包玉刚接到通知，邓小平要单独会见他。20 日，邓小平在人民大会堂会见了包玉刚。会见中，包玉刚告诉邓小平，他最近访问了家乡宁波，这是他 40 年之后首次回家乡，并介绍了宁波的情况，顺便提及向家乡捐款 5 000 万人民币，准备创办一所宁波大学。

邓小平听后很高兴地说：“你很热心啊！”对包玉刚为祖国、为家乡做了许多事情表示赞赏。包玉刚还以宁波家乡人的身份邀请邓小平去宁波，并表示他可以当“导游”。邓小平愉快地接受了邀请，说：“很想去宁波看看啊！”会见后，邓小平还设午宴招待包玉刚和他的家属。

1985 年 10 月，邓小平为包玉刚投资 1 000 万美元建造的北京兆龙饭店题写了店名，并出席兆龙饭店的剪彩仪式。

……

当薛驹说到包玉刚先生主张利用英国、德国几家外国公司的投资来办钢厂时，邓小平说，可以利用外资，要学会利用外国的资金和技术。二次大战后，日本和欧洲一些国家都是利用外资发展起来的。人家来投资，只要是好的，能带动我们工业发展的，我们应该使他们得利多些，才有竞争力。

后来，薛驹回忆这次谈话时说：“这次谈话时间不长，但留给我的印象是深刻的。小平同志时刻关心着全国包括浙江在内的经济发展，时刻关心着改革开

1985 年 10 月，邓小平出席兆龙饭店开业仪式。

放在沿海城市包括宁波在内的落实和进展。”

2 月 5 日上午，邓小平游览了西湖的三潭印月和花港观鱼。

二

2 月 10 日，邓小平离开杭州前往上海。

这时的上海甲肝肆虐，很多人都不愿去上海。

邓小平执意要去，显然是有他的考虑的。

20 世纪 80 年代，我国先后建立了深圳、珠海、汕头、厦门和海南 5 个特区，作为中国沿海开放带的排头兵。这是中国改革开放的总设计师邓小平根据当时国内外的条件运筹决定的。因为这些地区容易受海外发达地区经济辐射的影响和产业的梯度转移，起步快，阵痛小，同时它们可以为全国的开放提供经验和模式。在此基础上形成的沿海地区发展战略，成为 20 世纪 80 年代中国经济高速增长的支撑点。

在整个 20 世纪 80 年代，上海肩负着支持全国改革开放的重任，处于“后卫”的位置。但是，上海在自身发展过程中的深层次矛盾日益显现，诸如经济发展与经济结构不合理的矛盾，城市发展与城市基础设施落后的矛盾，加快发展与传统观念以及和集权型管理体制之间的矛盾等等，这些使得上海在我国国民经济和社会发展中曾独领风骚几十年的地位趋于下降，整个 80 年代上海经济发展的总体速度仅为 7.4%，低于全国 9%的国民生产总值增长速度。上海产品在外地市场的占有率从70年代的“三分天下有其一”下降到80年代的17%。

上海市委、市政府为重振上海国际大都市的雄风，对上海发展的北上、南下、西扩、东进等多种方案进行了探索。北上是指往北部的宝山地区发展，南下和西扩指向邻近江、浙两省的郊县发展，东进即是跨越黄浦江，开发浦东。1984年，上海在制定《上海经济发展战略汇报提纲》和《上海市城市总体规划》时，确定了“东进”的基本构想。浦东濒临东海，背倚物阜民丰的长江三角洲，扼长江而连接中西部内陆，处于我国“黄金海岸”与“黄金水道”的交汇点，通江达海，具备得天独厚的国际经贸区位优势与国内辐射优势。有识之士关于开发浦东的设想可以追溯到20世纪初。然而由于历史的原因，当黄浦江西岸已是国际著名大都会的时候，浦东除沿江部分区域外，都还是一个默默无闻的农村地区。

到20世纪80年代后期，经济特区在经历了风风雨雨之后，已经取得了初步的成功经验，邓小平开始把他的目光投向了上海。这是他整个开放大格局战略的第二步。

1988年1月23日，邓小平在一份《关于加快沿海地区对外开放和经济发展的报告》上批示：“完全赞成。特别是放胆地干，加速步伐，千万不要贻误时机。”

邓小平认为，现在就是加速上海发展的时机，不能错失了。他要到上海去！他带给上海的将是一个新的天地。

上海，这座既古老又焕发着朝气的城市，同邓小平有着不解的缘分。

1920年，邓小平顺江而下，第一次踏上上海的土地，在这里登上法国邮轮，踏上了留法勤工俭学的旅途，也迈出了他成为职业革命家的第一步。

1927年，23岁的邓小平随中共中央机关从武汉迁到上海，开始他后来称之为“吊起脑袋干革命”的“秘密工作”。在这里，他被任命为中共中央秘书长。为了在白色恐怖的上海站住脚跟，开展工作，他当过杂货店老板，当过古董店的老板。他熟悉当时所有中央机关的秘密接头地点，熟悉上海的街道和弄堂。

1949年，邓小平指挥部队解放了上海这座城市。

新中国成立后，他多次到上海参加中央在这里召开的会议，上海的很多厂矿、企业、商店都留下了他的足迹。

邓小平熟悉上海，了解上海的工人阶级。今天，他要让上海在改革开放的大潮中腾飞，以浦东开发为龙头，进一步开放长江沿岸城市，尽快把上海建设成国际经济、金融、贸易中心城市之一。

1988 年 2 月 18 日，在喜迎龙年的除夕之夜，邓小平出席了上海市各界春节联欢会，与上海人民共庆中国人民的传统佳节。

这是邓小平第一次在上海过春节。

这一天，上海下着纷纷扬扬的大雪，上海人已经很少看到这样的大雪了。人们期盼着这场瑞雪能够给上海带来好的兆头。

此时的上海展览中心友谊会堂内春意融融。

邓小平在时任中共中央政治局委员、中共上海市委书记、市长江泽民的陪同下进入会场，出席联欢会的 700 多位上海各界人士起立热烈鼓掌，邓小平频频向大家招手致意。这时，两条“彩龙”从会堂两边昂首摆尾“飞”上舞台，以“龙灯舞”揭开了联欢会的序幕。

1988 年，邓小平在上海欢度春节。

联欢会主持人首先衷心祝愿邓小平同志健康长寿，新春快乐。全场再一次响起热烈的掌声。

对政治一向敏感的上海人看到邓小平到上海过春节，就预料着上海将会有大的动作了。这一点，成为上海人春节期间走亲访友谈论最多的话题之一。

上海的文艺工作者在联欢会上演出了精彩纷呈的文艺节目。其中有京剧“言派”传人言兴朋演唱的《让徐州》。据说，这是邓小平点的节目。有张南云、关怀演唱的京剧，有歌唱演员徐小懿，舞蹈演员董智芝、蔡一磊、陈雁等的歌舞和杂技，还有莫非仙演出的魔术。

演出结束后，邓小平和全国人大常委会副委员长陈丕显、周谷城，在江泽民、朱镕基陪同下走上舞台，与演员们亲切见面。尽管演员们内心热切盼望能与小平同志握手，但由于上海甲肝传染面很广，从健康角度考虑，要求以掌声表达对小平同志的崇敬之情。不料，邓小平主动伸出手去，与每一位演员握手，祝他们演出成功，新春快乐。演员们紧握他老人家的手，激动喜悦之情难以言表，不禁热泪盈眶。目睹此情此景，在场的人无不激动万分。黄菊后来撰文说："小平同志是那样的平易近人，把自己完全融于群众之中，与群众心连心，正是这种崇高风范，在人民心中铸起了一座不朽的丰碑。"

邓小平还和演员们一起照相留念。

2 月 24 日，邓小平回到北京。

从这以后，邓小平连续 7 年都是在上海过的春节。

两个多月后的上海有了新动作。5 月，上海召开了"浦东新区开发国际研讨会"，江泽民在会上提出了结合老城区的改造，建设一个现代化新区的方针，强调要再造"经济中心的功能和对内对外枢纽的功能"。此后，在党中央和邓小平的支持下，上海加快了浦东开发开放的可行性研究。

三

10 月 24 日，邓小平来到中国科学院高能物理研究所视察，庆祝北京正负电子对撞机首次对撞成功。

邓小平和中外科学家一起参加北京正负电子对撞机国家实验室工程奠基典礼。

北京正负电子对撞机这项世界高科技工程，是在邓小平的关心下建成的。

高能物理是寻找新粒子，进行物质微观结构研究的一门尖端科学。我国在这一领域的研究从 60 年代就开始了。1972 年高能物理学家张文裕等联名给周恩来总理写信，反映对发展中国高能物理的意见和希望。周恩来总理亲笔回信说："这件事不能再延迟了，科学院必须把基础科学和理论研究抓起来，同时又要把理论研究和科学实验结合起来，高能物理和高能加速器的预制研究应该成为科学院要抓的主要项目之一。"1975 年 3 月，周恩来总理在重病中批准开展高能加速器的预制研究。"文化大革命"结束后，国家计划在北京建造一台 500 亿电子伏质子同步加速器（代号"八七工程"），并列入全国自然科学发展规划。

1977 年，欧洲核子研究中心总主任阿达姆斯来访，在与邓小平会面时问道：你们目前经济并不发达，为什么要开展高能物理研究，搞高能加速器？邓小平说，这是从长远发展的利益着眼，既然要搞四个现代化，就得看得高一点，看远一点，不能只看到眼前。

1980 年底，国家对国民经济进行调整，压缩基建规模，决定"八七工程"停建。这在国内外高能物理学界引起了很大的反响，许多科学家对我国如何开展高能物理研究工作纷纷发表意见。12 月 25 日，聂华桐等 14 位美籍华裔科学家致信邓小平等中央领导同志，直率地反映了他们对我国发展高能物理研究及建造高能加速器的意见。

10 多天后，邓小平指示：请国务院副总理兼国家科委主任方毅召集一个专家会进行论证。

1981 年 12 月 22 日，中科院党组书记李昌、副院长钱三强向邓小平等中央领导同志报告，请求批准正负电子对撞机方案。当天，邓小平批示："这项工程进行到这个程度，不宜中断，他们所提方针，比较切实可行，我赞成加以批准，不再犹豫了。"3 天后，在会见李政道教授前，邓小平再次对万里、姚依林和中科院的领导说："要坚持，下决心，不要再犹豫了。"在谈到工程进度和经费时，邓小平说："按 5 年为期，经费要放宽一些，不要再犹豫不决了，这个益处是很大的。"

1983 年 4 月，国务院批准了对撞机工程计划任务书，同年 12 月，中央决定将对撞机工程列入国家重点建设项目，并由国家计委主任宋平负责组建工程领导小组。

1984 年 10 月 7 日，北京正负电子对撞机工程破土动工，邓小平亲自为基石题词："中国科学院高能物理研究所北京正负电子对撞机国家实验室奠基。"

就在这一天，邓小平来到了高能物理研究所。他接见了中国科学院部分在

邓小平和中外科学家一起参加北京正负电子对撞机国家实验室工程奠基典礼。

京学部委员及有关部门的负责同志，参观了北京正负电子对撞机模型。

对撞机工程经理、高能所副所长谢家麟教授汇报了工程的总体规划和预期进度。

邓小平参观了10兆电子伏质子直线加速器，随后到对撞机工地参加奠基典礼并铲了第一锹土。邓小平还亲切接见了高能所和各部委参加对撞机工程建设的科技人员和职工代表，被接见的还有参加中美高能物理联合委员会第五次会议的美方代表。

经过广大科技工作者4年的努力，1988年10月16日，对撞机首次实现了正负电子对撞。10月20日，《人民日报》报道了这一成就，认为“这是我国继原子弹氢弹爆炸成功、人造卫星上天之后，在高科技领域的又一重大突破性成就”，“它的建成和对撞成功，为我国粒子物理和同步辐射应用开辟了广阔的前景，揭开了我国高能物理研究的新篇章”。

在这中国科技界欢欣鼓舞之时，邓小平再次来到高能物理研究所。他首先听取了中国科学院院长周光召教授的汇报，然后在李政道教授等陪同下参观了北京正负电子对撞机国家实验室并作了很多重要讲话。

邓小平说，世界上一些国家都在制定高科技发展计划，中国也制定了高科技发展计划。下一个世纪是高科技发展的世纪。

过去也好，今天也好，将来也好，中国必须发展自己的高科技，在世界高科技领域占有一席之地。如果没有原子弹、氢弹，没有发射卫星，中国就不能叫有重要影响的大国，就没有现在这样的国际地位。这些东西反映了一个民族的能力，也是一个民族、一个国家兴旺发达的标志。

现在世界的发展，特别是高科技领域的发展一日千里，中国不能安于落后，必须一开始就参与这个领域的发展，搞这个工程就是这个意思。还有其他一些重大项目，中国也不能不参与。尽管穷。因为你不参与，不加入发展的行列，差距越来越大。

不仅这个工程，还有其他高科技领域，都不要失掉时机，都要开始接触，这个线不能断，要不然我们很难赶上世界的发展。

美籍物理学家李政道后来说："没有小平先生就不会有北京正负电子对撞机。而现在不光是'一席之地'，在这个领域里，全世界公认，中国是第一。"

开发浦东

（1990年）

从上海回到北京，向中央政治局郑重交代："我已经退下来了，但还有一件事，我还要说一下，那就是上海的浦东开发，你们要多关心。"4月，中央政治局会议一致通过开发开放浦东的决策。在北京，视察亚运会场馆，得出结论："中国的月亮也是圆的。"

一

1990年1月20日，邓小平离开北京前往上海。这是历史进入20世纪90年代后邓小平的第一次外出视察。

1月26日，除夕之夜。邓小平与上海市的党政军负责同志欢聚一堂，共迎90年代的第一个新春佳节。

1990年，邓小平在上海。

这已经是他第三次在上海过春节了。

邓小平来到洋溢着新春气氛的会见厅，与中共上海市委书记、市长朱镕基，市顾问委员会主任陈国栋等负责同志一一亲切握手，互致节日问候。朱镕基代表上海人民祝邓小平同志健康长寿。

邓小平高兴地说："我到上海来过春节，向你们拜年来了！并通过你们向上海人民拜年！"

在一片欢笑和热烈的掌声中，邓小平和大家合影留念。

大年初一的上午，朱镕基、陈国栋等上海市委主要领导来到了邓小平下榻的宾馆，给邓小平拜年。

话题很快落到了上海的浦东开发建设上。

邓小平说，浦东开发晚了，但还来得及，上海市委、市政府应该赶快向中央报。

朱镕基说，开发建设的报告不理想，不敢报。

邓小平说，不用怕，报嘛。

作为一个统领全局的伟大的战略家，邓小平以其独特的视角看到了上海在对外开放方面拥有的优势：地理位置、交通条件、人才资源、自然资源以及历史积淀下来的与国际交往的传统和经验等等。这些，都预示上海有着迅速发展的内在潜质，有着重塑国际化、现代化大都市形象的先天条件。

邓小平看到的还有：长江流域地处全国中心腹地，东西横贯华东、华中、华南三大经济区，南北纵穿 10 多个省区，内结大西南，外联大西北，陆空交通发达，延伸全国各地，具有总揽沿海与内地、南北与东西相互联系相互开放的特征。

如果说长江是一条绵延千里、舒身待飞的巨龙，那么位于长江入海口的上海就是龙头。

邓小平看到的是一个将影响中国开放格局的宏观战略问题。在中国对外开放这块棋盘上，他将上海浦东开发开放视为举足轻重的一枚棋子。

2 月 13 日晚，邓小平乘专列离开上海返回北京。在前往火车站的途中，他同朱镕基谈话。在朱镕基谈到虽然有东欧事件冲击，但上海仍然稳定时，邓小平说：不要紧，我们天不怕，地不怕。要多做政治思想工作。在谈到建议开发浦东时，邓小平说：你们搞晚了。但现在搞也快，上海条件比广东好，你们的起点可以高一点。从八十年代到九十年代，我就在鼓动改革开放这件事。胆子要大一点,怕什么。

邓小平回到了北京,心里仍想着浦东的开发。

他对中央政治局的领导说:“我已经退下来了,但还有一件事,我还要说一下,那就是上海的浦东开发,你们要多关心。”

2月17日,邓小平接见香港基本法起草委员会的全体委员。接见前,邓小平拉住国务院总理李鹏说:“你是国务院总理,你要关心上海的开发开放。”

2月26日,上海向中央提出了《关于开发浦东的请示》。上海市提出准备开发的浦东地区,指黄浦江以东、长江口西南、川杨河以北紧靠市区的一块三角地区。它东北濒长江,南临杭州湾,西靠黄浦江,面积约350平方公里,有良好的建港和水运条件,初步具备了起步开发的条件。

3月3日,邓小平找江泽民、李鹏等几位中央负责同志谈话。他指出:“现在特别要注意经济发展速度滑坡的问题,我担心滑坡。世界上一些国家发生问题,从根本上说,都是因为经济上不去,长期过紧日子。如果经济发展老是停留在低速度,生活水平就很难提高。人民现在为什么拥护我们?就是这10年有发展,发展很明显。假设我们5年不发展,或者是低速发展,这不只是经济问题,实际上是个政治问题。加强思想政治工作,讲艰苦奋斗,都很必要,但只靠这些还不够。最根本的因素,还是经济增长速度,而且要体现在人民的生活逐步地好起来。”“要实现适当的发展速度,不能只在眼前的事务里打圈子,要用宏观战略的眼光分析问题,拿出具体措施。机会要抓住,决定要及时,要研究一下哪些地方条件更好,可以更广大地开源。”说到这儿,邓小平亮出了底牌。他加重语气说:“比如抓上海,就算一个大措施。上海是我们的王牌,把上海搞起来是一条捷径!”

邓小平这次谈话后不久,3月28日至4月8日,姚依林受党中央、国务院的委托,率领国务院特区办、国家计委、财政部、中国人民银行、经贸部、商业部、中国银行等单位和部门的负责人来到上海,对浦东开发问题进行专题研究和论证。在听取上海市关于浦东开发基本思路和总体规划的汇报后,他们又对浦东外高桥地区进行了实地考察。

与此同时,很多国内外专家也被请到上海,做浦东开发的可行性研究。

4月10日,中共中央召开政治局会议,一致通过了浦东开发开放的决策。

4月中旬,李鹏总理前往上海。18日,他在上海大众汽车有限公司成立5

周年大会上宣布了中共中央、国务院关于开发开放上海浦东的重大决策：原则批准在浦东实行经济技术开发区和某些经济特区的政策，并将浦东作为今后10年中国开发开放的重点。中央的这一重大决策，吹响了实施对外开放第二个战略步骤的号角。

6月，中共中央、国务院正式发出《关于开发和开放浦东问题的批复》，指出："开发和开放浦东，是进一步实行对外开放的重大部署；开发开放浦东，必将对上海和全国的政治稳定与经济发展产生极其重要的影响。"

9月，国务院批准建立上海浦东外高桥保税区。

浦东的开发正式启动了。

……

这一年在上海，邓小平还视察了上海大众汽车有限公司。

2月6日上午9时30分，邓小平在朱镕基的陪同下来到大众公司。

邓小平在大众公司汽车一厂总装车间门口下车后，与在门口迎接他的陆吉安、刘雅琴、方宏、王荣钧、尤逸尘一一握手，然后参观了总装配厂、发动机厂和国产化陈列室，详细询问了桑塔纳车的型号、性能、原材料是否国产化、出口的价格等。他一边参观一边兴致勃勃地与陪同的负责人交谈。他看着一辆辆桑塔纳从总装流水线上下来，高兴地说："还是改革开放，如果不开放，车身还得用手敲出来呢！"他赞扬车间里很干净，说："文明生产搞得很好。"同时又指出："你们的厂房利用率比丰田差远了。我到日本参观过汽车厂，他们的厂房里设备摆得很紧凑，按你们的面积，可以年产100万台。"当邓小平听说桑塔纳轿车的质量受到用户好评时说："上海与德国的合作是成功的，德国产品质量好，唐山地震时地下管道设施都坏了，德国造的却是好的。"

在发动机厂看到发动机缸体铸件毛坯时，邓小平说："中国的稀土（稀土元素）、中东的石油都是宝。钢铁里加稀土，钢铁的性能就更好了，你们用了稀土没有？"

最后，邓小平还参观了当时设立在发动机厂的桑塔纳国产化陈列室。

邓小平还说：你们还要抓紧创新，搞新产品，变换车型。

上午10时23分，邓小平一行离开上海大众公司。

二

这年的9月，举世瞩目的第十一届亚洲运动会在北京举行。

为了迎接盛会的到来，北京新建成了不少建筑。邓小平要看一看。

12年前，邓小平就曾视察过北京的建筑行业。

那是在1978年的10月20日，邓小平在北京市委第一书记林乎加等陪同下来到前三门大街住宅楼工地视察。

邓小平走进宣武门东大街16号塔楼的第3层，先看了一套两居室房，后看了一套三居室房。

他环顾一间起居室问道："房间有多大？"

回答："两居室的大间14平方米，小间9平方米。三居室的大间是14平方米，中间12平方米，小间9平方米。"

"小了点。"邓小平不无遗憾地说。

邓小平指着天花板问："房间有多高？"

回答："层高2.9米，净高2.7米。"

又问："前三门大街都是几层楼？"

回答："塔楼高12层，板楼高8至9层。"

邓小平还问及楼房抗震系数。陪同的市建委领导说，前三门大街的住宅楼动工时赶上了唐山地震，在后来的设计上考虑到了按抗震8度设防。

邓小平点点头，又仔细地看了钢门窗、阳台，并推门看了厨房和卫生间。

随后，邓小平又来到宣武门西大街4号楼，登上中单元2层，察看了还散发着油漆味儿的单元式住房。从房间里出来后，在2层的楼梯间里，邓小平用商量的口气提出了一个对建筑业影响重大的意见："层高能不能降低一些，把面积搞得大一些？"

随行的小女儿毛毛俏皮地说道："爸爸你不能因为自己的个子矮，也得让房子变矮。"

一句话，把在场的人都逗乐了，邓小平也慈祥地笑了。

12年过去了，如今北京的房子是越盖越漂亮，老百姓的住房条件也得到了很大的改善。特别是为了迎接亚运会盖起了不少亚运比赛场馆，这些场馆无论

邓小平参观亚运村。

是外形设计，还是建筑风格都可以与国外相媲美。

1990 年 7 月 3 日上午，86 岁高龄的邓小平，在国家体委和北京市有关领导的陪同下，视察了国家奥林匹克体育中心场馆。

“国家奥林匹克体育中心”的馆名，就是他老人家亲笔题写的。

邓小平对在场的国家体委主任伍绍祖和北京市副市长张百发说：“我这次来看亚运体育设施，就是来看看到底是中国的月亮圆，还是外国的月亮圆？看来中国的月亮也是圆的，而且圆得更好一点。”他还语重心长地说：“现在有些年轻人总以为外国的月亮圆，对他们要进行教育。”

随后，邓小平兴致勃勃地登上京广大厦第 40 层，俯瞰京城壮丽景色。近处，改建后的北京工人体育场，正在为迎接第十一届亚运会精心装点打扮；远处，崭新的亚运村建筑群拔地而起，形成一座洁白的体育新城。望着这一派生机勃勃、欣欣向荣的景象，邓小平满意地笑了。他连声称赞：“北京建设得好，亚运会建筑搞得好！”当他听说北京市政府将采取旧城改造和新区开发相结合的方针，争取在 10 年内把北京破旧危房基本改造时，再次点头表示满意。

在京广大厦，邓小平遥指中央电视台发射塔问道：“是电视塔高，还是京广大厦高？”有人说是电视塔高，有 405 米，毛毛接着说：“老爷子总夸那个塔建得好。”张百发说：“电视塔建好以后，请小平同志登高视察。”邓小平听了以后非常高兴地说：亚运会建筑这么多，这么好，证明社会主义好。应该让大家特别是青年人都来看看。如果不是社会主义好，北京能改造得这么快吗？资本主义只能慢慢地一步一步来，社会主义能够集中力量，什么困难的事都能搞成。1959 年，我们能搞十大建筑，那时是非常困难的时候，我们还能搞十大建筑，没有社会主义，行吗？人民大会堂是为庆祝建国 10 周年兴建的北京十大建筑之一，那一年搞了 10 个，最大的是人民大会堂。说到这里，邓小平指着张百发说："他是突击队队长。"

张百发说，人民大会堂现在看，也经得住看。邓小平点点头，高兴地说，人民大会堂现在看起来，是高质量，经得住考验，特别是宴会厅、大会堂好。

今天，邓小平兴致特别高。谈到社会主义，他说，我们的宣传应该回答：为什么中国只能搞社会主义，社会主义优于资本主义，中国只能是社会主义，不能是资本主义？回答这个问题，有好多例子可以借鉴！可惜的是，现在解释很平淡，讲不出很多道理。他指着窗外的建设场景说：北京的改造，搞了这么多亚运会建筑，也是集中力量，在这么短的时间内搞出来的，而且搞得这么好。不是社会主义，行吗？资本主义只能拼拼凑凑地搞，搞不出这么大的声势和规模。

邓小平逛北京。

接着，邓小平又说起了对外开放：我们实行改革开放，这是怎样搞社会主义的问题。作为制度来说，没有社会主义这个前提，改革开放就会走回资本主义，比如说两极分化。搞资本主义，中国有 11 亿人口，如果十分之一富裕，就是 1 亿多人富裕，相应地有 9 亿多人摆脱不了贫困，就不能不闹事，不能不爆发革命啊！所以，中国只能搞社会主义，不能搞两极分化。

邓小平继续说，现在有些地区，允许早一点、快一点发展起来，但是到一定程度，国家也好，地区也好，集体也好，就要调节分配，调节税对这个要管。

说完，邓小平起身走到窗前，再次眺望京城。他指着东北方向的一座高层建筑问是什么楼。邓楠说，是京城大厦，50层高。邓小平又望着西边的民族风格的建筑问，邓楠介绍说，那是王府饭店。

看着这一切的一切，邓小平十分高兴。

随后，邓小平又巡视了京广大厦一些设施，并在贵宾簿上签名留念，还同中外方经理一一握手。

临行前，邓小平高兴地对张百发等人说："北京建设得这么好，我要多看几个地方，看了高兴。"

上海要取得国际金融地位

（1991 年）

在上海：不坚决开放不行，开放不坚决不行。“什么事情总要有人试第一个，才能开拓新路。”“希望上海人民思想更解放一点，胆子更大一点，步子更快一点。”

1991 年 1 月 28 日至 2 月 18 日，邓小平到上海视察。

1 月 31 日上午 9 时 40 分，邓小平偕夫人卓琳和女儿邓楠、邓榕，在中共上海市委书记、市长朱镕基等人的陪同下，驱车视察上海航空工业公司。

1991 年 1 月 31 日，邓小平视察上海航空工业公司。

上海航空工业公司于 1985 年与美国麦克唐纳·道格拉斯飞机公司签署了《合作生产 MD－82 型飞机和补偿贸易总协议》，主要内容包括双方合作生产 25 架 MD－82 型飞机，于 1991 年前全部交付给中国的东方航空公司和北方航空公司。为了平衡中方的外汇支出，美方为中方安排协议总成交额 30％的补偿贸易，其中航空产品和其他民用产品各占 50％。同时，双方共同进行新技术的合作开发研究。

上海航空工业公司的主要工作是利用麦道公司提供的零部件完成机身装

配、机翼对接、飞机总装、试验、试飞和交付，并很快过渡到利用美方提供的原材料自制机头（后扩散给成都飞机公司）、水平安定面、起落架舱门、货舱门、服务门、襟翼滑轨支架等 11 个飞机部件。上述自制件除了满足 25 架飞机的装机需要外，还作为航空产品的补偿贸易返销美国，与麦道公司生产的飞机配套。

这项中美合作工程，是改革开放以后当时中美之间合作规模最大、金额最多、时间最长的重要工程，自始至终得到了中央和国务院的关心和支持。这次邓小平亲临视察，正是工程即将圆满成功的关键时刻。

这天一大早，公司总经理景德元即赴西郊宾馆迎接邓小平一行。在前往厂区途中的 50 分钟时间内，景德元向邓小平汇报了公司概况、MD－82 工程和干线飞机项目。邓小平听得十分认真和仔细，还问了不少问题。

在视察前，朱镕基也向邓小平汇报了干线飞机的情况。

朱镕基认为，经过论证，干线飞机所选机型很好，希望国家早点定下来。

邓小平说："今后干线飞机的生产，在上海可以和开发浦东结合起来。"

当车队抵达厂区后，邓小平健步下车，精神饱满，红光满面。在公司总经理景德元、公司党委书记陶人观、公司副总经理兼 5703 厂厂长吴作权、厂党委书记石志塘等主要领导陪同下，邓小平参观了 MD－82 型飞机的铆装和总装车间，受到工人们的热烈欢迎。

进入车间，邓小平看到已经造好的 MD－82 型飞机，十分高兴，他鼓励大家要有更高的目标，要造 300 座的大飞机。

当见到车间里有那么多的青年工人时，邓小平高兴地说，我们就是要多培养年轻人，年轻人是我们的希望。

在视察过程中，邓小平一直很愉快。当景德元汇报到通过合作生产，已在上海建成了一个现代化的民用航空工业基地，取得了四个方面的成果时，邓小平说："这很好。"

当汇报到以后 10 架飞机中有 5 架 MD－82 型飞机返销美国时，邓小平问："这是不是第一次（返销）？"

当汇报到希望国家制定保护民族航空工业的政策时，邓小平点头表示"应该"。他又说：闭关自守不行。"文化大革命"时有个"风庆轮事件"，我跟"四人帮"吵个架，才 1 万吨的船，吹什么牛！1920 年我到法国去留学时，坐的就是 5 万吨的外国邮船。

说到“风庆轮事件”，这里还有一段邓小平和“四人帮”斗争的故事。

在“文化大革命”中，江青反革命集团为了打倒周恩来、邓小平，玩弄了许多阴谋诡计，“风庆轮事件”就是其中之一。

风庆轮是我国自行设计制造、完全用国产设备装备起来的一艘万吨级远洋货轮，1974 年初组装试航，5 月份远航欧洲，5 个月后回国。虽然航行中出过一些技术故障，但还是顺利地完成了任务。这本来是一件值得庆贺的事，没想到却成为江青等人用来搞阴谋诡计的筹码。从 1974 年 1 月起，江青等人利用“批林批孔”的旗号，提出“揪现代大儒”“批党内大儒”的口号，明目张胆地把斗争矛头指向周恩来、邓小平等，引起了毛泽东的警觉。7 月 17 日在即将赴外地休养前夕，毛泽东在住处召集在京的政治局委员开会，严厉批评了江青等人，警告他们“不要设两个工厂，一个叫钢铁工厂，一个叫帽子工厂，动不动就给人戴大帽子”。“你们要注意呢，不要搞四人小宗派呢。”“她并不代表我，她代表她自己。”从 7 月中旬到 9 月底，江青等人不得不暂时收敛一下，但是他们一直在伺机发动对周恩来和邓小平的攻击。恰在此时，9 月 30 日，风庆轮远航归来，江青、张春桥即要求大力宣传此事。他们的真实用意是试图通过宣传风庆轮，给周恩来为扩大对外贸易交流所作的努力扣上“洋奴哲学”“崇洋卖国”的帽子，进而打倒周恩来、邓小平，实现篡夺党和国家领导权的图谋。

在他们的指使下，《文汇报》《解放日报》发表长篇通讯，把风庆轮的远航成绩归功于他们，把造船与租船、买船完全对立起来，把我国造船工业的发展史说成是“充满尊孔崇洋与反孔爱国斗争的历史”，影射周恩来“推行了一条卖国主义路线”。

1974 年 10 月 13 日，江青在《国内动态清样》一则有关风庆轮远航的报道上写了一段措辞激烈的批示。报道中提到，交通部派到船上协助航行工作的副政委李国堂曾因记录质量问题与原船上的个别领导有过不同意见，还发过“江青搞的样板戏都是女英雄”的议论。江青在批示中写道：“我看了 1974 年 10 月 13 日《国内动态清样》有关风庆轮的报道后，引起我满腔的无产阶级义愤。试问，交通部是不是毛主席、党中央领导的中华人民共和国的一个部？国务院是无产阶级专政的国家机关，但是交通部却有少数崇洋媚外、买办资产阶级思想的人专了我们的政。”“政治局对这个问题应该有个表态，而且应该采取必要的措施。”王洪文、张春桥、姚文元对江青的批示极力表示赞成。在 10 月 14 日一天之内，三个人都以异乎寻常的速度传阅了有关材料，并分别写了批示。

王洪文的批示是："完全同意江青同志的意见。我已在 10 月 12 日告诉交通部、上海市委，先将李国堂留上海，发动风庆轮职工进行彻底揭发批判，然后再搞回交通部进行揭发批判。交通部必须对李国堂进行严肃处理，并将处理的情况报中央。"

张春桥的批示是："同意江青同志的批示意见。在造船工业上的两条路线斗争，已经进行多年了。发生在风庆号上的事是这个斗争的继续。李国堂不是中国共产党的代表，而是买办资产阶级的代表。建议国务院抓住这个事件在'批林批孔'运动中进行政治思想教育，使毛主席的独立自主、自力更生的方针在各个战线上进一步确立起来。"

姚文元的批示是："同意江青、洪文、春桥同志的意见。根本问题是路线问题，李国堂代表了一条修正主义路线，他仇视社会主义的新生事物，对抗毛主席独立自主、自力更生的方针，反对革命文艺、'批林批孔'和无产阶级'文化大革命'。他崇洋思想是由他买办资产阶级的立场决定的。建议交通部和其他经济部门，在'批林批孔'运动中，批判修正主义路线，使我国造船工业和整个社会主义工业能够沿着毛主席的革命路线多快好省地发展。"

1974 年 10 月 17 日，在中央政治局会议上，江青拿出有关风庆轮的材料和他们四个人的批示，要主持政治局会议的邓小平表示意见。

江青说："对这件事，你是支持，还是反对？或者想站在中间立场上？你要表明态度。"

"我已经圈阅了，对这个材料还要调查一下呢！"邓小平说。

江青逼问："你对批评'洋奴哲学'是什么态度？是赞成还是反对？"

邓小平立即顶了回去："这样政治局还能合作？强加于人，一定要写出赞成你的意见吗？"

江青恼羞成怒，立刻撒起泼来，用不堪入耳的语言攻击谩骂邓小平。

邓小平愤而起身，退出会场。

1974 年 10 月 18 日，江青等人派王洪文飞赴长沙，向正在那里养病的毛泽东告周恩来、邓小平的状。

王洪文见到毛泽东后说：昨天在政治局会上为了"风庆轮"这件事，江青与邓小平发生争吵，吵得很厉害。看来邓还是在搞过去"造船不如买船，买船不如租船”那一套。邓那样的情绪,可能和最近酝酿总参谋长人选事有关。我来这里没有告诉总理和政治局其他同志,我是冒着危险来的。北京现在大有庐山会议的味道。周总理虽然有病,但昼夜都忙着找人谈话,经常去总理那里的有邓小平、叶剑英、李先念等人。他们来往这样频繁,一定和四届人大的人事安排有关。

听了王洪文的汇报,毛泽东严厉地批评了王洪文:有意见当面谈,这么搞不好。要跟小平同志搞好团结。你回去后,要多找总理和剑英同志谈,不要跟江青搞在一起,你要注意她。

江青等人制造并利用“风庆轮事件”企图整倒邓小平的阴谋彻底失败了。

……

邓小平接着说:现在我们开放了,10 万、20 万吨的船也可以造出来了。如果不是开放,我们生产汽车还会像过去一样用锤子敲敲打打,现在大不相同了,这是质的变化。质的变化反映在各个领域,不只是汽车行业。不坚决开放不行,开放不坚决不行,现在还有好多障碍阻挡着我们。说“三资”企业不是民族经济,害怕它的发展,这不好嘛。发展经济,不开放是很难搞起来的。世界各国的经济发展都要搞开放,西方国家在资金和技术上就是互相融合、交流的。

1991 年 2 月 13 日,邓小平视察上海航天局。

MD-82 这个合作项目筹备过程中,邓小平也曾过问过。他说,飞机制造工业是国民经济的带头工业,是很有发展前途的。如果我们的飞机价格比美国的便宜 10%～20%,就可以出口,特别是向第三世界出口。

在厂里，邓小平每到一处参观，都受到工人们的热烈欢迎。他也不断地向工人群众挥手致意，向工人们问好。他说，现场的工人都很年轻，10年后都是骨干，他们是跨世纪的。

在总装车间，邓小平接见了公司和厂、所的领导，和大家一一握手问好，并合影留念。

整个视察活动到10时10分顺利结束。

上海航空工业(集团)公司党委副书记魏积森后来回忆说："尽管邓小平当时已86岁高龄，但在听汇报和视察时还是精神抖擞，思维敏捷，并对专业性的问题表示了浓厚的兴趣。"

邓小平视察后不久，MD-82合作工程即取得了成功。通过合作生产，公司在民用飞机的研制、生产和管理方面上了一个新的台阶，数千名干部职工受到了严格的技术、管理培训，公司的实力大大增强，取得了美国联邦航空管理局颁发的飞机总装和零部件制造两个生产许可证的延伸认可证书，这是美国建国以来向国外颁发的第一份整机总装许可证，并具备了年产12架飞机的生产能力。

2月13日，春雨绵绵。邓小平在国家主席杨尚昆和上海市委负责人朱镕基、黄菊、王力平等的陪同下，来到位于闵行的上海航天局运载火箭总装厂——上海新中华机器厂视察。这是邓小平继1959年12月16日在上海视察我国自行设计、制造的首枚试验型液体探空火箭32年后，第二次亲临上海航天基地视察。

上海航天局局长苏世堃回忆说："1991年邓小平来我局视察时，我担任航天局局长。我记得当时在两个星期前市委办公厅主任王力平同志通知我局，说有首长要来我局参观，要我们做好接待准备。首长到我局参观，实际上表明对整个上海航天事业的关心，也是对全国航天事业的关心。我们研究决定把参观地点选择在新中华机器厂，把我们航天局的军品运载火箭、防空导弹、卫星和民品等成果都集中到中华厂来展示。当时我们并不清楚是哪一位首长来，但从市里的要求来看，我们猜测可能是小平同志。因为当时正在春节前，小平同志近几年都到上海过春节，因此我们做了一些准备。为了让小平同志有一个全面概括的了解，我们准备了一份概括的全局基本情况介绍以及参观的一些内容，每一部分的内容介绍，我们分别让这一部分的负责人讲解。"

宽敞明亮的运载火箭总装厂房，摆放着"长征四号"运载火箭，航天人怀着激动和紧张的心情等候着这位备受爱戴的老人的到来。

上海航天事业的起步是从20世纪60年代末开始的。

1969年8月14日，周恩来总理代表党中央、国务院下达了上海也要研制运载火箭的光荣任务。

经过几个春秋的努力，由上海航天人研制的“风暴一号”大型运载火箭，从1975年起，相继将6颗卫星送入轨道。1981年9月，一枚“风暴一号”运载火箭不负众望，成功地将一组三颗卫星送入不同轨道，创造了中国航天史上首次发射一箭多星的记录，使中国成为世界第四个能用一箭发射多颗卫星的国家。

1984年，倾注着上海航天人满腔心血的“长征三号”运载火箭研制成功，同年4月成功地将我国第一颗地球静止轨道试验通信卫星定点在太空。此后的几年，“长征三号”运载火箭独领风骚，先后4次成功地发射我国实用通信卫星。1990年4月7日，用“长征三号”运载火箭发射的美国制造的“亚洲一号”通信卫星被成功地定点在3.6万公里高度的轨道上，为30多个国家和地区提供先进的通信服务，标志着中国开始在通向国际商业发射市场的道路上迈出了成功的第一步，全球为之震撼！外电评价说，这次发射，不亚于20世纪60年代初中国第一次爆炸了原子弹。

1988年9月，一枚长达40余米，起飞推力达300吨的“长征四号”运载火箭首飞成功，把我国第一颗太阳同步轨道气象卫星“风云一号”发射升空，这是以上海航天基地为主研制的大型运载火箭，标志着上海的航天科研水平已经进入了一个新的阶段。1990年，第二颗“风云一号”气象卫星又被送上太空。

上海航天基地自70年代初承担运载火箭研制任务至今，已研制和参与研制了四种型号的运载火箭，先后参加了14次发射任务，将18颗不同用途的卫星送上太空，80年代以来，取得了箭箭成功的优异成绩。

上午9时35分，一辆中型客车缓缓地停在刚刚撩开神秘面纱的运载火箭总装厂房门口。

邓小平健步走下车来，与早已等候在那里的上海航天局党政领导苏世堃、尹荣昌以及航天老专家们一一握手。

邓小平仔细听取了苏世堃的简短介绍。当介绍到厂房内陈列的“长征四号”运载火箭是合练弹时，邓小平询问道：合练弹做什么用？苏世堃回答说，合练弹是用于发射塔架对接协调和操作练习用的。邓小平满意地点点头。

运载火箭部分是由上海航天局副总设计师李相荣负责介绍。

在稍事休息之后，邓小平走到横卧着的“长征四号”运载火箭合练弹前，与迎上前来的李相荣亲切握手。

邓小平问，“长征四号”是什么时候开始研制的？是固体发动机还是液体发动机？

李相荣说，作为运载，现在都用液体；作为战略导弹，现在都用固体。

当得知从 1978 年开始研制的采用液体发动机的“长征四号”运载火箭，已经连续两次成功地发射气象卫星时，邓小平高兴地说：“万无一失啊。”

陪同视察的杨尚昆问：“你们已经连续几次成功？”

苏世堃说：“‘七五’期间我们参与了 7 次发射任务，都是箭箭成功。”

邓小平说：“箭箭成功，办到了，了不起，世界上没有。”

当汇报到周恩来总理对航天工作提出的“严肃认真，周到细致，稳妥可靠，万无一失”的方针指示时，邓小平语重心长地说：“你们还要继续坚持这个方针。”

当汇报到在老一辈革命家的关怀决策下，上海的航天人努力完成了各项任务时，邓小平说：我参与了这些决策。我们的决策主要是政治上决策，具体的技术还要靠你们技术人员来实现。我们决策是务虚，实干还是靠你们，能否干好靠你们了。

邓小平的话，使在场的同志深感老一辈无产阶级革命家和中央领导同志的关怀和信任，深感肩负的历史使命之重大。

在新近研制的“风云一号”气象卫星模型前，副总设计师徐福祥向邓小平简短地介绍说：这颗由我国自行研制的卫星升空之后，不仅已经开始为国内气象、农业、渔业和海洋业服务，而且还向世界各国传递气象云图。

邓小平饶有兴趣地接过徐福祥递过来的卫星云图，露出了欣慰的微笑。

杨尚昆说：“气象卫星搞得不错，很有用处。”

在上海航天局研制的某型号战术武器面前，邓小平关切地询问：“一年能生产多少？”

穆虹总工程师汇报说，我们的批量生产不够，投资不够，要保持航天发展势头，希望国家能加大投资。

邓小平说，这个导弹很有用。防空是很重要的，我们是社会主义国家，我们有能力根据国家的需要，集中人力、物力办几件大事。我们现在主要是发展经济，只要我们经济上去了，我们将来什么都可以有，甚至还可以买。

对于航天局的同志提出的资金短缺问题，邓小平笑着指身边的杨尚昆主席说："你们找他要去。"杨尚昆也笑着说："我的口袋里也是空的。"在场的人全都笑了。

邓小平一边走着，一边一字一顿地嘱托道：你们还要搞新的发明，搞新的型号，增强新的能力，你们会办得好的。这支队伍，经过几十年的锻炼，没有失败过。

穆虹表示，一定按照小平同志的要求搞好研制工作。

在介绍到另一种型号的导弹时，邓小平对这种型号导弹的总设计师梁晋才说："这种导弹我知道。"

当邓小平得知还有一种型号的战术导弹已经批量生产时，便关切地询问：装备什么部队，装备到哪一级，需要的量有多大？在得到答复后，邓小平连声说："好，好。"

邓小平和杨尚昆等领导同志在参观中始终表现出了浓厚的兴趣，他们仔细地看着，不时地问着，为中国的国防现代化有如此精良的产品而欣慰。

参观完军工产品之后，邓小平、杨尚昆等来到航天局研制的部分民用产品面前。航天牌电冰箱、上海牌电视机、为桑塔纳轿车国产化配套开发的车用空调、上海牌洗衣机和其他民用产品，整齐地排列在那里。

邓小平还询问了电冰箱和电视机的价格。他建议航天民品的造型能否再漂亮一点，标志是否再明显一点，这样就更便于推销，打开市场。

多么殷切的谆谆教导！

当邓小平得知上海航天基地已开发了100多种民用产品，民用产品产值已占总产值的90%时，高兴地说，没有改革开放，就没有这些。我们抓国防工业的军民结合，这一条抓对了。有的国家就不行，所以搞得很困难。

早在20世纪80年代初，邓小平便以对世界风云的敏锐洞察力和对战争与和平的正确判断，预言世界大战20年打不起来。这一科学的预言，使我国的国防科研从临战状态转向和平建设的轨道。在一次重要会议上，邓小平全面阐述了调整国防工业发展战略的十六字方针：军民结合，平战结合，军品优先，以民养军。1985年，邓小平以一个战略家的气魄和远见，又一次做出了让世界震惊的举动。他向世界宣布，中国国防工业要发挥设备、技术和人才的优势，加入整个国家建设中去。与此同时，国务院、中央军委作出决定，将“军转民”正式列入国家发展战略。

航天工业这支经过30多年艰苦创业成长起来的、拥有一大批优秀科技人员和精良仪器仪表设备的重要力量，在为国防现代化服务的同时，开始走上了开发民品为国民经济发展服务的辉煌之路。

上海航天基地研制过导弹、运载火箭和卫星的科技人员，到90年代初，用自己的聪明才智，在广播电视设备、通信设备、仪器仪表、电子计算机、精密医疗器械、家用电器、机械设备等7大类领域中，开发出140多种产品。

历史已经印证了这位老人的预见，历史还将继续印证，邓小平所倡导的军转民战略将为中国的现代化建设作出更大的贡献。

短短55分钟过去了，邓小平一行即将离开新中华机器厂。

在签名册上，邓小平郑重地写上了自己的名字，为上海航天人留下了珍贵的纪念。

1991年2月13日，邓小平视察上海新中华机器厂时，该厂送给他一个导弹模型。

在与在场的上海航天局党政领导和航天专家们合影之后，邓小平握着国家级有突出贡献专家孙敬良总设计师的手说：“感谢你们的工作。”

临走时，航天局的同志送给邓小平一个“长征四号”的模型。邓小平笑着说:“我家里有许多这样的模型。”

邓小平的女儿说:“咱们家没有这个模型。”

邓小平笑了。

这个模型后来一直放在邓小平办公室的书柜里。

邓小平视察新中华机器厂的第二天,正是中国一年一度的传统佳节春节。邓小平和杨尚昆、李先念与上海市党政军负责人、部分老同志和各界人士欢聚一堂,共迎春节,互致新春问候和良好祝愿。

邓小平和杨尚昆、李先念由中共上海市委书记、市长朱镕基等陪同,与上海各界人士见面。他满面笑容地与大家亲切握手交谈,气氛热烈。

邓小平高兴地说:“同志们新春好!借此机会向英雄的上海人民表示热烈的问候和节日的祝贺。”

朱镕基说:“上海人民祝小平同志健康长寿。你们在上海过春节,是对上海人民的鼓舞,我们上海人民非常高兴。”

杨尚昆说:“我向上海的同志拜年。同时,我受江泽民总书记委托,代表他向上海人民拜年!”

李先念也高兴地说:“谢谢各位来看望我们。应该是我们向你们拜年哟!在以江泽民同志为核心的党中央领导下,我们国家总的形势很好,无论是内政,还是外交。我送你们上海四句话:开发浦东,振兴浦西,实事求是,稳步前进。实事求是总是不错的。不能光稳步,还要前进。稳得多了,不动也不行。”

杨尚昆接着说:“去年全国形势确实非常好,当然还有困难,但比前年要好得多。”

欢聚结束时,邓小平、杨尚昆、李先念与大家合影留念。

2月18日上午,邓小平在朱镕基的陪同下,兴致勃勃地登上了新锦江大酒店顶层的旋转餐厅。

旋转餐厅里挂着两张大幅地图,一张是上海地图,另一张是浦东新区地图,地图旁摆着浦东开发的模型。

邓小平看着眼前的地图和模型,缓缓地说:“那一年确定四个经济特区,主要是从地理条件考虑的。深圳毗邻香港,珠海靠近澳门,汕头是因为东南亚国家潮州人多,厦门是因为闽南人在国外经商的很多,但是没有考虑到上海在人才方面的优势。上海人聪明、素质好,如果当时就确定在上海也设经济特区,现在就不是这个样子。14个沿海开放城市有上海，但那是一般化的。浦东如果像深圳经济特区那样，早几年开发就好了。”

1991年2月18日，邓小平在上海听取浦东开发情况的介绍。

邓小平一边透过宽敞明亮的玻璃眺望上海中心城区的面貌，一边嘱托身旁的上海市委书记、市长朱镕基：“我们说上海开发晚了，要努力干啊！”

接着，邓小平又满怀信心地说：“这是件坏事，但也是好事，你们可以借鉴广东的经验，可以搞得好一点，搞得现代化一点，起点可以高一点。后来居上，我相信这一点。”

他俯瞰着上海的全貌，远望着浦东说：“（浦东）自由机动，余地大，就像画图画，怎么画都可以。全靠新的，比旧的改造容易，而主要的是好的多。”

这就是老人对浦东寄予的希望！

随后，邓小平驱车前往浦东视察。

在视察过程中，邓小平重申了开发浦东的战略意义：“开发浦东，这个影响就大了，不只是浦东的问题，是关系上海发展的问题，是利用上海这个基地发展长江三角洲和长江流域的问题。”

邓小平再三告诫上海市的负责同志：“抓紧浦东开发，不要动摇，一直到建成。只要守信用，按照国际惯例办事，人家首先会把资金投到上海，竞争就要靠这个竞争。”

朱镕基向邓小平汇报了浦东开发开放中“金融先行”的一些打算和做法。

邓小平听后，精辟地说：“金融很重要，是现代经济的核心。金融搞好了，一着棋活，全盘皆活。上海过去是金融中心，是货币自由兑换的地方，今后也要这样搞。中国在金融方面取得国际地位，首先要靠上海。那要好多年以后，但现在就要做起。""要克服一个'怕'字，要有勇气。""什么事情总要有人试第一个，才能开拓新路。试第一个就要准备失败，失败也不要紧。希望上海人民思想更解放一点，胆子更大一点，步子更快一点。"

朱镕基说："我们不怕了，我们相信上海人民有力量，憋了几十年了。"

邓小平说："不要以为，一说计划经济就是社会主义，一说市场经济就是资本主义，不是那么回事，两者都是手段，市场也可以为社会主义服务。"

随后，邓小平在朱镕基等人的陪同下又来到南浦大桥浦西段的建设工地。朱镕基把上海黄浦江大桥工程建设指挥部总指挥朱志豪介绍给邓小平。

邓小平问朱志豪："这座大桥是不是世界上最大的？"

"这座大桥是当今世界斜拉桥第三，第一是加拿大的阿拉西斯桥，主桥跨度465米，第二是准备造的印度加尔各答胡格里桥，主桥跨度457米，南浦大桥主桥跨度423米，位居第三。"朱志豪回答。

邓小平听了之后满意地笑着。

朱志豪汇报说，在建大桥时，给老百姓带来很多困难，但大家都没有怨言，所以工作开展得很顺利。

邓小平点点头。

朱志豪接着说，工人们在工作中不计报酬，白天黑夜都在干。建好后，只要7分钟浦东就到浦西了。

听完介绍，邓小平又健步来到南浦大桥工地，亲切看望坚持春节加班的建设者，并兴致勃勃地在大桥上合影留念。

2月21日，邓小平从上海乘火车返京。

路过济南站，山东省委和济南军区的主要负责同志前往车站看望他。

邓小平对山东省委书记姜春云和省长赵志浩说："你们山东搞得好。"

这年，山东经济和社会各项事业都有了很大发展，国民生产总值、国民收入、工农业总产值等项指标的增长率均高于全国的平均水平。

当姜春云汇报到山东经济增长率高于全国平均水平，今后经济工作准备再上一个新水平的总体构想时，邓小平点头连声说好。

姜春云说，根据山东的条件，有可能提前4年到5年实现第二个翻两番。

听到这里，邓小平非常高兴，他说："还是你们的想法好。"

途经山东兖州火车站时，作短暂停留。中共济宁市委的主要领导前来迎候，向邓小平汇报工作。

中共济宁市委书记王玉玺后来回忆说：

"那天上午邓小平从上海回北京，上级通知济宁市委的主要领导到车站向小平简要汇报工作，时间15分钟。

"我们在兖州车站等候迎接小平。当敬爱的小平神采奕奕走下火车时，我们激动万分，跑上前去同他握手。我简要地向小平汇报了济宁市的工作。我说，在您老人家制定的建设有中国特色社会主义路线、方针和政策指引下，在您和党中央的正确领导下，济宁市发展很快很好。1982年济宁工农业总产值为27.7亿元，到1987年翻了第一番，达到62.3亿元，1990年达到104亿元，粮食产量由47亿斤达到66亿斤。小平听了汇报非常高兴。

"他还问林业发展怎么样，1983年看过的泡桐树现在长得怎么样了，曲阜市现在发展怎么样等。我回答说：您老人家1983年指示后，泡桐发展很快，实行了林粮间作。曲阜现在游人很多，每年国内游客150万人，国外游客2万至3万人。小平听了连声称好。

"小平指示说，农业很重要，要重视粮食生产，还要大力发展多种经营，农林牧副渔全面发展，要靠政策、靠科学，调动农民的生产积极性。

"不觉时间到了，火车快要开了，小平走上火车，转身又向我们招手。"

南方谈话

（1992 年）

视察武昌、深圳、珠海、上海等地，沿途发表重要谈话：“发展才是硬道理”，“中国要警惕右，但主要是防止‘左’”。提出“三个有利于”标准。南方之行心情舒畅：“到了深圳我坐不住啊！”江苏“应该发展得比全国平均速度快一些”。幽默地提议，“发财树”要“让全国人民都种，让全国人民都发财”。10 月，党的十四大召开。

1992 年 1 月 17 日，一列火车从北京开出，向着南方奔驰而去。

这是一趟没有编排车次的专列。乘坐这趟专列的是中华人民共和国的一位并不普通的普通公民邓小平。恐怕谁也不会料到，这趟专列的南方之行将被载入史册，并带动新一轮改革开放和经济建设的加速发展。

熟悉邓小平的人都知道，他向来重视天伦之乐，喜欢和家人在一起。这次南下，正值寒假，他把全家都带上了。

1992 年 1 月 18 日，邓小平在南下的火车上。

一

第一站是武昌。

车轮滚滚。专列穿过华北平原，越过中原大地，过黄河、跨长江于 18 日上午 10 点 31 分到达武昌，稳稳地停在 1 号站台上。车门打开，在人们期待的目光中，一位老人走下车来，他就是邓小平。邓小平头戴铝灰色鸭舌帽，身穿深灰色呢大衣，围着一条白色围巾，步伐走得是那样的坚定、有力。

中共湖北省委书记关广富、湖北省省长郭树言、湖北省委副书记兼武汉市委书记钱运录等几位领导人快步走上前去，代表湖北省和武汉市人民向小平同志问好。邓小平把手向前轻轻一挥，说："我们边散步边谈吧。"

邓小平这次南行，出发前没有向沿途各省打招呼，也不想惊动地方负责人出来迎送。经停武昌，是因为邓小平有话要讲。

武昌火车站的站台只有短短的 500 米左右。他们走走停停，边走边谈，这是一次信息高度浓缩的谈话。邓小平一边走一边听着关广富的汇报，时而插上几句话，时而停下脚步。关广富后来回忆说，他们就这样来回走了 4 趟，一共停下来 6 次。

邓小平说：现在有一个问题，就是形式主义太多。电视一打开，尽是会议。会议多，文章太长，讲话也太长，而且内容重复，新的语言并不很多。重复的话要讲，但要精简。形式主义也是官僚主义。要腾出时间来多办实事，多做少说。毛主席不开长会，文章短而精，讲话也很精练。周总理四届人大的报告，毛主席指定我起草，要求不超过 5 000 字，我完成了任务。5 000 字，不是也很管用吗？我建议抓一下这个问题。

邓小平还说："多搞点三资企业不要怕，只要我们头脑清醒就不怕。我们有优势，有国营大中型企业，有乡镇企业，更重要的是政权在我们手里。"

他还一针见血地批评了"左"的言论和表现，指出："右可以葬送社会主义，'左'也可以葬送社会主义。中国要警惕右，但主要是防止'左'。"邓小平谆谆告诫省委、省政府，"发展才是硬道理"，"能快就不要慢"，"不坚持社会主义，不改革开放，不发展经济，不改善人民生活，只能是死路一条"。办事情正确与否，"主要看是否有利于发展社会主义社会的生产力，是否有利于增强社会主义国家的综合国力,是否有利于提高人民的生活水平”,“低速度就等于停步,甚至等于后退”。同时,他再一次强调必须坚持四项基本原则,反对资产阶级自由化。要坚持两手抓,两手都要硬。他强调,中国的事情关键在人,关键在党。他还对培养年轻干部提出了要求。他说:现在还要继续选人,选更年轻的同志,帮助培养。不要迷信,我二十几岁就做大官了,不比你们懂得多,不是照样干?!我们这些老人关键是要不管事,让新上来的人放手干。他还语重心长地说,一些国家出现严重曲折,不要惊慌失措,不要认为马克思主义就消失了。“我坚信,世界上赞成马克思主义的人会多起来的,因为马克思主义是科学。”“学马列要精,要管用的。”“我的入门老师是《共产党宣言》和《共产主义 ABC》。我读的书并不多,就是一条,相信毛主席讲的实事求是。过去我们打仗靠这个,现在搞建设、搞改革也靠这个。”

1992 年 1 月 18 日,在湖北武昌火车站,邓小平同中共湖北省委负责人谈话。

邓小平的这番话,是有所指的。当时,我国的改革开放和社会主义现代化建设事业正处于重要的历史时刻。在国际政治风云急剧变化,国内发生了一场严重政治风波之后,党内外有些人对坚持党的“一个中心、两个基本点”的基本路线发生动摇,有些人把改革开放说成是引进和发展资本主义,认为和平演变的主要危险来自经济领域。同时,怀疑和否定四项基本原则的思潮仍然存在。

时间过得真快,29 分钟过去了。邓小平与湖北省的负责人握手告别。上午 11 点零 2 分,火车开动,向南方驶去……

关广富、郭树言、钱运录走进武昌火车站贵宾厅,他们三个人凭着记忆,将邓小平 29 分钟的谈话记录下来,由钱运录作笔录。当夜,湖北省委将这份小平同志的谈话记录传至中共中央办公厅。

二

第二站，长沙。

18 日下午 4 时，邓小平的专列徐徐驶进了长沙火车站，按计划，专列要在这里停留 10 分钟。湖南省委书记熊清泉和湖南省的其他负责人一同上车迎接和问候小平同志。邓小平与熊清泉等人一一握手。熊清泉请邓小平下车散步，看看长沙火车站。邓小平高兴地应允，随即健步下车。

长沙火车站始建于 1911 年，到 20 世纪 70 年代已经陈旧不堪了。1975 年 7 月开工兴建新火车站，1977 年 6 月 30 日正式投入使用。这个京广线上的一等客运站，就是 1975 年全面整顿期间搞起来的。听了熊清泉介绍后，邓小平说："这事，我知道。那年，万里当铁道部部长。"说完，又举目望了望站台、轨道，神态是那样怡然。

熊清泉陪邓小平在站台上漫步，同时简要地汇报湖南的工作。他说，1991 年，湖南的气候反常，多灾并发，损失相当大。在党中央和国务院的领导下，全省党政军民千万余人参加抢险救灾，危急关头都有共产党员站在前头，因而大灾之年夺取了大丰收，粮棉油产量创新中国成立以来湖南最高纪录，农业产值首次突破 200 亿元。

途经湖南长沙时，邓小平同中共湖南省委负责同志交谈。

邓小平听后满意地说："不错嘛！这样的灾害，不要说第三世界国家受不了，就是发达国家也受不了。只有我们中国，依靠共产党的坚强领导，依靠社会主义的优越性，才能战胜这么大的灾害。"

接着，熊清泉又把湖南改革开放的战

略、思路、目标等作了简要汇报。

邓小平听了高兴地说："构想很好。实事求是，从湖南的实际出发，就好嘛！"他还特别强调："要抓住机遇，现在就是好机遇。改革开放的胆子要大一点，经济发展要快一些，总要力争几年上一个台阶。"

开车的时间快到了，熊清泉依依不舍地恳请邓小平返京时能在长沙住些日子，邓小平微笑着说："不麻烦了。"站台上欢送的人们都祝愿他健康长寿。邓小平高兴地说："大家都长寿。"接着又高兴地向大家一边招手一边说："来，一起照个相。"摄影师举起照相机，留下了珍贵的纪念。

三

1月19日上午9时，专列抵达深圳火车站。车停稳后，身穿深灰色夹克、黑色西裤的邓小平健步走出车门，在车站静候多时的广东省委书记谢非、深圳市委书记李灏、深圳市市长郑良玉等立即迎上前去。邓小平亲切地和大家一一握手。

谢非握着邓小平的手说："我们非常想念您！"

李灏说："我们全市人民欢迎您的光临。"

郑良玉说："深圳人民盼望您来，已经盼了8年了！"

出站后，邓小平同省市负责人一起登上一辆面包车，前往深圳迎宾馆。他住进了8年前住过的深圳迎宾馆桂园。经过装修后的桂园天顶比原来矮了些，工作人员担心邓小平不习惯。邓小平说："房子还是小点的好。"一句话消除了大家的担忧。

市委副书记厉有为、市委常委李海东同邓小平握手寒暄后，考虑到小平同志长时间乘火车比较劳累，需要先休息，上午就没有安排活动。大家都劝邓小平好好休息，同小平同志道别后就走了。

市委书记李灏来到小平同志的秘书王瑞林的房间，与他商量小平同志下午的行程。时间不长，卓琳同志也来了。省委书记谢非想会不会还有什么事，就留在门口没有走。果然，刚过一会，邓小平就走出来，说要出去看看。谢非考虑他毕竟是88岁高龄了，旅途又这么劳累，就劝他说："您还是先休息一下吧。"

邓小平却毫无倦意，兴奋地说："到了深圳，我坐不住啊！"

听了这句话，谢非顿时心头一热。这位中国改革开放和现代化建设的总设计师，创办经济特区的倡导者和决策者，对特区的探索实践，对广东的建设发展，心里是多么惦念啊！于是，他一边叫工作人员准备车辆，一边陪着小平同志在院子里散步。散步时，邓小平的二女儿邓楠提起 1984 年邓小平为深圳特区题词的事，邓小平一字不漏、一字不错地将 8 年前的题词念了出来："深圳的发展和经验证明，我们建立经济特区的政策是正确的。"在场的人无不为他那惊人的记忆力所折服，同时也更进一步地体会到当年邓小平对题词内容的深思熟虑。

接着，谢非向邓小平介绍了深圳和珠海在城市建设中不同的地方，邓小平听后称赞说："好嘛，各有特色。"

车准备好了，谢非等人陪同邓小平乘车游览市容。

一上车，邓小平就说："坐车出去走，不会招摇过市吧。"

陪同的人说："不会，不会，您放心。"

车子缓缓地在市区穿行。车窗外，景色一一掠过，街宽路阔，高楼耸入云端，到处充满了现代化的气息。而 8 年前，这里有些地方还是一汪水田、鱼塘、羊肠小路和低矮的房舍，对此，邓小平记忆犹新。目睹眼前繁荣兴旺、生机勃勃的景象，邓小平十分高兴，他一边观看市容，一边同省市负责人亲切交谈。

李灏汇报说，这些年来，除个别年份外，深圳的发展速度都很快，平均增长超过 20%。利用外资情况也比较好，国有经济和其他经济成分增长也很快。邓小平问外资在经济总量中占多大比重，李灏回答说，约占 25%，在总量中不到四分之一。邓小平听后频频点头。他说："对办特区，从一开始就有不同意见，担心是不是搞资本主义。深圳的建设成就，明确回答了那些有这样那样担心的人。特区姓'社'不姓'资'。从深圳的情况看，公有制是主体，外商投资只占四分之一，就是外资部分，我们还可以从税收、劳务等方面得到益处嘛！多搞点'三资'企业，不要怕。只要我们头脑清醒，就不怕。我们有优势，有国营大中型企业，有乡镇企业，更重要的是政权在我们手里。有的人认为，多一分外资，就多一分资本主义，'三资'企业多了，就是资本主义的东西多了，就是发展了资本主义。这些人连基本常识都没有。"

这时，车行至火车站前。这个火车站规模宏大，现代化水平很高，是深圳市的标志性建筑。大女儿邓林指着火车站大楼上那苍劲有力的"深圳"两个大字对父亲说:“您看,这是您的题字。人们都说写得好。”邓楠在一旁说:“这是您的专利,也属知识产权问题。”说得邓小平开心地笑了起来。

接着,邓小平问谢非,广东省多少人口。谢非回答说,有 6 300 万人,面积 17.8 万平方公里。邓小平说,亚洲“四小龙”发展很快,你们发展也很快。广东要力争用 20 年的时间赶上亚洲“四小龙”。停了一会,他补充说:“不仅经济要上去,社会秩序、社会风气也要搞好,两个文明建设都要超过他们,这才是有中国特色的社会主义。新加坡的社会秩序算是好的,他们管得严,我们应该借鉴他们的经验,而且比他们管得更好。”

邓小平认为,在市场经济方面,香港、新加坡做得好,我们要向他们学习。他说,社会主义要赢得与资本主义相比较的优势,就必须大胆吸收和借鉴人类社会创造的一切文明成果,吸收和借鉴当今世界各国包括资本主义发达国家的一切反映现代社会化生产规律的先进经营方式、管理方法。

在参观市容的途中,李灏在汇报深圳市经济发展的情况时说:深圳这几年之所以发展得很快,主要得益于对外开放。我们不仅从国外引进资金、技术和管理经验,我们进行的土地有偿使用、发展股份制、建立证券市场,以及公务员制度和廉政建设等许多改革措施和做法,也是借鉴了香港和国外的经验。当谈到股票市场时,邓小平说:也有不少人担心股票市场是资本主义,所以让你们深圳和上海先搞试验。看来,你们的试验说明社会主义是可以搞股票市场的,证明资本主义能用的东西,也可以为社会主义所用。证券、股市,这些东西究竟好不好,有没有危险,是不是资本主义独有的东西,社会主义能不能用?允许看,但要坚决地试。看对了,搞一两年。对了,开放;错了,纠正,关了就是了。关,也可以快关,也可慢关,也可以留一点尾巴。怕什么?坚持这种态度就不要紧,就不会犯大错误。

不知不觉中,车子到了皇岗口岸。邓小平站在深圳河大桥的桥头,深情地眺望对岸的香港,然后了解皇岗口岸的情况。皇岗边检站站长熊长根向邓小平介绍说,皇岗口岸是 1987 年初筹建,1989 年 12 月 29 日开通,占地 1 平方公里,有 180 条通道,最高流量可达 5 万人次,是亚洲最大的陆路口岸,最近每天约通过 7 000 辆车次和 2 000 人次。邓小平听了很高兴,不断点头,露出满意的笑容。

这天晚上的晚餐也是在十分热烈的气氛中进行的。大家谈笑风生,无拘无束。邓楠对爸爸说："给你准备了你喜欢的家常菜，知道你已不吃辣椒，这盘辣椒是给我们吃的。"

邓小平风趣地说："这好，各取所需，不强加于人。"

邓楠又说："对深圳人民来说，你是一朵大牡丹花，大家爱你！"

邓小平说："我可不能一花独放。红花要有绿叶扶，没有绿叶花不好看。再说，绿叶还要接受阳光照射，通过光合作用给鲜花提供营养。"

这时，女服务员小曾崇敬地说："邓爷爷，你是我们心中的太阳，没有你，深圳哪有这么好的今天！你的理论思想为我们指明了方向，使我们走上了一条发展、富裕之路！"

邓小平视察深圳皇岗口岸，深情地眺望对岸的香港。

邓小平指着小曾说："你也成了小理论家了。"

不一会儿，邓小平又若有所思地对大家说，做人不能处处突出个人，智慧来自集体。好的领导能把群众的智慧汇集起来，充分运用。他指指邓楠说，你现在也是领导，要注重调查研究，不要脱离实际。科技发展要多听专家意见，你才是个明白人。

晚饭后，邓小平照例散步半小时左右。他一边散步，一边同深圳市负责人交谈，当散完步往回走时，市领导建议从原来的路上走回去，邓小平却坚持走另一条路，并风趣地说："我不走回头路！"

1 月 20 日上午 9 时 35 分，邓小平在省市负责人的陪同下，来到深圳国贸大厦。

国贸大厦，楼高 160 米，是当时国内第一高楼，是深圳人民的骄傲。深圳的建设者们曾在这里创下了"三天一层楼"的纪录，成了"深圳速度"的象征。到深圳的中外人士，总要登上楼顶的旋转餐厅，远眺深圳的景色。

邓小平每到一地，总喜欢登高望远，纵览全貌。这天，邓小平登上 53 层楼，来到了旋转餐厅，临窗而坐，俯瞰深圳市区全貌。他先听市委书记李灏介绍眼前的市容。望远处，高楼林立，马路纵横，全是新建筑，到处是一片欣欣向荣的景象；看近处，老宝安城已变得巴掌般大，矮房窄巷淹没在高楼大厦之中。上次来深圳曾经登临的国商大厦，如今成了"小弟弟"。邓小平看了后很是高兴。

接着，李灏打开一张深圳市总体规划图，简要汇报了深圳的改革开放和经济建设的情况。

李灏说，深圳的经济建设发展很快，人民生活水平有了很大提高，1984 年，人均年收入为 600 元，现在是 2 000 元。改革开放也有了很大的发展。他说，这些年来，我们的精神文明建设和物质文明建设是同步发展的。深圳人对建设有中国特色的社会主义坚定不移，并且充满信心。

听完汇报，邓小平充分肯定了深圳在改革开放和建设中所取得的成绩。他接着说：对办特区，一开始就有不同意见，这是正常的。不只是经济特区问题，搞农村家庭联产承包，废除人民公社制度，开始的时候只有三分之一的省干起来，第二年超过三分之二，第三年才差不多全部跟上。开始搞并不踊跃呀，好多人在看。我们的政策就是允许看。允许看，比强制好得多。我们推行三中全会以来的路线、方针、政策，不搞强迫，不搞运动，愿意干就干，干多少是多少，这样就慢慢跟上来了。不搞争论，是我的一个发明。

邓小平望望窗外，谈兴更浓。他语气坚定地说："要坚持党的十一届三中全会以来的路线、方针、政策，关键是坚持'一个中心、两个基本点'。不坚持社会主义、不改革开放、不发展经济、不改善人民生活，只能是死路一条。基本路线要管一百年，动摇不得。"

李灏汇报说，我们这些年接待了不少国家首脑级外宾，特别是新加坡总理李光耀先生几次来过深圳，并发表过不少意见。概括起来是三句话：一句是中国不能没有深圳，因为它是改革开放的试验场；第二句话是深圳进行的改革如果成功，说明邓小平先生提出的建设有中国特色社会主义的路子走得通；第三句话讲廉政建设，他说他当了多年新加坡总理，培养了不少百万富翁，但他自己不能做百万富翁。这实际上表明了一个领导者应具备的政治素质和道德素质。

在国贸大厦，邓小平还强调：要抓住时机，发展自己，关键是发展经济，发展才是硬道理。要多干实事，少说空话。他说，会议太多，文章太长，不行。谈到这里，他指着窗外的一片高楼大厦说，深圳发展得这么快，是靠实干干出来的，

邓小平说："看准了的，就大胆地试，大胆地闯。"

不是靠讲话讲出来的，不是靠写文章写出来的。

邓小平纵论天下事，从特区谈到全国，从国内谈到国际，足足讲了30多分钟。

这时旋转餐厅转完一圈，邓小平起身乘观光电梯下到一楼大厅。大厅的音乐喷泉，随着优美的乐曲，喷出图案多变的水柱和水花，蔚为壮观。

正在国贸中心商场购物的人们，得知邓小平到来，都聚集在环绕大厅的三层回廊上，从一楼到三楼，站满了人，黑压压一片。一位白发苍苍的老者好不容易才挤到了人群的前面，当公安人员要他后退时，他一边顺从地后退，一边央求说："我当了几十年右派，是邓小平解放了我，让我看看他老人家吧！"这番话感动了大家，也感动了在场的公安局局长梁达均，他做了一个手势，示意给老人一个方便。

不一会，邓小平从电梯下来了，群众以雷鸣般的掌声表达他们对倡导改革开放政策的小平同志的爱戴和崇敬之情，表达他们对身受其惠的改革开放政策的拥护和支持。

邓小平也满面笑容地频频向群众招手致意，呈现出老一辈无产阶级革命家同人民群众融洽无间的动人情景。

在国贸大厦参观时还发生了几件趣事：一是邓榕曾向广东省、市领导说，1989年，"六四"政治风波以后，邓小平比较沉闷，常常一言不发。所以，6月9日那天大家原以为他不讲话。可是，邓小平还没等到完全听完汇报就发表了重要讲话，急得邓榕等抓起桌上的餐巾纸就记。二是这次在国贸大厦参观时，谢非原是有准备的，他带了一个小录音机放在口袋里，当小平同志讲话时，他只按下了放音键，没有同时按下录音键，结果，没录下音来。谢非后来说："这是我人生中最大的政治错误。"幸好，谢非的秘书陈建华也录了音，而且录得很完整。

离开国贸大厦，邓小平一行乘车去深圳先科激光公司参观。

先科激光公司，是一家高科技企业，它引进荷兰飞利浦公司的先进生产技术，是我国当时唯一生产激光唱片、视盘和光盘放送机的公司。

据先科集团董事长叶华明先生回忆，早在 1991 年 7 月的一天，深圳市委书记李灏曾亲自向先科打招呼，说将有"重要外宾"来深圳，当时叶华明就预感到可能是邓小平。12 月中旬，几位市领导又开了一次会，与会的叶华明听取了有关准备工作的任务要求。那次会议确定了"重要外宾"的参观路线。在先科的参观程序是从展示厅走到生产车间，最后是负责人作简短汇报。1 月 10 日的晚上，有关部门到先科检查安全工作时，发现从展示厅到生产车间的台阶不便于老人行走，提出要另修通道。于是，先科人用了 3 天的时间修了一条平坦的走廊，走廊上铺了红地毯，两旁摆上了鲜花。1 月 16 日，先科通过了有关部门的再次检查。

车子到达先科激光公司时，该公司董事长叶华明等人迎上前去，同邓小平紧紧握手。叶华明是叶挺将军的儿子，1946 年 4 月 8 日叶挺将军因飞机失事不幸遇难，叶华明和弟弟叶正光曾先后生活在聂荣臻元帅家里。邓小平常去聂帅家，见过叶华明和他弟弟。

此时，邓小平握住叶华明的手亲切地问："你是叶老二吧？"

"不是，我是老四。"叶华明激动地握着这位慈祥老人的手，并伸出四个手指回答说。

"呵，我们快 40 年没见面了。"邓小平深情地说。接着，邓小平又关心地询问了叶华明弟弟的情况。此情此景，十分感人，充分体现了邓小平对革命后代的关心。

在公司贵宾厅，邓小平听取了叶华明关于公司情况的介绍，并兴趣盎然地看了激光视盘的特性、音响效果、功能和检索能力的表演。在这里，当邓小平看到传记资料片《我们的邓大姐》时，对坐在身旁的广东省委书记谢非说："我今年 88 岁，邓颖超同志和我同年，都是 1904 年生的。我是 8 月出生，她比我约大半

邓小平参观深圳先科激光公司。

岁。”随后，邓小平还和二女儿邓楠就邓颖超的籍贯究竟是河南还是广西进行了一番对话。先科的一位四川籍歌手还当场用先科生产的音响唱了一首歌《在希望的田野上》。邓小平听完后，高兴地带头鼓掌说：“声音很好，我听得很清楚，音响效果也不错。”

从贵宾厅出来到激光视盘生产车间，经过 30 米长的过道，许多职工在过道两侧热烈鼓掌欢迎邓小平。

“这些职工多大年纪？”看着欢迎的人群，邓小平问叶华明。

“大多数是 25 岁到 30 岁，由全国各地招聘来的，大部分是科技人员。”

邓小平听后高兴地说：“很好，高科技项目要让年轻人干，希望在青年的身上。”

在激光视盘生产车间，当叶华明介绍他们每年要生产一部分外国电影激光视盘时，邓小平关切地问：“版权怎么解决？”

叶华明回答说：“按国际规定向外国电影公司购买版权。”

邓小平满意地说：“应该这样，要遵守国际有关知识产权的规定。”

邓小平边看边详细询问公司的情况，从职工待遇到产品原料来源到生产质量，无不涉及。走到一个正在检查视盘效果的女工面前，邓小平停下了脚步，亲切地问她叫什么名字，哪里人，每月拿多少工资，生活习不习惯等等。这位女工正巧也是从四川来的，不知不觉中，邓小平已与这位老乡聊了好几分钟。

临离开车间前，邓小平问到公司今年的生产目标。叶华明介绍说："今年要生产50万张激光视盘，250部激光视盘电影，国产片和外国片一样多，其中还有科教片和一部分卡拉OK。总产值可达3亿多元，利润8 000万元。"邓小平听后高兴地说，很好，希望你们努力实现这个目标。

从车间出来，许多员工仍在等着欢送邓小平。叶华明代表先科公司向邓小平赠送了10张激光唱片，内容包括革命歌曲选曲和京剧。上午10时40分，邓小平一行离开先科。

1月21日，虽然天气还比较寒冷，但风和日丽。邓小平来到华侨城，兴致勃勃地游览了中国民俗文化村和锦绣中华微缩景区。

上午9时50分，邓小平在省市负责人的陪同下来到中国民俗文化村。

中国民俗文化村，是深圳人按照中国众多兄弟民族各有特色的生活习惯建设的体现各民族民俗特色的村落，是集民间艺术、民族风情、民居于一园的大型游览区。

当邓小平出现在民俗村东大门广场时，广场上顿时一片欢腾。这边，唢呐管弦，悠悠扬扬；那边，威风锣鼓，铿铿锵锵；这里是秧歌队，扭得热火朝天；那里是高跷队，踩得多彩多姿。身穿鲜艳民族服装的各族青年，载歌载舞。邓小平在人群中走着、笑着，走得是那么轻盈，笑得是那么开心。他不时停下脚步向大家鼓掌，招手致意。

在广场西侧，邓小平登上电瓶车，沿途经过"徽州石牌坊群"和富有民族特色的"贵州鼓楼""风雨桥""云南藤桥""西藏喇嘛寺"等，把邓小平一行带进了中华民族源远流长的传统文化长河中。

根据邓小平事前的嘱咐，当天景区照常开放。此时景区已经有些游客，邓小平沿途不断地向各村寨的少数民族员工、景区工作人员和游客亲切招手。在电瓶车经过"陕北窑洞"时，正好碰上一个马来西亚的华人旅行团。当他们发现车上乘坐的是邓小平时，都喜出望外，许多人高喊："是邓小平、邓小平！"并争相拍照，邓小平也高兴地向他们招手致意。次日香港一家报纸发表的一张邓小平坐在电瓶车上的"独家照片"，就是这个团的一位成员提供的。

参观过程中，当华侨城建设指挥部主任马志民介绍到现在民俗村每天平均有1万多游客时，邓小平风趣地说："今天可能就要受干扰了。"

经过"海边椰林"时，邓小平对高大的铸铜千手观音很感兴趣，他说："我还从来没有见到过这样大的千手观音。”

过了“陕北窑洞”之后，邓小平下车步行至“新疆村寨”，抱着小孙子观看新疆维吾尔族的歌舞表演，兴致很高。

游览了民俗文化村，邓小平又步行一段路来到锦绣中华微缩景区。这是集中国名胜古迹于一体的微缩景区，也是当今世界最大的微缩景区。

听说邓小平来了，正在这里游览的港澳同胞、外国朋友和来自全国各地的游客，不约而同地从远处、近处，从四面八方向他涌来，向他鼓掌，向他表示敬意。有许多人还举起相机，拍下珍贵的镜头。

邓小平乘电瓶车游览了各个景点。

在“天安门”前，他走下电瓶车观赏了“故宫”景色。然后，他走到“故宫”旁边的小卖部，饶有兴趣地欣赏玻璃柜内的纪念品。

当经过“乐山大佛”“云南大理三塔”“桂林山水”等景点时，邓小平说：“这些地方我都去过。”在“布达拉宫”前，大家都下了车，邓小平说：“中国其他地方我都去过了，就是没有到过西藏。”于是，一向不爱照相的邓小平分别同家人、身边的工作人员及陪同的负责人在“布达拉宫”前合影留念。他还高兴地同全家人合影，拍摄了一张“合家欢”。

在驱车回宾馆途中，邓小平和陪同的负责同志亲切谈话。

据李灏回忆，当时，他们向小平同志汇报了深圳支援相对落后地区的有关情况，提到深圳市 1990 年成立了合作发展基金，每年都按固定的比例从财政收入中划出一部分作为这种基金。基金主要为贫困地区开发“造血”型项目，已取得比较好的成效。小平同志听后表示赞同。他说：将来，发达地区上缴利润的方式可以改变一下，用发达地区上缴的钱来补内地，当然现在不变。将来国家要抓这个问题，否则，差距太大。你们好，人家都往你这里跑，你也受不了。对于这种事情，一方面当然要控制人口流入；另一方面特区要多上缴一些利润、税金给国家，投向内地。对于这一点，你们要有思想准备。当然，不是现在就要向你们“开刀”，现在还不是时候，现在主要还要增加你们的活力。但到一定程度，就要向你们“开刀”。到本世纪末，就要考虑这些问题了。听到这里，车里的同志都热烈鼓掌。

邓小平还说，走社会主义道路，就要逐步实现共同富裕。共同富裕的构想是这样提出来的：一部分地区有条件先发展起来，一部分地区发展慢点，先发展起来的地区带动后发展的地区，最终达到共同富裕。如果富的愈来愈富，穷的愈来愈穷，两极分化就会产生，而社会主义制度就应该而且能够避免两极分化。解决的办法之一，就是先富起来的地区多交点利税，支持贫困地区的发展。当然，太早这样办也不行，现在不能削弱发达地区的活力，也不能鼓励吃“大锅饭”。

他说，不发达地区又大都是拥有丰富资源的地区，发展潜力是很大的。总之，就全国范围来说，我们一定能够逐步顺利解决沿海同内地贫富差距的问题。

当深圳市市长郑良玉汇报到在发展经济的同时，把社会主义精神文明建设搞好时，邓小平说，只要我们的生产力发展保持一定的增长速度，人民的精神文明建设也可以搞上去。我们完全有能力把社会主义精神文明建设搞好。

邓小平还谈到要尽快把经济建设搞上去。他说，有条件的地方要尽可能搞快点，只要是讲效益、讲质量，搞外向型经济，就没有什么可以担心的。

1 月 22 日上午，阳光明媚，空气清新。邓小平偕全家到深圳仙湖植物园种树和游览。

在植物专家陈谭清的陪同下，他饶有兴趣地参观了植于室内的各种珍奇植物。

陈谭清在介绍到桫椤时说，这是国家一级保护植物，是距今 1 亿 8 千万年的古生植物。邓小平立即问他：“我国还有一种古生植物叫什么水……”

陈谭清说叫水杉。

邓小平说：“好像长在长江边不远的地方，是吗?”

陈谭清说：“是的，长在鄂西，利川县水杉坝。”

邓小平说：“水杉现在全国都有引种，这种植物能不能引到其他地方栽植呢?”

没等陈谭清回答，毛毛在一旁说：“这是南方植物，只能在南方栽植。”

邓小平说：“好。”

邓小平一行边走边看，当看到金花茶时，邓小平问这叫什么花，陈谭清说叫金花茶，国家一级保护植物。邓小平说这不是最好的茶花，云南有一种茶花，有碗口那么大，那才好看，叫什么茶花，毛毛笑着说“那就叫碗茶”。

在转弯的地方，邓小平看到一种十分特殊的竹子，陈谭清介绍说，这是悄悄地从四川的宜宾地区引种来的，竹节似人面，所以叫人面竹，号称每株价值 1 万元。邓小平听后风趣地说："我是四川人，我有技术产权，你悄悄地从我们四川引种，我要罚你的啊！"听邓小平这么一说，大家都不由自主地笑起来。

再往前走，邓小平看到一片生机盎然的竹芋栽植区。他指着一棵竹芋问陈谭清："这竹芋长不长芋头？"毛毛说："我爸爸最喜欢吃芋头了。"

陈谭清说，这竹芋不长芋头，只是好看而已，摸起来毛茸茸的，有点像天鹅绒毛，所以它的名字叫天鹅绒竹芋。邓小平顺手摸了一下，说："真是有一点像天鹅绒啊！"

来到一棵"发财树"前，毛毛风趣地对父亲说："以后咱们家也种一棵。"邓小平深情地说："让全国人民都种，让全国人民都发财。"

随后邓小平全家一起来到大草坪上，草坪中央已挖好一个树坑，邓小平走到坑边栽下了一棵常青树——高山榕，拿起铁锹一锹一锹给树根培土。夫人卓琳和长女邓林、三女毛毛在一旁帮忙。长子邓朴方也坐着轮椅过来，拿起铁锹培了土。小孙子拎着小水桶过来，和爷爷一起浇了水。

邓小平在仙湖植物园种下一棵高山榕。

人们不会忘记，邓小平是 80 年代以来一年一度义务植树活动的倡导者。1982 年 3 月 12 日，邓小平带着 3 岁的外孙女羊羊，扛着一把铁锹到北京西山，与解放军战士们一起参加植树活动。一老带一小，共用一把锹，栽种了油松。此后连续多年，邓小平每年都参加植树活动。如今，羊羊长大了，树也长高了，现在邓小平又带小孙子在深圳种了树。

栽完树后，邓小平领着小孙子在草坪南侧的小路上继续散步。在这山清水秀的环境里散步，邓小平显得格外高兴。快到上车的时间了，人们舍不得打扰他，都在远远地望着他健步地走呀，走呀。终于，临近中午了，工作人员不得不告诉他该开车了。邓小平扭头对身后的毛毛说："不自由啊！"说完有些无奈地上了汽车,依依不舍地离开了仙湖植物园。

22日下午3点10分,邓小平在迎宾馆接见了深圳市委、市人大、市政府、市政协、市纪委的负责人,并同深圳市五套班子的负责人合影。合影后,邓小平对省市负责人说:改革开放胆子要大一些,敢于试验,不能像小脚女人一样。看准了的,就大胆地试、大胆地闯。深圳的重要经验就是敢闯。没有一点闯的精神,没有一点“冒”的精神,没有一股气呀、劲呀,就走不出一条好路,走不出一条新路,就干不出新的事业。不冒风险,办什么事情都有百分之百的把握,万无一失,谁敢说这样的话?一开始就自以为是,认为百分之百正确,没那回事,我就从来没有那么认为。

李灏说:深圳特区是在您的倡导、关心、支持下才能够建设和发展起来的,我们是按您的指示去闯、去探索的。

邓小平说:工作主要是你们做的。我是帮助你们、支持你们的,在确定方向上出了一点力。

邓小平还说,社会主义的本质,是解放生产力、发展生产力,消灭剥削、消除两极分化,最终达到共同富裕。

邓小平说,现在建设中国式的社会主义,经验一天比一天丰富。在农村改革和城市改革中,不搞争论,大胆地试,大胆地闯。我们的政策就是允许看。允许看,比强制好得多。

1月23日上午8点30分,深圳市委负责人以及警卫、服务人员,在迎宾馆依依不舍地同邓小平握手告别。邓小平在谢非的陪同下将前往珠海特区。

车子在宽阔的马路上向蛇口驶去。在车上,邓小平和省市负责人亲切交谈。

李灏向邓小平简要地汇报了深圳改革开放的几个措施:调整产业结构;放开一线,管好二线,把深圳特区建成第二关税区;加强法制,依法治市,加强立法执法工作;把宝安县改为深圳市的三个郊区等等。

邓小平听后说,我都赞成,大胆地干。每年领导层要总结经验,对的就坚持,不对的赶快改,新问题出来抓紧解决。不断总结经验,至少不会犯大错误。

李灏说:“您讲的非常重要。我们要争取少犯错误,不犯大错误。”

听到这里,邓小平严肃地指出说:“我刚才说,第一条是不要怕犯错误,我们首先考虑的是要敢闯,而不是首先考虑犯不犯错误。第二条是发现问题赶快

1992 年 1 月 23 日，邓小平在从深圳蛇口码头前往珠海特区的船上发表谈话。

纠正。”

车到蛇口港码头，邓小平下车后，同前来迎接的珠海市委书记、市长梁广大亲切握手，然后同深圳市负责人李灏、郑良玉、厉有为一一握手告别。

邓小平向码头走了几步，突然又转回来，对李灏说：“你们要搞快一点！”把握时机，快一点将经济建设搞上去，这是邓小平对深圳的期望，也是时刻萦绕在他心头的一件大事。

李灏说：“您的话很重要，我们一定搞快一点。”

四

23 日上午 9 点 40 分，邓小平登上了“海关 902”快艇，启程到珠海特区考察。

快艇劈波斩浪向珠海疾驶而去。8 年前邓小平由深圳到珠海时，走的也是这条航线。舱内，谢非打开一张广东省地图，和梁广大一起向邓小平汇报广东改革开放和经济发展的情况。邓小平戴上老花眼镜，一边看地图，一边听汇报。

谢非说，广东经济发展大致可分为三种类型：一是经济较发达的珠江三角洲，为“第一世界”；一是粤东粤西平原地区，为“第二世界”。谢非讲到这里，邓小平说：那余下的是“第三世界”了？谢非说：是，我省广大山区经济还比较落后，为“第三世界”。邓小平肯定了广东发展的思路，他说，广东在改革开放中起了龙头作用，今后还要继续发挥龙头作用。广东要上几个台阶，争取用20年赶上亚洲“四小龙”。

邓小平说，对于我们这样的发展中大国来说，经济要发展得快一点，不可能总是那么平平静静、稳稳当当，要注意经济稳定、协调地发展，但稳定和协调也是相对的，不是绝对的。发展才是硬道理。

他强调：从国际经验来看，一些国家在发展过程中，都曾有过高速发展时期，或者高速发展阶段。现在，我们条件具备，国际条件有利，再加上发挥社会主义制度能够集中力量办大事的优势，在今后的现代化建设中，出现若干个发展速度比较快、效益比较好的阶段，是必要的，也是能够办得到的。我们就是要有这个雄心壮志！

快艇已接近珠海市九洲港，邓小平站起来，望着窗外烟波浩渺的伶仃洋说，我们改革开放的成功，不是靠本本，而是靠实践，靠实事求是。农村搞家庭联产承包，这个发明权是农民的。农村改革中的好多东西，都是基层创造出来的，我们把它拿来加工提高作为全国的指导。实践是检验真理的唯一标准。我就是相信毛主席讲的实事求是，过去我们打仗靠这个，现在搞建设、搞改革也靠这个。我们讲了一辈子马克思主义，其实，马克思主义并不玄奥。马克思主义是很朴实的东西、很朴实的道理。

邓小平还联系党的历史说道：“现在有右的东西影响我们，也有‘左’的东西影响我们。但根深蒂固的还是‘左’的东西。”“右可以葬送社会主义，‘左’也可以葬送社会主义。中国要警惕右，但主要是防止‘左’。”

快艇行驶了一个多小时，邓小平也不停地与省市领导交谈了一个多小时。快艇靠岸了，他和艇上的工作人员一一握手，并合影留念，然后在谢非和梁广大等同志的陪同下，踏上了阔别8年的珠海大地。

整整8年，当邓小平第二次到珠海时，这里已经成为一座充满现代气息的花园式海滨城市。

稍事休息，邓小平在谢非和梁广大以及市有关负责人的陪同下驱车游览珠海市容。

“我记得以前这里有一座小桥、一条小路，现在没有了，变了。”路过吉大村时，邓小平指着景山路说道：“过去这里是一条石头铺的小路，还有一座小桥（白沙河桥）。”他在回忆8年前的珠海。

当汽车驶近珠海影剧院时，邓小平又指了一指窗外说："我1984年来这里时，记得这里只有一座石头砌的大房子，现在都盖上新大楼了，变化真大呀！"

梁广大在车上边陪邓小平观看珠海城市景观边介绍珠海的建设发展情况。邓小平边听边看，不断地点头表示赞许："这样搞很漂亮，有自己的特点。"他幽默地说："这里很像新加坡呀，这么好的地方谁都会来，我要是外商的话，我也会来这里投资的。"

邓小平接着谈到这些年来我国经济发展的速度问题。他说："经济发展比较快的是1984年至1988年。这5年，首先是农村改革带来了许多新的变化，农作物大幅度增产，农民收入大幅度增加，乡镇企业异军突起。这是一个非常生动、非常有说服力的发展过程。可以说，这个期间我们财富有了巨额增加，整个国民经济上了一个新的台阶。"

汽车由凤凰路桥转入即将竣工的海湾大道。这条连接珠海香洲和唐家、金鼎等生活小区的纽带，全长10多公里，宽30多米，清一色的混凝土路面，中间由姹紫嫣红、浓郁葱茏的绿化带隔离，犹如青山绿水间的一条漂亮的彩练。

1984年，海湾大道还是广珠公路的一部分，不足10米宽的柏油路面到处坑坑洼洼，而公路两侧看不到几间住房。

邓小平看出了这一带农民生活的变化，他指着一座座漂亮的村民住宅问道："广东的农民收入有多少？"

"去年全省人均年收入1 100元。"谢非回答说。

"我看不止这个数。"邓小平肯定地说："如果是这个收入，盖不了这么好的楼房，买不起这么好、这么多的家当。这个算法不准确，有很多没有算进去。"

高科技企业，是珠海经济特区的主要产业之一。在珠海特区的7天里，邓小平接连考察了几个高科技企业。

1月24日上午9点40分，邓小平来到珠海经济特区生化制药厂。迎候在厂门口的厂长迟斌元握住邓小平的手说："我们全厂职工盼望您来啊！您是中国改革开放的总设计师，我们能有今天，是您指引的结果。"邓小平摆摆手说："过奖了。"

住工厂会议室里，邓小平听取了关于"凝血酶"的研制生产和工厂发展等情况，高兴地对厂长说："我们应该有自己的拳头产品，创出我们国家自己的名牌，否则就会受人欺负。这要靠我们的科技工作者出把力，摆脱受人欺负的局面。"

1992 年 1 月 24 日，邓小平参观珠海生化制药厂。

接着他兴致勃勃地参观了该厂的生产车间。在一个车间门口，他透过玻璃门，向里面起立鼓掌的科技人员亲切招手。走到一座楼梯的转弯处，邓小平看到墙上挂着一块写有“不求虚名，只求实干”的标语牌时，停下脚步，轻声地念了一遍，赞许地说：“对，就是要实干。”

1 月 25 日上午 9 点 35 分，邓小平来到珠海市高新技术企业亚洲仿真控制系统工程有限公司参观。公司总经理游景玉向他详细介绍了公司的科研、生产和科技队伍等情况。当游景玉汇报到亚仿公司走的是一条科技、生产、效益相结合的道路时，邓小平问道：“科学技术是第一生产力的论断，你认为站得住脚吗？”

游景玉回答说：“我认为站得住脚，因为我们是用实践来回答这个问题的。我们过去的实践、现在的实践和未来的实践都会说明这个问题。我相信它是正确的。”

随后，邓小平又亲切地问游景玉：“你是留美学生吗？”

游景玉说：“我曾去美国接受培训，负责引进仿真技术。我们这里有一批人在美国学习过。他们每天工作 10 个小时，决心把祖国的高科技事业发展起来。”

邓小平沉思片刻，深情地说：“你们带头，希望所有出国学习的人回来。不管他们过去的政治态度怎样，都可以回来。回来我们妥善安排。起码国内相信他们。告诉他们，要作贡献，还是回国好。”

参观中，游景玉汇报说：“我们公司投产第一年，人均产值达 20 多万元。”邓小平马上指出：更重要的是水平！近一二十年来，世界科学技术发展多快啊！

高科技领域的一个突破，带动了一批产业的发展。

游景玉向邓小平介绍说，他们公司105人中80%以上是博士、硕士和高中级科技人员。邓小平边听边看着机房内先进的技术设备和良好的工作条件，颇为感慨地对科技人员说：你们现在的条件要比50年代好多了。大家要记住那个年代，钱学森、李四光、钱三强那一批老科学家，在那么困难的条件下，把“两弹一星”和好多高科技项目搞起来。应该说，现在的科学家更幸福。“要提倡科学，靠科学才有希望。近十几年我国科技进步不小，希望90年代进步更快。每一行都树立一个明确的战略目标，一定要打赢。高科技领域，中国要在世界上占有一席之地。”

随后，邓小平在游景玉的陪同下进入机房，参观了正在研制的两套火电站仿真机。邓小平连声称赞：“好东西，好东西啊！”

游景玉介绍说，这两套电站仿真机设备是追踪世界最新技术搞起来的。邓小平高兴地说：“我是看新鲜。要发展高新技术，越新越好，越高越好，越新越高，我们就高兴。不只我们高兴，人民高兴，国家高兴！”

他语重心长地对大家说，对国家要爱哟！中国要发达起来，中国穷了几千年了，现在是改变这种状况的时候了。全国各行业要共同努力，来证明我们可以干很多事情。接着又说：“我们社会主义的好处是可以调动人力，统一规划，集中人才，打歼灭战。”

机房里坐在计算机旁的都是年轻人。邓小平走着看着，脸上露出喜悦的神

邓小平参观珠海亚洲仿真控制系统工程有限公司。

情。当走到一台计算机旁时，他停了下来，与一位正在操作的复旦大学毕业的年轻人交谈起来。他握着这位年轻人的手，高兴地说："我要握握年轻人的手，科学的希望在年轻人。"

在同公司科技人员一起合影留念后，邓小平转过身去，望着一大群年轻人说："我要和大家拉拉手。"顿时，一双双年轻的手伸过来，邓小平一一同大家握手，握过前排的手又握中排，握过中排的手再握后排，一个也没漏过。

参观完亚洲仿真公司，邓小平一行前往拱北地区的芳园大厦。在路上，邓小平反复对省市负责人说："要不断造就人才，只要有了人才，事业就兴旺。真高兴看到这样年轻的科技队伍，中国有希望啊！"

到了芳园大厦，乘电梯上到29层的旋转餐厅，邓小平一边观赏窗外的拱北新貌和澳门风光，一边听取谢非、梁广大的汇报，并同他们交谈。

他说，这10年真干了不少事。我国发展这么快，使人民高兴，世界瞩目。这就足以证明三中全会以来路线、方针、政策的正确性，谁想变也变不了，谁反对改革开放谁就垮台。说来说去，就是一句话：坚持这个路线方针不变。反对的人让他去睡觉好了。改革开放以来，我们立的章程并不少，而且是全方位的，经济、政治、科技、文化、军事、外交等各个方面都有明确的方针和政策，而且有准确的表述语言。这次十三届八中全会开得很好，肯定农村家庭联产承包责任制不变。一变就人心不安，人们就会说中央政策变了。城乡改革的基本政策，一定要长期保持稳定。当然，随着实践发展，该完善的完善，该修补的修补，但总的要坚定不移。即使没有新的主意也可以，就是不要变，不要使人们感到政策变了。有了这一条，中国就大有希望。

当邓小平下楼走出芳园大厦时，谁也没有料到，周围大街上站满了那么多等候的群众，足有数千人之多。

邓小平在芳园大厦门口一出现，人群中立刻爆发出热烈的掌声。汽车就停在门口，原计划出来就上车离去。邓小平一见那么多群众等在那里，便缓步走近马路，挥手向群众致意。

人们见邓小平走过来了，更加兴奋。"小平同志，你好！""邓伯伯，您好！""邓爷爷，您好！"男的、女的、老的、少的，广州话、客家话、普通话，一声高过一声。

邓小平鼓着掌，连声说："谢谢，谢谢，大家好！谢谢大家！"

邓小平上车离去了，但掌声还久久不息。

邓小平乘车前往珠海度假村。当汽车经过景山路时，一座座厂房从车窗外闪过，邓小平高兴地说：现在总的基础不同了，我们 10 年前哪有这么多工厂？几个工厂都是中等的水平。现在大中型厂子里头的设备多好呀！过去我们搞“两弹”的设备和这些相比，差得远呢，简单得很哪，不一样啦！他又一次谈到经济发展的速度问题。

他说，经济发展比较快的是 1984 年至 1988 年。这 5 年，首先是农村改革带来了许多新的变化，农作物大幅度增产，农民收入大幅度增加，乡镇企业异军突起，不仅盖了大批新房子，而且自行车、缝纫机、收音机、手表“四大件”和一些高档消费品进入普通农民家庭。那几年，是一个非常生动、非常有说服力的发展过程。可以说，这个期间我国财富有了巨额增加，整个国民经济上了一个新的台阶。

他接着说道：1989 年开始治理整顿。治理整顿，我是赞成的，而且确实需要。经济“过热”确实带来一些问题，比如，票子发得多了一点，物价波动大了一点，重复建设比较严重，造成了一些浪费。但是怎样全面地来看那 5 年的加速发展？那 5 年的加速发展，也可以称作一种飞跃，但与“大跃进”不同，没有伤害整个发展的机体机制。那 5 年的加速发展功劳不小，这是我的评价。治理整顿有成绩，但评价功劳，只算稳的功劳……如果不是那几年跳跃一下，整个经济上了一个台阶，后来三年治理整顿不可能顺利进行。看起来我们的发展，总是要在某一阶段抓住时机，加速搞几年，发现问题及时加以治理，而后继续前进。

1 月 27 日，邓小平来到江海电子公司，参观了车间，高兴而感慨地说：不是有人议论姓“社”姓“资”吗？你们这里就是姓“社”嘛，你们这里就是很好的社会主义！

在珠海的日子里，邓小平的足迹几乎踏遍了特区的土地。他先后三次专门考察了珠海特区的城市建设，观看了拱北、吉大、香洲及唐家一带的市容。他不停地看、不停地问、不停地思考，不断地倾听人民群众的心声，思考着社会主义中国的未来。

五

1 月 29 日下午，邓小平结束了在珠海的视察，就要离开了。

下午 3 时，邓小平告别珠海，在省委书记谢非、省长朱森林的陪同下，乘汽车向广州方向驶去，沿途察看了中山、顺德、番禺等市县的城乡建设，对珠江三角洲的发展变化给予了高度评价。途中，邓小平在顺德开发区停留，视察了以“容声”冰箱名闻遐迩的广东珠江冰箱厂。

下午 4 时许，顺德，广东珠江冰箱厂内。

暖暖的阳光照耀着珠江冰箱厂技术办公大楼门前的红地毯，烘托出一派暖暖的氛围。

这时，一辆面包车悄然驶来，随即车上走下了身着杏色 T 恤便服、精神矍铄的邓小平。

早已等候在那里的佛山市委书记叶谷、佛山市委副书记欧广源、顺德县委书记何敏和、县长陈用志、副县长冯润胜等以及珠江冰箱厂的有关负责人迎上前去，热烈欢迎邓小平的到来。邓小平亲切地与他们一一握手，然后向欢迎的群众挥手致意。

在高大豪华的办公大楼前，邓小平问：“这是什么类型的企业？”陪同的广东省负责人诙谐地说：“如果按行政级别算，是个副班长级；如果按经济效益和规模，恐怕也是个兵团级了。”当听说这个花园式的工厂是一家乡镇企业时，邓小平感慨万分，连问三次：“这是乡镇企业吗？”

在人们的簇拥下，邓小平走进了珠江冰箱厂的 1 号会议室。这个会议室本来只安排了 9 张沙发，但大家都想看一看小平同志，结果来的人站满了一圈。

邓小平原定视察 15 分钟。一落座，坐在他右侧的厂长潘宁，就用简洁的语言，向邓小平介绍珠江冰箱厂的历史和现状：这家集体性质的乡镇企业，1983 年筹办，次年投产，7 年间产量增加了 16 倍，一跃成为全国冰箱行业的“大哥大”。

邓小平一边专注地听，一边点头。坐在他对面的佛山市委副书记欧广源补充道：“这家厂还是国家一级企业，荣获过国家金质奖。邓伯伯，1984 年您来顺德我接待过您。”

邓小平打量着欧广源说：“我们是老朋友了。你今年多大？”

“48岁。”

“我大你40岁，我老了，以后中国要靠你们了。”

接着，邓小平又转过头来问潘宁：“去年你们厂的出口产值多少？”

“接近700万美元。”

“嗯，出口到什么地方呀？”

“巴基斯坦、东南亚一些国家和香港地区。”

“出口有什么困难吗？”

“没有。”

邓小平不住地点头，高兴地说，一个国家，如果没有民族工业，没有自己的拳头产品，这个国家就没有希望。他还激动地说，我们国家一定要发展，不发展就会受人欺负，发展才是硬道理。

在座的广东省负责人谢非、朱森林让潘宁说说他们厂的特点。潘宁说，这几年企业年年跨大步，秘诀就是以质取胜。邓小平听了，满意地点点头。

随后，何敏和汇报了顺德近年来发展乡镇企业，经济迅速发展的情况。邓小平说，顺德经济发展体现了改革开放的成果，所以，改革开放一定要坚持，而且还要胆大一点……

邓小平心情很好，很兴奋，谈兴愈来愈浓。他越讲越兴奋，忘记了时间。随行人员催促他，暗示他时间到了，但是他仍然继续讲下去，时间延长了20分钟。在场的一位同志事后估计：潘宁讲了3分钟，何敏和讲了2分钟，其余时间都是邓小平在讲。

当邓小平走出1号会议室、步入大堂的时候，闻讯而来的员工们夹道欢送，掌声四起，表达了“容声人”对这位中国改革开放总设计师的尊敬和爱戴。

邓小平含笑不断挥手。他回头看看这座现代感强、气派宏大的建筑物，问：“这幢楼是干什么用的？”潘宁回答：“是技术办公大楼。”

一双手，两双手，不住地握手道别。面包车逐渐远去了，人们还站在那目送着，久久不愿离去。

下午5时40分，汽车到达广州东站。邓小平在站台上会见了广东省和广州市的负责人。省委负责人向邓小平表示，一定要加快改革开放的步伐，加快经济发展的速度，争取20年赶上亚洲“四小龙”。

再过几天就到春节了，大家都希望小平同志能留在广东过节。但是，邓小平还惦念着浦东的发展，又要踏上视察上海的旅程。

下午 6 时整，火车开动了，广东省的负责人代表全省人民再次说出他们的心里话："小平同志，欢迎您再来广东！"

六

1 月 30 日，邓小平乘坐的专列沿浙赣线从湖南进入江西境内。下午 3 时 40 分，火车徐徐驶进鹰潭车站。江西省委书记毛致用、省长吴官正在这里迎候。

邓小平走下火车，满面笑容地同毛致用、吴官正等一一握手。

他一边沿着月台缓步而行，一边和毛致用、吴官正谈话。

邓小平与中共江西省委负责人毛致用（左二）、吴官正（左一）交谈。

毛致用在湖南工作期间，曾先后两次接待过赴湘视察的邓小平，并陪同至韶山等地参观，所以，邓小平同他很熟悉。

邓小平一见到毛致用就关心地问："你来江西几年了？"

毛致用说："快 4 年了。"

对吴官正，邓小平也熟悉，他问吴官正："你是从武汉来的。来几年了？"

吴官正答："5 年多了。"

江西是农业大省，邓小平十分关注江西的农业发展。他问："江西去年的年景怎么样？"

毛致用说："年景还好。1991 年农业全面丰收，农业总产值比上年增长

5.5%，工业总产值增长14%，财政收入增长10.3%，实现收支平衡。农民人均年纯收入达702元。今年是这些年来改革的步子迈得最大的一年。”

邓小平听了很满意，连声赞许说：“那好。”他对农民增收感到欣慰，说：“农民收入702元，那不简单。”

接着，邓小平又关切地问：“去年遭灾了没有？”

毛致用回答说：“遭受到比较严重的旱灾，但农民积极性高，所以仍是一个丰收年。”

吴官正说：“现在的问题是粮食压库严重，库存有180亿斤。”

邓小平说：“在粮食问题上，江西是作了贡献的。你们有困难可以向中央反映，你们有这个权利。对江西，中央要照顾一点。”

邓小平在这里提出这个问题是有原因的。在三年困难时期，江西人民节衣缩食，艰苦奋斗，调出大批粮食支援全国。1958年到1959年度外调了9.5亿斤大米，1959年至1960年度又调出14亿斤大米，同时还补上库存1.18亿斤，是当时全国仅有的两个增加库存的省份之一，多次受到毛主席、周总理和其他党和国家领导人的表扬。这次邓小平旧事重提，说明党对作出了贡献的地区和人民是不会忘记的。

邓小平对江西解决粮食压库问题的关心和支持，使在场的省委、省政府负责人深受鼓舞。

邓小平对江西的情况很了解，他说，水旱灾害一个很重要的原因是水土保持不好。要坚持把植树造林搞好，否则没希望。他问：“你们植树造林怎么样？”

吴官正说：“这几年我们每年造林600万亩左右，森林覆盖率达到40.3%。”

邓小平听了连连点头，说：“那好。”

虽经长途乘车劳顿，邓小平却毫无倦意。他兴致勃勃地听取了毛致用关于江西在治理整顿期间坚持深化改革、扩大开放的情况汇报，高兴地说，治理整顿这几年，改革开放做了不少事。没有改革开放，治理整顿就不会有这么顺利。

邓小平思路清晰，谈兴甚浓。他说：改革从农村起步，刚开始时有些同志想不通，存有疑虑，有的人还害怕是资本主义。但我们既不给他们戴帽子，也不搞批判，做出成绩让他们看。后来认识逐步统一了，几年就都执行了。那时安徽有一个搞“傻子瓜子”的，收入上百万元，许多人反应强烈，主张动他。我说动不得。这不是一个人的问题，涉及一个面，牵一发而动全身。所以，改革开放政策要稳定，不能变。1984年以来的几年，经济上得快，是一个跳跃。农民收入多了，电器也进了农户，农村盖了许多新房。要看到这个作用，没有这个跳跃，治理整顿不会这么顺利。

邓小平语重心长地强调：稳定发展我赞成，但是，只要能快一点还是要争取快一点。胆子要更大一点，放得更开一点。不能胆子没有了，雄心壮志也没有了。有机遇能跳还是要跳。

这时，站在一旁的邓楠插话说："这个观点，老人家'鼓吹'了一路。"

邓小平接过邓楠的话，问毛致用、吴官正："我讲的对不对？"

毛致用说："您讲的非常重要，我们一定要搞快一点。"

邓楠又说："老人家对江西很有感情，在车上不停地讲到江西。"

邓楠的话引起了邓小平对昔日苏区生活的回忆。他深情地说："我对江西是有感情的。"他指着毛致用、吴官正说，我在江西的时间比你们长。当初，我在瑞金当过县委书记，那是几个人推举的，后来中央认可了。那时苏区的工作，兴国是第一，瑞金是第二。

沧桑几十载，弹指一挥间。1992年，距邓小平离开中央苏区已经有了半个多世纪。然而，在邓小平的记忆中，当年苏区的斗争风云依然历历在目，苏区的干部、群众和一草一木都牵动着他的心。

是的，邓小平对江西很有感情，这一点江西人民有深刻的感受。1991年9月，是中央革命根据地创建和中华苏维埃共和国临时中央政府成立60周年，他应江西省委、省政府请求，欣然命笔，书写了"纪念中央革命根据地创建六十周年"的题词，缅怀中国革命的光辉历史，对江西人民寄予厚望。

鹰潭是江西东部一个新兴的城市，这是解放后邓小平第三次来到这里了。

1973年2月19日，邓小平赴京复出工作，就是从南昌乘车来到鹰潭，次日转乘福州至北京的特快列车，离开江西到北京的。

1985年2月14日，邓小平偕同王震乘火车去广州视察，途中曾在鹰潭车站停留。

如今的鹰潭市，已建成为全国重要的铜业生产基地和铁路交通枢纽，赣东大市场开始形成。新建的火车站宽敞明亮，面貌大为改观。站外的街道拓宽了，两旁盖起了一座座高楼大厦。

望着站内站外的巨大变化，邓楠对父亲说："您记得吧，我们以前也到过鹰潭，是从南昌用小车送来的，从鹰潭乘火车回北京。"她指的这个日子，就是1973年2月19日和20日。

邓小平接过邓楠的话，风趣地说：我有"三个专"：从北京到江西是用"专机"送来的；从鹰潭到北京是挂了一节车厢，"专车"送去的；在301医院住院，一个人住一层楼，也是一个"专"。邓小平谈笑间把自己在政治上曾经遭受过的磨难一带而过，他的这种情绪感染了周围的人，使得气氛十分轻松活跃，引得在场的人都发出了会心的微笑。

就这样，在鹰潭火车站边踱步边交谈，一晃半个多小时就过去了。邓小平没喝一口水，也没有坐下休息，在月台上时而信步，时而驻足，与毛致用、吴官正侃侃而谈。

就要上火车了，毛致用、吴官正依依不舍地对邓小平说："我们大家都希望您老人家在江西住段时间。"

邓小平挥手向他们打着招呼，满面笑容地说："等你们更发展了，再来麻烦你们。"

随后，他和毛致用、吴官正握手告别。

列车一声长鸣，驶出了鹰潭站，向上海方向疾驰而去。

七

1月31日，邓小平到达上海。

这时已是农历的腊月，到处是一派节日的景象。邓小平要在这里同上海人民一同欢度新春佳节。

2月3日晚，农历除夕之夜，邓小平满面春风地出现在上海各界人士迎猴年新春晚会上，向大家致意，向上海人民问好。

这年的春节连续3天晴好，2月7日这天突然转阴，天气特别阴冷。邓小平不顾天气寒冷，到他特别关注的浦东考察。这天，邓小平一行先到南浦大桥，高兴地让在场的记者拍了一张"全家福"，接着前往杨浦大桥工地。在模型前，邓小平听取了大桥建设总指挥朱志豪的介绍后，转身想看一下建设中的杨浦大桥雄姿时，发现百米高处有正在施工的工人，于是扬起手向桥塔上的工人致意。

这时，在场的工人和百米桥塔上的工人一齐报以热烈的掌声。

1992年2月7日，在上海杨浦大桥工地，邓小平听取大桥建设总工程师朱志豪的介绍。

2月8日，在上海市委负责人黄菊、吴邦国的陪同下，邓小平夜游黄浦江。在饱览黄浦江两岸璀璨夜景的同时，他专门就选拔、培养、使用年轻干部的问题发表了重要意见。他说，干部培养体制上要后继有人，各个梯次上都要有。要解放思想，这就是解放思想最重要的一个方面，胆子要大一点，人无完人。他语重心长地对在座的几位市委老同志说："年轻一点的同志有这样那样的缺点，老的就没有吗？老的也是那样走过来的。要从基层搞起，就后继有人。"

2月10日，晴空万里，阳光和煦。邓小平、杨尚昆一行来到位于漕河泾开发区的中外合资上海贝岭微电子制造有限公司视察。

上午9时许，两辆大客车徐徐进入贝岭公司大门，驶向公司的主厂房——硅片制造部。车门打开，邓小平神采奕奕地出现在干部职工面前。

在听取了公司情况的介绍之后，邓小平饶有兴趣地开始视察生产线情况。看到一台首次引进到国内的大束流离子注入机时，他对这台高科技的设备表现出了浓厚的兴趣，他边听边问："它们姓'资'还是姓'社'？"片刻，他意味深长地说："它们姓'社'，资本主义国家的设备、技术、管理引进为我们所用就是姓'社'。"只有搞好开放引进，使我们国家经济技术尽快赶上世界水平，才不至于落后挨打。

紧接着，邓小平分析了苏联这个原来经济技术较发达的国家，由于闭关自守而导致落后最终解体的例子。他还对为提高上海贝尔的程控交换机国产化率而配上超大规模集成电路和相关部件生产技术给予了充分肯定。

按原计划，视察后与公司、仪表局负责人合个影，邓小平就该上车走了。但临上车时，邓小平看到大楼前聚集了很多年轻技术人员，就主动走过去向他们鼓掌示意，并和前排的人一一握手。

测试部女科技人员周剑锋见到邓小平就热情问候："邓爷爷好！"

质量部女科技人员华剑萍怀着崇敬的心情说："您在我们年轻人心目中是最德高望重的。"

邓小平微笑道："这不好说吧！有一点贡献，做了一点事，很多事情没有做，来不及做，也做不完。"

杨尚昆问大家："你们是什么学校毕业的？"

"华东师大。"

"复旦大学。"

"外语学院。"

年轻人一一作了回答。这时，有人插话介绍，他们都是大学生。

邓小平高兴地点点头，语重心长地说："21 世纪靠你们年轻人。"

站在他旁边的杨尚昆大声重复道："21 世纪靠你们了。"

华剑萍等同声回答："请放心，我们年轻人会把中国建设好的。"

12 日上午，又是一个风和日丽的艳阳天。邓小平一行驱车来到闵行开发区，听取了闵联公司总经理鲁又鸣介绍开发区的发展情况，视察了闵行开发区。

随后，邓小平来到马桥镇旗忠村。旗忠村从 1989 年起开始实施社会主义新农村的规划，到 1992 年时，其经济实力、农民新村的建设等方面已居全市郊区的前列。

车队驶进旗忠村时，首先映入邓小平眼帘的是绿树掩映下的一排排别墅式农民新村。他问马桥镇党委书记王顺龙："你们发展这么快，靠什么？"王顺龙回答："靠您老人家改革开放的好政策。"邓小平又问了一句："是这样吗？"听到肯定的回答，邓小平舒心地笑了。

当车队在旗忠村小学门口停下时，旗忠村的小学生们奏起了鼓乐，跳起了迎宾舞。看着这些正值花季年龄的孩子们，邓小平格外高兴。

这时，一个大约 3 岁左右的小孩摇摇摆摆走了过来，不知是谁说了声"过来让爷爷亲一亲"，陪同的吴邦国抱过孩子，邓小平亲切地上前吻了吻孩子。离开操场返回时，邓小平两次停下来回头向在场的村民和小朋友招手，依依不舍。

2月18日是元宵节,谁也没想到,邓小平会在这天晚上出现在灯火辉煌的南京路,出现在人流如织的中百一店。

这天晚上将近8时的时候,邓小平来这里逛商场,并在文具柜台接受马桂宁的服务。在这里,他兴致很高地为小孙子购买了铅笔和橡皮。

买东西花了十块钱,邓小平开心地笑了。

逛商场是邓小平一到上海就提出的要求。据他身边的人介绍,自十一届三中全会以来,邓小平一直有逛一次商店、当一回顾客的愿望。这天他终于遂了13年的夙愿,所以很激动,步履也显得特别轻盈,对商场里的顾客、营业员频频招手,笑容始终挂在脸上。

顾客们知道邓小平来了,都想一睹伟人风采,所以现场十分拥挤。有一位30岁左右的妇女,抱着一个约2岁的孩子拼命往邓小平身边挤,警卫人员把她挡出去,她刚退出去又往前挤,如此三进三出。中央警卫局孙勇同志被这位妇女锲而不舍的精神感动了,破例网开一面把这位妇女让进了2米圈内。这位妇女激动得不知该说什么好,只是抓起孩子的小手拼命向邓小平招手,用这质朴的动作来表达一位普通市民对自己所热爱的领袖的真诚感情。倒是邓小平见状,紧走两步,凑上去吻了吻孩子的脸。

邓小平准备离开中百一店时,南京路六合路口已站满了市民,邓小平一走出店堂,市民们热烈地鼓掌欢迎。这时,邓小平的心情也很激动,他一边招手一边快步迈下台阶,并对扶着他的警卫说:“让我朝前走几步。”但警卫出于对邓小平身体和安全的考虑,把他劝上了车。上车后,邓小平从开着的车窗里向人群挥手告别。

八

2 月 20 日下午 3 时，邓小平从上海返回北京途中，在南京火车站停留。中共江苏省委书记沈达人、省长陈焕友等在火车站迎候。

当邓小平走下火车时，沈达人、陈焕友立即迎上前去，向小平同志问候，并向小平同志拜个晚年。邓小平笑着点头，高兴地和大家握手说："年已经过喽！"

沈达人、陈焕友请邓小平到休息室坐坐。他说：不坐了，我们一边散步，一边交谈吧。

沈达人、陈焕友说：看到您在上海、深圳的重要指示，提出要加快改革开放，我们很高兴。

邓小平问：你们听到哪些感到高兴？

沈达人、陈焕友回答说，加大改革力度，扩大对外开放，集中精力搞经济建设，重视科技……

1992 年 2 月 20 日，途经江苏南京车站时邓小平同中共江苏省委负责人谈话。

邓小平说："要抓住时机，搞得快一点，把经济搞上去，步子可以快一点。"

接着，沈达人、陈焕友简要汇报了 1991 年江苏经济方面的情况。当汇报到江苏经济 1991 年在遭受特大洪涝灾害（即 1991 年华东水灾）的情况下国民生产总值仍增长了 6.3%，增幅高于全国平均数时，邓小平说："江苏条件比较好，应该发展得比全国平均速度快一些。如果江苏和其他发展比较好的地方不比全国平均数高一点，那全国和其他地方就更不行了。”当沈达人汇报科技兴省的情况和灾后生产恢复较快、社会稳定、经济稳定时，邓小平说：“好嘛！”当沈达人、陈焕友汇报说，1991 年全省三资企业办了1 000多家时，邓小平说：“是嘛，外向型经济没有坏处。”说到这里，他加重了语气：“我就怕丧失时机。要抓住现在的时机，搞得快一点。”

在交谈中，邓小平问：“现在还有没有人怕政策变？”

沈达人、陈焕友回答说：“有一段时间，部分同志，主要是农民怕政策变，经过宣传解释，现在都消除了顾虑，感到不会变。”

邓小平听后强调说：“不能变，政策变不得。”

在接见结束时，沈达人、陈焕友对邓小平说：“看到您身体很好，我们大家都非常高兴。”

邓小平说：“在深圳、上海，一路上住得好，吃得好，休息得好，心情舒畅，看来还可以多活几年。”

沈达人、陈焕友说：“欢迎您明年到江苏来过年。”

邓小平高兴地说：“再说吧！这几年苏州、无锡没去过，那里的菜好。”

沈达人、陈焕友再一次诚恳地说：“欢迎小平同志再来！”

下午 3 时 25 分，列车开动了。

邓小平站在列车窗口，亲切地向大家挥手告别。

九

下午 5 时 55 分，专列驶入安徽蚌埠火车站。

身穿雪花呢大衣、系咖啡色围巾的邓小平，缓步走下车厢。

对于安徽，邓小平有着较深的了解。战争年代，他曾指挥千军万马在这片淮海大地上英勇奋战过；改革年代，他领导的农村改革的突破口就是从这里打开的。在这次视察南方的谈话中，他还提到了安徽的农村改革。

和前来迎候的蚌埠市负责人一一握手后，邓小平一边同他们沿月台散步，一边关切地询问：去年你们这里受了大灾，至今还能看到一些受过水灾的痕迹，现在恢复得怎么样了？一旁的蚌埠市委书记徐景仁、市长诸宗智、市委副书记胡德新等回答说，在党中央、国务院关怀下，灾区正在迅速恢复生机，特别是通过抗洪救灾，党群、干群、军民关系有了改善，人民群众由衷地说：“还是社会主义好！”

邓小平说：这就是坏事变好事嘛。

当听到蚌埠在十一届三中全会后，生产力水平得到很大发展，提前实现翻一番目标，人民生活水平明显提高时，邓小平很高兴，频频点头。

徐景仁说：“这些成就是在您设计的改革方针指引下取得的，人民群众衷心地祝愿您健康长寿。”

邓小平笑笑说，都是靠大家干出来的，是老一辈革命家集体的功劳。

邓小平问：“蚌埠是什么时候解放的？”

蚌埠的负责人回答：“1949 年 1 月 20 日，淮海战役的胜利，带来了蚌埠的解放。蚌埠人民时刻铭记先辈们的光辉业绩。”

谈到淮海战役，邓小平感慨地说，当时仗打得很艰苦，我们的武器装备很差，淮海战役的胜利，一靠毛主席指挥正确，二靠勇敢。

这时，一旁的邓林说：“讲淮海战役，他（指邓小平）比谁都清楚。”

下午 6 时 13 分，列车启动了，邓小平拉开车窗窗帘，再一次眺望他曾战斗过的大地，向送行的人们频频挥手。

一定要抓住机遇

（1993年）

在杭州："要珍惜这个好的发展机遇，保持好的发展势头。"在上海，临别嘱咐：你们要有勇气，不要在你们手上失掉机遇。感叹北京的变化："我都不认识了。"说申办奥运会失利："没有什么了不起，关键还是把我们自己的事情搞好。"

一

1992年12月15日，邓小平乘专列来到浙江杭州。

这是他一生中最后一次来浙江视察，前后加起来这算是第15次了。

浙江省公安厅厅长夏仲烈回忆说："我于12月6日接到小平同志要来浙江的通知，当晚就召集省、市公安厅局和警卫处的负责人布置任务。会上，我强调了三句话：'首长来浙江，这是我们盼望已久的大事，要在省委的直接领导下，不惜一切，精心安排，接待好；要全力以赴，周密部署，确保安全，做到万无一失；全体警卫人员必须明确，保证首长的安全、健康、愉快，就是为党为人民作贡献，首长能多住一天，就是我们为党为人民多一份贡献，多一份光荣。'全体警卫接待人员接到命令后，无不兴高采烈，怀着对小平同志的深厚感情，积极热情、一丝不苟地投入紧张的准备工作。"

15日16时，邓小平在女儿毛毛的搀扶下走出专列，早已在杭州火车站等候的中共浙江省委书记李泽民和省长葛洪升迎上前去和邓小平握手问候。

邓小平头戴一顶粗呢鸭舌帽，身穿皮夹克，精神非常饱满。

李泽民说："我代表浙江省委欢迎您来杭州。"

随后，邓小平一行乘坐一辆柯斯达面包车前往西湖国宾馆。

一路上，邓小平没有一点旅途的疲倦，向坐在身边的李泽民问这问那。

“你是哪儿人啊?”

李泽民回答说:“我是四川人。”

一听说是四川人,邓小平乐了,说:“我们可是老乡啦!”

车里的气氛一下子活跃起来,谈笑风生。

车过市区,邓小平看着窗外的一切,说:“杭州这几年的变化可不小!”他还详细询问了杭州的境外游客有多少,可以有多少收入,创汇多少,等等。

李泽民一一作了回答。

邓小平说:“要把杭州的旅游业好好发展起来。”

发展杭州的旅游业是多年来一直萦绕在邓小平心中的一件大事。

早在1979年,邓小平就对国务院的负责同志说:“旅游事业大有文章可做,要突出地搞,加快地搞。”

改革开放以来,算上这一次,邓小平是三到杭州。每次来他都对杭州的风景赞不绝口,他曾说过:“像杭州这样的风景旅游城市,在世界上可是不多的。”“你们一定要保护好西湖名胜,发展旅游业啊!”“上有天堂,下有苏杭,杭州真是个好地方。要把西湖保护好、建设好!”

今天,看到变得更为美丽的杭州,邓小平心情格外高兴。他再一次把发展杭州的重点盯在旅游上。

葛洪升回忆说:“到达西湖国宾馆后,我们送小平同志去房间休息。然后,李泽民同志和我与‘邓办’主任王瑞林及中央警卫局领导商量邓小平同志在杭的活动安排。王瑞林同志说,邓小平同志这次是来休息,不安排工作汇报,你们可以送材料给他看。李泽民同志说是不是安排在杭州附近看一两个点。王瑞林同志说,可以考虑安排去宁波,其他地方不安排了(他们已作了去宁波的准备。警卫局的同志也到宁波看了路线,后因天气不好而未去)。”

12月17日,邓小平在李泽民、葛洪升的陪同下游览西湖。

上午9时,邓小平一行乘车前往西子宾馆,因为游船停在那里。一上车,邓小平兴致就特别高,他说:“杭州好,这里的气候最适合我,我在这里睡得很好,起夜都没有。”

在汪庄上船时,邓小平又说:“这个地方很好,我5年没来了。”

负责接待邓小平游湖的浙江外事旅游汽车公司游船分公司的经理刘兴民后来回忆说:“那天,虽是个晴天,但天冷风寒,湖面有些地方还结了薄冰。上午

9点多，我们看到从柯斯达面包车下来的是小平同志，感到分外亲切和惊喜。和小平同志一起下车的还有他的夫人和女儿。

我们看到小平同志气色很好，精神和健康状况都不错，心里很高兴，都不约而同地鼓起掌来。他老人家也不断向大家招手致意。

考虑到小平同志年纪大了，事先我们搬了几张沙发到船上。

小平同志风趣地说：‘太低了，看不到景色。’于是又有人拿来船上普通的座椅。”

游船缓缓启动后，邓小平不时指点湖上的景色，还询问起西湖上游船、交通船的价格。

李泽民说：我们想简要地汇报一下浙江的情况。

邓小平点头表示同意。

葛洪升首先汇报了浙江省近几年改革开放和经济发展的情况，以及根据小平同志南方视察讲话精神加快浙江发展的打算，然后汇报了宁波的情况，重点是汇报钢厂和大榭岛开发问题。

葛洪升说：前两年浙江的经济发展缓慢，年递增只有一位数（百分之几）。小平同志南方视察讲话对我们教育鼓舞很大，经济发展速度大大加快了，1992年国内生产总值可以比1991年增长两位数（百分之十几）。

邓小平说：好啊！

邓小平谈到了要抓住机遇加快发展。

话题谈到了香港问题。

当时，由于香港总督彭定康违背中英联合声明，搞所谓政改方案，中英在香港回归问题上斗争激烈。

葛洪升说：我刚从香港回来，我接触到的香港人绝大部分是支持我们的，和我们是站在一起的。

邓小平点了点头，坚定地说：“我们集中精力把经济搞上去，他斗不过我们。”

汇报到宁波问题时，葛洪升说：小平同志很关心宁波，对宁波的对外开放和开发建设，作过许多重要指示，特别是，小平同志关于要把全世界“宁波帮”都动员起来建设宁波的指示，对我们的鼓舞教育很大。

邓小平马上接过话头说：是的，是我会见包玉刚先生时讲的。10年前，我就号召世界上的“宁波帮”来宁波，来浙江投资搞建设，那个包玉刚，劲头就很大。我还要卢绪章来当你们的顾问。

葛洪升说：“当年包先生曾倡议在宁波建一座大型钢厂，由于种种原因没有办成，现在我们与宝钢商定在宁波北仑联合办一座新技术新工艺的钢厂，希望得到小平同志的支持。”

邓小平高兴地说：我早就支持了。

当葛洪升汇报到荣毅仁副委员长领导的中信公司决定成片开发大榭岛时，邓小平很高兴，他赞扬荣毅仁名声大，会办实业。

随后，邓小平又兴致勃勃地讲述了他大胆启用懂行的人担任要职的情况。

邓小平说：“建国初期我管干部，是我选拔了四川的大地主刘文辉和上海最大的民族资本家荣毅仁任中央政府的部长，一个管农业，一个管工业。实践证明，这样做是对的。他们都干得很好。”

葛洪升后来撰文说：“因为小平同志耳朵不太灵，所以在我汇报的时候，邓榕同志坐在小平同志背后，我讲的话再由邓榕同志靠近小平同志的耳朵重述一遍。邓榕同志拿着一个小录音机，把小平同志谈的每一句话都录了下来，游船在西湖转了一个多小时，到湖心亭时也没有靠岸。这次游湖，小平同志实际上没有观景，而是专心听我们汇报。”“我汇报完了之后，李泽民同志提议我们与小平同志合影留念。小平同志说，好嘛，你们拿把椅子坐下来。李泽民说不用了，我们就站在后面。于是我们两人站在小平同志和卓琳同志身后合了影。其实，在我们汇报和游湖的过程中，邓楠同志一直在给小平拍照，几乎把小平同志每个表情都拍了下来。邓楠说这是她的专利。逗得大家都笑了。”

这天本来还安排到湖上的几个景点去看看，原计划在三潭印月上岸，和群众见见面。后因风大气温偏低，警卫人员担心老人家感冒而取消了。

李泽民后来也回忆说：“在游艇上，小平精神很好，兴致很高，他谈吐幽默诙谐，古今中外，说了很多话，大多数跟工作有关。他对浙江改革开放以来的经济建设和社会发展情况，如国内生产总值、城乡人民收入、乡镇企业发展、利用外资、经济总量在全国的位置等等，都问了。我们一一作答。我们向他汇报了十一届三中全会以来，浙江经过改革开放发生的巨大变化，汇报了省委学习贯彻南方讲话精神，加快经济发展工作的部署。”

“小平同志在游艇上的谈话，有四点是非常重要的。一是要抓住机遇，发展自己，不断提高综合国力；二是一定要把经济搞上去，以经济建设为中心不动摇；三是在搞好物质文明建设的同时，要搞好精神文明建设；四是面对风云变幻的国际形势，我们要冷静观察，沉着应付，少说多做，要努力把自己的事情办好，这样才能在处理复杂多变的国际事务中有更多的发言权。”

邓小平在杭州期间，每天都要抽出几个小时的时间读文件。他虽然已从党和国家的领导岗位上退了下来，但心里依然时刻牵挂着全国人民，关注着天下大事。为了向邓小平介绍浙江省情，全面反映浙江改革开放取得的成就，浙江省委办公厅编了一份《浙江简介》送给邓小平阅看。邓小平看后说“搞得不错”。在即将离开浙江的汽车上，他又一次对李泽民说：“你们送的一些材料我看过了，浙江的发展势头不错，浙江大有希望。”

1 月 4 日，邓小平离开杭州前，要接见浙江省党政军领导和老同志。李泽民回忆说：“我和葛洪升同志到西湖国宾馆 1 号楼接他，陪他前往会见厅。在途中的走廊上，小平同志大声对我说：‘我很关注浙江的发展。浙江的发展势头是不错的。要珍惜这个好的发展机遇，保持好的发展势头。’然后，小平同志就与大家见面、合影，并和前排的人握了手。我陪他上车，还是柯斯达，还是到火车东站。我们目送他乘专列离开杭州赴上海。”

二

1 月 22 日是农历的除夕，邓小平在上海与上海各界人士共迎新春佳节。

当邓小平神采奕奕来到会见厅时，中共中央政治局委员、上海市委书记吴邦国首先转达了江泽民总书记向小平同志的问候。江泽民同志在电话中说：“我代表中央各位同志向小平同志拜年，祝小平同志健康长寿。”

邓小平说：“请代我向江泽民同志和各位中央同志拜年。”

吴邦国接着说：“我代表上海 1 300 万人民向小平同志拜年，祝小平同志春节好，健康长寿。”“小平同志对上海工作提出：‘一年变个样，三年大变样。’我们要认真学习小平同志建设有中国特色社会主义的理论和对上海工作的指示，坚定不移贯彻基本路线，加快上海发展，不辜负小平同志对上海的殷切期望。”

邓小平说：“我向大家拜年，祝你们春节快乐，并通过你们向全体上海人民，首先是上海工人阶级拜年。上海工人阶级长期以来一直是中国工人阶级的带

1993 年 1 月，邓小平在上海接见市委负责人。

头羊。”“希望你们不要丧失机遇。对于中国来说，大发展的机遇并不多。中国与世界各国不同，有着自己独特的机遇。比如，我们有几千万爱国同胞在海外，他们对祖国作出了很多贡献。”

邓小平充分肯定了上海人民去年所做的工作。他说：“上海人民在 1992 年做出了别人不能做到的事情。当然，走一步，回头看一下是必要的。要注意稳妥，避免大的损失。有一点小的损失不要紧。回头总结经验，改正缺点就是了。你们上海去年努力了一年，今年再努力一年，乘风破浪，脚步扎实，克服困难更上一层楼。”

“实践证明，以江泽民同志为核心的党中央领导集体工作做得是好的，是可以信任的。”

2 月 9 日，邓小平回北京。

吴邦国后来回忆说：“1993 年春节过了以后他回北京，我和黄菊送他走，已经送他上了火车了，已经告别过了，又把我和黄菊叫到火车上去，又谈了 10 分钟，谈到火车已经动了，再不下火车就把我们带到北京去了。这 10 分钟的时间重点就谈一个问题，就是上海不能错过机遇。上海的机遇不多，上海一定要抓住这个发展的机遇。他对我和黄菊同志说，你们要有勇气，不要在你们手上失掉机遇。当时对我们来讲，感到这是一个很大的政治责任，而且对上海的发展提出了新的要求。”

三

1993年10月31日，星期天。

邓小平一行在北京市常务副市长张百发的陪同下，乘坐一辆乳白色丰田面包车逛京城。

邓小平十分关心北京市的建设。

邓小平看北京市容。

9年前，当北京地铁二期工程——环城线通车试运营后，他就曾偕女儿邓林、邓榕和外孙女，在中央办公厅主任王兆国、北京市委书记李锡铭等的陪同下，考察地铁二期工程。

那天，邓小平身着灰色中山装，笑容满面地来到北京地铁复兴门车站。当北京市的同志介绍说，在复兴门车站站台两侧，分别停放了中国长春客车厂制造的“401”地铁列车和新购进的日本制造的“东急”地铁列车，并问他先乘哪一列时，邓小平连声说：“坐中国车好，先坐中国车。”

北京地铁是在毛泽东、周恩来、朱德、邓小平等老一辈革命家亲切关怀下建设和发展起来的。它是我国修建的第一条地下铁道，20世纪50年代开始筹划，60年代兴建，70年代通车运营。从20世纪50年代到80年代，邓小平曾三次亲临北京地铁视察，并多次作过重要指示和批示。

1956年9月3日，邓小平代表中央在中共北京市委报送中央的关于筹建北京地铁的报告上批示："关于北京地下铁道筹建问题，同意暂由北京市委负责。筹建所需行政技术干部，北京市无法解决者可分别由铁道部、地质部、城市建设部等有关单位抽调支援。"根据邓小平的指示，这年的 10 月，组成了北京地下铁道筹建机构，同时聘请了苏联专家，立即投入了紧张的筹划、设计工作。

1965 年 7 月 1 日，北京地下铁道一期工程开工典礼时，朱德委员长、邓小平总书记、北京市委第一书记彭真、国务院副总理李先念及罗瑞卿等领导同志，兴致勃勃地同建设者们一起挥锹破土，为北京地铁奠基。朱德、邓小平还视察了地铁建设工地和生活区，与参加地铁建设的干部、工人和铁道兵指战员谈了话。

1971 年 1 月 15 日，北京地铁开始试运营，而这时的邓小平还在江西省新建县拖拉机修配厂劳动。

1974 年 6 月，第二次复出后的国务院副总理邓小平第二次亲临地铁一期工程视察，乘坐了一线地铁列车。当听到地铁车辆、设备不是标准产品、不过关时，邓小平当即指示：要进行技术改造，可以引进国外先进技术。

10 年过去了，当邓小平听说北京地铁已经有了环城线时，他十分高兴地要坐一坐。

邓小平乘坐的中国长春客车厂制造的地下列车，从复兴门站出发，他坐在第一节车厢。

地铁列车到了雍和宫站时，邓小平又走下列车，换乘日本制造的"东急"地铁列车继续前进。

邓小平在车上问在场的人员："日本车有什么优点？"

回答："日本车质量好、故障少。"

邓小平又问："中国车呢？"

回答："中国车坏了有配件。"

晚上 9 时 45 分，列车到达终点站——建国门站。列车停稳后，邓小平走到列车驾驶室，亲切地对驾驶人员连声说："同志们好，同志们辛苦了！"并同大家亲切握手。

从 1984 年到 1993 年，北京又是一个大发展的时期。邓小平常常希望像一个普通的北京市民一样出来走一走，看一看。但是，他太忙了。

现在退休了，他要常出来逛一逛京城。

这次出行前的 1 个月，邓小平就惦记着要出来，看看北京新建的马路、老百姓的房子。

退休以后，在北京巡视，他不止一次地让张百发同志为他当向导。他说过：我现在是普通老百姓了，不要过多地惊动部长、市长。

这天，他一见到张百发同志，就高兴地打招呼："队长！队长！"

虽然国庆节已经过去了一个月，但街头的花坛仍时有所见，傲然盛开的菊花点缀着街头巷尾。

上午9时，邓小平乘坐的车子驶入宽阔的长安街。同车的医生要求，活动控制在1个小时以内，因此巡视路线确定以看新落成的道路为主，先经长安街看市区，再上东南三环快速路、四元立交桥和首都机场高速路。

邓小平坐在车上，透过车窗注视着掠过的人群、建筑、街道。

车子缓缓行进。邓小平兴致勃勃，窗外掠过的每一幢高大建筑物，他都要问问是什么楼，国际饭店、海关大楼……陪同的张百发手指路旁，告诉邓小平，新建的长安大戏院将在那儿建起。"再有两年可以投入使用了，到时请您去看戏。"张百发笑着对邓小平说。

出建国门，奔劲松路，上了东三环高架桥。邓小平看着窗外，感慨地说："北京全变了，我都不认识了。"

经过京广大厦，邓小平马上记起来了："这楼那年我来过。"

张百发说："是啊，3年前我曾陪您登上这座大楼。"

虽然京广大厦仍巍然挺立着它那高大的身躯，但东三环高架桥的兴建、周围建筑的拆迁，使这个地方已不是3年前的样子了。邓小平环视了一下周围，再次说："噢，这地方我来过，全变了，都变了！"

交谈中，张百发建议邓小平常出来走动走动。邓小平说，年纪大了，不愿多走动。张百发怂恿他：有些老人同您年纪一般大，还打网球呢。邓小平笑着说：他们胆子都比我大，我不行啊。

谈笑间，一条现代化的道路——机场高速公路展现在眼前。邓小平要下车看看。因外面有风，车上人劝他："到四元桥吧，那里气势恢宏。"

车子到了四元桥停下，随行的大夫却坚持不让邓小平下车。邓小平向车上的人做了个无奈的表情，然后问亚运村在哪儿，张百发将亚运村的方位指给邓小平看。

离开四元桥，车子驶上了平展宽阔的机场高速公路。在通过一排民族风格牌楼式的收费站时，邓小平的三女儿毛毛问张百发："收多少钱？"

张百发回答说："像咱们坐的这种车，过一次交20元。"

毛毛转身将手伸向父亲，调皮地说："拿钱。"

邓小平以浓重的四川口音风趣地回答："我哪里有钱?！从1929年起，我身上就分文全无！"一席话，说得坐在身边的卓琳和全车的人哈哈大笑起来。

已是上午10点多钟，邓小平仍兴致不减。在返程途中，他指着脚下的高速公路问张百发："这样的路算不算小康水平？"

张百发回答说："已经超过了。"

邓小平欣慰地点点头，又扯扯自己身上穿的烟灰色水洗绸夹克衫，风趣地问："我这件衫子算不算小康水平？"

张百发笑着回答："您这件是名牌，也超过了。"

车上又一次响起了一片愉快的笑声。

谈话间，邓小平又问到申办奥运会的事情。张百发简要地向他介绍了蒙特卡罗最后投票的情况，说："国外有人捣鬼。"

邓小平沉默了一下说："这是意料之中的事情，关键还是把我们自己的事情搞好。"

坐在车内的大夫告诉张百发："投票那天，老人家还想看电视实况转播呢，我们动员他睡觉。可早上起来，第一句话就问投票结果怎样，我们回答没有成功。他说，'预料中的事，没有什么了不起，关键还是把我们自己的事情搞好'。"

回到住处临下车时，邓小平说："我总想出来走走，逛逛公园和商店，可是他们不让。"他一边说一边指指身边的警卫和医生。

张百发提议：明年春暖花开的时候，请您看看世界公园和建设中的北京西站。他还介绍说："西客站是京九铁路的起点。1996年这条铁路建成后，您不用坐飞机，坐火车就可以从北京直达香港，实现您1997年去香港看看的愿望。"

邓小平听后连连点头说："好，好！"

最后一次视察

（1994 年）

逗留济南车站："你们山东搞得好，发展快。"途经南京，祝贺江苏提前 7 年翻两番。看上海变化，情不自禁笑吟："喜看今日路，胜读百年书。"

一

1993 年 12 月 9 日的上午，邓小平离开北京前往上海。这是他生前最后一次外出视察。

下午 6 时 15 分，夜幕初降，邓小平的专列停在山东济南白马山车站。

中共中央政治局委员、中共山东省委书记姜春云，山东省省长赵志浩，济南军区司令员张太恒、政委宋清渭登上专列，见精神饱满的邓小平已站在车厢中央等候，他们快步走上前去问候。邓小平也紧紧握住姜春云的手，用浓重的四川口音说："我很注意你们的工作，你们山东搞得好，发展快。我很放心。前几年对你们就很满意。"

邓小平对山东这几年工作的肯定和赞许，使山东省委领导同志受到了很大的鼓舞。

姜春云汇报说："省委、省政府从山东实际出发，提出了'全面开放，重点突破，梯次推进，东西结合，共同发展'的方针，在全省初步形成了多层次、多渠道、全方位的对外开放格局。山东的发展步入快车道，各项指标进入全国前几名，山东形势好。"

邓小平听得非常仔细，脸上总是充满着笑容。看得出，他对山东工作很满意，心情很愉快。

交谈不久，话题又转到了接班人问题上。

邓小平说："我对江泽民同志为核心的班子很信任，他们方向、路子正确，工作得很好，我非常放心。"

姜春云说："您接班人选得好，大家都拥护。"

"是啊，选对了，我现在比过去更放心了。"邓小平说。

接着，姜春云汇报了山东班子的情况："山东班子团结，党政军民团结。"

邓小平说："好！团结好啊！"

14 年前，也就是 1979 年邓小平视察山东时，谈到了当时他最感到紧迫的"第一位的问题"是从中央到地方的班子问题，现在这个问题从中央到地方都已得到顺利解决。老人很舒心。

快分别时，姜春云、赵志浩代表省委对邓小平说："我们希望您明年来山东多住些日子。"

"好。来了就多住些日子。我一定要还这个账，了这个心愿。"邓小平说。

列车徐徐开动。邓小平从车窗里向大家频频招手，姜春云等人也挥手向他告别。专列消失在夜幕中。

二

10 日清晨，专列到达了上海。

1993 年，是上海有史以来在城市建设方面最大的丰收年。在这一年里，上海重大工程 23 个项目全部完成，城市基础设施建设的丰硕成果一个接着一个。这里面，有世界第一跨度的斜拉桥——杨浦大桥，有上海第一座五层立交桥——罗山路立交桥，有上海第一条高架道路——内环线一期工程，有上海的"生命工程"——合流污水治理一期工程。此外，吴淞大桥、江苏路拓宽工程、龙阳路立交桥、外高桥港区工程、外滩改造二期工程、凌桥水厂一期工程等 18 项重大市政工程也都按期完成。上海正在向全世界显示：它正以坚实的步伐向国际经济、贸易、金融中心挺进，长江流域的巨龙终于在太平洋西岸高高地昂起了头。

一到上海，邓小平心里放不下的还是浦东，他要亲眼看一看。

时任上海市市长的黄菊后来回忆说："1994 年的春节前，90 岁高龄的小平同志到上海第一天就要看杨浦大桥。我说您刚到，第二天，到第三天再去吧。

他说，一定要去。第一、第二天天气是好的，第三天天气是蒙蒙细雨，6 级风。一早 5 点多他就起来了。早上 8 点钟，我陪着他去。”

1993 年 12 月 13 日这天，不仅下雨、刮风，气温也骤降至零摄氏度左右。邓小平在中共中央政治局委员、中共上海市委书记吴邦国和市长黄菊的陪同下乘小面包车又一次视察浦东。

1993 年 12 月，邓小平冒雨视察杨浦大桥。

邓小平经南浦大桥，转入内环线浦东段，视察浦东最大的罗山路、龙阳路两座立交桥后，沿途看见浦东热气腾腾的建设景象和已经初具规模的浦东基础设施，情不自禁地笑吟道：“喜看今日路，胜读百年书。”

女儿在边上对他说：“40 年了，我还没听到过你作诗呢。”

邓小平对吴邦国、黄菊说：“我这不是诗，这是出自我内心的话。”

汽车在雄伟的杨浦大桥上停下来。

还是在 1990 年 8 月 23 日南浦大桥刚刚封顶时，时任上海市市长的朱镕基就把建造杨浦大桥的任务交给了黄浦江大桥工程总指挥朱志豪。杨浦大桥是 1991 年 5 月 1 日正式开工的。总投资 13.3 亿人民币，比南浦大桥增加了60%，主桥跨度比南浦大桥长 42%，主塔高度比南浦大桥高 38%，而工期要求却要比南浦大桥缩短 5 个月。面对时间紧、任务重的杨浦大桥建设工程，广大造桥技术干部和工人开展劳动竞赛，指挥部将任务分配下去，分块、分段包干，哪一块、哪一段工程完成速度快、质量好，现场会就在哪里开。广大造桥工人非常珍惜荣誉，争先恐后，干得热火朝天。1992 年 2 月 7 日，邓小平视察杨浦大桥建设工地,慰问在工地上施工的造桥工人,询问大桥的建设情况,给了广大造桥工人以极大的鼓舞。1993年9月20日,仅用了两年零五个月建设时间的杨浦大桥全部建成了。

这是邓小平第二次来到杨浦大桥视察。

车门打开,一阵寒风带着雨点迎面扑来。这时等候在桥上的工程建设总指挥朱志豪迎上来说:“桥上风大,下雨,又冷,还是我上车向老人家汇报吧。”

邓小平不顾寒风细雨,坚持要下车。下车后,邓小平沿桥走了十几米。朱志豪汇报说,杨浦大桥是当时世界上最大的斜拉桥,并指着小平同志题写的、高高悬挂在大桥主塔上的“杨浦大桥”四个字说:“您为我们大桥题写的桥名已经装到大桥上了。”

邓小平抬头望了望。

“这四个字,每个字都有14平方米。”朱志豪说。

站在世界第一斜拉桥上,邓小平内心充满着喜悦,他高兴地握着大桥建设总指挥朱志豪的手说:“感谢上海的工程技术干部,感谢上海的造桥职工,向他们问好!”“这是上海工人阶级的胜利。我向上海工人阶级致敬!”

1994年的元旦之夜,邓小平在吴邦国、黄菊的陪同下,登临新锦江大酒店的顶层,俯瞰灯光璀璨的上海不夜城景色,高兴地说:“上海变了。”

正在大酒店欢度节日的中外旅客,意外地见到邓小平,情不自禁地长时间鼓掌,向邓小平表达敬意和问候。邓小平也含笑向中外旅客频频招手致意。

随后,邓小平还前往人如潮涌的南京路、外滩等处,与上海人民共享节日的欢乐。

2月9日上午,当邓小平得知大亚湾核电站1号机组顺利投产的消息后,十分高兴。他请李鹏转达他的祝贺,并对大亚湾核电站的建设者们、科学技术人员表示感谢。

大亚湾核电站是广东核电投资有限公司和香港核电投资有限公司合资兴建的大型核电站,装有两台分别从法国和英国引进的90万千瓦压水堆核电机组,1984年初开始动工,1990年底各主要建筑物土建工程基本完成,1994年2月1日1号机组正式投入商业运行,2号机组可望在年内投入商业运行。这座核电站全部建成后,年发电量可达100多亿千瓦时,将对广东、香港两地的经济发展和繁荣产生积极作用。

9年前，也就是在1985年1月广东核电合营合同签字时，邓小平亲自接见了该公司的港方投资者、原香港中华电力公司董事长嘉道理勋爵，对这个改革开放的新生事物给予了充分的肯定和支持。邓小平说，中国现在实行改革开放政策。合营建设广东核电站，是合资的最大一个项目，这是一件了不起的事情。不仅在建设过程中，甚至在香港回归祖国后，都会发生影响。它将使大陆和香港在经济上联系更加紧密，对两地的繁荣稳定有着特别重要的意义。邓小平还曾明确指出："核电站我们还是要发展。"

9年后的今天，当核电站的事业结出硕果时，这位老人由衷的高兴。

这天下午，邓小平与上海市党政军负责同志以及部分老同志欢聚一堂，互致新春的祝贺和问候。

会见厅里，花满春浓。邓小平精神焕发、步履稳健，含笑走到上海的同志面前，吴邦国、黄菊等迎上前去，向邓小平表示诚挚的祝福。

吴邦国说："我代表上海1 300万人民向您祝贺春节，祝您健康长寿，全家幸福！"

邓小平说："祝以江泽民同志为核心的中央领导同志春节愉快，身体健康。祝全国人民春节愉快，家庭幸福，人民团结，在新的一年里取得更大的胜利。""我一年来你们上海一次，祝上海人民春节愉快。"

吴邦国说："这是您老人家对上海人民的鼓励，对上海工作的关心和支持。"

邓小平高兴地说："你们上海的工作做得实在好。"

邓小平在上海期间，十分关心上海的两个文明建设的情况，充分肯定了上海人民在过去的一年中取得的成绩。他说："上海的工作做得很好，上海有特殊的素质、特殊的品格。上海完全有条件上得快一点。"

2月19日，邓小平登上了回京的专列。

黄菊后来回忆说，"1994年小平同志最后一次来上海，回京那天，他特意把吴邦国同志和我叫上火车，殷殷嘱托：'你们要抓住20世纪的尾巴，这是上海的最后一次机遇。'"

三

2月19日下午，邓小平乘坐的专列在南京停留。

邓小平在车厢内接见了中共江苏省委书记陈焕友，南京军区司令员固辉、政治委员方祖岐等。

陈焕友撰文回忆说："我向小平同志汇报说，上次您跟我们讲，江苏要超过全国平均速度。我们现在已经实现了您的嘱托，全省国民生产总值 1992 年比 1991 年增长 27%，超过全国平均速度 15 个百分点，1993 年比 1992 年增长 18.5%，提前 7 年实现翻两番。小平同志听后非常高兴，连说了几遍：'好，好，祝贺你们！祝贺你们！'接着小平同志语重心长地对我们说：现在是机会啊，这个机会是不多的，这个机会很难得呀！中国人这种机会有过多次，但是错过了，很可惜！你们要很好抓住。鸦片战争以来 100 多年，中国人一直抬不起头来，刚想抬头，帝国主义就来了。你们要发奋，把群众的积极性调动起来，聚精会神地搞建设。小平同志还指示我们说：你们发展经济，能快则快，不要搞'快呀慢呀'的争论。不搞争论是我的一大发明。这是小平同志最后一次给江苏人民留下的深切嘱托。"

这也是邓小平同志对全国人民的郑重嘱托！

主要参考文献

《邓小平文选》(第一卷),北京:人民出版社 1994 年版。

《邓小平文选》(第二卷),北京:人民出版社 1994 年版。

《邓小平文选》(第三卷),北京:人民出版社 1993 年版。

中共中央文献研究室编:《邓小平思想年谱》,北京:中央文献出版社 1998 年版。

中共中央文献研究室编:《邓小平年谱(一九〇四——一九七四)》(中),北京:中央文献出版社 2009 年版。

中共中央文献研究室编:《邓小平年谱(一九〇四——一九七四)》(下),北京:中央文献出版社 2009 年版。

中共中央文献研究室编:《邓小平年谱(一九七五——一九九七)》(上),北京:中央文献出版社 2004 年版。

中共中央文献研究室编:《邓小平年谱(一九七五——一九九七)》(下),北京:中央文献出版社 2004 年版。

中共中央文献研究室编:《回忆邓小平》(上),北京:中央文献出版社 1998 年版。

中共中央文献研究室编:《回忆邓小平》(中),北京:中央文献出版社 1998 年版。

中共中央文献研究室编:《回忆邓小平》(下),北京:中央文献出版社 1998 年版。

刘金田主编:《邓小平的历程》(上),北京:解放军文艺出版社 1996 年版。

刘金田主编:《邓小平的历程》(下),北京:解放军文艺出版社 1996 年版。

中共中央党史研究室科研局编:《再造中华辉煌——邓小平纪事》,北京:中共党史出版社 1994 年版。

李红锋主编:《邓小平新时期重要活动纪略》,北京:中国华侨出版社 1994 年版。

刘武生总主编,刘金田、张爱茹著:《邓小平与中共党史重大事件》,北京:中央文献出版社 2001 年版。

中共上海市委党史研究室编:《邓小平与上海改革开放》,上海:上海人民出版社 1994 年版。

童怀平、李成关:《邓小平八次南巡纪实》,北京:解放军文艺出版社 2002 年版。

中共江西省委党史资料征集委员会编:《邓小平在江西》,北京:中共党史出版社 1994 年版。

凌步机:《邓小平在赣南》,北京:中央文献出版社 1995 年版。

杨尚昆:《杨尚昆日记》(上),北京:中央文献出版社 2001 年版。

杨尚昆:《杨尚昆日记》(下),北京:中央文献出版社 2001 年版。

中共中央文献研究室、新华通讯社编:《邓小平》(画册),北京:中央文献出版社 1988 年版。

《邓小平与现代中国》编委会编:《邓小平与现代中国》,北京:现代出版社 1997 年版。

《人民日报》有关报道。